ⓒ 한겨레 박승화

"지금 촛불 집회가 열리는 여기 시청 광장에서
이한열 장례를 치를 땐 최루탄이 터지고 막 그랬어!"
"근데 아빠, 이한열이 누군데?"
광주 세대인 아빠와 촛불 세대인 딸의 이야기는 그렇게 시작된다.

아빠의 현대사

'미래를 향한 회상' – 광주 세대가 촛불 세대에게

레디앙

개정판을 내며
"나는 왜 아빠 책 안 줘?"

책을 내고 4년의 시간이 훌쩍 지났다. 그 사이 은지 너는 대학을 졸업했고, 이제 은수가 책을 읽을 나이가 되었다. 벌써 2년 가까이 패스트푸드점에서 아르바이트를 하는 은수가 "나는 왜 아빠 책 안 줘?"라고 물어서 책을 주며 너무 기뻤다. 너희들 방과 가방에 세월호를 기억하는 각종의 그림과 상징물들이 여전히 붙어 있어 가슴이 아프면서도 좋았다. 내 책은 박근혜 정부가 들어서는 2013년으로 끝났다. "이제부터의 현대사는 너희들과 함께 쓰게 될 것"이라며 책 마무리에 썼듯이 너희들과 함께 박근혜 시대를 보냈다. 이번 개정판에는 세월호와 박근혜를 퇴진시킨 촛불 이야기가 추가됐다. 광화문 세월호 광장에서, 그리고 촛불 광장에서 너희들과 손을 잡을 수 있어서 가슴이 벅찼다. 이 기쁨은 아마도 내 또래 모든 부모들의 것이었으리라.

예수는 십자가에 못 박혀 죽기 직전 "아버지, 저들을 용서하십시오. 저들은 자신이 무엇을 하는지 모릅니다"(누가복음 23장 34절)라고 말했다. 어쩌면 우리도 무엇을 했는지 그 의미에 대해 제대로 모른다는 생각이 든다. 우리는 젊은 너희들과 함께 높이 치켜 든 촛불로 현직 대통령을 감옥에 보내는 '혁명'을 이루어 냈다. 세계사적으로도 유례가 없는 일이다.

 탄핵이 가결되던 날 국회 앞에서도, "그러나, 그러나……"라는 접속사를 이어가며 이정미 헌법재판소 재판관이 판결문을 낭독하던 날 헌법재판소 앞에서도 우리는 탄핵이 안 되면 어쩌나 하며 가슴을 조였다. 끝내 우리는 불가능에 가까운 기적을 만들었다. 온몸으로 역사의 물줄기를 바꿔낸 것이다. 물론 혁명이란 한 사회의 정치, 경제 체제를 바꾸는 것을 의미하므로 아직 갈 길이 멀다. 해방 이후 누적되어 온 많은 적폐가 우리 앞에 놓여 있다. 그러나 앞으로 역사가 어떻게 흘러가든 이 역사적 경험은 남아 있을 것이다. 수백만 시민들이 그 추위를 뚫고 질서정연하게 세상을 바꾼 이 기억을 어떻게 잊을 수 있겠니? 6월 항쟁으로 군부독재를 끝낸 1987년 이후 꼭 30년 만에 우리는 다시 희망을 만들어 냈다.

 역사는 과거와 현재의 대화다. 선배들이 목숨까지 바친 과거가 오늘을 만들고 있다. 한창 촛불이 계속되던 때 보수 우익은 집회를 하면서 "계엄령을 선포하라"고 소리를 높인 적이 있었다. 나는 거리에서 그렇게 외치는 그들이 무서웠다. 그들은 평화로운 촛불에 대해 광주항쟁 때처럼 군인을 동원하여 죽이라는 무시무시한 말을 아무런 거리낌 없이 하고 있었다. 그러나 우리가 보았던 것처럼 군인들은 전혀 동요하지 않았다. 80년 광주처럼 평화로운 집회에 총칼이 등장하는 역사는 다시 반복되지 않았다. 왜 그랬을까?

 1995년 사람들에게 인기가 많았던 '모래시계'라는 드라마가 있었다. 거기에 1980년 광주항쟁을 두고 건달들이 나누는 대화가 나온다.

 "승산 없는 싸움이야. 죽은 듯이 있어."
 "형은 시방 뭔가 잘못 알구 있소. 싸움이요? 이것은 싸움이 아니지라. 총 든

백정놈들이 길가는 여자를 쏴 죽이는 게 워츠게 싸움이요?"

"걔들은 총을 갖구 있어. 군인이야. 훈련받은 놈들이라구. 나라에서 보낸 놈들이야. 너 빈주먹으로 나 가서 뭘 어뜩할라 그래?"

"워츠케하냐고라. 참말로 몰라서 묻는 것이요? 고로케 하면 안 된다고 말해야지라. 그 총이 무슨 총이냐? 우리가 세금 내서 산 총이다, 우리가 누구냐? 국민이다, 국민한테 고로케 하면 안 된다고 보여줘야지라. 가만 놔두면 고 자식들이 또 그렇게 아니요. 요로코롬 해도 되는구나 할 거 아니요이. 나 말이 틀렸소?"

결국 후배 건달인 진수는 이 말을 남기고 광주로 가서 죽는다. 죽음까지 불사하며 "고 자식들이 또 그래선 안 된다"라며 죽어간 사람들이 있었기에 지배 세력은 감히 군인을 동원할 생각을 할 수 없었다. 그렇게 역사는 흐른다.

사실 이런 글을 추가로 덧붙이게 될 줄은 몰랐다. 물론 촛불이 한창일 때 너희 세대에게 이 책을 나눠 주고 싶은 욕심도 있었다. 수많은 너희들에게 부모 세대가 어떻게 살아 왔는지를 알려 주고 싶었다. 하나의 촛불이 광야를 태웠다. 그러나 그 촛불은 어느 날 갑자기 생겨난 것은 아니다. 수많은 독립 투쟁이 있었기에 갑자기 '도둑처럼' 일제로부터의 해방이 왔듯이, 박근혜 정권에 맞선 수많은 저항들이 없었다면 촛불이 생겨나지 않았을지도 모른다. 특히 세월호와 백남기 농민을 기억해 두자. 한 겨울 얼음 밑에서도 물이 흐른다. 그 물이 어떻게 흐르는지를 너희와 함께 말하고 싶어 맨 뒤에 박근혜 시대의 삶을 추가했다.

추천사
어제, 오늘, 내일을 잇는 역사의 다리

<레디앙>에 연재되는 '아빠의 현대사'를 통해 내가 미처 알지 못했던 저자 이근원 동지에 대해 조금씩 더 알아갈 수 있었던 것이 수월찮게 재미있었다. 저자 이근원 동지와는 1999년 9월부터 2001년 1월까지 1년 넘게 민주노총 위원장과 조직실장이라는 관계를 가지고 함께 일을 했다. 꽤 많은 날을 같이 지방 출장도 다니고 가끔은 사무처 동지들과 술자리도 함께하며 보냈다. 그러나 그가 살아온 삶에 대해 아는 것은 별로 없었다. 뭐가 그리도 바빴던지 대화는 항상 일 이야기로 시작해 일 이야기로 끝났던 것 같다. 10년이 지나 <레디앙> 지면을 통해 '아빠의 현대사'를 읽으면서 사람은 다 저마다 살아온 결이 다르듯이 삶의 무게도 다르구나 하는 것을 새삼 느꼈다. 그리고 그가 짊어지고 살아 온 삶의 무게가 내가 생각했던 것보다 훨씬 무겁다는 것도 알게 되었다. 이처럼 좋은 글이 책으로 발간된다니 더없이 기쁜 일이다. 저자 이근원 동지에게 먼저 감사와 축하의 마음을 전한다.

저자가 이 책을 쓰게 된 동기를 딸 은지와 은수에게 "아빠와 엄마가 살아왔던 삶을 너희들에게 들려" 줌으로써 "단지 과거가 아니라 앞으로 올 미래

의 꿈을 함께 꾸고 싶다."고 말한 것처럼, 『아빠의 현대사』는 사랑하는 두 딸에게 자신의 삶의 궤적을 진솔하게 들려주고 싶은 한 아빠의 가장 소박하고 인간적인 욕심(?)으로부터 시작된 것으로 보인다. 그러나 그 기록의 역사적 무게는 그리 간단하지 않다.

저자는 집안 내력에 대해 자세히 기록하지 않았지만 범상하지 않은 집안이었던 것은 분명한 것 같다. 큰아버지는 월북을 하셨고, 아버지의 신발은 "밤 새 산을 타신 듯 흙투성이 일 때가"가 종종 있었다고 한다. 그리고 사촌형님은 "민청학련 사건으로 무기징역"을 받고 감옥살이를 하였고, 친형님 또한 사회운동에 깊은 관심을 가지고 많은 활동을 해왔던 것으로 알고 있다. 중학생이었던 저자가 <사상계>를 즐겨 읽었던 것도 결코 우연은 아닐 것이다.

저자는 80년대의 격동기를 거쳐 오늘에 이르는 과정을 말하면서 "때로는 감격했고, 때로는 외로웠고, 때로는 좌절했다."라고 고백한다. 두 차례의 구속과 운동 과정에서의 좌절 그리고 말 못할 가정의 어려움 등 숱한 역경을 견뎌내면서 지금도 노동운동의 일선에 남아 있을 수 있다는 것이 쉬운 일은 아니었을 것이다. 분명 보통 사람이 감당하기에는 힘든 삶이다. 그때는 누구나 그랬다고 쉽게 말할지 모른다. 그럴 수도 있다. 그러나 혁명과 변혁을 외치던 그 많던 사람들이 지금 어디에 서 있는가? 그의 말처럼 "역사란 우리 모두가 온몸으로 써가는 것"이라는 역사에 대한 소명 의식 없었다면 그도 오늘 이 자리에 서 있지 못했을 것으로 생각한다.

그렇다면 혁명의 동지들이 떠난 텅 빈 곳에서 느껴야 했던 고독과 절망 속에서, 투쟁의 깃발이 꺾인 참담한 패배의 현장에서 다시 또 오뚝이처럼 털고 일어날 수 있었던 지칠 줄 모르는 운동의 힘, 다시 말해 그 역사적 소명 의식은 어디에서 나온 것일까? 그것은 전적으로 사람에 대한 믿음과 사랑, 그리고 역사 발전에 대한 확신에 기인한 것 같다. 자신이 먼저 사람들을 신뢰하고 사랑함으로써 그들로부터 신뢰와 사랑을 받을 수 있었던 것, 그리고 역사 발전을 길게 바라볼 수 있었던 것이 그를 지탱해온 힘이 아닐까 싶다.

그가 사람을 얼마나 소중하게 생각하고, 신뢰하고, 사랑하는지는 책 속 여러 곳에서 느낄 수 있다. "지금까지 내가 살 수 있었던 힘은 사람들에게서 나온다. 책을 통해 혁명을 꿈꾸고 논의하던 수많은 사람들이 떠난 자리에 꿋꿋이 남아 있을 수 있었던 이유다."라고 말하는 것처럼 어렵고 힘들 때 그를 버티게 한 것은 이념과 사상에 앞서 사람이었던 같다. 노동운동을 하는 매력 중의 하나로 "아주 좋은 사람들을 아주 쉽게 만날 수 있다."는 것을 꼽는 것에서도 알 수 있듯이 그는 사람을 참 좋아한다. 사랑한다. 그래서인지 그의 주변에는 항상 많은 사람이 모여 있다. 운동의 진정한 힘은 사람에 대한 사랑으로부터 얻을 수 있음을 일깨워 준다.

『아빠의 현대사』는 1980년부터 2013년까지의 주요한 사건들과 그의 삶의 궤적을 기록으로 담았다. 그런 의미에서는 자서전이라고 할 수 있다. 그러나 자서전이라 하기에는 역사의 무게가 크게 느껴지는 책이다. 물론 70년대 말 유신 정권의 몰락과 80년 광주 민중 항쟁, 전두환에 의한 군사독재 정권의 부활과 87년 민주 항쟁과 노동자 대투쟁, 전노협과 민주노총의 결성과 활동, 민주노동당 창당과 정당 활동 등을 구체적으로 다 담아내지 못한 아쉬움은 있다. 그러나 중요한 시기의 역사적 사실을 가능한 빠뜨리지 않고 담으려 노력하였고 진보적 계급적 시각에서 조명하고 있다는 점에서 동시대를 살아온 사람들의 분노와 좌절과 희망을 기록으로 담은 역사책으로서 손색이 없다고 생각한다.

저자는 영국의 역사학자인 E. H. 카의 "역사는 현재와 과거의 끊임없는 대화"라는 말로 역사의 의미를 우리에게 상기시키고 있다. 오늘 노동운동과 진보 정치 운동이 그 어느 때보다 어려운 시련에 직면해 있다. 『아빠의 현대사』가 지난날 우리가 무엇을 위해, 왜 그렇게 헌신하고 치열하게 투쟁하였는지를 차분하게 성찰해 보는 역사의 다리가 되어 줄 것이라 믿는다. 나아가 역사 발전의 길로 나갈 수 있는 디딤돌이 될 것으로 생각한다. 그리고 지난날의 역사를 보듬어 안고 앞으로의 역사를 써나갈 세대들에게 좋은 길라잡이가 될 것을 기대한다.

_단병호(평등사회노동교육원 이사장)

추천사
아무도 불러 주지 않았던 사실들을 불러내다

인도의 수상을 지냈던 네루는 감옥에서 그의 딸 인디라 간디에게 1930년 10월부터 약 3년에 걸쳐 196통의 편지를 보내 세계의 역사를 일러줍니다. 네루는 이 편지에서 참된 역사란 몇 몇 개인이 아니라 일터에서 일하며 여러 사람과 부딪히며 살아가는 민중들을 다루는 것이라고 말합니다. 인간을 속박하고 착취하는 모든 것들에 대한 투쟁을 이어 온 민중들의 역사야말로 존경할 만한 가치가 있는 역사라는 것입니다.

그리고 오늘, 이근원 또한 그의 딸 은지와 은수에게 자신이 걸어 온 삶, 자신이 한 발자국씩 딛고 왔던 시간들을 이야기하면서 그 모든 것이 역사책에 단 한 줄의 기록도 바라지 않고 묵묵히 살아 온 사람들의 것이라고 말합니다. 그래서 이근원은 이 책 『아빠의 현대사』를 통해 광주항쟁의 부채를 가지고 살아 온 수많은 사람들, 오늘도 노동의 가치를 인정받기 위해 높은 철탑 위에서 고단한 하루를 보내야 하는 사람들, 미처 새로운 세상을 보지 못하고 먼저 간 열사들의 삶을 담고 싶었다고 말합니다.

과거에 있었던 사실이 모두 역사가 되는 것은 아닐 것입니다. 어떤 역사학자는 누군가 과거로부터 사실을 불러 주어야 비로소 역사라는 이름을 얻게 된다고 했습니다. 역사는 과거의 사실을 불러 오고 그 사실을 해석하는 일이라 했습니다. 그랬기에 누군가 역사를 과일에 빗대어 '사실'이라는 단단한 핵과 이를 감싸고 있는 이론의 여지가 많은 '해석'이라는 과육의 결합이라 했을 것입니다. 이근원은 이 책에서 아무도 불러 주지 않았던 사실들을 불러와 우리로 하여금 그 안에 짙게 묻어나는 민중들의 치열한 삶을 돌아보게 하고, 거친 호흡을 듣게 하고 그 아픔과 함께하게 합니다.

이근원은 『아빠의 현대사』를 통해 자신의 이야기를 하려 하지 않습니다. 이 책은 이근원 자신의 이야기이지만 자신을 중심에 놓지 않습니다. 이근원은 이 책에서 여느 자서전처럼 자신을 우상으로 만들거나 누군가에게 나를 보아달라고 투정부리지 않습니다. 한 번쯤은 있을 법한 지난 일들에 대한 소소한 변명이나 자기에 대한 옹호도 하려 하지 않습니다. 자신을 정당화하기 위해 다른 사람을 상대화하지도 않고 그의 오류를 함부로 지적하지도 않습니다. 그가 누구이든 같은 길을 걸어 온 모든 사람들에 대해 이근원은 따뜻한 시선을 놓지 않습니다. 감추어 두고 싶은 과거를 은근슬쩍 덮어두기 위해 사실을 조각내어 덧대려고도 하지 않습니다. 『아빠의 현대사』는 이근원의 삶의 기록이 아니라 같은 시대를 살아 간 모든 사람들의 이야기이기 때문입니다.

『아빠의 현대사』는 이근원이 살아가면서, 투쟁하면서 만났던 민중들을 이야기하고 그 민중들이 만들어 가고자 했던 세상을 이야기합니다. 이근원은 지나 온 시간 속에서 어느 사이 잊혀진 사람들을 찾아내고, 그들 하나하나가 부여잡고 갔던 삶의 의미들을 되살리고자 하였습니다. 그래서 『아빠의 현대사』는 과거의 이야기이지만 미래를 이야기하는 책이고 그 속에서 여전히 고단한 삶을 이어가며 싸워나갈 민중의 내일을 이야기하는 책입니다.

『아빠의 현대사』는 모두가 함께 공유하고 기억해야 할 역사입니다.

그와 함께 같은 꿈을 꾸며 같은 시대를 동행했던 사람들은 이 책 곳곳에서 자신들을 다시 발견하게 될 것입니다. 누군가는 골방에서 책을 읽던 자신의 모습을 보게 될 것이고 누군가는 공장 담벼락에 휘갈긴 노동해방의 글씨를 보게 될 것입니다. 어쩌면 누군가는 거리를 질주하며 바리케이드를 넘고 있을 것이고 누군가는 한 평도 안 되는 독방에 누워있을 지도 모릅니다. 『아빠의 현대사』는 그들로 하여금 그곳 어디에선가 슬그머니 내렸던 깃발을 다시 들게 할 것입니다.

그리고, 시대를 달리하며 또 다른 꿈을 꾸는 사람들, 은지와 은수처럼 다가올 미래에 세상을 이고 갈 사람들은 이 책을 통해 지금의 세상이 과거와 닿아있음을 발견하게 될 것입니다. 그렇게 선배들이 혹은 아빠 세대가 이어 왔던 그 길 위에 여전히 고단한 민중들의 아픔이 녹아 있음을 보게 될 것입니다. 『아빠의 현대사』는 그들로 하여금 민중과 함께하는 새로운 역사를 쓰게 만들 것입니다.

석촌호수가 바라다 보이던 전문노련 사무실에서 이근원을 처음 만난 지 벌써 20년이라는 시간이 흘렀습니다. 야생에서 자란 쉬 꺾이지 않던 질긴 잡초의 이미지로 다가 왔던 이근원도 이제는 주름살이 늘고 머리가 희끗한 50

대 중반의 나이가 되었습니다. 그러나 그는 세월의 무게를 오롯이 견디며 이제 '그 드물다는 굳고 정한 갈매나무'로 서있음을 보게 됩니다. 그 긴 세월 그 곁에 머물 수 있었던 것은 참으로 큰 행운이었습니다. 그저 그와 함께한 세월의 덕으로 『아빠의 현대사』에 글 한 줄이라도 보탤 수 있어서 마음이 한없이 따뜻해집니다.

_양경규(공공운수노동조합 지도위원)

차 례

개정판을 내며	4
추천사	8
프롤로그	18

1부 저항 1980년대

1980년 5월, 광주	26
저항의 시작	40
나를 던진 우리들	54
0.72평에 갇힌 청춘	65
학교를 거부하고 공장으로 가다	78
항쟁의 씨앗들	94
항쟁은 도둑처럼 오고 있었다	110
10년을 바꾼 몇 달	122
공장에서 맞은 아버지의 죽음과 결혼	132
순식간에 지나간 저항의 10년	142

2부 전진 1990년대

전노협 건설과 진보 정당 운동	152
노동운동의 메카, 울산으로	163
돈 받고 운동하는 행복	182
민주노총 건설	195

96~97년 노동법 개정 투쟁	214
총파업 성과를 노동자 정치 세력화로	232
국민승리21과 97년 대선	242
IMF와 일방적인 노동자들의 희생	258
공포와 분노의 시대	276
30년 만에 걸려온 전화 한 통	297

3부 혼돈 2000년대

아, 민주노동당	308
우리나라가 싫었다	323
명동성당에 진입하라	338
봄날은 간다	350
붉은 악마와 노무현 시대	372
17대 총선과 전진	399
비정규직들, 투쟁의 전면에 나서다	424
민주노총과 민주노동당의 위기	439
물불 안 가리는 이명박 정부	470
2010년대와 진보 정당, 그리고 죽음들	486
박근혜 시대, 다시 민주노총으로	496
아, 세월호	508
촛불과 탄핵	518

에필로그 528

프롤로그

미래를 위한 회상, 공유를 위한 기록

은지야, 그리고 훗날 이 글을 보게 될 은수야. 어느 날 문득 너희들에게 글을 쓰고 싶었다. 아빠와 엄마가 살아왔던 삶을 너희들에게 들려주고 싶었다. 그 시대를 함께 살아왔던 엄마 아빠들의 기쁨과 아픔을 그들의 아들딸들과도 '공유'하고 싶었다. 그 공유를 위해 기억하고 기록했다. 그래서 나의 회상은 과거형이 아니라 너희들과 함께 꿈꾸기 위한 미래형이다.

　이 책에서 나는 무엇이 아빠와 엄마를 웃게 했고, 절망하게 만들었고, 살아가게 하고 있는지, 미래의 꿈을 같이 했던 수많은 벗들이 무엇 때문에 헤어졌고, 사라졌는지를 기록했다. 단지 개인의 기억이 아니라 역사 속에서 던져져서 사랑하고 투쟁했던 사람들의 삶을 책 속에 옮겨 놨다. 너희들에게는 조금은 낯설겠지만 우리 세대가 살아온 현대사를 함께 공유하고, 기억하고 싶다.

네 할아버지의 침묵과 고통

중학생 때의 일이다. 나는 농구 선수를 했다. 통행금지가 있던 당시 아버지는 학교 교문 앞에서 밤 11시쯤 연습이 끝나는 나를 기다리셨다. 버스를 타고 돌아오는 내내 아무 말씀도 안하셨다. 집에 도착하면 딱 한 마디만 하셨다.

"씻고 자라." 그 과묵함 속에 감춰진 깊은 사랑을 알게 된 것은 돌아가시고도 한참 뒤의 일이다.

나는 네 할아버지인, 내 아버지의 삶을 잘 모른다. 형들이나 친척들이 제사 때나 가끔 들려주는 얘기들을 통해 혼자 상상해 볼 뿐이다. 1922년생 내 아버지가 겪었을 일제시대, 해방 공간의 혼돈, 한국전쟁이 어땠는지 나는 모른다. 무슨 이유로 아버지의 신발은 밤새 산을 타신 듯 진흙투성이일 때가 있었고, 사람들을 피해 땅을 파고 숨어야 했을까? 너의 큰 할아버지인, 내 큰아버지는 월북하고, 바로 밑의 동생인 내 작은아버지가 국군으로 병원에서 세상을 떠났을 때 아버지가 느꼈을 애끊는 고통을 내가 어떻게 짐작이나 할 수 있겠니? 동생이 일찍 죽어 같이 키우다시피 한 조카가 민청학련 사건으로 무기징역 선고를 받고 감옥에 갇혔을 때 시커멓게 탔을 아버지의 속을 내가 어떻게 알 수 있겠니? 그러나 아버지는 아무 말도 안 하셨다. 어머니도 마찬가지다.

어렸을 때 동네에 있던 4·19 탑에 가서 곧잘 놀았다. 그러나 내게는 아득한 옛날이야기로 들렸을 뿐 4·19 혁명이 나의 현재와 어떻게 닿아 있는지 가늠조차 못했다.

촛불이 시킨 글쓰기

촛불 시위가 한참이던 지난 2008년, 서울 시청에서 은지와 네 친구들을 만났지. 집회 장소에서 너를 만난 건 그때가 처음이다. 너는 당시까지도 내가 무엇을 하는지 몰랐다. 그냥 집에 잘 안 들어오고, 바쁜 아빠로만 기억했지. 거리를 지나면서 내가 사람들하고 인사를 하자 "와, 아빠는 왜 이리 아는 사람이 많아?"라고 신기한 듯 말했지. 너는 노동운동이 뭔지를 몰랐다. 나에게 아버지의 삶이 그렇듯이 나 역시 너에게 우리 시대의 아픔과 좌절, 그 속의 삶을 얘기하지 않았다. 시청 광장을 지나면서 내가 "여기에서 이한열 장례를 치를 땐 최루탄이 터지고 막 그랬어!"라고 말하자 너는 "이한열이 누군데?" 라고 되물었지. 그러고 보니 내게는 생생한 1987년 6월 항쟁도 20년이 훨씬 지난 옛날 이야기였고, 네가 태어나기 전의 일이니 너희들이 모르는 게 당연했는데 말이다.

서로 다른 기억으로 남아 있는 시청 광장. 사진 위로부터 87년 이한열 장례식, 2002년 월드컵, 2008년 촛불.

너와 나란히 청계천 입구 수표교를 지날 때 나는 1998년 거기에서 229일 동안이나 투쟁하던 조흥시스템 노동자들을 생각했다. 을지로 입구에 거대하게 서있는 롯데호텔 앞을 지날 땐 2000년 경찰들의 폭력적인 진압이 떠올랐다. 어느 날인가 우뚝 선 삼성그룹 본사 뒤편에 차를 대면서 1998년에 돌아가신 신길수 형님과 그 곳에 천막을 치고 144일 동안이나 싸워야 했던 동아엔지니어링이 생각났다. 그때부터 나는 과거를 돌아보는 것이 갖는 '현재성'에 대해 생각했다. 나의 과거와 너의 현재, 그리고 우리의 미래가 어떻게 닿아 있는지 공유하고 싶었다. 내가 우리의 세대를 대표할 수는 없지만, 대신해 할 수 있는 말은 있다고 생각한다. 단상 위에 앉거나 빛나는 조명을 받지는 않았지만, 그들 아니면 단상도 조명도 없었을 뻔했던 우리 세대의 수많은 엄마와 아빠들. 이 책은 그들과 그들의 자식들 간의 소통과 대화를 위한 것이기도 하다.

온몸으로 써 온 역사

모든 역사는 '현재의 역사'라고 말한다. 또한 "역사는 과거와 현재의 끊임없는 대화"라고 말한 역사학자도 있다. 너희들은 역사를 무엇이라고 생각할까? 김수영이라는 시인은 "역사는 아무리 더러운 역사라도 좋다."고 썼다. 내가 이 땅에 박은 거대한 뿌리가 있다면 말이다. 나는 이 말이 특히 좋다. 아무리 더러운 역사라도 우리가 껴안고, 보듬으며 살아야 한다. 그것이 우리가 몸담고 있는 현실이기 때문이다.

내가 너희들에게 1980년 광주 항쟁에 대해 얘기하면 너희들은 마치 내가 어른들에게 4·19 혁명에 대해 얘기를 들었던 것처럼 먼 옛날 얘기로 들릴 것이다. 나 역시 그랬다. 그러나 그 과거 없이 어떻게 현재가 있을 수 있을까?

이것은 한 개인이 살아 온 이야기이지만, 결국은 같은 시대를 살았던 사람들 모두의 얘기이고, 그들이 함께 피 흘리고 땀 흘리며 만든 역사에 대한 이야기이다. 그렇기 때문에 이 글은 혼자 쓰는 것이 아니다. 주로 내가 겪었던 것을 중심으로 그 시대를 살았던 많은 사람들이 겪고, 고민하고, 실천해 온 것들을 썼다. 나는 너희들이 이 책을 읽고 그 시대와 현재를 연결시키는 역사적 안목을 가지기를 소망한다.

386에는 노동자가 없다

우리가 살아왔던 시대를 사람들은 '386세대'라고 이름 붙였다. 60년대 출생하고 80년대 대학을 다닌 30대를 말한다. 90년대에 생긴 용어로 당시 등장한 386컴퓨터에서 따왔다. 바로 내가 그 경우에 해당된다. 지금 너희 세대를 '88만원 세대'라고 부르는 것처럼 말이다. 과거에도 1960년 4·19 투쟁을 했던 사람들을 '4·19세대', 박정희 대통령이 추진했던 1964년의 한일회담을 반대하면서 투쟁했던 사람들을 '6·3세대'라고 불렀던 것과 마찬가지로 숫자를 좋아하던 사람들이 만들어낸 말이다.

일본의 경우에도 1960~1970년대에 학생운동을 했던 사람들을 '전공투 세대'로 부르기도 하고, 유럽의 경우 1968년도에 학생운동이 왕성했는데 이때의 유럽 젊은이들을 '68세대'라고 부르는데 이런 것들도 참고한 작명일 거라고 생각한다. 아무튼 이전 세대와 다른 점을 구분하기 위해 붙인 이름이라고 생각하면 쉽겠다. 인터넷 검색을 하면 이렇게 386세대를 정의해 놓았다.

"386세대란 1990년대 후반에 만들어진 말로, '30대, 80년대 학번, 60년대 생인 세대'를 말한다. 주로 1980년대에 학생운동을 통해 민주화운동을 경험한 세대를 통칭한다."

세월이 흘러 나이를 먹어감에 따라 이들은 '486세대', '586세대'로 이름이 바뀌어갔다. 신문이나 방송에서 만들어낸 말이긴 하지만 여기에는 결정적인 단점이 있다. 노동자가 없다. 대학에 들어간 사람들만 해당된다. 나중에 다시 말하겠지만 우리 역사가 거의 그랬다. 함께 민주주의를 위해 싸웠어도 노동자들은 없다. 이후에도 반복될지 모르겠지만 내가 의문을 가지는 부분이고, 너희들도 그 이유를 고민해 보길 바란다. 나는 내 자신을 386세대라고 생각한 적도 없고 그렇게 불리는 것도 바라지 않는다.

광주 세대 혹은 5·18세대

뒤에서 보겠지만 80년대 민주화 투쟁의 성과는 학생들만의 것이 아니다. 오히려 노동자들의 각성과 그에 따른 끊임없는 투쟁에 의해 우리가 살고 있는 현재의 모습을 그나마 유지하게 된다. 어쨌든 '386세대'는 시기적으로 보면 전두환 대통령이 들어선 1980년 제5공화국 때부터 민주화 투쟁을 했던 대학생 세대를 말하는 셈이다.

내가 '386세대'로부터 글을 시작하는 이유는 바로 1980년부터 얘기를 시작하기 위해서다. '386세대'가 언론이 붙여 준 이름이라면 나는 '광주 세대' 혹은 '5·18세대'라는 표현이 더 정확하다고 생각한다. 1980년 5월 18일 광주에서 벌어진 항쟁의 역사가 그 시대를 살아 온 모두를 짓누르고 있다. 그리고 그 '짓누름'은 아마도 우리 아버지 세대의 한국전쟁의 무게만큼 우리 세대 전체에게 이어지고 있다.

그 1980년의 역사가 현재로 이어지고 있고, 그 과정에 너희 세대가 살고 있다. 물론 1980년 이전의 역사도 있다. 박정희 대통령의 19년간의 장기집권으로 요약되는 오랜 군사독재 정권의 시대지만 그에 대해서는 따로 알아보는 것이 좋겠다. 아무튼 1979년 10월 26일 독재자 박정희 대통령이 부하인 중앙정보부장 김재규의 총에 맞아 죽는 사건이 발생하면서 1980년이 시작된다.

나는 너에게 이 글을 쓰면서 내 삶을 돌아보았다. 비교적 평범하게 살았다. 대학, 교회, 야학을 거쳐 안산과 부천, 그리고 서울과 울산 등에서 노동운동을 할 때 나보다 훨씬 운동을 잘하고, 해박한 지식을 가지고 있고, 더 열정적이었던 사람들을 많이 보았다. 그러나 집안이 어려워서, 여자이기 때문에 등등 여러 가지 이유로 중도에 그만둔 사람들도 많다. 내가 운이 좋았던 셈이다. 내게는 그들에 대한 부채감이 많다.

이 글은 그 시대를 살았던 많은 사람들 중에 겁 많고, 소심하고, 이기적인 성격을 가진 한 개인의 얘기다. 주로 내 경험을 통해 역사를 얘기하고 있을 뿐이다. 그 시대 전체를 껴안고 살아 온 수많은 사람들 중의 아주 평범한 한 개인의 얘기라는 점을 분명히 하면서 이 글을 시작한다.

1부 저항
1980년대

1980년 5월, 광주

광주. 우리 세대의 삶은 80년 5월 광주를 빼놓고 말할 수가 없다. '빛고을'이라는 우리말 풀이처럼 광주는 우리 세대 사람들이 살아야 했던 어둠 속의 한 줄기 '삶의 빛'이었다. 수많은 학생들과 노동자들이 군사정부에 맞서 저항하다 감옥에 간다. 모두 광주 항쟁의 영향 때문이다. 그 시기를 겪었던 모든 사람들은 광주라는 부채를 안고 산다.

<화려한 휴가>라는 영화가 있다. '화려한 휴가'는 전두환이 광주 시민을 죽이러 군인들을 보내면서 붙인 작전명이다. 촛불 시위 때처럼 평화롭게 집회를 하던 학생과 시민들을 학살하면서 군인들은 그것을 '화려한 휴가'라고 했다. 한번 생각해 보자. 너희가 촛불 집회를 하고 있는데 갑자기 군인들이 나타나서 총을 쏘았다면 어땠을까?

'화려한 휴가'라는 작전명에서 전두환을 비롯한 군부 세력이 가졌던 역사 인식을 엿볼 수 있다. 우리는 그들에게 반란군일 뿐 같은 나라의 백성이 아니었다.

이들은 15년 뒤인 1995년 '12·12 및 5·18 특별법 제정'으로 무기징역 등 법의 심판을 받았지만, 1997년 특별사면을 받아 30년이 지난 지금도 인생 말

년의 '화려한 휴가'를 보내고 있다.

전두환은 2010년 1월 300여 명의 하객들과 팔순 잔치를 벌였고, 학살을 지휘한 정호용 당시 특전사령관은 육군사관학교 발전기금 이사장을 맡았었고, 보안사 정보처장이던 권정달은 노무현 대통령 시절 자유총연맹 총재를 지내기도 했다. 청산되지 않은 역사의 모습이다.

<26년>이라는 영화가 있다. 강풀이라는 유명 작가의 만화를 영화로 만들었다. 영화에서는 전두환을 죽여 역사를 청산하려는 모습을 그린다. 광주를 겪은 사람들의 현재의 아픔이 그대로 나타나 있다. 광주는 과거가 아니라 현재다.

하필이면(?) 나는 그 해, 대학생이 된다. 나이보다 한 해 늦긴 했지만 대학생이 된 나는 지긋지긋한 입시에서 벗어나 자유를 누린다. 잘 읽지도 않는 『한국문학사』를 일부러 옆구리에 끼고, 갓 배우기 시작한 담배를 물고, 짐짓 심각한 척 표정도 지을 줄 알았던 신입생이었다. 그러나 역사의 물줄기는 이런 낭만을 허용하지 않았다.

내가 입학하기 바로 직전인 1979년 10월 26일 박정희 대통령이 죽는다. 20년 가까이 군사독재를 해오던 압제자가 갑자기 죽자 많은 사람들이 당황했고 심지어 우는 사람들도 많았다. 그러나 곧 민주주의를 외치는 물결이 온 나라를 흔들었다.

전두환이 권력을 잡기 위해 12월 12일 군사 쿠데타를 일으켰고 비상계엄령이 유지되는 상황이긴 했어도, 대학가는 실로 오랜만에 자유를 만끽하고 있었다. 사람들은 '서울의 봄'이라고 말하기도 했다. 소련의 간섭과 지배에서 벗어나고자 했던 1968년 체코슬로바키아 '프라하의 봄'에 빗댄 표현이었다. 진실로, 진실로 봄이었다. 온 강산에 꽃이 피어나기 시작했다. 계절의 여왕이라는 5월이었다.

역사에서 반복돼 나타나는 것이지만, 모든 지배 세력은 '변화'를 싫어한다. 시위와 집회, 불만의 폭발을 두려워한다. 그만큼 그들은 기존의 사회에서 혜택을 받고 살기 때문이다. '기득권 세력'이라고 부르는 이유다. 불편함을 못 참는다. "그냥 이대로"가 그들이 추구하는 방향이고, 따라서 보수적이다.

그러나 총칼의 억압 때문에 숨죽이고 살았던 사람들은 그와 다르다. 당연히 변화를 추구하고, 보다 많은 민주주의를 요구한다. 군사독재는 수많은 권위를 앞세운 질서와 반공 위주의 교육을 남겨 두었다. 당시에는 학생회라는 게 없었다. 학교마다 학도호국단이라는 게 그걸 대신했다. 군복과 비슷한 교련복이라는 것을 입고 학교에서 군사교육을 받아야 했다.

"나는 자랑스러운 태극기 앞에 조국과 민족의 무궁한 영광을 위하여 몸과 마음을 바쳐 충성을 다할 것을 굳게 다짐합니다."라는 '국기에 대한 맹세'도 해야 했다. 오후 5시 국기 하강식에는 가던 길을 멈추고 국기에 대한 경례를 하고, 극장에서도 영화를 보기 전 애국가를 들어야 했던 시절이었다. 사회는 모두 군대식으로 운영됐다.

민주화가 되자 대학생들은 금지돼 있던 학생회를 부활시켰고, 4월부터 본격적으로 학원 내에 남아있는 유신독재의 찌꺼기들을 걷어내는 싸움에 들어간다. 비민주적 학칙 개정, 학내 언론 자율성 보장, 경찰 정보원의 학교 내 감시 활동 금지, 학원의 족벌 운영과 재단 부조리 척결, 어용 교수 퇴진, 병영 집체 훈련 철폐 등 그동안 억눌려왔던 민주화의 요구가 봇물처럼 터져 나오기 시작한다.

자신의 이익을 지키기 위해 대학 재벌들은 교수와 직원들을 동원해 곳곳에서 마찰을 일으킨다. 당연히 수많은 대학교에서 대립이 생겼고, 자연스레 집회와 시위가 계속 된다. 나는 입학하자마자 데모를 구경하게 되고, 자연스럽게 시위에 참가하게 된다. 거대한 시대적 흐름이 개인을 압도한 그런 시절이었다. 그리고는 5월이 왔다.

거리로 쏟아져 나온 학생들

은지야. 너희로서는 조금 어렵겠지만 당시를 충분히 이해하기 위해서는 전체적인 상황을 볼 필요가 있다. 1980년을 전후로 우리나라 민주화 운동의 양상이 크게 달라지기 때문이다.

이상한 일이 계속 이어진다. 박정희가 죽으면서 20년 가까운 군사독재 정권이 끝났다. 당연히 유신헌법은 폐기하고 민주적인 헌법을 만들어 그에 따라 대통령을 선출해야 했다. 그런데 국무총리 최규하는 대통령 권한을 대행하면서, 당시 통일주체국민회의라는 박정희가 뽑아 놓은 사람들에 의해 '체육관 투표'를 통해 대통령이 된다.

그러나 그는 실세가 아니었다. 1979년 12월 12일에 군사 쿠데타가 일어났다. 그리고 1980년 4월 14일 보안사령관 전두환이 법률상 겸직이 금지된 중앙정보부장 서리에 임명됐다. 중앙정보부는 지금의 국가정보원보다 훨씬 더 많은 권력을 가진, 최고의 억압을 위한 장치였다.

한편 박정희의 군사독재 정권과의 투쟁에 서로 협력하며 싸워왔던 주요 정치인이었던 김영삼과 김대중은 서로 등을 돌린 채 정권 장악에만 관심을 두고 있었다. 87년에도 반복되는 비극적 역사는 이미 이때 시작되고 있었던 셈이다. 쉽게 말하자면, 민주화 세력이 분열된 채 우왕좌왕하고 있는 사이에 군사정권을 이어 가려는 세력이 국민들의 눈치를 보면서 차분한 준비를 하고 있던 1980년이었다. 이것을 막으려고 나선 것은 학생, 노동자, 민중들이다. 5월이 되면서 그동안 학내 민주화에 몰두해 있던 학원가가 움직이기 시작했다. 5월 14일 7만여 명의 대학생들이 "전두환 물러나라"고 외치며 거리로 나온다.

5월 15일로 기억되는 그 날, 우리는 흑석동에서 서울역까지 거리 시위를 한다. 비가 왔던 것 같다. 여의도를 거쳐 가는 그 먼 길을 촛불 집회처럼 평화롭게 행진했다. 교문을 사이에 두고는 치열한 공방전도 있었다. 앞장선 사람들이 이를 물리친다. 우리가 누리는 대부분의 평화로움이란 대부분 다른 누군가의 희생의 결과일 때가 많다. 내가 들어간 학과에는 여학생이 7명 있었는데 한 명도 빠지지 않고 같이 했던 기억이 난다. 그만큼 변화에 대한 열망은 '객관적'인 것이었다. 그리고 10년 뒤에 그 중 한 명의 여학생이 네 엄마가 된다. 물론 당시에는 생각도 못한 일이다.

그리고 마침내 도착한 서울역은 발 디딜 틈도 없이 꽉 차 있었다. 기록을 보면 당시 서울역 광장에는 십여만 명의 학생들이 모여 있었다고 한다. 그들은 "전두환 퇴진하라!", "비상계엄령 해제하라!"라고 외치고 있었다. 각기 다른 학교에서 우리처럼 모두 서울역을 향해 행진해 온 것이다. 상상해 봐라. 너희들이 촛불 때처럼 각자의 학교에서 친구들과 함께 구호를 외치며 행진해 시청 광장에 모였다면 그 감격이 얼마나 컸을까?

그 날의 집회를 이제는 '서울역 회군'이라고 말한다. 명나라를 공격해야 할 이성계가 위화도에서 군사를 돌려 거꾸로 고려를 무너뜨리고 조선을 세운 것처럼, 그렇게 군대를 돌리는 걸 회군(回軍)이라고 한다. 마찬가지로 그날 집회를 계속하자는 입장과 다시 학교로 돌아가서 더 준비하고 투쟁하자는 입장이 있었다.

촛불 때도 심심찮게 우리 내부에서 의견 충돌이 일어나는 것을 보았으니 쉽게 이해될 것이다. 아무튼 그날 투쟁 지도부는 "시민의 호응이 적은 상태에서 심야에 군부대와 충돌하는 것은 바람직하지 않다."는 이유로 시위를 중

80년 5월 15일. 서울역 앞에 빈틈이 보이지 않을 정도로 빽빽이 모여 어깨동무를 하고 시위를 벌이고 있는 학생들의 모습. (사진=경향신문, 민주화운동기념사업회 ⓒ)

단하고 집회를 해산하고 말았다. 그때 투쟁 중단의 옳고 그름은 역사적 평가에 맡겨두자.

심재철은 기억해두자

다만 그때 "쿠데타의 빌미를 줄 수 있다. 일단 퇴각하자."라고 주장하던 당시 서울대 총학생회장이던 심재철이라는 사람은 기억해 두자. 현재는 새누리당 국회의원이다. 촛불 집회의 원인이 된 광우병 쇠고기가 문제되자 "광우병에 걸린 소라 할지라도 등심 스테이크는 먹어도 안전하다."며 시식회까지 열었던 그 사람이다. 역사의 박물관에나 있어야 할 국가보안법을 강화하는 법안을 발의한 사람이기도 하다.

웃기는 역사지? "전두환은 물러가라"고 투쟁했던 사람이 이제는 그 군사정권이 만든 당에서 국회의원까지 하고, 국민들의 뜻을 저버리는 일을 앞장서서 하고 있다. 촛불이 한창일 때 네티즌들은 그에게 1원 혹은 18원을 '알바비'로 보내기도 한다. 이명박 정부 편을 들어 아르바이트 하느라 고생한다고 조롱한 것이다. 그런 사람들이 의외로 많다. 이후에도 틈나는 대로 그런 사람들을 말하도록 하자.

아무튼 학생들이 학교로 돌아간 틈을 전두환을 비롯한 군부가 그냥 놔둘 리가 없었다. 학생들의 총궐기에 움찔했던 전두환은 더 이상 시간을 지체하다간 정권 탈취에 차질이 생길 수도 있다는 판단을 내리고 5월 17일 자정을 기해 비상계엄을 확대한다. 탱크로 무장한 군대를 주요 도시에 투입하고, 전국의 대학교에 휴교령을 내림과 동시에 이화여대 회의장을 급습해 학생 대표들을 연행한다. 그리곤 이어서 광주 항쟁이 일어나게 되는 거다.

은지야. 역사를 보면 어느 시점에선 '칼날 위의 판단'을 해야 할 때가 있다. 그 판단에 따라 역사는 달라진다. 투쟁을 계속해야 하는지, 아니면 후퇴해야 하는지는 항상 고민이 되는 부분이다. 아무튼 그날 서울역 '회군'으로 인해 5월 18일부터 광주에서의 대량 살상이 일어나게 된다.

그때서야 사태의 심각성을 깨달은 김대중과 김영삼이 5월 16일 회동을 했으나 이미 때는 늦었다. 비상계엄의 전국 확대와 동시에 사전에 작성된 명단에 따라 김대중을 비롯한 정치인, 재야 인사, 학생들이 체포된다. 박정희 사망 이후 민주화의 꿈에 부풀었던 '서울의 봄'은 이렇게 허무하게 끝났다.

대학에 갓 입학한 신입생이던 나는 그런 것까지는 알 수가 없었다. 역사의 흐름을 알지 못했다. 때로는 자기가 서 있던 자리가 역사적 자리였음을 한참 뒤에 가서야 아는 경우가 있다. 서울역에서의 집회를 마치고 집으로 가기 위해 버스를 탔다. 내 몸에서 나는 최루탄 냄새 때문에 승객들이 기침을 하고 난리가 났다. 나는 미안해서 맨 뒷자리에 앉았다. 그 자리에 앉아있던 사람이 혀가 꼬부라진 채 말했다.

"너 데모했구나, 인마. 나도 네 나이 때는 그랬어."

지금도 그런 얘기를 하는 사람들이 있다. "내가 말이야, 네 나이 때는…" 어쩌고저쩌고 하면서 말이다. 나는 그 말이 되게 싫었다. 그 사람처럼 살지는 않겠노라고 결심하고, 일기장에 썼던 기억이 있다. 추억은 좋은 것이다. 어쩌면 인간만이 유일하게 기억을 가지고 과거를 반추하며 사는 것인지도 모른다. 하지만 "나도 젊었을 때는 그랬노라." 하고 얘기하는 사람만큼은 정말 되고 싶지 않았다.

취해 있었던 그 사람이나 나나 역사 속에서 보면 정말 작은 존재에 불과하다. 그러나 그 보잘 것 없는 우리가 역사를 만들어왔고, 변화시켜 왔다. 광주를 피로 물들이고 등장한 전두환 정권에 대한 싸움을 할 때 부모님을 비롯한 많은 사람들이 만류했다. "계란으로 바위치기"라는 게 가장 많이 들었던 얘

★ '서울의 봄'의 기록

하오 4시 서울역 2층 그릴에서 각 대학생 대표들이 모인 가운데 긴급 대책회의가 열렸다. 여기서 학생 대표들은 서로 엇갈린 주장을 교환했다.

"경찰과의 충돌은 불가피하다. 중앙청 방면으로 진출하자.", "시민들 반응도 그렇고 군대가 출동했다는 정보도 있다. 싸움을 계속하면 유혈 사태가 발생할 것이다. 일단 여의도 광장으로 퇴각하자.", "아니다. 현재의 농성장인 서울역 광장에 계속 머물자." 결론이 나지 않자 20여 명의 각 대학 총학생회장들은 현장에 있던 서울대의 마이크로 버스에서 연석회의를 가졌다.

여기서 연좌 데모는 밤 8시 30분에 끝내고 학교로 돌아간다는 결론을 보았다. 서울대 학생회장(심재철이다)이 마이크로 버스 위에 올라갔다. "지금 이 시각에서 우리 회장단은 각 대학의 특수한 상황보다는 책임감 있는 행동을 해야 할 것이라고 판단했다. …… 지금부터 각 대학은 스크럼을 짜고 구호를 외치며, 노래를 부르고 힘차게 학교로 돌아가자."

그리고 16일은 '국민에게 드리는 글'이라는 유인물을 들고 가두 홍보에 들어갔다. 시위에서 가두 홍보로의 전환한 것이다. 17일 토요일 평온, 18일 일요일 비상계엄 전국 일원으로 확대, 그리고 그리고 전남대 시위로 5·18이 시작되었다.

『저 들에 푸르른 솔잎을 보라』 중에서 / 거름총서6 푸르른 솔잎을 보라

기다. 그러나 무수히 깨지기만 하던 그 계란으로 15년만인 1995년에 전두환을 구속시키고야 만다.

촛불 집회 때 <대한민국은 민주공화국이다>라는 노래를 많이 불렀던 것처럼 당시 많이 부른 노래가 있다. "우리들은 정의파다 훌라훌라 / 같이 죽고 같이 산다 훌라훌라 / 무릎을 꿇고 사느니 보다 서서 죽기를 원한다 / 우리들은 정의파다"라는 노랫말의 노래다.

이 노래 중에서 "훌라훌라"는 "좋다좋다"로 바꿔 부르기도 하고, 어떤 사람이 가사를 바꿔서 "전두환은 물러가라 좋다좋다" 하면 자연스럽게 2절이 되고, 또 3절을 누군가가 만드는 그런 노래였다. 우리는 그걸 <훌라쏭>이라고 이름 붙였다. 그렇게 1980년은 시작되고 있었다.

공수부대에 진압된 문무대 군복 시위

서울역 데모를 마치고 돌아온 지 며칠 안 되어 신입생 남자들은 모두 군사훈련을 받으러 군대에 입소하게 된다. 그때는 모든 대학교의 남학생들은 군사훈련을 받아야 했다. 지금은 없어졌지만 당시에는 고등학교 때부터 교련 시간이란 게 있어서 그 시간에는 수업 대신에 군사훈련을 받아야 했다.

교련 선생은 주로 군인 출신들이 맡았다. 우리들은 교련 선생에 대해 주로 '똥개' 혹은 '미친개'라는 별명으로 불렀다. 그만큼 지독했다. 1학년 때는 문무대라는 곳으로, 2학년 때에는 전방 부대에 입소해 강도 높은 훈련을 받았다.

조만간 휴교령이 있을 것이라는 소문과 군사교육 자체를 거부해야 한다는 이유 등으로 인해 입소 반대 데모가 있긴 했지만 그 수레바퀴를 바꾸지는 못한다. '학교 수업의 연장이므로 휴교령이 내려지면 당연히 퇴소'한다는 전제를 달고 입소한다. 우리는 10일 동안 남한산성 근처의 문무대라는 곳에 들어가 각개전투 등 군사훈련을 받는다.

그러던 중 우리는 계엄령 확대 선포와 휴교령 소식을 군복을 입은 채 들었다. 수업이 없어졌으므로 퇴소하는 게 당연한 상식이라고 생각한 순진한 우리는 역사상 전무후무한 시위를 문무대 교정에서, 그것도 군복을 입은 채로 하게 된다. 열을 지어 운동장을 돌며 구호를 외치자 당황한 문무대 측은 급기야 학교 총장을 불러온다. 우리는 운동장에 앉아 있었다. 마침 하늘을 수놓으며 낙하 훈련을 하던 공수부대의 아름다운 낙하산을 보고 있었다. 어느 새 불려 왔는지 대학교 총장이 나타난다.

"이러면 정말 큰일 난다. 내가 책임질 테니 당장 중지하고, 빨리 숙소로 들어가라."

총장은 겁에 질린 목소리로 절박하게 말했다. "택도 없는 소리"라며 코웃음을 치는 순간 공수부대원들을 태운 군용트럭이 굉음을 내며 정문으로 들어왔다. 기억이 맞는지는 모르겠지만 18대의 트럭은 연병장 뒤에 차례로 섰다.

차가 서자마자 총 끝에 대검을 단 공수부대원들이 일사불란하게 움직이기 시작했다. 그들의 절도 있고, 힘 있는 구호 소리만으로도 우리는 겁먹기 충분했다. 순간 누가 먼저랄 것도 없이 우리는 내무반을 향해 뛰기 시작했다. 그렇게 잽싼 행동은 아마 없을 거다. 이후 주동자들이 그들에게 불려가서 곤욕을 치렀다는 얘기를 비참하게 들어야 했다.

"제군들 여기가 어딘가?" 보안사 대위는 45구경 권총을 뽑아들고 거칠게 노리쇠를 밀었다 놓으며 우리를 향해 총구를 겨눴다. "신성한 군사교육장에서 계엄령을 무시하고 집단행동을 해? 너희놈들 모두를 이 자리에서 내 직권으로 사살해버릴 수 있어."   _<한겨레 21> 2006년 4월 26일 제606호

대학 동기인 소설가 방현석의 기억이다. 나는 밥을 먹으러 가며 그들을 본 적이 있다. 그 후 며칠 동안인가 우리가 무슨 일을 또 저지를까봐 모든 곳에 그들이 있었다. 핏발 선 눈, 얼굴엔 도무지 표정이라는 게 없었다. 도열해 있던 그들 중 하나가 갑자기 픽 쓰러지기도 했다. 거의 잠을 안 재운 상태라는 수군거림이 있었다. 나는 살벌하다는 게 무엇인지를 그때 알았다. 뒤에 그들이 광주에 투입되었다는 얘기를 듣는다.

그땐 몰랐지만 역사적으로 본다면 광주에서 형제들이 쓰러지고 있을 때 우리는 군사훈련을 받고 있었던 셈이다. 문무대 교육을 마치고, 학교를 방문한 적이 있다. 휴교령이 내려질 것을 예상하지 못하고 도서실 사서함에 책을 맡긴 게 있어서 그 책을 찾아야 했다. 찾아간 학교는 빨간 유니폼을 입은 공수부대가 차지하고 있었다. 탱크까지 교정에 버젓이 들어와 있었다. 그들은 우리가 자유롭게 거닐던 교정을 장악하고 잔디 위에서 축구를 하고 있었다.

철모에 하얀 띠를 두르고 정문을 지키고 서 있던 계엄군에게 학교 방문의 이유를 얘기하고, 중문(中門)을 통해 들어가라는 답변을 듣고 돌아서는 순간, 뒤에서 총을 쏠지도 모른다는 두려움을 느꼈다. 활기 넘치던 학교 앞 거리는 쥐 죽은 듯 고요했다.

우린 광주의 일을 몰랐다

'사람이 사람을 보고 처음으로 두려움과 무서움을 느낀 날'이라고 어딘가에 써 놓았다. 그때까지도 나는 소문만 들었지 저 남쪽 광주에서 무슨 일이 있었던가를 정말 하나도 몰랐다.

광주에 대해서는 많은 책과 증언이 나와 있으니까 그걸 보는 게 낫겠다. 내가 직접 경험한 게 아니니까. 그러나 이것만은 분명히 알아두자.

서울의 봄이 비극적으로 끝나가는 시점에 광주에서는 학생과 시민들이 '영웅적'인 투쟁을 시작한다. 5월 18일 오전 9시 전남대 정문 앞에서 시작된 학생들의 시위를 공수부대가 잔인하게 진압한다. 이에 분개한 시민들이 참여하면서 광주 시민 전체의 항쟁으로 발전한다.

공수부대의 학살로 수많은 사람들이 죽어가자 퇴로가 없는 시민들은 파출소 등에서 무기를 탈취하여 무장하기 시작한다. 5월 21일에는 시민들이 광주를 장악한다. 시민들이 집에서 밥을 해오고, 부상자를 앞을 다투어 치료하던 때의 아름다운 기록들이 남아있다.

계엄군의 포위 속에 고립된 광주 시민들은 다른 지역 시민들의 궐기와 미국의 도움을 애타게 기다렸다. 그러나 언론은 광주 시민들을 불순분자에 의해 사주 받은 폭도로 몰았다. 미국은 오히려 계엄군의 광주 진압을 승인한다.

5월 27일 새벽, 탱크를 앞세운 계엄군이 광주로 진입한다. 카빈 소총으로 무

계엄군에 의해 희생된 시민들을 도청 앞 분수대로 운구하는 모습. (사진=경향신문, 민주화운동기념사업회 ©)

장한 시민군이 잠시 저항했으나 중무장한 계엄군에 의해 차례차례 사살됐다. 광주 시민들의 처절하고 영웅적인 투쟁은 수많은 희생과 함께 끝난다.

당시 시위를 할 때면 주로 불렀던 노래가 있다. 광주에 대한 기억을 담은 <오월의 노래>라는 것이다. 원래 노래는 'Qui a tue grand maman?'(누가 할머니를 죽였나요?)라고 한다. 프랑스의 한 재개발 지역에서 할머니가 자신의 정원을 지키기 위해 투쟁하다 목숨을 잃는 사건이 있었는데 바로 그 할머니를 애도하며 만든 1971년 곡이다. 그 후 전 세계에서 개발 독재에 저항하는 상징적인 노래가 되었다고 한다.

꽃잎처럼 금남로에 뿌려진 너의 붉은 피
두부처럼 잘려나간 어여쁜 너의 젖가슴
오월 그날이 다시오면 우리 가슴에 붉은 피 솟네

왜 쏘았지 왜 찔렀지 트럭에 실려 어딜갔지
망월동에 부릅뜬 눈 수천의 핏발 서려있네
오월 그날이 다시오면 우리 가슴에 붉은 피 솟네

산 자들아 동지들아 모여서 함께 나가자.
욕된 역사 고통 없이 어떻게 헤쳐 나가랴
오월 그날이 다시오면 우리 가슴에 붉은 피 솟네

나는 너희들이 지금도 가슴이 저며오는 5월 광주를 기억하기 위해 언젠가 반드시 한 번은 광주 망월동 묘역을 찾아주길 바란다. 어제 없이 오는 오늘은 없다.

★ 광주 민중 항쟁

80년 5월 28일 〈조선일보〉 사설. 시위대는 전남 뿐 아니라 전북 등 전국적인 진출을 시도했으나, 계엄군은 고속도로와 철도를 철저히 봉쇄했고 언론 보도도 통제했다. 광주는 전남 이외의 지역과는 철저히 고립돼 있었다.

- '서울역 회군' 이후 전두환 등 신군부 세력은 5월 17일 비상계엄을 전국으로 확대. 전국의 대학에 휴교령.
- 5월 18일 10시경 등교 중이던 전남대생들의 출입을 계엄군이 제지하자 학생들이 항의 시위를 벌이다가 시내로 집결. 학생들이 시내에서 가두시위를 하자 계엄군은 오후 3시부터 시내로 투입되어 진압 시작. 이 소식에 시민들 금남로로 모임.
- 5월 19일 오전 2,000~3,000여 명으로 늘어난 시민들 자연스럽게 군경과 대치. 충돌 시작 30여 분 후 11공수여단 1,000여 명이 트럭 30여 대로 도청 앞과 금남로에 진출, 남녀노소를 가리지 않고 무차별 구타.
- 5월 20일 오후가 되면서 시장의 상인들까지 시위에 가세하 그 인파는 10만 명을 넘김. 공수부대의 만행에 격분한 택시 기사들이 200여대의 차량 시위를 감행. 시내 곳곳에서 자발적인 시위대 형성. 밤 11시경 광주역에서 시위대가 차량을 앞세워 군의 저지선을 돌파하려 하자 공수부대 시민을 향해 발포 시작. 시민들은 남녀노소 없이 무차별적으로 폭행당했으며 여성들에 대한 성추행도 저질러짐. 학생들에게 사격을 가해 시신을 암매장했을 뿐 아니라 시내에서 연행해 온 시민들을 교도소 안에서 구타해 사망케 한 경우도 있었음. 시민들의 분노는 결사 항쟁의 의지로 발전.
- 5월 21일 오후 1시 도청 스피커에서 애국가가 울려 퍼지면서 계엄군이 시민들을 향해 일제히 집단 발포 시작. 이때부터 시민들은 자위 차원에서 무장을 시작.
- 5월 22일~25일 광주시 계엄군에 의해 고립. 시민군이 도청을 장악하고 어지러운 거리를 자발적으로 청소하는 등 질서를 회복해나가기 시작. 사태 수습을 위해 민주인사 20여 명으로 구성된 5·18수습대책위원회를 결성. 치안 유지 업무 수행 등으로 시내 평온 유지. 수습위원들 계엄사 방문해 수습안을 전달. 무기 회수를 둘러싼 시민군 내부 의견 불일치로 무기 반납을 거부하고 끝까지 싸울 것을 주장하는 새 항쟁 지도부 탄생.
- 5월 26일 새벽 계엄군이 탱크 등을 앞세우고 농촌진흥원 앞까지 진출하자, 수습대책위원들은 일명 '죽음의 행진'을 감행하며 무력 진압을 저지.
- 5월 27일 새벽 도청 탈환을 목표로 조직된 특공대가 광주시내 주요 지점 진입. 새벽 4시가 지나면서 탱크와 중무장 헬기, 자동화기와 수류탄 등으로 무장한 공수부대원들에 맞서 시민군 마지막 항전. 작전 개시 1시간 30분만에 계엄군 도청 점령 완료. 생존자는 '총기 소지자' 내지 '특수 폭도'로 분류 체포.

저항의 시작

나의 대학 생활은 그렇게 시작됐다. 청춘을 즐길 시간도, 막 피기 시작한 장미꽃을 볼 틈도 없었다. 사람들은 모두 무겁게 침묵했다. 광주의 진실을 알게 된 것은 그 후 누군가 보여 준 <Newsweek>라는 미국 주간지에 실린 사진과 글을 통해서였다.

 정치가 무엇이고, 정권이 무엇이기에 수많은 사람들의 목숨을 그렇게 쉽게 죽일 수 있는 걸까? 정확한 통계는 여전히 모른다. 광주에 대해서는 이후 얘기를 통해서, 그리고 책을 읽으면서 더 자세히 알게 되고, 그럴수록 분노는 걷잡을 수 없이 커졌다. 촛불 집회 후 그렇게 많은 사람들이 죽었다면 과연 너희는 어떻게 생각하고 행동했을까?

 문무대 군사훈련을 마치고 돌아온 뒤 긴 휴교령이 시작된다. 너희가 휴교령이 무언지 알까? 눈이 많이 오든가, 홍수가 나면 학교를 쉬게 할 때 정부는 휴교령을 내린다. 그런데 당시는 그게 아니었다. 대학생들의 시위를 막기 위해 학교 문을 정부가 일방적으로 닫아 버린 것이었다. 같은 단어도 시대에 따라 의미가 다른 법이다. 학생들이 아예 모이지도 못하게 휴교령을 내려놓고 전두환은 광주 시민을 죽이고, 대통령이 된다.

전두환, 많은 사람의 인생을 바꾸게 만든 그는 그렇게 등장한다. 나는 한 번도 전두환을 대통령이라고 부르지 않았다. 동족을 죽인 살인마를 도저히 대통령으로 생각할 수가 없었다. 1980년 9월 1일은 전두환이 제11대 대통령에 취임한 날이다.

통일주체국민회의 사무처 앞에 붙은 대통령 후보자 등록 공고문. (사진=경향신문, 민주화운동기념사업회 ⓒ)

1979년 12월 12일 군사 반란을 일으킬 당시 소장이었던 그는 9개월여 만에 대장으로 두 계급 특진했고, 8월 22일 예편한 뒤 불과 닷새 만에 대통령 선거를 치른다. 박정희가 만든 유신헌법 아래서 생겨 '거수기'로 불린 통일주체국민회의를 통해서 대권을 넘겨받는 일은 누워서 떡 먹기였다. 혼자 출마했으니까 말이다. 기권 1명을 제외한 2,524명이 찬성표를 던졌다. 웃기는 얘기다. 그때 통일주체국민회의에 참가하여 찬성표를 던진 사람들은 지금 무엇을 하고 있을까? 아마도 정치권의 주변에 있거나 부자로 잘 살고 있을 거다. 한 번도 과거의 역사를 청산하지 못한 게 우리나라의 현대사이니까!

감옥에서 받은 삼청교육

또 무엇을 했을까? 전두환은 사람들의 관심을 다른 데로 돌리기 위해 광주 항쟁을 진압하자마자 '삼청교육대'라는 것을 만든다. 박정희도 그랬었다. 4·19 혁명을 누르고 5·16 쿠데타를 하자마자 이후 불량배들을 체포하는 것으로 정당성을 확보하려고 했다. 삼청교육대는 처음 들어보는 얘기겠다. 기억을 되살리기 위해 인터넷을 검색하다 보니 아마 너희 또래인 듯한 학생이 "삼청교육대라는 대학도 있나요?"라고 질문을 했더구나.

   그만큼 세대 차이가 있는 거겠지? "군대, 낙성대, 청와대가 대학이 아닌 것처럼 삼청교육대 역시 학교가 아닙니다."라고 누군가 친절하게 답을 달아 놓았더라.

   사실 삼청교육대는 무시무시한 얘기다. 마치 영화 <실미도>가 북파공작원이 있었던 것을 나중에야 알려주는 것처럼 삼청교육대라는 단어도 그동안 감춰지고, 잊혀져 있었다.

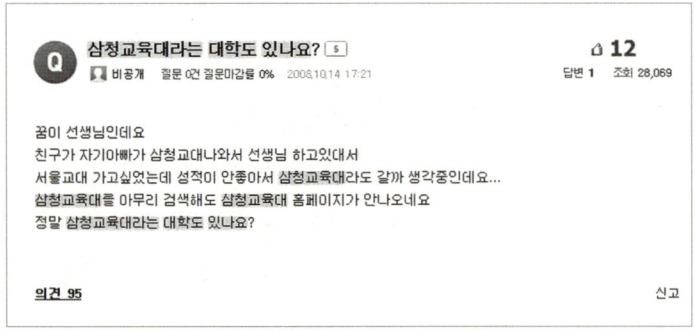

'삼청교육대'를 포털사이트에서 검색하면 이런 질문이 올라와 있다.

전두환은 1980년 8월 4일 '계엄포고령 13호', '삼청 5호 계획'을 발표하면서 "폭력범과 사회풍토 문란사범을 소탕"하겠다고 나섰다. 사회악을 뿌리 뽑겠다는 거였다. 나도 1982년에 감옥에 가서 삼청교육이란 걸 받아 보았지만 내가 받은 건 장난에 불과했다.

5개월 동안 6만755명을 체포해 등급을 나눴다. 이들 중 A급 3,252명은 군법회의에 회부하고, B, C급 3만9,786명은 순화교육 대상자로 분류해 6개월 복역시키고, D급 1만7,717명은 경찰서에서 훈방 조치한다. 어마어마하다고 할 수밖에 없다. 그 결과는? 1988년 국회 국방부 국정감사 발표에 의하면 현장 사망자가 52명, 후유증으로 죽은 사람이 397명, 정신장애 등 상해자 2,678명이 발생했다고 한다. 이런 무시무시한 역사가 1980년에 진행됐다는 것을 기억해 두자. 너무 무서운 얘기다.

휴교령이 내려진 후 서산 고모집에 내려가 있던 나는 밤이면 끝없는 계단에 굴러 떨어지고 몽둥이를 든 전경들에게 쫓기는 악몽을 꾸었다. 광주에 대해 알면 알수록 무언가를 해야 한다는 강박이 생겼다. 그동안 다니던 광화문의 새문안교회를 벗어난 것도 그때쯤이다. 초등학교 때부터 교회를 다닌 나는 고등학생이 되면서부터 형의 권유로 광화문에 있는 새문안교회로 옮겼었다. 그즈음의 새문안교회는 대학 선배들 대부분이 구속되는 것을 당연시했던 분위기였고, 매주 세미나를 진행하고 있었다. 선배들은 박정희 정권의 유신 반대 투쟁으로 많이 구속된다. 대학 선배들은 고등학생인 우리에게도 영향을 준다. 리영희 교수가 쓴 『전환시대의 논리』나 『우상과 이성』 같은 책은 이미 고등학교 때 본다. 우연찮게 고등부 학생회장이 되었던 나는 친구들과 같이 공부를 하면서 많이 배운다. 그러나 효과적인 저항을 위해서는 아무래도 교회운동보다는 같은 학교에 다니는 친구들이 중요할 것 같다는 판단을 내리고 본격적으로 학교에 있는 사람들을 물색하기 시작한다.

1981년 첫 번째 연행

여기저기서 저항이 시작됐다. 그것은 아까운 젊은이들의 죽음으로 출발했다. 80년 5월 30일 서강대에 다니던 김의기가 종로 5가 기독교회관 6층에서 광주 항쟁과 관련한 유인물을 뿌린 후 투신자살한다.

> 피를 부르는 미친 군홧발 소리가 고요히 잠들려는 우리의 안방에까지 스며 들어 우리의 가슴과 머리를 짓이겨 놓으려 하는 지금, 동포여 무엇을 하고 있는가? 보이지 않는 공포가 우리를 짓눌러 우리의 숨통을 막아버리고 우리의 눈과 귀를 막아 우리를 번득이는 총칼의 위협 아래 끌려 다니는 노예로 만들고 있는 지금, 동포여 무엇을 하고 있는가? …… 우리는 이긴다. 반드시 이기고야 만다. 동포여, 일어나 유신 잔당의 마지막 숨통에 결정적 철퇴를 가하자 일어나자!
> _김의기, 동포에게 드리는 글 중에서

이것을 시작으로 정말 무수히 많은 사람들이 광주의 진실을 알리기 위해 죽어간다. 물론 신문에는 한 줄도 나오지 않았다.

1981년, 2학년이 되고 나서 얼마가 지났을까? 하루는 강의실에 제일 먼저 도착했는데, 선배 둘이서 책상 위에 무언가를 올려놓고 있는 게 눈에 띄었다. 받아보니 동요들의 가사를 바꾸어서 전두환 정권을 신랄하게 비난하는 내용이 적혀 있는 한 장짜리 유인물이었다.

문학도라는 특성을 활용해 구전(口傳) 동요를 만든 셈이었다. "햇볕은 쨍쨍 모래알은 반짝, 모래알로 떡해 놓고 조약돌로 소반지어…"라는 동요를 고쳐 "햇볕은 쨍쨍 대머리는 반짝" 등으로 바꾼 내용이었다. '거 참, 재밌네.'라는 정도의 생각으로 가방 속에 넣었다. 마침 그 날은 몸이 아파서 수업을 다 듣지도 못하고 오후에 집으로 들어가 잤다. 그리고 다음날 등교하니 경찰이 기다리고 있었다. 선배들이 50여 장을 복사해서 돌린 유인물을 거의 다 수거한 경찰은 나머지를 찾다가 마침 나에게도 주었다는 사실을 알고 찾아온 것이었다. 노량진 경찰서로 가서 조사를 받고 나서야 풀려날 수 있었다.

유인물 한 장 준 것까지도 경찰에게 말한 순진하고, 착하디착한 박문수 등 선배 둘은 '집회 및 시위에 관한 법률 위반'으로 구속된다. 그런 세상이었다. 아무튼 나는 그 사건을 계기로 학교에 상주하고 있던 경찰의 눈에 띄게 된 셈이었다. 그리고 그 해 5월 사학과 선배들의 시위가 학교 안에서 있었다. 모두 끌려가서 구속이 됐다. 앞으로 5월은 결코 조용히 넘어갈 수 없는 '항쟁의 계절'이 될 것임을 예고한 듯했다.

학교 쪽의 선은 의외로 쉽게 찾을 수 있었다. 국문과의 조진원이라는 선배를 만나게 되고, 본격적으로 학습을 시작한다. 다른 학과 친구들도 만난다. 물론 중간에 떠난 사람도 있다. 학습이라야 새문안교회를 다니면서 읽었던 책들을 다시 보는 것이었지만 체계적인 인식을 가지는 데 도움이 되었다.

학습은 일본어 강습을 통해 일어 책을 보는 것이었다. 지금이야 모든 책이 다 번역되어 있어도 안 읽는 세상이지만, 그때는 정말이지 책이 귀했다. 조금이라도 읽을 만한 책은 모조리 판매가 금지된 금서(禁書)였다.

김지하의 시도, 리영희의 책도, 심지어 김민기의 노래까지도 금지됐다. '혁명, 변증법, 마르크스, 계급, 노동'이라는 단어가 하나라도 있으면 그 책은 판매금지가 됐다. 따라서 우리는 단시간 안에 일본어를 배우고 선배의 강독 아래 일어책을 읽어야만 했다. 더욱이 내가 다닌 학교는 학생운동의 전통이 약한 관계로 2학년인 나는 선배한테 배우면서 동시에 신입생을 조직해 가르쳐야 하는 처지였다. 공부를 맘 놓고 할 장소도 마땅치 않아서 중국집에서 한 적도 있다.

두 번째 연행과 안기부 직원의 회유

그러던 어느 날 선배로부터 잠시 피신하라는 연락을 받는다. 나중에야 알게 되었지만 그 선배는 다른 학교와 연결되어 학교 안에 조직을 만드는 중이었다. 소위 '학림 사건'이라는 것이었다. 나는 지금도 대학로에 있는 학림다방을 갈 때마다 그 생각이 난다. 이 조직은 '전국민주노동자연맹'과 '전국민주학생연맹'으로 불려졌다.

먼저 선배를 만나서 알리바이를 맞췄다. 만일 잡혀갈 경우 언제 어디서 어떻게 만나고, 무엇을 얘기했는지 각본을 만들었다. 그것을 우리는 당시에 "이빨을 맞춘다."고 했다. 처음이라 무척 당황하긴 했지만 어차피 한 번은 들어가서 정리할 문제였다. 언제까지 도망다닐 수는 없는 일이었으니까.

어느 날인가 술이 만취되어 집에 들어섰다. 당시 우리는 수유리에 살았다. 통행금지 가까운 시간이었는데 대문 열쇠를 열고 집에 들어가는 순간 마루에 있던 낯선 두 형사가 나를 맞았다. 더 피해 있어야 했는데 긴장을 풀어버린 결과였다. 결국 1주일 동안 순화를 위한 정신교육을 받는다. 말을 잘하면 똑똑한 놈으로, 주동자로 몰리는 시기였다. 최대한 순진하게 보여야 했고, 이빨을 맞춘 대로 진술했다. 잡힌 사람들을 대충 등급을 나눴는데 나는 군에 입대하는 것으로 결정됐다. 같은 조직에서 공부를 해 왔던 네 엄마도 나와 마찬가지로 일주일을 경찰서에서 보내야 했음은 물론이다. 이때 잡힌 많은 사람들이 군대에 끌려갔고, 군대에서 의문의 죽음을 당하기도 했다.

졸지에 나의 대학 2년은 그렇게 두 번의 연행으로 지나가고 있었고, 덕분에 노량진 경찰서와 국가안전기획부의 집중 감시 대상이 되고 만다.

당시 경찰과 안기부 요원들은 아예 학교 안에서 상주하고 있었다. 이후 처리 과정에서 학교의 실수로 내가 군대에 바로 가지는 않게 되었을 때 안기부

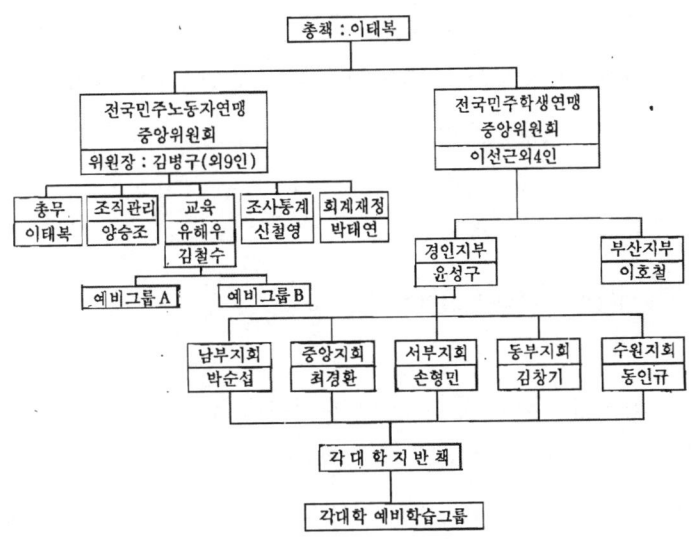

경찰이 발표한 조직도. (『80년대 민족민주운동 10대 조직사건』/ 민주화실천가족운동협의회, 민족민주운동연 지음 / 아침)

직원을 만난다. 대학교 선배이면서 동시에 같은 충청도 출신임을 강조하던 그는 군대에 바로 안 가게 된 것은 자신이 애를 썼기 때문이라고 얘기하면서, 소위 '프락치'가 되라고 압박했다. 순진한 척하면서 이후 공부만 하겠다며 넘어가긴 했지만 지속적으로 감시당하고 있는 것을 느낄 수 있었다. 학림사건으로 당시 26명에게 실형이 선고됐다. 그리고 이들은 31년이 지난 2012년에야 무죄 판결을 받는다.

그 사람들이 지금 무엇을 하는지 다 알기는 어렵다. 하지만 1심에서 사형을, 그리고 이후 무기징역을 받고 7년 동안 수감됐던 이 사건의 주모자 이태복은 이후 김대중 대통령 시절에 청와대 복지노동수석과 보건복지부 장관을 지낸다. 수석비서관과 장관을 하면서 그때 그 마음을 가지고 잘 했는지는 다른 사람들이 평가하는 게 맞겠다. 덧붙이자면 그는 2010년 지방선거 때 보수정당인 자유선진당 충남도지사 예비 후보이기도 했다.

다만 학생 조직의 책임자로 징역 7년을 받았던 이선근은 '민생'을 중심으로 여전히 왕성하게 활동하고 있다. 이후 자주 사람에 대한 얘기를 하겠지만 이런 사람은 아주 드문 경우다.

자음접변, 구개음화보다 중요한 삶

그때쯤 야학을 시작한다. 지금 대학로 마로니에 공원 바로 앞 '성 베다'라는 성공회 교회로 검정고시를 가르치는 곳이었다. 당장 마음이 급했던 우리는 검정고시가 아니라 노동법 등을 가르치는 '생활 야학' 내지는 '노동 야학'으로 바꾸고 싶어 했다. 그들에게는 배움과 검정고시를 통해 학력을 가지는 게 중요했지만 철부지 내 눈에는 그런 과정을 통해 '신분 상승'을 꿈꾸는 것조차 죄악처럼 느껴졌다. 그 때문에 성당 쪽과 갈등이 생기고, 결국 그 때문에 야학이 없어지고 말았다. 시간이 흘러 돌아보니 정말 아쉽다.

지금도 그렇지만 정권을 잡은 사람들은 자신의 반대편에 설 수 있는 모든 조직을 싫어한다. 특히 노동조합을 탄압한다. 이명박 정부가 노동조합에 대해 집중적인 공격을 가했던 것도 마찬가지 이유다.

80년 봄, 노동자들도 투쟁에 나선다. 1980년 3월 4일 서울 구로공단의 남화전자 노조 결성 투쟁을 시작으로 5·17 계엄 확대 전까지 투쟁은 전국으로 확산된다. 그러나 전두환은 사회정화라는 미명 하에 1981년부터 70년대의 대표적인 민주노조들의 활동을 중지시키거나 해체해 버린다. 1981년 청계피복노조, 1982년 원풍모방노조가 탄압으로 강제 해산되고 반도상사, 남화, 콘트롤데이타 노조 등도 노조 활동에 맞선 회사의 폐업으로 없어지고 만다. 그때나 지금이나 어용 상급 단체인 한국노총에 대한 민주화 운동도 중지된다.

전두환은 민주노조 말살을 필두로 160여 개의 노조를 강제 해산시키고 노조 활동을 강력히 규제한다. 112만 명이던 조직 노동자는 95만 명으로 줄어들었다. 아울러 노동운동을 통제하기 위해 산별노조를 기업별 노조로 바꾸고, 노조 설립과 합법 파업을 불가능하게 하는 각종 규제를 만들어 민주노동운동을 압살하려 했다. 노동운동에 대한 지원과 연대를 차단하는 제3자 개입 금지 조항도 신설한다.

전두환 군사독재와 맞서기 위해서는 학생만이 아니라 노동자도 조직해야 한다는 문제의식이 높아져 가고 있었다. 일부는 일찌감치 학교를 그만두고 직접 공장으로 향하기도 했다. 나는 야학에서 국어를 가르쳤지만 사실은 내가 더 많은 것을 배웠다. 자음접변이나 구개음화보다 더욱 중요한 '삶'이 거기에 있었다. 당시에는 노동자라는 말조차 없었다. 공돌이, 공순이가 그들을 부르는 이름이었다. 야학에서 학생들을 만나면서 내가 몰랐던 세계를 접하기 시작한다. 학생이라지만 나보다 나이가 많은 누나들도 많았다.

하루는 수업이 끝난 늦은 밤 집에 오는 길에 학생 7~8명과 함께 길에서 어묵을 사 먹었다. 2,000원도 채 안 되는 돈을 내가 지불하자 모두들 고맙다고 이구동성으로 말했다. 그것도 몇 번씩이나! 오히려 당황한 것은 나였다. 그 전날 종로에 있는 '상중하'라는 맥주집에서 여학생 2명과 먹은 술값은 8,000원 정도였던 것으로 기억된다. 큰 충격을 받았다.

내가 누리는 자유로운 시간은 어쩌면 다른 사람의 자유를 희생해서 얻은 것인지도 모른다. "누군가 16시간을 일하기 때문에 나는 8시간 이상의 자유를 누리는 것은 아닐까?"라는 의문을 처음으로 가졌던 것 같다. 그런 의문은 야학 학생이었던 진경이라는 아이를 만나면서 더욱 구체화된다. 당시 너희 또래였던 그 애는 시다였다.

이 경쾌한 노래가 금지곡이었다

영화 <친구>를 보면 "내가 니 시다바리가?"라는 대사가 있다. 시다라는 것은 봉제 공장에서 미싱사를 돕는 보조공을 말한다. 영화 <전태일>을 보면 많이 나온다. 진경이는 하루 15시간을 곰 인형을 만드는 봉제 공장에서 일하는 시다였다. 재봉을 하기 좋게 5명의 미싱사에게 곰 인형을 날라 주는 게 주된 일이었다. 그러면서 미싱을 배우는 것이다.

박노해의 <시다의 꿈>이라는 시가 잘 묘사해 주고 있다. 종일을 자기 키만큼 커다란 곰 인형을 나르고, 미싱사에게 이런저런 욕을 먹다보면 하루가 간다고 했다. 한번은 화장실에서 자다가 엄청 욕을 먹었다고 하면서 울기도 했다. 너무 어려서부터 일을 해서인지 키도 작았다. 수업 시간에는 졸기 일쑤였다. 어쨌든 야학에서 노동자들을 만나면서 사회에 대한 이해를 좀 더 깊게 할 수 있었다.

너희들이 <사계>라는 노래를 알지 모르겠다. 처음에는 '노래를 찾는 사람들'이 불렀고, 나중에 '거북이'라는 그룹이 불러서 유명해졌다. 내 핸드폰 컬러링이기도 하다.

> 빨간 꽃 노란 꽃 꽃밭 가득 피어도
> 하얀 나비 꽃 나비 담장 위에 날아도
> 따스한 봄바람이 불고 또 불어도
> 미싱은 잘도 도네 돌아가네

이 경쾌한 노래가 당시에는 부르는 게 금지됐던 노래라면 이해할 수 있을까? 4계절 내내 미싱을 돌려야 하는 노동자들의 힘겨운 일상을 다룬 이런 노래를 군사정부는 용납할 수가 없었다.

★ 그 시대 금지곡, 금서들

독재정권은 기본적으로 인권을 탄압한다. 또 독재자들이라면 누구나 하는 짓이 있다. 책을 금하고(금서), 노래를 금하는(금지곡) 일이다. 박정희 시대도 예외는 아니었다. 수많은 금지곡과 금서가 쏟아져 나왔다. 피로 물든 총칼로 정권을 잡은 전두환은 민심 수습을 위해 출판 통제를 완화하는 모습을 보여줬다. 그러나 출판의 자유는 오래가지 않았다. 독재자의 본모습을 숨길 수가 없었다.

전두환 정권이 82년 2월 유화 정책의 일환으로 이념 도서의 부분적 출판을 허용하고 처음 출간된 책이 이사야 벌린의 『칼 마르크스-그의 생애 그의 시대』인데 출간 40일 만에 5만 부 이상 팔려나가는 기록을 세웠다. 뒤이어 레오날드 샤피로의 『소련공산당사』, 칼 포퍼의 『열린 사회와 그 적들』, 밀즈의 『마르크스주의자들』 등이 쏟아져 나오면서 사회과학 출판의 전성시대가 열렸다.

그러나 사회과학 서적의 보급으로 현실 비판적 시각이 확산되자 위기감을 느낀 정권은 85년 5월 '불온 책자에 대한 유관 기관 실무대책반'을 구성해 대학가 주변의 사회과학 서점, 출판사, 인쇄소에 대한 대대적인 압수 수색과 불온 도서 및 유인물에 대한 단속을 강화했다. 이때 금서로 지정된 책은 무려 1,000여 종이 넘었다. 금서의 기준은 자본주의를 적대시하고 공산주의를 고무 찬양하거나 북한을 찬양하는 내용이었는데, 실제로 그 적용은 아주 무원칙했다. 이미 발표된 내용을 재출간했는데 금서가 되기도 했고, 원서는 금서가 아닌데 번역본은 금서인 경우와 그 반대인 경우 등 일관성이 없었다.

80년대 학생운동에 논쟁이 시작되고 이론과 이념에 근거하려는 움직임이 나타나면서 마르크스-레닌주의 원전들이 활발히 읽히기 시작했고, 이런 책들은 금서의 주요 대상이었다. 원전을 읽은 학생들은 대중을 상대로 한 철학서나 교양서들을 출간하기 시작했는데 그것도 금서가 되었다. 『노동자의 철학』, 『철학에세이』가 대표적인 예이다. 문학 관련으로는 노동운동과 5월 광주민중항쟁을 소재로 한 내용이 주로 금서가 됐다. 박노해의 『노동의 새벽』이나 전태일 열사의 이야기를 다룬 『어느 청년 노동자의 삶과 죽음』이 대표적이다.

독재정권은 출판의 자유만 억압한 것이 아니었다. 조금만 거슬리면 시도, 노래도 금지했다. 한대수의 〈물 좀 주소〉는 중앙정보부에서 자행하는 물고문을 연상시켜 금지곡. 한대수의 〈행복의 나라〉는 지금 불행하니 행복의 나라로 가자는 의미로 해석해 금지곡. 송창식의 〈고래사냥〉은 고래사냥이 포경 수술을 의미한다고 금지곡. 김민기의 〈아침이슬〉은 '태양은 묘지위에 붉게 떠오르고' 등 가사 때문에 금지곡. 김추자의 〈거짓말이야〉는 사회 불안을 조장한다며 박정희 시절부터 금지곡. 이런 식이었다.

전두환은 이보다 더했다. 10·26 당시 현장에 있었기 때문에 방송에 나오면 국민들이 박정희를 생각하고 동요할 수 있다는 이유로 가수 심수봉의 방송 출연 자체를 금지했다. 대표적인 심수봉의 금지곡은 〈순자의 가을〉이었는데, 전두환 부인의 이름이 이순자다. 또다른 금지곡이었던 〈무궁화〉는 가사 중 '참으면 이긴다' 등에 대해 전두환이 언짢은 한 마디를 한 것이 발단이었다고 한다. 뿐만 아니다. 배우 박용식은 전두환과 꼭 닮은 외모 때문에 방송 출연이 금지됐다. 전인권의 〈사노라면〉은 '내일은 해가 뜬다'는 가사가 문제가 됐다. 지금은 해가 안 떠있냐는 거였다.

이런 저질 개그가 판을 치던 시대의 독재자 박정희를 좋아하는 젊은 사람들이 있다는 참으로 씁쓸한 일이다. 게다가 전두환을 추켜세우는 자들은 말해 무엇하랴.

아빠와 촛불 집회를 처음 갔었을 때.
많은 사람들과 많은 불꽃.
그 어떤 때보다 조용했던 순간이었다.

나를 던진 우리들

1982년은 미국문화원에 대한 방화 사건으로 시작됐다. 광주 항쟁 당시에도 가톨릭농민회 회원들에 의해 광주 미문화원 방화 사건이 있었다고 한다. 물론 계엄 당국의 보도 통제로 알려지지 않았다. 당연히 나도 몰랐다.

그때처럼 방송과 신문 등 언론 장악이 완벽했던 적은 없었다. 그러나 아무리 언론을 차단한다고 해도 '밤 말은 쥐가 듣고 낮 말은 새가 듣는 법'이다. 이 사건에 대해 전해들은 사람들은 몰래 준비를 시작한다. 광주의 참상과 독재자들의 만행, 그리고 이것에 미국이 개입됐다는 것을 알리기 위해 상징적 의미로 부산 미문화원에 불을 지르기로 결심한다.

3월 18일 4명의 여학생이 문화원에 직접 휘발유를 붓고 불을 질렀다. 3명의 남학생은 근처 유나백화점과 국도극장에서 전두환 군사독재 정권에 반대하는 이른바 '반체제' 유인물을 뿌렸다. 이 사건으로 모두 15명이 구속된다.

1982년 3월 21일자 <조선일보>는 '누구를 위한 방화인가-미문화원 소실과 민족적 수치'라는 제목의 사설을 통해 "그 어느 때보다도 양국 간의 안보 협력 체제는 공고하고 긴밀한 형편이다. 이런 까닭으로 해서 더욱더 한미 관계

82년 3월 18일 검은 연기가 솟아오르는 부산 미문화원 건물의 화재를 진압하는 소방대원들. (사진=경향신문, 민주화운동기념사업회 ⓒ)

를 이간하려 했을는지 모른다. 그러나 계란으로 바위를 깨려는 망상과 다름 없다."고 썼다. 물론 방화의 이유나 배경은 전혀 없었다.

광주 민주화운동 유혈 진압을 묵인함으로써 사실상 전두환 군사정권을 지지한 미국에 대한 본격적인 투쟁은, 이때부터 격렬한 사회적 논쟁을 불러오면서 시작된 셈이다.

이후에도 미국 대사관과 문화원은 미국에 대한 항의를 표현하기 위한 주요 대상이 된다. 왜 전경들이 미국 관련 건물들을 철통같이 방어하고 있는지 알겠지? 그것은 결코 2001년 미국에서 발생한 9.11 테러 때문만은 아니다.

은지 너도 촛불 시위에 결합한 수많은 평범한 시민들을 보았지? 그 사람들도 그렇듯이 누구나 처음부터 '운동'을 생각하는 건 아니다. 도대체 '운동'이란 게 무엇일까? 당시 지배층은 '운동권'이라는 새로운 용어를 만듦으로써 우리와 다른 사람을 구분하려 했다. 한국전쟁 직후의 '빨갱이'와 비슷한 용어로 하고 싶었겠다.

우리는 왜 걷거나 달리거나 운동을 하지? 바로 건강해지기 위해서다. 운동권이라는 이 괴상한 사투리는 그렇기 때문에 '사회 전체를 건강하게 만들려는 사람들'이라고 해석되어야 할 것 같다. 80년 광주 항쟁의 기억은 아주 소심한 사람까지도 운동의 근처에 머물도록 만들었다. 그 시대를 살았던 누구도 거기서 벗어날 수 없었다. 분노와 저항이 아니면 자책밖에 남을 게 없었다. 차라리 몰랐다면 모를까.

이런 와중에서도 대학은 굴러갔다. 수업 시간에는 소설은 김동리 교수가, 시는 서정주 교수가 강의했다. 문학적으로 보면 아주 유명하신 분들이었지만 나는 무관심했다. 밖에서는 사람이 죽어가는 데 뜻도 모를 언어를 나열하고 그걸 시라고 하는 동기들이 한심해 보이기까지 했다.

★ 3.18 부산 미문화원 방화 사건
광주 항쟁은 운동권들에게 '반미'를 각인시키는 계기가 된다. 12.12 사태 때 신군부의 군사행동을 방조하고, 항쟁이 진행 중이던 1980년 5월 23일 위컴 한·미연합군사령관이 연합사 소속 병력의 광주 시위 진압에 동의하는 등 미국이 광주 학살 및 전두환 신군부의 집권을 지원·인정한 것이 알려지면서 반미 투쟁이 불붙기 시작했다. "미국은 더 이상 한국을 속국으로 만들지 말고 이 땅에서 물러가라."라는 제목으로 이날 뿌려진 유인물에는 "이제 우리 민족의 장래는 우리 스스로 결단해야 한다는 신념을 가지고 이 땅에 판치는 미국 세력의 완전한 배제를 위한 반미 투쟁을 끊임없이 전개하자. 먼저 미국문화의 상징인 부산 미 문화원을 불태움으로써 반미 투쟁의 횃불을 들어 부산 시민들에게 민족적 자각을 호소한다"라는 내용이 담겨있다. 이 사건은 광주 학살에 대한 미국의 책임을 물은 최초의 투쟁이었다.
하지만 이 사건으로 당시 문화원 내에서 책을 보고 있던 동아대생이 사망하는 안타까운 일이 있었다. 주동자들은 국가보안법, 계엄령, 현주건조물 방화 치사상, '집회 및 시위에 관한 법률' 위반으로 최하 징역 1년 집행유예 2년에서 최고 사형까지의 판결을 선고받았다.

나를 화나게 만든 사람들

어느 날 <샘터>라는 잡지에 법정 스님이 쓴 글을 보고도 화가 났던 기억이 난다. 시골에서 아침 길을 나서면서 농부가 잘라 낸 풀에 대해 절망하고, 개탄하는 내용이었다. 광주에서 죽어간 수많은 사람들의 죽음에 대해서는 한마디도 못하고 침묵하면서, 한낱 풀포기의 베임에 대해 분노하는 법정 스님에 대해 거꾸로 나는 분노했다.

두 번의 연행으로 경찰이 주목하는 대상이 되어버렸지만 그렇다고 우리가 조직 활동을 중단한 것은 아니었다. 아무리 뱁새눈을 뜨고 감시한다고 해도 모든 것을 잡아낼 수는 없었다. 신입생들을 몰래 모집하는 한편 학습을 계속 이어갔다.

리영희 교수의 글을 통해 그동안 받아 온 반공 교육이 얼마나 허구였는지를 알 수 있었다. 베트남 전쟁에 대한 진실과 중국에 대한 얘기를 통해 고등학교 때까지 배운 반공 교육이 온통 거짓투성이였다는 걸 알게 된 것은 일종의 충격이었다.

당시엔 판매 금지된 책들은 몰래 복사라도 해서 돌려봤다. 변증법 등의 내용이 들어있는 철학과 경제학 공부를 통해 세상이 돌아가는 이치를 알 수 있었다. 야학을 통해 노동하는 사람들의 힘듦을 볼 수 있었다.

무엇보다 내게 큰 자극을 준 것은 우리 역사 속에서 투쟁하던 선배들의 얘기였다. 재판 기록 등을 통해 그 이야기를 읽을 수 있었다. 그것만은 합법적이었다. 지금도 기억에 남는 것은 '남조선민족해방전선'의 기록이다. 1976년에 결성돼 박정희가 죽기 바로 직전에 검거된 이 사건으로 2명이 사형이 확정되고, 무기징역 5명 등 41명이 구속된다. 이 사건으로 구속된 사람 중에 가장 많이 알려진 사람은 이미 돌아가신 시인 김남주. 나중에 기회가 되면 그의 시를 한번 읽어보았으면 좋겠다.

인간에 대한 따뜻함과 적에 대한 분명한 분노가 표현되어 있다. 촛불 때 많이 불렀던 <함께 가자 우리 이 길을>이라는 노래도 그의 시다. 반면 가장 크게 돌아선 사람은 이명박 전 대통령을 만드는 데 큰 기여를 했다는 이재오 새누리당 국회의원이다. 이재오에 대한 얘기는 민중당 얘기할 때 또 나오니까 그때 하도록 하자.

선택을 위한 방황

그러나 그렇게 책을 읽는다고 해서 갑자기 투사가 되는 것은 아니다. 그즈음 학교 앞에서 자취를 하던 내 방은 공동의 공간이 된다. 2평도 안 되는 작은 방에 옹기종기 모여 앉아 술을 마시고, 얘기를 나누었다. 당시에는 통행금지가 있어 집에 못간 친구들이 걸핏하면 찾아왔다. 그러나 학습만은 내 방에서 하지 않았다. 감시도 감시였지만 방에서 마당으로 바로 이어지는 공간이 비밀스런 얘기를 하는 데 적합하지 않았다.

데모를 해야 한다는 생각이 있었지만 결심을 하지는 못하고 있었다. 무엇보다 갑자기 심장병으로 쓰러지신 아버지에 대한 걱정이 컸다. 자식이 감옥에 갔다는 사실을 알고, 만에 하나라도 잘못되면 평생 가지고 살게 될 죄책감을 생각했다.

이미 노량진 경찰서로 잡혀갈 때, 그리고 석방될 때 부모가 와서 데려가도록 조치하는 바람에 내가 뭘 하는지 다 알고 계신 상태였다. 감옥에 가면 얼마나 있어야 할지도 모르는데 아버지 모르게 할 수 있을지가 걱정이었다. 이 고민은 형들과의 상의를 통해 해결된다. 형들은 내가 군대에 가 있는 것으로 하기로 한다. 보통 다른 집은 이런 경우 말리는 경우가 많다. 동생이 감옥에 간다는 데 잘 다녀오라고, 집 걱정은 하지 말라고 한 형들이었다.

다른 하나는 실존적인 내 고민이었다. 러시아 혁명사를 공부하다 보면 혁명 성공 이후에 스탈린이 트로츠키를 죽이는 과정이 나온다. 물론 당시에는 제대로 된 혁명사가 번역이 되어있지 않았다. 그래도 이해가 안 됐다. '혁명이란 새로운 세계를 만들어 가는 과정인데 설령 혁명이 성공했다고 해도 가장 친한 사람들과 동지들을 죽여야 한다면 그게 무슨 소용인가?' 하는 고민이 생겼다.

거기에 덧붙여져 내가 하는 행동이 젊은 날 한 때의 치기가 아니라 나이 예순이 되어서도 정말 후회하지 않을 수 있는 길일까 하는 생각도 들었다. 고민은 쉽게 해결되지 않았다. 술을 마시고 또 마셔도 대답을 찾을 수 없었다.

한 달 가까이를 술로 지새웠다. 옆에 있는 동료들이 걱정할 정도였다. 돌아보면 '실존과 공존'에 대한 고민이었다. 내 문제에 집착하면 역사가 안 보였고, 광주 항쟁 등 세상 문제에 빠지면 내가 안 보였다. 선배들과 얘기한다고 풀릴 문제도 아니었다. 무엇으로 그 고민을 해결했는지는 여전히 불분명하다. 다만 그렇게 연일 술로 세월을 보내던 어느 날 내 방으로 찾아 온 같은 조직 내의 여학생 동기와 대화를 통해 길을 찾은 것 같다.

또 많은 학생들이 구속되고 죽어갔다. 82년 3학년이 되면서 본격적으로 데모 준비를 시작한다. 데모를 하기 위해서는 먼저 같이 할 친구를 찾아야 했다. 사람이 많지 않았기 때문에 일단 함께 조직 생활을 하는 사람은 빼야 했다. 후배들을 교육시킬 사람을 남기기 위함이다.

펄펄 끓는 물을 다리에 붓다

그렇게 찾던 중 같이 학습을 한 것은 아니지만 비밀을 지킬 수 있는 체육과의 한 친구를 만날 수 있었다. 임재선이라는 친구로 태권도와 합기도 등을 합쳐서 7단이라고도 했다. 이런저런 얘기를 나눈 끝에 "우리 결혼하자."라고 제안한다. 인생을 걸고, 시위를 함께하자는 말이었다. 둘 사이에 동의가 흔쾌하게 이루어졌다.

그러나 데모를 준비하는 과정에 문제가 생겼다. 눈치를 채셨는지 그 친구의 부모님이 휴학 원서를 내버린다. 당시 많은 부모들이 그런 방법을 썼다. 데모는 2학기 초에 하기로 했는데 8월에 군대를 가야 했다.

방법은 하나밖에 없었다. 군대에 가되 다시 돌아와야 한다! 우리는 술을 먹고 다리를 부러뜨리기로 한다. 육교 계단에 다리를 걸치고, 위에서 뛰어내리기로 한다. 그러나 결국 못한다. 아무리 술을 마셔도 거꾸로 정신이 또렷해지기만 했다. 마지막으로 택한 건 화상(火傷)이었다.

어느 날 우리는 삼청동에 있는 한 여학생 집의 지하실에 앉는다. 그 여학생이 지금은 네 엄마가 되었으니 외할아버지 집인 셈이다. 소주를 마시는 한 쪽에선 버너에 물을 끓였다. 술을 마셔도 제정신인 것은 마찬가지였다. 오른쪽 다리는 써야 했으므로 왼쪽 바지를 걷어 올리고 무릎 위쪽을 수건으로 질끈 동여맸다. 그리곤 펄펄 끓는 물을 부었다. 뜨거운 물이 닿자 살갗이 벌겋게 불어 올랐다. 재선이는 눈을 질끈 감고, 불어 오른 살을 손으로 밀어 버렸다. 벌겋게 익은 살갗이 밀려나간다.

"한 번 만 더 부어라."

그말대로 했다. 친구는 마지막에 눈물을 보였다. 그가 한 말이 지금도 기억에 또렷하다. "우리 부모님이 나를 낳으시고 기르실 때 무엇보다 제 몸을 잘

간수하라고 하셨는데 이게 무슨 불효냐?"

병원으로 가서 치료를 하고, 그래도 불안해서 머리까지 빡빡 깎아서 입영시킨다. 다행히 그 친구는 3개월 이후 입영하라는 통보를 받고 돌아온다. 우리는 그 친구의 부모님에게 비밀로 한 채 당시 여자 친구가 그림을 그리던 홍대 앞 아틀리에에 그를 숨기고 본격적으로 데모를 준비하기 시작한다.

아무 말도 없이 술집이 붐비고

1982년 9월 9일. 가을을 알리는 징조는 여러 곳에 있었다. 이미 색이 변해가기 시작하는 나뭇잎. 똑같은 햇빛이지만 이미 끈적거림을 없애고 있었다. 여전히 교정은 활기를 머금고 있었다. 교문을 지나며, 사람들은 시간을 잘도 잊는다는 생각을 했다. 유독 사람만이 무엇을 기억하거나 잊을 수 있는 것이라는 생각도 들었다. 다들 무엇이 바쁜지 종종걸음을 치고 있는 사이를 고개를 숙이고 지나갔다.

눈을 감아도 보일 교정이었다. 키 작은 나무 아래 누워 잠을 잔 기억도 있다. 한 때 이곳에서 공을 차던 공수부대원들을 떠올렸다. 빨간 유니폼을 입고, 잔디밭임에도 불구하고 축구를 하던 그들이었다. 그들의 웃음소리가 80년 5월의 하늘 아래 퍼지고 있었던 기억이 새로웠다.

대학 입학의 새로움은 최루탄으로 시작됐었다. 그리고 강제로 끌려간 문무대. 군복을 입고, M1 소총이 키만 했던 친구 박형희의 우스꽝스런 모습이 갑자기 떠올랐다. 그리고 시간은 흘러서 사람들은 다시 나른한 평온을 맛보고 있었다.

그러나 변한 것이 없는 것은 아니었다. 특히 젊은 사람들이 변하고 있었다.

날카로운 경계의 눈초리 속에서도 모이는 사람들이 있었고, 그들은 비밀스런 눈짓으로 서로를 알아보았다. 아무 말도 없이 술집이 붐볐고, 술이 취하면 싸우는 사람들도 많았다. 누구나 무슨 일이 진행되고 있다는 느낌을 가졌고, 누가 무슨 일인가를 꾸미고 있을 것 같은 당치 않은 믿음을 가지기도 했다.

다시 모자를 깊게 눌러썼다. 큰 가방이 자꾸 마음에 걸렸고, 갑자기 누군가가 다가올 것만 같은 공포 속에서 도서관 쪽으로 발걸음을 재촉했다.

수업이 끝났음을 알리는 종소리. 갑자기 시끄럽다. 담배를 하나 물고 창가로 천천히 움직인다. 도서관 창 밖으로 9월의 맑은 가을 하늘이 펼쳐진다. 교련복을 입은 학생들이 식당을 향해 달려오는 모습이 보인다. 휴게실을 중심으로 낯익은 얼굴들도 보인다.

멀리 예술대학 건물 나무 아래 태연하게 친구들과 얘기하고 있는 척하고 있는 동료들의 모습이 보인다. 몇몇은 아주 가까운 곳에 자리를 잡고 있다. 겉으로는 평화로운 모습이지만 그들의 쿵쾅거리는 심장 소리가 들리는 것 같다. 담배 연기가 열린 창문 사이로 빠르게 빠져나간다. 마지막 학생이 나갔다.

밧줄을 탄다, 그 놈의 이름을 외친다

가방을 연다. 쇠사슬을 문고리에 걸고, 다른 한쪽을 단단하게 고정되어 있는 책상 다리에 묶는다. 자물통을 꺼내 채운다. 문을 한 번 흔들어본다. 끄덕도 하지 않는다. 이번에는 가방을 창문 쪽으로 움직인다. 밧줄을 꺼내 몸을 감는다. 다리에 하나씩 차례로 감고, 허리를 돌려 어깨에 걸친다. 차례로 중간마다 매듭을 지어 몸을 꽉 조이지 않게 한다. 많이 연습을 한 덕분에 쉽게 할 수 있다.

길게 늘어진 밧줄 한쪽을 잡고, 이번에는 창문을 열고 옆에 있는 다음 창문으로 던진다. 밧줄이 다음 창문으로 들어오지 못하고 밑으로 떨어진다. 긴장하지 말아야지 생각하며 다시 던진다. 이번에는 제대로 들어온다. 들어온 끝을 처음의 밧줄에 묶는다. 세 번, 네 번 단단하게 묶는다.

한 번 길게 호흡을 가다듬는다. 가방을 목에 맨다. 창문에 발을 내딛는다. 생각했던 것보다 미끄럽다. 직각으로 내려가는 게 만만찮다. 간신히 비좁은 창문을 빠져 나온다. 이제 내 몸은 밧줄에 묶인 채 공중에 떠 있다. 가방을 열어 유인물을 꺼낸다. 손에 잡히는 대로 집어던지기 시작한다.

사람들이 몰려드는 게 보인다. 그 중에 유독 한 여자 친구의 모습이 눈에 들어온다. 광주를 얘기한다. 학살을 주도한 그 놈의 이름을 외친다. 사람들의 웅성거리는 소리가 들린다. 사람들이 모여든다. 정신없이 유인물을 던진다. 언제 나왔는지 유인물을 뺏는 사복 형사들이 보인다.

누군가 거칠게 문을 잡아당기는 소리가 들린다. 뒤이어 문을 부수는 소리도 들린다. 메가폰을 한 손에 잡고 소리치기 시작한다. 누군가 창문 틈으로 허리띠를 잡는다. 갑자기 중심을 잃는다. 미끄러지지 않으려 애쓰면서 계속 소리친다.

창문이 깨지는 소리가 들린다. 이제 나를 잡고 있는 손이 한 사람이 아님을 느낀다. 사람들의 비명이 밑에서 들린다. 어지럽다. 깨진 창문틀 사이로 완강하게 자신을 잡아당기는

83년 5월 18일 고려대학교 문과대학 건물에 매달려 밧줄 시위를 하는 공계진. 저자도 이런 모습이었다.

힘이 느껴진다. 떨어지면 죽겠구나 하는 생각이 든다. 4층이라는 생각도 갑자기 든다. 살의 한 부분이 베이는 통증이 온다. 비명소리가 더 커진다. 힘이 빠진다. 밑에서 외치는 구호 소리가 더 커진다. 이미 차단된 사람들의 노래가 들린다.

아침이슬. 낯익은 목소리가 들리는 듯도 하다. 그래 기나긴 밤을 새워야 아침이슬을 볼 수 있겠지. 조금 떨어져 있는 사람들의 입 모양이 노래를 따라 하고 있다. 크지도 않게. 그러나 귀에 들린다. 갑자기 기운이 빠진다. 창틀 사이로 몸이 구겨져서 당겨진다.

"아악"

나는 안으로 잡아 끌려진다. 바닥에 피가 떨어지기 시작한다. 거친 호흡 소리. 담배 냄새. 낯선 신사복들이 주위 사람들을 교실 밖으로 내몬다. 피가 보인다. 오른팔에서는 피가 계속 흘러내리고 있다.

0.72평에 갇힌 청춘

정신을 차려 보니 병원이었다. 학교 앞의 작은 병원으로 갔다가 대학 부설 병원으로 옮겨졌다. 스무 바늘 가까이 꿰맸다. 그들이 나를 작은 창문 틈으로 잡아채면서 유리창에 베인 상처였다. 죽지 않은 게 다행이었다. 실제 그 이후 밧줄 데모를 하다 죽은 사람들도 있었다.

1983년 11월 16일에는 서울대생 황정하가 나처럼 도서관 6층 난간에서 시위를 하던 중 추락해 죽었다. 그러고 보면 삶과 죽음은 동전의 앞뒷면에 불과하다. 치안본부에서도 왔다. 이들은 이후 박종철을 고문으로 죽인 놈들이다. 교내 시위로 그들이 온 것이 이상했다.

"왜 9월 9일에 데모를 했나? 9월 9일이 무슨 날인지 알아?"라는 그들의 질문 자체를 나는 이해하지 못했다. 나중에야 알고 보니 이날은 북한의 8대 명절 중 하나인 북한 정권 창건일로 구구절이라고도 부른단다.

조사는 쉬웠다. 나와 친구는 이미 알리바이를 닳고 또 닳도록 외우고 있었다. 4·19 탑에서 참배 도중 우연히 만나서 시국에 대한 개탄을 하고, 같이 술을 마시면서 시위를 하자고 내가 제안하고, 동의해서 준비에 들어갔다는 그럴듯한 얘기를 우리는 이미 준비해 두고 있었다.

의사가 반대했지만 그들은 나를 노량진 경찰서 유치장으로 데려갔다. 거기서 친구를 다시 만날 수 있었다. 시위는 예상했던 것만큼 힘차게 진행되지 못했다. 그때부터 '조금 더 버텨야 했다'라는 자책이 시작됐다.

1주일인가를 경찰서에 있다가 영등포 구치소로 옮겨졌다. 당시 경찰서 밥은 정말 형편없었다. 깡 보리밥에 단무지 하나 정도. 밥에서 쉰 냄새가 나서 거의 먹지 못할 정도였다.

촛불 시위가 한창이던 2008년 나는 용인에 있는 강동냉동이라는 창고 앞에서 미국산 쇠고기 반출을 저지하려다 연행되어 성남 경찰서에서 하루 밤을 자게 된다. 그때 1982년도와 2008년도의 밥을 비교해 보고 싶었는데 사람들이 사식(私食)을 넣어 주는 바람에 관식(官食) 비교는 실패했다.

지구상에 존재하는 모든 동물 중에서 인간만이 같은 종(種)을 감옥이라는 곳에 가둔다. <빠삐용>이라는 영화를 너희는 잘 모를 것이다. 살인죄의 누명을 쓰고 감옥에서 탈출을 기도하는, 자유를 갈망하는 사람을 다룬 감동적인 영화다. 모든 갇혀 있는 생명체들은 탈출을 꿈꾼다.

영등포 구치소에 도착해 처음 들어간 방은 내 발로 재어보니 가로가 4발자국, 세로가 11발자국이었다. 내 발 크기가 260밀리미터다. 한 사람이 누우면 딱 끝이었다. <빠삐용>에서 본 것과 비슷했다. 0.72평이라고 했다. 마지막에는 조그만 화장실이 있었고, 화장실은 비닐로 밖에서도 볼 수 있도록 훤하게 드러나 있었다. 자살을 방지한다는 것이었다. 감옥에 갇힌 이후에는 이름이 없어진다. 1594. 이곳은 모든 것이 번호로 통했다.

"1594 편지 왔다, 1594 면회 왔다, 1594 나와!" 등등.

"옷을 벗는다. 실시!"

처음 들어와 0.72평에 갇히던 밤을 잊을 수 없다. "전부 옷을 벗는다. 실시!" 그럴 줄 알았다는 듯이 익숙하게 옷을 벗는 사람들. 나는 쭈뼛거리는 사람들 틈바구니에 서 있었다.

"뭐야, 이 새끼들. 말이 말 같잖아?" 말 한 마디가 끝나자 웅성거림은 멎고, 순식간에 옷을 벗는 소리만 났다. 나는 거기서 무슨 용기가 났던 걸까? 옷을 벗지 않았다. 교도관이 쫓아왔다. 오른 손의 깁스를 쳐다보고, 죄명을 확인했다. "좋아, 옆으로 빠져." 운이 좋게 빠질 수 있었다.

"모두 벗었으면 손으로 발목을 잡는다. 실시!"

"실시!"

말 한마디가 가지는 위력. 모두들 항문을 위로 쳐들고 교도관이 지나가길 기다리고 있었다. 항문에 담배나 마약을 가지고 오는 것을 검사하는 것이라 했다. 이제부터 인간으로서의 존엄은 포기하라는 경고로 보였다. 그런 절차들을 마친 후에야 방으로 들어올 수 있었다. 방이 배정되고, 친구외도 헤어졌다. 철문이 닫히고서야 나는 갇혔다는 것을 실감했다.

환경에 대한 인간의 적응력은 무서운 것이다. 시간이 지나면서 나는 아무렇지도 않게 식사와 세면, 운동에 익숙해지고 있었다. 갇혀 있는 것은 아무 문제가 안 되었다. 오히려 나를 괴롭히는 문제는 다른 곳에 있었다.

'나는 왜 그 순간 비겁했을까? 더 버틸 수도 있었는데, 왜 그렇게 쉽게 끌려 들어갔을까? 그 작은 유리창 속으로 어떻게 끌려 들어갈 수 있었을까? 뒤에서 잡아당길 때 몸을 흔들기만 했어도 시간을 벌 수 있었을 텐데, 왜 그 순간 저항을 포기했을까? 나란 놈은 원래 그런가? 그렇게 비겁한가? 다만 10분이라도 더 버텼더라면…' 하는 후회가 시작됐다. 밤이면 악몽이 되풀이

됐다.

감옥에 갇힌 죄수들은 상소리로 감옥을 '6조지'라고 했다. '조지다'라는 말은 국어사전을 보면 "일신상의 형편이나 일정한 일을 망치다"라는 뜻으로 '신세를 조지다'라는 표현이 대표적이다. 그들은 "경찰은 패서 조지고, 검사는 불러 조지고, 판사는 때려 조지고, 간수는 세어 조지고, 가족은 팔아 조지고, 죄수는 먹어 조진다."라고 말한다.

예나 지금이나 경찰은 사람들을 잡아다 패니 굳이 설명할 필요가 없다. 검사들은 걸핏하면 불렀다. 검사에게 불려나가는 날은 재수가 없는 날이다. 하루 종일을 감옥보다 더 좁은 유치장 비슷한 곳에서 대기해야 한다.

그것도 집이라고 구치소로 빨리 돌아갔으면 하지만 그날 나간 사람에 대한 조사가 모두 끝날 때까지 책도 못 보고, 운동도 못 하면서 그냥 기다려야 한다. 그리고 인간으로 보면 정말 '싸가지 없는' 검사놈들을 만나야 했다. 지금도 그렇지만 설령 검사가 아니고 그 밑에 있는 사람이라 하더라도 그들은 시종일관 반말이다. '권력의 앞잡이'인 그들은 전두환 시절에는 더 했다.

판사는 "피고를 징역 ○년에 처한다."라고 형량을 마구 때린다. 지금 돌아보면 코미디에 가까울 정도로 판결문도 똑같다. 나는 지금도 적어도 검사와 판사를 하려면 최소 3개월 이상은 감옥 생활을 직간접적으로 경험해야 한다고 생각한다. 그래야 아무런 죄책감과 현실감도 가지지 않은 채 징역을 마구 때리는 일이 줄어 들 것이다. 감옥에서 1년, 아니 6개월, 아니 한 달을 사는 것이 얼마나 힘든 것인지도 모르는 자들이 무조건 구형을 하고, 선고를 한다.

그렇게 감옥에 오면 간수들은 아침 저녁으로 죄수들의 숫자를 센다. 아침이면 방마다 점호를 한다. 그들의 일과는 죄수들의 수를 세는 것으로 시작되고 끝난다.

반면 갇혀 있는 사람을 생각하며 가족들은 애가 탄다. 끊임없이 면회를 오고, 맛있는 것을 사서 넣는다. 물론 잘 사는 사람과 못 사는 사람이 있다. 그래서 감옥에는 잘 나가는 '범털'과 지지리 궁상인 '개털'이라는 상반된 용어가 있다. 마지막으로 갇혀 있는 사람은 딱히 할 일도 없으므로 끊임없이 먹어 치운다. 그게 감옥이었다.

감옥 생활에 적응하다

내게 주어진 죄명은 '집회 및 시위에 관한 법률 위반죄'였다. 그냥 줄여서 '집시법' 위반이라고 부른다. 다른 죄수들과 구분하기 위해 수번에는 붉은 칠을 한다. 덕분에 면회를 가거나 운동을 하다가 수번에 색깔이 있는 사람들로 금방 구분할 수 있었다.

감옥. 오직 밖에서만 문을 열 수 있는 곳.

서서히 많은 사람들이 양심범으로 감옥에 오기 시작했다. 갓 스무 살을 넘긴 젊은 이들이 갇힌 채 청춘을 보내야 했다. 어쩌면 뜻이 맞는 사람들이 있어 환경에 적응하게 되었는지도 모른다. 처음 보는 사람들이지만 같은 죄목이라는 것 하나만으로도 우리는 반가웠다. 그리고 우리는 감옥에서도 투쟁을 계속했다. 그런 투쟁을 하면서 나는 자책감으로부터 벗어날 수 있었다.

하루 종일을 갇혀 지낸다는 것이 쉬운 일은 아니다. 갑자기 갇혀 있다는 생각이 들 때면 안절부절못하기 일쑤다. 평상심을 유지해야 했다. 특히 우리는 일반 죄수와 격리하여 독거(獨居), 즉 혼자 있도록 했다. 그리고 서로 말하지 못하도록 띄엄띄엄 양심수들을 격리한다. 그나마 견딜 수 있게 한 것은 같은 죄명을 가진 다른 친구들과 간수 몰래 하는 통방(通房)이었다. 통방이라는 것은 창문을 통해 서로에게 크게 말하는 것이다.

"어이 5하 7방. ○○○형 잘자요.", "그래 밥 잘 먹었나? 좋은 꿈 꿔라." 하는 식으로 안부를 주고받으며 감옥 생활에 적응하기 시작한다.

진실의 근거와 범죄의 근거는 같았다

"국방부 시계는 거꾸로 매달아도 돌아가고, 법무부 시계는 가둬두어도 돌아간다."는 우스갯말처럼 시간은 잘도 흘러갔다. 그 사이 검사는 내게 징역 5년을 구형했고, 판사는 1년 6개월을 선고했다. 판결문은 대동소이했다.

피고인들은 1982.4.19 오전에 서울 도봉구 우이동 소재 4·19 묘소에서 중대생을 참배하다가 서로 만난 후 같은 해 5.7부터 6.11경까지 사이에 피고인들 집 등지에서 『난장이가 쏘아올린 작은 공』, 『해방전후사의 인식』, 『한국경제 전개과정』, 『지식인을 위한 변명』, 『아무도 미워하지 않는 자의 죽음』 등 현실 비판 성향이 내포되어 있는 책자를 탐독하고, 서로 대화를 나누며 현실 비판 의식을 심화하여 오면서 현 정부는 군사정권으로서 정치적으로는 언론출판의 자유를 제한하고, 경제적으로는 잇따른 경제정책의 실책으로 민중이 핍박받고 있으며, 학원 내에서는 학도호국단이라는 관제 단체를 앞세워 학생들의 자율적 활동을 제한하고 학원 사찰을 계속하고 있다고 판단한 나머지 학생들을 선동하여 반정부 시위의 감행을 유도할 것에 서로의 의사가 합치되어 1982.8.14 14:00시경 서울 서대문구 신촌동 소재 이화여자대학교 입구 상호미상 주점에서, 피고인 임재선이 2학기 개학을 하면 학원자유를 보장하라는 등 내용의 유인물을 작성, 살포하고, 중앙대 학생들에게 시위를 선동하자고 제의, 이에 피고인 이근원이 승낙하여, 같은 달 21.부터 29.경까지 사이에 강원도 정선군 주천면 소재 요선정으로 함께 캠핑을 떠나 1982년도 조선일보 및 1970년대 경제 현황 분석이라는 책자를 기초로 하여 유인물의 초안을 마련하고, 상경하여 같은 해 9.1. 16:00시경 서울 중구 소재 남산 8각정에 모여 선동 시기를 같은 해 9.9로, 유인물 제목은 "의에 죽고 참에 사는 중앙학우여", "학우들에게 보내는 글"이라고 각 정하고, 같은 달 5. 11:00시경 북한산으로 올라가 시위 선동시에 대비하여 밧줄에 매달리는 연습을 시도한 후 같은 달 8. 21:00시경 서울 서대문구 소재 홍익대학교 앞 홍익여관 11호실에 함께 투숙하여 다음날 08:00경까지 피고인 이근원이 필경한 등사원지 2매로 "학우들에게 보내는 글"이라는 제목으로 "현 정권은 반민중적이며, 물리적 폭력과 비민주적 제도를 통해 실현하고 있다"는 내용의 유인물 400매와 "의에 죽고 참에 사는 중앙학우여"라는 제목하에 "현 정권은 언론통폐합, 언론기본법 제정으로 그 대변자로 만들고 있으며, 민중을 우롱하고 대학의 민주성을 말살하고 있다"는 내용의 유인물 400매를 8절지 갱지의 양면에 등사하여, 미리 준비한 가방에 피고인 임재선이 300매, 피고인 이근원이 500매를 넣은 후 같은 달 09:00시경 위 여관을 나와 메가폰 1개를 구입한 다음, 각 중앙대학교로 등교하여, 그 날 11:50경 피고인 이근원은 같은 학교 도서관 4층 어학학습실 창틀에 밧줄을 매고 그 밧줄에 매달려 바깥으로 나와 소지한 위 유인물을 살포하면서 메가폰으로 "중대 학우들이여 모여라"고 외치면서 유인물 내용을 읽어 내려가고, 그 시경 피고인 임재선은 위 도서관앞 잔디밭에서 위 유인물을 살포하면서 "중대생들은 모이자.", "학원자유 보장하라."는 등 구호를 외침으로서, 공동하여 현저히 사회적 불안을 야기시킬 시위를 선동하였다.

_1982년 12월 11일 판사 이우근

지금 보니 많이 웃긴다. 전두환을 배려(?)해 일부러 "전두환은 물러가라"는 내용은 전부 삭제한 노력이 가상하다. 다른 학교에서도 시위가 있어 영등포 구치소에는 점차 학생들이 많아지기 시작했다.

12월 10일은 '세계 인권의 날'이다. 우리는 이날 기념집회를 하기로 한다. 인간의 권리라고는 찾아보기 힘든 감옥 생활을 폭로하기 위한 것이었다. 집회라고 해봐야 모일 수가 없으니까 통방을 통해 연설을 하고, 노래를 부르는 정도였다. 재소자들의 처우를 개선하라는 내용도 포함하기로 했다. 저녁을 먹고 취침 나팔이 끝나자 우리는 모두 변기통으로 가서 창문에 매달려 구호를 외치고, 노래도 불렀다.

그런데 갑자기 군홧발 소리가 들리기 시작했다. 감옥에는 경비교도대라는 게 있다. 전투경찰처럼 감옥을 지키는 게 임무다. 간수들과 그들이 몰려오기 시작했다. 나는 본능적으로 창문을 뗐다. 감옥에는 유리창이라는 게 없다. 모두 비닐로 한다. 창문을 떼어 위협을 하려는 생각이었다.

그러나 그런 걸로 한 번도 사람을 때려 본 적이 없는 나는 결국 휘둘러보지도 못한 채 더 심하게 맞아야 했다. 그들은 우리 모두를 징벌방이라는 곳으로 데려갔다. 그 전까지는 그런 곳이 있다는 얘기만 들었다.

먼저 그들은 우리를 꽁꽁 묶었다. 가슴을 땅에 대고, 다리를 반으로 접게 하더니 포승줄로 얽어맸다. 가슴을 X자로 묶고, 다리는 엉덩이에 붙어있도록 했다. 손을 뒤로 해서 다리와 함께 묶었다. 소리를 지를까봐 얼굴에는 방성구(防聲具)라는 걸 씌웠다. 포승줄은 움직일수록 조여 들었다.

개구리가 생각났다. 내가 말했다. "고향이 동해 출신이냐? 동태 묶듯이 잘 묶네." 바닷가에 일렬로 묶어 말리는 동태 생각이 났다. 묶다 말고 한 번 움찔한 교도관은 조금 살살 묶었다. 그 상태로 반짝 들어서 징벌방에 가두었다.

징벌방은 딱 한 사람이 누우면 움직일 수조차 없을 정도였다. 변기통도 없고, 다만 구멍이 하나 뚫려 있을 뿐이다. 고통스러웠다. "시간 가는 줄 모른다."는 말이 있다. 즐거울 경우의 얘기다. 그러나 고통의 시간은 결코 쉽게 흐르지 않는다.

책도 주지 않았다. 잠을 잘 수도 없었다. 엎드린 채로는 잠이 오지 않는다. 몸을 직각으로 세워 조금 자다보면 온몸이 쑤셔서 잘 수가 없다. 다행인 것은 가두면서 그래도 방성구는 벗겨 준 것이었다. 아마도 숨이 막혀 죽을까봐 그런 지도 모르겠다.

모두 4명이 잡혀 왔다. 우리는 그 와중에도 변기통 구멍에 대고 서로의 안부를 물을 수 있었다. 혼자가 아니라는 믿음이 우리를 버티게 했다. 무슨 일을 당해도 사람으로 인해 힘을 얻는다. 인간은 결코 혼자 사는 게 아니다.

인간이란 얼마나 간사한 것인지 모른다. 저들이 반응이 없을수록 더 불안했다. 하루가 지나갔는지 식사를 가져왔다. 엎드린 채로 개처럼 먹으란 얘기였다. 그럴 수는 없었다. 의도하지 않은 단식투쟁이 되어 버렸다. 저들은 항복을 요구했다. 반성문을 쓰라는 얘기다. 모든 싸움은 '기선 제압'이 중요하다. 우리가 만만하게 보인다면 저들은 이후 마음대로 할 것이다.

당시 구치소에는 책이 제대로 들어오지도 않았고, 5권 이하로만 가지고 있을 수 있었다. 신문은 꿈도 못 꿨다. 지금은 신문도 들어오고, TV도 본다고 한다. 연필도 가지고 있을 수 없었다. 수시로 저들은 방 검사를 한다. 한 번 싸움에서 지면 수개월 동안을 어려운 조건에서 생활해야 했다.

징벌방과 라디오

마음과 몸은 별개로 존재하지 않는다. 몸이 힘들수록 정신이 더 강해져야 하지만 거꾸로인 경우가 더 많다. 우리가 변기통 구멍을 통해 통방하고 있다는 것을 눈치 챈 저들은 라디오를 트는 것으로 대응했다. 라디오에서는 젊은 여성 진행자의 맑은 목소리가 흘러 나왔다.

"연말을 맞아 연인과 함께 어디론가 낯선 곳으로 떠나자." 어쩌고 하던 그 목소리가 지금도 생생하다. 세상은 나 같은 것은 쳐다보지도 않고 있었다. 우리는 그 와중에도 토론을 했다. 두 가지 선택밖에 없었다. 항복하느냐, 아니면 계속 하느냐. 이기든 지든 함께해야 한다. 그렇게 3일을 지냈다. 결국 누구의 승리라고도 하지 못할 어정쩡한 타협으로 우리는 풀려났다.

김남주는 어떤 시에서 "지는 싸움을 해서는 안된다 / 감옥에서 특히 첫 싸움에서는 / 싸움에 이기기 위해서는 지지 않기 위해서는 / 싸움의 스물네 가지 측면을 검토해야 하고 / 준비 없는 싸움을 시작해서는 아니된다"고 말하고 있다. 바깥에 있는 가족들과 대응을 준비하고, 다른 일반 재소자들과의 교감을 가진 싸움이어야 한다는 교훈을 얻었다. 바깥 세상과는 다르게 감옥에서의 싸움은 금방 승패가 결정된다. 덕분에 감옥에서의 투쟁 방법에 대해 배울 수 있었다.

다시 내 방으로 옮겨진다. 우리가 풀려나는 걸 알고 일반 죄수들이 너무 좋아했다. 내 방으로 돌아오고 얼마 후 위층에서 나를 부르는 통방 소리가 들린다.

"고생했습니다. 이거 받으세요."

창문 쪽으로 가보니 2층에서 줄에 매단 컵라면이 내려오고 있다. 누구인지는 지금도 알 수 없다. 우리는 살면서 사소한 것에서 감동을 많이 받는다. 나는 역사는 민중 스스로 만들어 가는 것이라고 했다. 동학이 그랬고, 3·1 운동이 그랬고, 4·19가 그랬다.

5·18로 시작된 살벌한 군사독재의 시대, 감옥은 더욱 강하게 사람을 옭아

매고 있었다. 그러나 작은 투쟁들을 통해서 우리는 조금씩 바꿔나가고 있었다. 때로는 재소자들의 반찬 문제로, 때로는 운동 시간 문제로, 때로는 서신에 대한 검열 문제로 완강한 관료 사회와 부딪쳤다. 알아서 해주는 것은 아무 것도 없는 곳이 감옥이다. 생각해보면 이런 점에서는 세상도 크게 다르지 않은 것 같다.

내가 누리고 있는 현재의 조건도 누군가 앞 사람이 싸웠기에 확보된 것이었다. 마찬가지로 내가 당시에 싸웠던 많은 것으로 인해 지금은 그보다 조금은 나은 조건이 되었을 것이다. 그렇게 역사는 앞으로 조금씩 나가는 것 아닐까?

감옥에 대한 이야기를 들으며 나는 외로운 무덤을 생각했다.
얇은 잎사귀들이 가득 메워진…

학교를 거부하고 공장으로 가다

나는 한밤중 너의 가위질 소리를 듣는다
네가 끊어 내고 있는 것은
피가 묻은 욕망의 태(胎)줄
길다랗게 자란 부자유(不自由)의 가시덤불
너는 벽(壁)을 넘는다
한밤중의 내게도 오고
이 나라의 사람들을 찾아다닌다
아 날이 밝으면
삼손 너는 큰 소리로 울 수 있겠구나.

_이근배 시 <벽(壁) : 아우 근성에게> 중에서

사촌 형이 <한국일보>에 쓴 시다. 은지 너는 세혁이, 세민이 할아버지로 알겠구나. 또 다른 사촌 형인 영섭이 아빠가 민청학련 사건으로 감옥에 가서 무기징역 형을 받았을 때 쓴 시로 알고 있다. 당시에는 '아우 삼손에게'라는 부제를 달았다. 사촌 동생에게 주는 시라는 것을 감춰야 했으니까 말이다. 구약성경에 나오는 삼손의 이야기를 비유한 시다. 머리카락이 잘려서 힘을 잃은 삼손!

감옥 얘기는 이 정도로 하자. 이후 징역 1년 6월이 확정되어서 공주교도소에 있다가 83년 12월 23일인가에 크리스마스 특사로 석방된다. 만기를 2개월 조금 넘게 남겨 뒀을 때니까 1년하고도 3개월 정도를 갇힌 채 지냈다.

정통성을 가지지 못한 군사독재 정권은 걸핏하면 특별사면 조치를 통해 죄수(?)들을 풀어줬다. 쉬운 일이었다. 또 잡아들이면 되니까.

내가 석방된 때를 '유화 국면'이라고 한다. 감옥에서 나온 학생들을 복학도 시켜 준다. 너무 많은 학생들이 감옥에 가기 시작하니까 전두환으로서도 부담이 된 것이다.

80년 5월 광주 항쟁 이후 1983년 12월까지 학원 사태로 제적당한 학생은 전국 65개 대학, 총 1,363명이었다고 한다. 1983년 한해에만 327명에 달한다. 학생 시위 역시 1981년 56건에서, 1983년 134건으로 크게 늘어난다. 감옥에서 나오니까 이미 많은 후배들이 생겨 있었다. 하나의 투쟁은 또 다른 투쟁을 부른다. 비록 힘든 시기였지만 올바른 외침은 또 다른 외침들을 계속 만들어 낸 셈이다. 나와 같이 평범하게 대학 생활을 시작했던 많은 사람들이 그렇게 감옥으로 달려갔다.

전두환은 무언가 방향을 바꿀 수밖에 없었다. 인권 탄압 국가라는 이미지를 가지고는 다가오고 있는 86년 아시안게임과 88올림픽을 치르기 힘들다는 판단도 했을 것이다. 2008년 촛불 시위가 한창일 때 이명박 대통령이 "대운하를 하지 않겠다.", "민영화를 하지 않겠다."고 '대국민 사기극'을 벌인 것과 비슷한 것이다.

살인마의 은혜

그래서 나는 석방될 수 있었고, 다시 학교로 돌아갈 수도 있었다. 그러나 살인마에게서 은혜를 받을 수는 없는 일이었다. 석방되자마자 우리는 모였다. 거기에는 내가 모르는 후배들도 있었다. 내가 감옥에 가 있는 1년 6개월 사이에 친구들과 후배들 10여 명이 시위를 주동하고, 감옥을 다녀왔던 것이다. 그 중에는 항상 학점을 4.0 이상 받아 장학금을 받던 김연명이라는 친구도 있었다. 교수들도 놀랐다고 한다. 그는 지금 사회복지학계에서는 알아주는 교수가 되어 있다. 워낙 공부하는 것을 좋아했다.

우리는 개별적으로 판단할 것이 아니라고 보고, 학교별로 '복학대책위원회'를 구성한다. 학교에 복교하기 전에 사회 전반의 민주화를 요구했다. 몇 명은 부모의 손에 이끌려 학교로 돌아갔지만, 대부분은 이를 받아들이지 않았다. 나는 공장으로 갈 준비를 시작한다. 전두환은 84년 10월 다시 경찰을 학교 안에 투입한다. 원래 사기란 오래가는 게 아니다.

전두환이 '유화 국면'을 만든다고 했지만 그 이면도 들여다봐야 한다. 전두환은 모두 다 감옥으로 보내기 힘들어지자 그들이 보기에 불온하다고 본 학생들을 군대로 강제 징집하기도 했다. 졸지에 군대에 끌려간 학생들이 많았다. 그런데 갑자기 군대에서 학생들이 죽기 시작했다.

82년 7월 연세대 정성희, 83년 5월 성균관대 이윤성, 6월 고려대 김두황, 7월 한양대 한영현, 8월 동국대 최온순, 12월 서울대 한희철 등이 죽었다. 전두환은 보안사를 시켜 학생들의 머리에 들어 있는 '붉은 사상'을 푸르게 '녹화'해야 한다며 가혹한 탄압을 했던 것이다. 그래서 이를 '녹화사업'이라고 했다.

군대 생활을 하던 중 친구에게 보낸 편지에서 정부 비방이 있다고 보안사

후암동 공작분실로 끌려가 10일 동안 잠도 제대로 못자면서 조사를 당했다. 당시 고문으로 허리를 다쳤고, 5사단 영창에 3개월간 구속되었다.
_김철민의 증언(『1980년대 민주화운동 참여자의 경험과 기억』 중에서)

편지 한 통으로도 고문을 받고, 구속된 시대였다. 그 뿐이 아니었다. 군대라는 밀폐된 공간을 이용해 휴가 등을 보내주면서 자기 학교에 있는 총학생회 및 운동권 친구를 찾아가 '정보를 물어오게' 하는 소위 프락치로 활용했다. 1981년 11월부터 1983년 말까지 447명이 그 대상자가 됐다. 이를 거부한 학생들이 의문의 죽음을 계속해서 당했다. 84년 5월 고려대에서 강제 징집당했다가 죽은 학생들의 합동위령제가 열려 이런 사실을 폭로한다.

단지 그런 시대가 있었다고만 하기에는 너무 가슴 아픈 죽음들이 있었다는 사실을 잊지 말고 기억해 주기 바란다. 물론 이런 사실들이 당시에 밝혀진 것은 아니다. 언론은 "복교를 도외시한 채 정부의 은전을 정치적 선동의 재료로 이용하는 극소수 좌경 과격 제적학생들"이라고 우리를 비난했다. 그러나 진실은 시간이 걸릴 뿐 밝혀진다.

부모님도 만나고, 친구들도 만날 수 있었다. 정말 좋았지만 하나의 씁쓸한 기억도 있다. 친척 중에 한 분이 축하한다고 오셨다. 그리곤 말한다.

"전라도 그 빨갱이들."

그렇게 말을 시작했다. 빨갱이라는 말은 정말 무서운 말이다. '빨치산'은 아마도 '파르티잔'이라는 말로부터 시작되었을 것이다. 이 말은 다른 나라에서는 욕이 아니라 억압에 맞서 비정규전을 치른 또 다른 부대를 얘기한다. 정규 군인 부대에 맞서 투쟁한 사람들이다. 남미의 체 게바라 같은 사람들이다.

한국전쟁을 전후 해서 공산주의자와 빨치산 등을 한데 묶어 '빨갱이'라고 불렀을 것이다. 한국전쟁 과정에서 좌익에게 가족이 죽는 등 깊은 상처를 가진 사람들에게 빨갱이는 동족이 아니라 '찢어 죽일 적'이 되었다. 얼마나 많은 사람들이 빨갱이라는 한 마디로 처형당했을까? 그런 무서운 표현을 광주를 향해서도 썼다.

"그런다고 뭐가 바뀌겠냐? 계란으로 바위치기다. 이제부터 정신 차리고 공부나 열심히 해라."

나는 그렇지 않다고 말하다가 싸울 뻔했다. 나는 "계란으로 바위를 계속 치다 보면 흔적이 남고, 그 흔적이 언젠가 바위도 깰 수 있다."고 얘기했지만 돌아보면 그건 단순한 믿음이었다. 그러나 역사는 그 믿음이 '바위를 깰 수도 있음'을 보여준다. 그 살벌했던 전두환을 15년 후에 감옥으로 보낼 수 있었으니까. 그 이후 나는 우리 역사를 보면서 '근거 없는 낙관주의'를 가지기 시작했다. 사람들에게 뚜렷한 근거를 말할 수는 없지만 우리의 역사는 그렇게 흘러 왔다. 촛불도 그런 역사의 한 흐름이다.

민주화운동청년연합

감옥에서 나온 나는 공장에 갈 준비를 한다. 당시에는 그게 당연한 일이었다. 학생들의 힘만으로는 전두환을 물러나게 할 수 없다는 자각이 생긴다. 노동자들을 조직해야 했다. 학생운동에 비해 노동운동이 상대적으로 미약한 시기였다. 따라서 수많은 사람들이 공장에 취업한다.

80년대 공장으로 간 학생 수를 정확히 알 수는 없다. 비밀리 진행되는 것이 원칙이었기 때문이다. 많게는 1만여 명 가까이 될 것으로 짐작하는 이들도 있다. (인명진 목사 인터뷰, MBC [그것이 알고 싶다], 2001년 8월 3일)

이렇게 학생들이 공장에 본격적으로 취직하기 시작하자 전두환은 공장으로도 감시의 눈길을 돌린다. 그래서 자기 신분으로 취업하기가 힘들어져 다른 사람의 주민등록증을 위조하거나 빌려서 취직한다. 저들이 '위장 취업'이라고 부르는 이유다.

공장에 가려면 준비가 필요하다. 그리고 막 성장하고 있는 학생운동도 조금 지켜봐야 했다. 마침 그때 한 선배가 '민주화운동청년연합'이라는 곳에서 일해 보라고 한다. 민청련으로 불리는 그 조직은 내가 석방되기 직전인 1983년 9월에 만들어진 청년 조직이었다.

설립 총회를 마치자마자 19명이 안기부의 조사를 받았을 정도로 탄압을 많이 받은 조직이다. 나는 <민주화의 길>이라는 기관지 1호를 만든 후 공장에 갈 준비를 하기 위해 떠났기 때문에 잘 모른다. 다만 두 가지 기억이 있다.

어느 성당에서인가 모임을 가지려고 하는 데 안기부 요원이 미행을 했다. 여의도로 기억된다. 그런데 한 회원이 다가가더니 그 안기부원의 멱살을 잡고 마구 혼을 내며 싸우는 거였다. 감히 안

민주화의 길 1호 표지. 두꺼비는 산란철이 되면 뱀을 약 올린다고 한다. 독사는 두꺼비가 독을 가지고 있음을 잘 알기 때문에 선뜻 잡아먹으려 하지 않는다. 두꺼비는 계속 약을 올려 결국 잡아먹히고, 두꺼비 독에 의해 뱀도 죽는다. 두꺼비의 알은 뱀의 양분을 먹으며 그 안에서 성장한다는 민화가 있다고 했다. 표지는 전두환보고 우리를 잡아먹으라고 하는 의미를 담고 있다.

★ **민주화운동청년연합(민청련)**

민청련은 1983년 9월 30일 70년대 학생운동 출신의 청년들이 중심이 되어 창립했다. 83년 11월 구속 학생 석방과 제적 학생 복학 등 이른바 유화 국면 속에서 창립. 정권은 85년 2.12 총선에서 실패하고 광주 학살 진상 규명 및 책임자 처단을 요구하는 학생과 재야의 도전에 직면, 학생운동에 대대적인 탄압. 민청련 사건은 전두환 정권이 민주화운동 세력을 탄압해 위축시키기 위해 사건을 용공 조작으로 은폐한 대표적인 사건. 또한 민청련 사건으로 구속됐다가 남영동 대공 분실에서 수사를 받는 과정에서 김근태씨 등에 대한 물고문, 전기고문, 구타 등 가혹한 고문 수사가 알려지면서 사회적 문제가 되기도 했다. 정권의 탄압에도 불구하고 85년 10월 17일 NCC에서 '고문 및 용공 조작 저지 공동대책위원회'가 결성되면서 민주화운동 세력의 광범한 연대의 틀이 형성되는 계기가 되었다.

기부와 대놓고 싸우는 사람이 있다는 것에 큰 충격을 받았다. 그 사람이 노무현 대통령 시절에 국무총리를 지낸 이해찬이란 사람이다.

또 한번은 4·19 탑에서 기념행사를 하는 데 경찰이 치고 들어와서 최루탄을 쏘고 난리를 친 적이 있었다. 우리는 담을 넘어 가정집 장롱에까지 숨어야 했다. 그 과정에서 민청련 회원 중 한 명이 집중 구타를 당해 등의 실핏줄이 다 터져 병원에 엎드린 채 치료를 받았다. 그 사람이 국회의원을 했던 장영달이라는 사람이다.

민청련의 당시 의장은 김근태였으며 경찰에 끌려가서 이근안이라는 사람에게 아주 심한 고문을 당한 것으로 유명하다. 치가 떨리는 고문의 기록이 남아 있다. 노무현 정부 때 장관도 하고 국회의원도 했다. 2011년 12월에 돌아가신다.

유시민이라는 사람도 있다. "슬픔도 노여움도 없이 살아가는 자는 조국을 사랑하고 있지 않다."는 항소 이유서로 유명한 사람이기도 하고, 너희가 읽는 『부자의 경제학, 빈민의 경제학』을 쓴 사람이기도 하다. 그도 국회의원과 보건복지부 장관을 지냈다.

내가 왜 갑자기 사람들 이야기를 할까? 그들이 바로 노무현 대통령과 함께 얼마 전까지 우리나라 정치를 이끌던 사람들이기 때문이다. 그들은 모두 1980년대 치열하고 영웅적인 투쟁을 했던 사람들이다. 그러나 그들이 정부의 요직에 있을 때, 그들이 국회의원을 계속하고 있었을 때, 집회 도중에 농민 2명과 노동자 1명이 경찰에 의해 맞아 죽는다. 그것도 집회 도중에 말이다. 대낮이었다. 거꾸로 전두환 때 그런 일이 생겼더라면 그들은 어떻게 투쟁했을까?

그들이 국회의 다수를 차지했을 때 한국사회를 바꾸기 위해 무슨 일을 했는지는 역사가 평가할 일이다. 국가보안법도 폐지하지 못했고, 이라크에는 다시 우리 군인들이 파병된다. 비정규직을 양산하는 악법이 통과되고, 공공부문 노동자들의 파업권을 제약하는 법도 새로 생긴다.

민청련 출신인 그들이 꿈꿨던 세상이 무엇인지, 그들이 국무총리와 장관과 국회의원을 수차례 하면서 그 꿈을 실현하기 위해 어떤 노력을 했는지 잘은 모른다. 그러나 이명박 정부가 들어서는 데 큰 역할을 한 것만은 분명한 것 같다. 그들의 좌절은 그들만의 것이 아니다.

한편 김근태를 고문한 이근안은 이후 붙잡혀 감옥에 갔고, 석방된 이후 반성하고 목사가 되기도 했으나, 김근태에 대한 고문에 대한 책임을 묻는 비판여론으로 목사직을 박탈당한다.

출근 3일 만에 손가락 세 개를 잃은 선배

공장에 가려면 기술을 배워야 한다. 나는 직업훈련소를 찾았다. 3개월 동안 용접을 배웠다. 용접 선생님의 말이 아직도 기억에 생생하다. "다른 기술을 모두 자르고, 베고, 나누지만, 용접은 붙여먹고 산다. 세상을 붙인다는 자부심을 가지고 배워라."

한 번도 기계 앞에 서지 않았던 내게 용접은 쉬운 일은 아니었다. 그러나 재미도 있었다. 3개월의 직업훈련을 마치고 이천에 있는 조그만 공장에 갔다. 큰 공장에 가려면 경험이 필요했다. 직업훈련소에서 배운 용접은 두꺼운 것을 붙이는 것이었다. 14밀리미터 정도의 두께였다. 그런데 현장에서는 1밀리미터 혹은 0.8밀리미터 정도였다. 당연히 무척 힘들었다.

용접을 하다보면 '아다리'라는 게 있다. 두 손을 모두 사용해야 할 때는 용접 불빛을 막아주는 바가지를 쓰지 못하기 때문에 눈에 빛이 들어가는 경우를 말한다. 처음 아다리가 되었을 때 두 눈에 모래가 들어간 것처럼 쓰리고 아파서 도저히 잠을 잘 수가 없었다. 눈에서는 눈물이 계속 나오고, 아파서 견딜 수가 없었다. 경험자가 찾아와서 소주를 사주고, 사과즙을 묻힌 가제를 눈에 붙여 주었다.

"원래는 처녀 젖이 최곤데 처녀가 젖이 나오능감. 해서 사과즙을 썼네."

과묵한 선배 노동자의 농담 섞인 위안과 술에 취해서야 비로소 잘 수 있었다. 용접할 때 나오는 유독가스를 많이 마시기 때문에 용접공들은 돼지고기를 많이 먹는다. 해독 작용을 한다는 얘기였다. 그렇게 몇 달을 지낸 후 본격적인 취업을 위해서 반월공단으로 갔다.

이미 서울 구로공단과 인천 쪽은 사람들이 많았다. 사람이 적기도 했고, 나보다 먼저 데모를 하고 구속되었다가 나온 이미혜 선배가 마침 반월공단에 있었기 때문에 이강섭이라는 남자 선배 하나와 같이 자취방을 얻어 공장 생활을 시작한다. 나는 대문을 만드는 조그만 공장에, 그리고 그 선배는 프레스를 하는 공장에 취직을 한다. 그러나 그 선배는 출근한 지 며칠 안 되어 프레스에 손가락 3개가 잘리는 사고를 당하고 만다.

참으로 참담했다. 공부만 하던 대학생들이 공장에 다닌다는 것은 쉽지 않았다. 어느 학생 하나는 일하다 죽기도 했다. 그렇다고 결코 포기할 일도 아니었다.

반월에서 나는 노동자들을 만난다. 이미 다른 사람의 이름으로 공장에 취업한 지 꽤 되는 선배를 통해 너희들 나이 또래의 여공들을 만날 수 있었다. 진옥이도 만나고, 미경이도 만난다. 채 스물이 안 된 나이였다. 그들과 만나서 놀고, 공부하고, 맛있는 것도 먹으면서 반월에서의 생활이 시작된다. 이름도 바꾼다. 만약을 위해 가명을 썼다. 강형민, 고등학교 선배로 요절한 시인의 이름이었다.

85년 여름, 반월에서 첫 출근한 대문 만드는 공장에 용접 2년의 경력이라며 거짓말을 하고 들어간다. 어느 공장이나 기술자로 들어가면 임금이 높다. 하루 3,400원인가를 받는 걸로 했던 기억이 있다. 매일 야근을 하고 가끔은 일요일 특근도 했다. 당시 여성 노동자들의 일당과 비교해보면 꽤 높은 편이었다.

"야, 삼부 렌찌하고, 몽키 좀 줘봐."

작업 첫날 반장이 말했다. 처음 들어보는 말이었다. 공장의 모든 공구는 다 일본말이었다. 직업훈련소에서 야스리(줄)는 써 보았지만 렌찌라는 건 몰랐다. 공구 중에 스패너와 몽키 스패너가 서로 다르다는 것도 처음 알았다. 바로 실력이 들통 났다.

"야 인마, 너 공장 다닌 거 맞아?"

어떻게 얼버무렸는지 모르겠다.

노동 현장

그 이후 나는 공장에 오는 후배들에게 무조건 공구 이름부터 가르쳤다. 거기서 조금 다니고 경력을 위해 공장을 옮긴다. 규모가 있는 공장은 쉽게 자리가 나지 않았다. 지금도 있는지 모르겠는데 '한보'라는 도금 공장에 다닌 얘기만 잠깐 하자.

거기는 아연 도금을 하는 곳이다. 가로등이나 전봇대를 보면 은색으로 되어있는 게 있다. 그게 바로 아연으로 도금을 한 것이다. 아연으로 도금을 하면 페인트로 칠하는 것보다 수명이 오래 간다. 길게 생긴 공장의 뒤에서부터 크레인으로 긴 전봇대가 옮겨진다.

황산 등에 담가 녹을 없애는 바람에 공장은 온갖 약품 냄새가 가득했다. 도금제에 들어가는 크롬이라는 중금속으로 인해 비공(鼻空)이라고 콧구멍이 뚫려버리는 직업병이 생기기도 한다.

거기는 24시간 맞교대였다. 아침 9시 출근, 다음날 아침 9시 퇴근이다. 도금은 500도가 넘는 온도에서 한다. 허리 정도의 높이에 목욕탕처럼 생긴 곳에 아연이 풀려 있다. 잔잔한 그곳에 약품 처리가 된 전봇대를 크레인으로 넣으면 폭탄 터지는 소리가 난다. 귀마개를 해야 할 정도였다.

그러면 양 옆에 있는 조그만 대피소에 숨어 있다가 물건이 다 들어가서 잠잠해지면 그 표면을 깨끗하게 걷어내는 것이 주로 하는 일이다. 은색의 아연도금통은 참으로 예뻤다. 그러나 튀는 도금에 한 방이라도 맞으면 머리가 한 움큼씩 빠지고, 살은 데었다.

겨울에도 뒤에서는 선풍기를 돌리고, 앞에서는 500도의 온도가 감싼다. 24시간을 일하면서 잠을 잘 수 있는 시간은 밤 12시에 주는 야식시간 뿐이었다. 10분 만에 라면을 먹고 50분을 잔다. 기숙사도 있었지만 회사는 결코 문을 열어 주지 않았다. 거기서 자면 못 일어난다는 이유였다.

우리는 뜨거운 바닥에 박스를 깔고 누워 토끼잠을 잔다. 위로는 차가운 겨울 바람이 지나가고, 밑은 뜨거워 감기에 걸리곤 했다. 1년에 한 명은 꼭 아연통에 빠진다고 했다. 허리 높이의 그 곳은 일부러 빠지라고 해도 빠지기 어려운 구조다. 그러나 계속되는 작업은 사람의 정신을 몽롱하게 하고, 그러다 보면 사고가 생기기도 한다.

그나마 다행인 것은 회사 안에 목욕탕이 있다는 것이었다. 퇴근할 때마다 몸을 지질 수 있었다. 정말 힘들었던 그 공장은 3개월인가 다니다 결국 그만두었다. 좀 더 큰 공장으로 옮기기 위해서였지만, 그만두는 날 정말 기뻤다. 나는 지금도 가로등이나 전봇대를 보면 그 노동자들이 생각난다.

세상의 모든 것은 노동자가 만든다. 어떤 물건도 인간의 노동이 없이는 생산될 수 없다. 기계가 대량생산을 하기는 하지만 그 기계조차도 인간의 노동 없이는 만들어 질 수 없다. 그만큼 노동이 소중하고, 노동자가 대우를 받아야 하는 이유다.

내 손 거쳐 만든 물건
백화점에 가득해도
셋방살이 내 집에는 재고품도 하나 없네
어쩌다가 이 내 몸은 노동자로 태어나서
거친 세상 풍랑 속에서
멸시 천대 받는구나

80년대 어떤 노동자가 쓴 글로 만든 <노동자의 생활>이라는 노래의 노랫말이다. 당시 노동자들의 처지를 잘 보여준다.

혁명과 혁명 이론들

광주의 기억은 운동을 바꾸었다. 막연히 '민주니, 자유니, 평등'이니 하는 생각으로 사회는 변하지 않았다. 70년대를 이끌어 왔던 교회운동, 학생운동, 정치운동만으로는 안 된다는 생각이 번졌다. 총칼을 든 군인들을 상대로 한 투쟁이었다. 광주에서처럼 죽음을 각오해야 했다.
혁명이 필요하다는 생각을 하게 만들었다. 혁명을 위해서는 혁명적인 이론이 필요했다. 한국전쟁은 과거 일제 강점기로부터 이어져 온 혁명 전통의 단절을 가져왔다. 따라서 새로운 혁명을 위해서는 그에 맞는 이론을 만들어야 했다. '사회구성체 논쟁'이니 '대중정치조직 논쟁'이니 하는 무수히 많은 논쟁들이 있었다.

수많은 책들이 출판되어 나왔고, 마르크스와 레닌의 책들도 번역되어 은밀하게 돌아다녔다. '팜플렛'으로 불렸던 혁명 이론과 당면 투쟁에 대한 이론들도 쏟아져 나왔다. 혁명 이론을 만들기 위해 한편에서는 마르크스 레닌주의를 중심으로 한국 사회에 맞는 이론을 찾았다. 다른 한편에서는 북한을 중심으로 형성되어 온 혁명 이론을 받아들여 활동해야 한다고 했다. 요즘도 가끔 들리는 NL이니 PD니 하는 것들이 바로 그 시기에 뜨겁게 진행됐던 논쟁들이다. 너희에게는 낯선 얘기고 어렵겠다. 설명하기도 힘들다.

NL은 National Liberation, 즉 민족 해방을 중심으로 생각하는 사람들이다. 우리는 군사적으로는 주한 미군이 있고, 정치경제적으로 미국의 영향을 강하게 받고 있다. 분단과정에 대해서도 미국의 책임이 크다. 따라서 "분단된 조국의 현실에서는 미국과의 관계를 중심으로 사고해야 한다."고 그들은 생각한다. 전두환은 미국의 조종을 받는 꼭두각시이고, 그 뒤에 미국이 있다고도 했다. 북한과 통일하는 것을 중요하게 생각하고, 연방제 방식으로라도 가능하게 해야 한다고 주장한다. 상대적으로 북한을 우호적으로 본다.

반면 PD는 People's Democracy, 즉 노동자 민중의 계급적인 요구를 중심에 둔다. 분단을 종식시키는 통일도 중요하지만 통일된 사회가 어떤 사회인가가 더 중요하다고 본다. 한국 사회는 미국의 식민지가 아니고 자본주의가 상당히 발달한 사회이므로 노동자와 자본가 사이의 계급적 모순이 중요하다고 본다. 따라서 남한 내에서 민중 권력을 실현하고, 이를 바탕으로 북한과의 통일을 생각하는 입장이다.

한편은 미국과의 투쟁에, 한편은 전두환을 비롯한 자본가들의 투쟁에 더 중요한 가치를 두었다. 물론 북한을 바라보는 관점에 커다란 차이가 생긴다. NL은 상대적으로 북한의 정권 세습 등에 우호적인 반면 PD는 매우 비판적이다. 이런 구분이 너무 도식적이긴 하지만 크게 보면 NL-PD 대립으로 불린다.

시간이 지나면서 한쪽은 '대동단결'로 다른 한쪽은 '일치단결'로 집회 장소에서 외치는 구호조차 서로 달라졌다. 이런 생각의 차이는 87년 이후 김대중을 지지하느냐, 독자적인 민중의 정치세력화를 하느냐에 대한 입장 차이로 나타나기도 했고, 2007년 말 민주노동당이 분열되는 하나의 이유가 되기도 한다. 너희들에게는 너무 어려운 얘기니까 이 정도로 하고 넘어가자.

그것보다 중요한 것은 이런 논쟁의 배경에 광주 항쟁의 쓰라린 경험이 깔려 있다는 점이다. 올바른 노선이 없음으로 인해, 전국적으로 투쟁을 지휘할 조직이 없음으로 인해 수많은 사람이 죽었다는 죄책감이 논쟁을 더욱 치열하게 만들었다.

운동 구경꾼들에게는 NL 대 PD 논쟁이 쓸데없는 분열로 보일지도 모르겠다. 왜 하나로 되지 못하는지 답답해 할 수도 있겠지만, 그것은 혁명 전통이 단절되어 온 우리 역사가 낳은 '80년대식 결과'라고 나는 생각한다. 한가한 책상머리의 논쟁이 아니라 구체적 삶과 실천 속에서 나온 갈등이었다는 얘기다.

이 글을 쓰면서야 나는 왜 우리가 그 시기 '우리의 역사 안에서' 변화의 물줄기를 찾지 못했을까 하는 생각이 든다. 광주 항쟁의 마지막 수배자 윤한봉 선생님이 미국에 극적으로 망명하여 로스엔젤리스에 세운 '민족학교'라는 곳에서 동학혁명, 일제하 독립운동에 대한 글과 도올 김용옥의 동영상 강의를 보았다.

돌아보면 우리 철학과 역사에 대한 공부가 미흡했음이 한탄스럽다. 감옥에서도 헤겔의 『정신현상학』을 비롯한 서구 사상이나 경제사를 중심으로 공부했지, 정약용이나 최한기나 동학혁명에 대한 공부는 하지 않았다. 일제하 조선의 독립 투쟁을 해 온 선배들에 대한 얘기도 전혀 들을 수 없었다.

소련 혹은 중국으로부터 수입되거나 북으로부터 내려온 혁명 사상 이외의 것은 없었다. 김용옥 선생이 '인내천'이라는 동학사상으로부터 새로운 세계에 대한 이론적 바탕을 얘기하는 것을 보면서 많이 반성했다.

전두환도 무식했고 우리도 무식했다

당시 우리가 혁명에 대해 배울 수 있는 나라는 소련이었다. 유일하게 사회주의 혁명이 성공한 나라였으니까. 특히 1917년 러시아혁명의 경험은 많은 시사점을 주었다. 레닌이 만든 <이스크라> 우리말로는 '불꽃'이라는 뜻의 정치 신문 모형을 우리도 답습한다.

또 볼셰비키가 택한 것은 각 지역마다의 정치 조직이었다. 레닌이 만든 '뻬테르스부르크 노동자해방투쟁동맹'을 따서 우리도 반월 지역에 노동자해방투쟁동맹을 만들기로 한다. 지역마다 모두 그런 식으로 조직을 한 후 전국적으로 연계하고자 했다. 당시 반월에는 서울대, 성균관대를 비롯하여 다양한 학교에서 나처럼 공장으로 온 사람들이 있었다. 그들과 접촉하고, 그들이 연결하고 있던 노동자들을 하나로 모으면서 우리는 조직을 만들기 시작한다.

총칼을 든 전두환도 무식했고, 그에 맞서 싸우는 우리도 무식했다. 우리에겐 총칼에 맞설 무기가 절실히 필요했다. 그것은 노동자 조직이었다. 공장에 다니면서도 학습을 해야 했다. 야근이 끝난 무거운 몸을 끌고도 공부를 했다. 공장에 출근하기 전 새벽에 모여 공부하기도 했다. 당시 막 번역이 된 레닌의 『무엇을 할 것인가?』, 마르크스의 『공산당 선언』, 모택동의 『모순론』 등을 통해 변증법적 철학관을 익히는 한편 '조직'이라는 무기를 만들어야 했다.

　새로 공장으로 오는 학생들과 조직된 노동자들의 교육을 위해 17박 18일 동안 합숙 교육을 시킨 적도 있다. 지하실 방에 남녀 구분 없이 몰아넣고, 주민들의 눈에 이상하게 비칠까봐 밖으로 나오지도 못하게 하고 교육이라기보다는 세뇌를 시켰다.

　노동자의 철학, 경제학, 역사와 각종 이론들을 가르쳤다. 그러나 노동자들이 가장 쉽게 이해할 수 있는 책들은 다른 데 있었다. 바로 『어느 청년노동자의 삶과 죽음-전태일 평전』, 『들어라 역사의 외침을』, 『소외된 삶의 뿌리를 찾아서』와 같이 쉬운 말로 쓰였으나 철학이 묻어 나오는 책들이었다.

　특히 전태일의 삶은 감동 그 자체였다. 그는 정말로 아름다운 청년이었고, 아빠를 비롯한 그 시기를 살았던 사람들에게 광주 항쟁 못지않게 깊은 영향을 끼친 사람이다. 영화 <전태일>을 한번 보고, 무엇보다도 『어느 청년노동자의 삶과 죽음』이라는 책은 꼭 보길 권한다.

항쟁의 씨앗들

전두환이 간첩 사건도 만들고, 각종 사건을 만들어 강제로 군대로 보내기도 했지만 투쟁은 좀처럼 수그러들지 않았다. 1985년에 2월에 치러진 국회의원 선거에서는 대통령을 국민이 직접 뽑아야 한다고 주장한 '신한민주당'이 제1야당이 된다. 창당한 지 25일밖에 안 된 정당이었다. 전두환의 '민주정의당'(살인마가 만든 당 이름 치고 웃기지? 그게 지금의 새누리당으로 이어진다)은 제일 많은 의석을 차지하긴 했지만 정치적으로 패배했다. 대대적인 개각을 단행할 정도로 충격파는 컸다. '선거를 통한 시민혁명'이라고 하는 사람도 있을 정도였다.

대우자동차 파업 투쟁

당시는 지금과 많이 달랐다. 지금은 노동조합을 만들려면 2명 이상만 있으면 가능하다. 그때는 30명 이상이었다. 노동조합 신고를 하면 그 명단이 고스란히 회사 손에 들어가고, 모두가 해고되기도 했다. 또 '제3자 개입금지'라는 악법도 있었다. 그 회사 사람이 아닌 다른 회사 노동자들이 투쟁하는 노동자들을 지원하면 바로 구속되었다. 심지어는 파업 현장에 라면 한 상자를 사들고 가서 지지를 표시한 사람이 이 악법에 의해 징역 1년을 산 경우도 있었다. 노무현 전 대통령도, 민주노총 권영길 초대 위원장도 이 악법으로 구속된다.

내가 반월에서 공장에 다니기 시작하던 그해 5월 대우자동차에서 처음으로 노동자들의 파업 투쟁이 일어난다. 뭔가 변화가 생기기 시작한 것이다. 모진 탄압이 있었지만 그만큼 치밀한 조직화 작업도 있었다. 그 결과 이 즈음해서 신규 노조가 약 200개 정도 늘어났다는 통계가 있다.

노동운동이 새롭게 활성화되고 있었다. 새로 설립된 노조들은 곳곳에서 노동자의 열정적인 투쟁으로 사업장 내 임금 인상 투쟁에서 성과를 거두는 한편 지역별 연대 투쟁과 교육 활동 등을 활발히 전개한다. 전두환이 노동운

> ★ **4·16 대우자동차 부평 공장 파업**
> 대우자동차 파업은 재벌 기업에서 일어난, 그리고 남성 중심 중공업 부문에서 일어난 최초의 조직적 파업이다. 또한 학생 출신 노동자들이 처음부터 끝까지 자신을 드러내고 투쟁을 주도함으로써 당시 경인 공업지역에 풍미하던 '소그룹 운동 방식'에 충격을 주었다.
> 1984년 8월에서 11월까지 서울대 출신의 송경평과 노조 민주화를 열망하는 40여 명의 대우자동차 부평 공장 노조원들은 체불된 상여금과 군복무 기간의 근속 년수 산정을 요구했다. 송경평 등은 해고됐지만 이들의 투쟁은 다른 노동자들에게 감명을 주었고, 이 투쟁을 기반으로 12월 24일 '노동조합 정상화 추진위원회'를 구성했다. 추진위원회는 〈근로자의 함성〉이라는 소식지를 제작해 현장에 배포하는 등 일반 조합원들의 지지를 얻어 나갔다. 1985년 임금 투쟁을 앞두고 노동자들 사이에는 대폭 인상에 대한 기대가 높았다. 노동조합 정상화 추진위원회는 〈근로자의 함성〉 7호를 통해 24.9%의 임금 인상안을 제시하면서 노조 집행부를 압박했다. 이런 분위기에 떠밀린 노조 집행부는 3월 22일 기본급 18.7%의 인상 및 최저생계비 부족분의 제 수당으로의 대체라는 요구를 내건 임금 인상 요구서를 회사에 제출했다. 그러나 회사는 4월 6일로 예정된 교섭을 16일로 연기시켰고, 이에 반발한 조합원들은 새로운 임금 협상단을 구성해 노조 지도부에 대한 불신을 표명하고, 학생 출신 노동자인 홍영표를 협상단에 포함할 것을 요구했다. 우여곡절 끝에 15일 재개된 협상에서 회사가 내세운 임금안은 임금 5.7% 인상 및 제 수당 5% 인상에 불과했다. 이에 노동자들은 16일 파업에 돌입했다. 16일부터 공장 시위와 농성, 철야 농성, 사무직 직원들의 파업 지지 성명서 등의 극적인 상황들이 벌어졌다. 결국 25일 김우중 회장은 홍영표 대의원과 단독으로 직접 협상을 벌였고, 정부의 임금동결 정책을 깨고 기본급 10% 인상 등에 합의했다. 이 투쟁은 다른 사업장의 투쟁을 촉발시켜 정부와 자본의 임금 가이드라인을 무력화시키는 한편 노동법 개정 논의를 촉발시켰다.

동에 대한 보다 강력한 통제와 탄압의 필요성을 느끼기 시작한 바로 그때 노동자들도 들고 일어나기 시작한 셈이다.

대우자동차 투쟁은 노동자들과 함께 학생 출신 노동자들이 파업을 주도한다. 그리고 투쟁 10일 만에 요구 조건을 거의 관철하면서 김우중 회장과 합의하고 마무리한다. 그때까지만 해도 감히 고개를 들고 쳐다볼 수조차 없었던 재벌 총수와 어깨를 나란히 하고 교섭장을 걸어 나오는 노동자 대표의 모습이 TV와 신문에 나온다. 그리고 사회에 큰 충격을 준다. 더 이상 노동자가 '공돌이, 공순이'가 아니라 인간임을 보여준 상징적 사건이었다.

1950년 이후 최초 동맹파업

군사독재의 탄압을 뚫고 노동자들의 자각을 보여 준 대우자동차 파업 투쟁이 끝나고 채 두 달도 안 된 6월, 이번에는 구로공단에서 연대 파업이 일어난다.

1985년 6월 24일 월요일 아침, 대우어패럴 노동자 300여 명이 회사의 저지를 뚫고 2층 작업장을 점거해 파업에 들어가고, 오후 2시를 기해 효성물산 노동자 400여 명, 가리봉전자 노동자 520여 명, 선일섬유 노동자 70여 명이 파업과 단식 농성에 들어간다.

'노동악법 개정, 노동부 장관 퇴진, 노동3권 보장' 등의 현수막과 대자보를 작업장마다 건다. 바로 이틀 전에 대우 어패럴 노조의 김준용 위원장 등 3인을 연행, 구속한 것이 발단이 됐다. 1950년대 이후 최초의 동맹파업이 일어난 것이다. 동맹파업 다음 날에는 세진전자, 롬코리아, 남성전기 노조가 파업 지원을 위한 야간 또는 철야농성에 들어간다. 이후 지지 농성과 가두 투쟁이 일어나고, 멀리 창원공단의 통일중공업에서도 투쟁을 지지하는 동조 파업에 돌입했다.

전두환은 신속하게 경찰을 투입하고 구속과 해고로 탄압했다. 결국 6월 24일부터 29일까지 5개 사업장의 파업과 5개 사업장의 지원 투쟁으로 진행됐던 구로동맹파업은 43명의 구속자와 1,300여 명의 해고로 끝난다. 그렇게 처절한 패배로 끝난 것처럼 보였다. 역사를 보면 패배한 저항들이 많다. 그러나 긴 안목으로 보면 그것은 새로운 열매를 맺는 씨앗이 되기도 한다. 1,000명이 넘게 해고됐지만 투쟁을 통해 단결의 힘을 경험한 노동자들은 새로운 운

> ★ 6·24 구로동맹파업
>
> 구로동맹파업은 민주노조 운동이 시작된 이후 최초의 연대 파업이라는 점에서 민주노조 운동의 한 획을 긋는 사건이다. 이전에 있었던 대부분의 노동자 시위와는 달리 노동자들의 요구는 처음부터 정치적인 것이었고, 다른 노조 위원장이 잡혀간 문제로 파업을 벌였다는 점에서 단위 사업장을 뛰어넘은 투쟁이었다.
>
> 1983년 말부터 유화 국면이 조성된 이후 전국적으로 전개된 어용노조 민주화 투쟁은 200여 개의 신규 노조를 탄생시켰고, 이와 함께 구로공단 지역의 노동운동 또한 1984년 후반에 들어서면서부터 민주노조 인정 투쟁을 통해 새로운 활기를 되찾기 시작했다. 1985년 초부터는 임금 인상 투쟁에 성공하는 노조들이 등장하기 시작했으며, 4월 10일에는 이 투쟁 과정에서 해고된 노동자들을 중심으로 노동운동 탄압저지 투쟁위원회가, 6월1일에는 '구로지역 노조 민주화 추진위원회'가 차례대로 결성됐다. 또한 5월 1일 1960년대 이후 최초로 영등포에서 노동절 행사를 개최하고 가두투쟁을 전개하는 등 구로 지역의 노동운동은 1980년 초의 노동계 정화조치 이후 단절된 전통을 새롭게 부활시키고 있었다.
>
> 일주일간 구로공단을 뒤흔든 구로동맹파업의 결정적 계기는 대우어패럴노조 간부들에 대한 경찰의 구속 조처였다. 1985년 6월 22일 경찰은 4월 말의 임금 인상 투쟁이 불법이라는 이유로 위원장 김준용 등 3명을 구속했고, 이에 항의하며 24일부터 대우어패럴 노동자들의 항의 파업이 시작됐다.
>
> 김준용 구속 이틀 후인 24일 대우어패럴 노동자들의 항의 파업과 효성물산, 가리봉전자, 선일섬유의 동맹파업을 필두로 25일 남성전기, 세진전자, 롬코리아의 준법 농성, 27일 삼성제약의 중식 거부, 28일 부흥사의 파업이 줄을 이었다. 6월24일 연대 투쟁에 참여한 효성물산, 가리봉전자, 세진전자, 청계피복, 선일섬유 노조들의 공동 명의로 발표된 '노동조합 탄압 저지 결사투쟁 선언문'은 "대우어패럴노동조합 위원장 김준용을 비롯한 구속자 전원을 즉각 석방할 것", "민주 노동운동을 짓밟는 모든 악법(집회시위법, 언론기본법, 노동악법 등) 즉각 철폐", "부당 해고자 전원 즉각 복직", "정책적인 어용노조 실립 즉각 중단", "임금 동결 정책 포기와 최저생계비 보장", "민주노동조합 파괴에 앞장서 온 조철권 노동부장관 사퇴" 등을 요구했다.
>
> 동맹파업에 대한 정부와 관련 회사들의 대응은 관련자들에 대한 대량 구속 및 집단 해고로 나타났다. 결국 가족을 동원해 파업 해산을 종용하는 등의 탄압으로 구로동맹파업은 강제 해산 당하고 말았다.

동의 씨앗이 된다. 그리고 그것이 2년 뒤인 1987년 노동자 대투쟁의 밑거름이 되었다. 역사를 짧게 보면 안 되는 이유다.

당시 대우자동차 파업 투쟁을 이끈 사람 중의 한 명인 홍영표라는 사람은 지금 통합민주당 국회의원이다. 노무현 대통령 때는 국무총리실에서 일했었다. 1994년 민주노총을 만들기 위해 나와 같이 일했다. 노동운동가였던 셈이다. 당시에는 해고자 신분이었다. 노무현 대통령 시절 공기업의 지방 이전을 두고 노동자와 정부가 협상을 한 적이 있다. 실무협의를 나와 둘이서 한 셈인데, 지방으로 이전할 때 비정규직 문제는 어떻게 할 것인지를 묻자 그가 잘라 말했다. "비정규직의 '비'자만 꺼내도 협상은 없다." 노정 합의 문구가 좋았을 리 없다. 세월은 그런 것이다.

당시 선도적으로 투쟁했던 노동운동가들은 아쉽게도 단 한 사람도 노동자를 위한 진보정치에 남아 있지 않다. 투쟁의 시발점인 대우어패럴 노조 위원장이었던 김준용은 뉴라이트 계열에 몸을 담는다. 전태일 정신을 계승한 청계피복노조 위원장을 거친 김영대는 민주노총 부위원장, 사무총장 등의 역할을 했지만 이후에는 노무현 캠프에 참여해 노동연대의 중심 인물이 되고 그 논공행상으로 비례대표 국회의원을 3개월 정도 한다. 김문수는 민자당 김영삼에게 안겨 두 차례 정도의 국회의원을 하고 나서 지금은 새누리당 경기도 지사다. 그의 당시의 활동에 비추어 볼 때 지금의 그의 반노동자적인 행태는 정말 그 김문수가 이 김문수일까 할 정도다.

리어카로 화염병 실어 나르던 시절

해가 바뀌고 다시 5월이 되었다. "5월, 그 날이 다시 오면 우리 가슴에 붉은 피 솟네"라는 <5월의 노래>처럼 광주가 다시 살아오는 계절이다. 바로 직전인 4월 말에는 학생 2명이 전방부대 입소 거부 투쟁 과정에서 분신하는 사태도 있었다. 그런 1986년 5월이었다. 뭔가 심상치 않은 분위기였다. 야당을 중심으로 사람들이 전국적으로 '직선제를 위한 천만 명 개헌 서명 운동'에 돌입한다. 부산, 광주에 이어 인천에서 5월 3일 개헌추진위 결성대회를 열기로 되어 있었다. 토요일이었다. 수십만의 사람들이 다시 모이기 시작했다.

반월에서 조직을 만들기 시작한 우리도 투쟁을 준비한다. 당연한 얘기다. 모든 조직은 목표가 무엇인지에 따라 달라진다. 우리는 전두환을 몰아내기 위해, 더 나아가 한국 사회를 '인간이 인간으로 대접받는 사회'로 만들기 위해 조직을 만들었기 때문에 싸움을 준비한다. 우리도 그 대회에 조직적으로 참가하기로 한다.

인천에서 열린 행사였기 때문에 아주 자세한 상황은 잘 모른다. 그에 대해서는 황광우의 『젊음이여 오래 거기 남아 있거라』를 읽어보면 인천에서 활동하던 사람들이 무엇을, 어떻게 준비했는지 아주 자세히 잘 나온다.

지하실 골방에서 가지고 갈 현수막을 직접 썼다. 유인물도 만들었다. 마른 현수막은 몸에다 칭칭 동여맸다. 경찰들이 분명히 검문할 것이고 우리는 이에 대비한 것이다. 유인물을 몸 속에 잘 감춘 채 우리는 인천 맥아더 동상 앞에 모여 시민들이 모이는 주안 시민회관 앞으로 간다. 그리고 싸움이 시작됐다.

기다렸다는 듯이 경찰은 최루탄을 쏘아대기 시작했고, 이에 맞서 무수히 많은 화염병이 나온다. 아예 리어카로 화염병을 가지고 오는 사람도 있었다. 그만큼 인천 지역에 있는 활동가들이 준비했다는 얘기다. 이미 전두환과 협상을 진행 중이던 신민당의 정치 행사 따위에는 관심도 없었다. 낮부터 시작한 싸움은 저녁까지 이어졌다.

한참 돌을 던지고 싸우다가 당시 인천 쪽에서 활동하던 네 엄마를 거기서 만난다. 물론 당시에는 같은 학교의 활동가 관계였을 뿐이다. 아마도 그런 싸움의 과정에서 함께했던 것들이 이후 결혼까지 이어졌을 테지만 말이다.

하루 종일을 돌과 화염병을 던지고, 낯선 인천 바닥을 헤매다 돌아왔다. 그걸 역사에서는 '5·3 인천 항쟁'으로 부른다. 5·3 인천 항쟁을 계기로 전두환은 다시 원래대로 강경 자세로 돌아선다. 그리고 민주화운동 세력에 대한 무자비한 탄압이 시작된다.

서노련 사건, 부천경찰서 여학생에 대한 성고문 사건 등 고문이 비일비재했고, 용공 조작이 만연했다. 급기야 북한이 금강산댐을 건설해 수공으로 서울을 물바다로 만들려고 한다며 대대적인 반공 캠페인까지 벌어진다.

★ 5·3 인천 항쟁

1986년 상반기 신민당의 개헌 1,000만 명 서명 운동이 전국적인 차원에서 지지를 넓혀가고 있었다. 전두환 정권은 신민당에 대해 일정한 화해 제스처를 취하면서 4월 30일 전두환-이민우 회담을 마련했다. 당시 양자 간의 협상이 비록 결렬되기는 했지만, 전두환은 개헌 논의 허용을 발표하고 이에 이민우는 과격 좌익 학생운동과의 결별 의사로 응대했다. 이에 반해 학생운동 세력·노동운동 세력·민통련 등 재야 단체 등을 포함한 민주화운동 진영은 단기적으로나마 신민당의 타협성과 보수성을 비판하며 일정하게 정치적 분리선을 그으려는 분위기를 형성하고 있었다.

이러한 상황에서 신민당 개헌추진위원회의 경기·인천지부 결성대회가 예정되어 있었다. 1986년 5월 3일 신민당은 개헌추진위원회 경기·인천지부 결성대회가 예정되어 있었다. 1986년 5월 3일 신민당은 개헌 현판식을 개최키 위해 인천 시민회관에서 인천시 지부까지 행진할 계획을 갖고 있었는데, 여기에 사회단체와 학생들이 광범위하게 참여하여 타협적 보수 야당을 비판하면서, "노동자가 주인되는 사회 건설"과 "삼민(민족·민주·민중)헌법 쟁취" 등을 주장하며 급진적 투쟁을 전개했다. 경찰은 73개 중대 1만여 명의 병력을 동원하여 진압에 나섰고, 이에 대항하여 시위는 고조됐다. 결국 신민당 현판식은 무산됐다. 이날 대회장에 뿌려진 총 50여 종으로, 재야단체 10여 종, 인천지역 노동자단체 10여 종, 학생운동단체 15종으로 집계됐다. 유인물의 내용은 신민당의 정권과의 야합성을 비판하는 보수대연합 규탄, 반미·반파쇼가 주종을 이루었다. 특히 신민당을 기회주의 세력으로 규정하고 개헌 투쟁의 주체에서 신민당은 제외되어야 한다고 주장하기도 했다.

인천 5·3항쟁을 기점으로 정부는 공안기관을 총동원하여 민주화운동 진영 전체에 대한 총체적 탄압을 가하기 시작했다. 공안 당국은 인천 5·3항쟁을 좌경 용공 세력의 반정부 폭력 행위로 규정하고, 사회운동 진영 전체에 대한 대대적인 수배 및 검거에 돌입했다. 5월 5일 인천 5·3항쟁 배후 주동 혐의로 장기표(민통련 전 사무차장) 외 민통련 산하 인천지역 사회운동연합·한국노협 인천지역협의회 등 4개 단체의 간부 10명이 수배를 당했다. 인천 5·3항쟁과 관련, 총 319명이 연행돼 129명이 구속됐으며 37명이 수배를 당했다.

인천에서 최루탄 바다를 헤매다

'최루탄(催淚彈)'이라고 들어 보았을까? 말 그대로 눈물이 마구 쏟아지게 하는 것이다. 단순히 눈만 따가운 게 아니라 토할 것 같고, 숨쉬기도 힘들다. 한마디로 사람이 무기력해진다. 그때를 틈타 백골단이 잡아간다. 시위를 진압하기 위해 총처럼 쏜다. '사과탄'이라고 불리는 사과 크기만 한 던지는 최루탄도 있었다. 매울 뿐만 아니라 파편에 많이 다치기도 했다. 또 있었다. 다연발탄이라고 한꺼번에 수십 발이 터지는 것이 있었는데 우리는 그것을 '지랄탄'이라고 불렀다. 일단 쏘면 10개도 넘는 최루탄이 여기저기를 마구 휘저으며 터지면서 날아다녔기 때문에 붙인 이름이다. 그것은 주로 차에서 발사됐다.

최루탄은 원래 일정한 각도를 두고 하늘을 향해 쏘아야 한다. 그래야 사람이 직접 맞아 심하게 다치지 않는다. 그러나 1960년 3월 이승만 정권 시절 경찰은 마산에서 김주열이라는 학생에게 직격탄을 쏜 후, 죽은 시체를 마산 앞바다에 버렸다. 그 시신이 떠올라 4·19 항쟁이 촉발됐다.

1987년 6월 항쟁을 불러 온 이한열이라는 연세대학교 학생도 머리에 최루탄을 직접 맞아 죽는다. 무서운 얘기다. 너희도 촛불 집회에서 경찰이 물대포를 쏘는 것을 보았겠다. 불과 20년 전, 아니 10년 전에도 경찰들이 물이 아니라 화약 약품을 시위하는 군중에게 쏘았다는 얘기다. 그에 맞서 사람들은 돌을 던지며 싸워야 했다. 더 나가 화염병을 만들기도 했다. 언제까지나 당할 수는 없었으니까. 화염병은 몰로토프 칵테일(Molotov cocktail)이라고도 하는데 시너와 휘발유를 섞는 비율이 중요하다.

이제 너무 먼 옛날이야기처럼 생각된다. 우리는 그 날 인천에서 최루탄 바다를 헤맸다. 나는 역사는 꿈을 꾸는 인간들이 온몸으로 써가는 것이라고 했

86년 5월 3일 인천에서 대통령 직선제와 노동 3권 보장 등을 외치며 투쟁을 하고 있는 시위대.
(사진=경향신문, 민주화운동기념사업회 ⓒ)

다. 내가 5·3 인천 항쟁을 쓰는 이유는 누가 당시 무엇을 했다는 것을 얘기하고자 하는 것이 아니다.

앞으로 내가 겪은 많은 이야기도 마찬가지다. 중요한 것은 그런 모진 탄압을 받았지만 이런 투쟁으로 인해 그로부터 1년 남짓 후에 6월 항쟁이 일어나게 된다는 역사적 경험을 말하고 싶은 것이다.

'역사에 대한 믿음'이 중요하다. 그런 믿음이 있었기 때문에 우리 선열들은 36년 동안 그 모진 일제의 탄압에 맞서 투쟁할 수 있었다. 마찬가지로 한번 타올랐던 촛불은 절대로 꺼지지 않고, 다른 모습으로 타오르고 말 것이라는 믿음을 나는 가지고 있다. 온몸으로 역사를 써 가는 수많은 사람들이 또 다시 생겨날 것이다.

전에도 말했다. 전두환이 무식했던 것처럼 우리도 무식했다고. 우리는 실제로 산에 올라가서 화염병 투척 방법을 연습하고, 호루라기를 불면 순식간에 대열을 갖추는 훈련도 했다. 예를 들어 내가 2열의 3번이라면 신호 후에 2

열의 2번과 4번을 확인하고 가장 짧은 시간 안에 앞뒤를 맞추어 바로 대열을 갖추는 것이다.

집회의 자유가 차단되고, 경찰 백골단이 순식간에 연행하는 상황에 맞선 불가피한 대응 방법이었다. 그런 훈련을 하고, 5·3 인천 항쟁을 마친 후에 우리는 반월에서 5월 광주 민중 학살에 대한 규탄 집회를 하기로 한다. 마침 조직에 대한 중요한 자료를 가지고 있던 사람 하나가 부주의로 연행돼 경찰 쪽에서도 눈치를 채고, 반월공단에 대한 조사를 시작한 시점이기도 하다.

정확한 날짜는 기억이 안 난다. 86년 5월 하순 우리는 반월공단 입구인 원곡파출소 앞에서 시위를 시작했다. 기껏해야 100명도 안됐다. 그러나 훈련된 사람들이었다. 순식간에 파출소는 불에 탔고, 행진을 시작해 당시 나성플라자가 있었던 아파트 지역까지 진출한다. 그때 인원은 이미 수천 명으로 불어난다.

경찰이 오는 길목에는 이미 사람이 나가 있었다. 핸드폰이 없었던 당시에는 공중전화를 이용, 다방으로 전화하면 이를 받아 다시 투쟁 대열에게 알려주는 방식을 썼다. 경찰이 본격적으로 반월로 향할 때쯤 우리는 집회를 마무리한다. 그 큰 규모의 시위를 했지만 연행자는 단 한 명뿐이었다. 물론 우연히 집회에 참가한 것으로 미리 알리바이를 세워둔 상황이었다. 그러나 이를 시작으로 경찰은 본격적인 수사를 시작한다.

집으로 가는 길목이 이상했다

우리는 반월에서 조금 떨어진 안양에 방을 구했다. 그때쯤 다니던 공장을 그만둔다.

조직을 만드는 것은 중요한 자료가 경찰 손에 넘어가는 바람에 차질이 생겼다. 추적이 예상되는 사람들을 공장에서 빼내 멀리 부산으로 내려 보내기도 했다. 경찰의 추적을 피하기 위해 안양의 박달동에 세 명이 함께 방을 얻는다. 재수생으로 위장했다. 방에는 책들이 많았다. 우리는 거기서 필요한 문건도 쓰고, 조직을 움직이고 있었다. 만약 경찰에 검거되면 공장에 취업하기 위해 준비 중인 것으로 알리바이도 미리 만들어 둔다.

당시 우리는 매사에 조심에 조심을 기울였다. 약속 시간을 정확하게 지키는 것은 물론, 약속 시간 5분이 넘으면 무조건 약속 장소에서 나왔다. 이름도 가명을 썼다. 지금도 그때 같이 일하던 사람들 중 본명을 모르는 이들도 있다. 만일의 사태에 대비한 것이다. 그러나 사람이 하는 일이었다. 항상 긴장하고 살 수는 없는 법이었다. 수배가 된 것도 아니었기 때문에 긴장은 쉽게 풀어지곤 했다. 때로는 약속 시간을 약간 넘겨서도 기다렸다.

그러던 어느 날 약속 시간을 넘겼는데도 만나기로 한 친구가 나타나지 않았다. 당연히 그 자리를 피했다. 상황을 더 파악했어야 했다. 그러나 마침 그날은 유난히 피곤했다. 빨리 집으로 가서 쉬고 싶었다. 약속이 어긋났으면 더 긴장해야 하는데 약속을 잘못 안 것으로 생각하고 집으로 향했다.

집으로 가는 길목이 약간 이상하다는 느낌을 가졌지만 설마하고 집에 들어갔다. 방문을 여는 순간 친구 두 명이 수갑을 차고 앉아 있는 게 보였다. 낯모르는 얼굴이 두 명이나 더 있었다. 그들은 내가 들어오는 순간을 기다리고 있었다.

방문을 걷어차고 뛰기 시작했다. 그러나 이미 골목에 수많은 사복형사들이 있었다. 분위기가 이상하다고 생각했던 것이 맞았다. 그들은 집주인의 신고로 잠복하고 있었던 것이다. 젊은 사람 셋에서 들락날락하는 것이 수상하게 보였던 것이다. 그 사람은 '불순분자'들을 신고하고 얼마나 받았을까?

나는 잡혀서 방으로 끌려들어 갔다. 그들은 우리를 묶어 둔 채 또 다른 사람이 들어오기를 기다렸다. 시간이 없었다. 잡힌 채로 우리는 눈짓과 손짓으로 알리바이를 다시 확인하기 시작했다. 언제, 어디서, 어떻게 만났는지, 그리고 공장에 들어가기 위해 무엇을 준비하고 있었는지를 대강 맞췄다.

문제는 방안에 너무나 많은 정보가 있는 것이었다. 몰래몰래 중요하다고 생각하는 문건들만 챙겼다. 더 이상 아무도 오지 않았다. 사실은 내가 들어오기 전에 또 다른 한 사람이 방문했다가 분위기가 이상한 것을 보고 골목 바깥에서 지켜보고 있었다. 내가 뛰어 가다가 잡히는 것을 본 그가 더 이상 우리 사람들이 접근하는 것을 미리 방지하고 있었던 것이다.

얼마나 후회했는지 모른다. 당시의 운동에서 긴장은 생명과 같은 것이었다. 절대로 피곤하게 일하면 안된다는 교훈을 그때 배웠다. 무슨 일을 하든지 쉴 때 쉬고, 항상 정신을 맑게 해야 한다. 그래야 냉철하게 판단을 내리고 상황에 정확하게 대처할 수 있다. 그런 면에서 우리는 아직 운동 새내기에 불과했다.

"투사 한 사람이라도 적에게 포로가 됨은 우리 전력의 약화이며 적을 이롭게 하는 것이다.", "평소나 피신 중에 자신이 반독재 투쟁을 적극적으로 하고 있다는 사실이 드러나면 항상 적의 공격 가능성을 열어 놓는 것이다. 이는 개인 보위의 허점이며, 조직 보위의 허점이다." 앞서 말한 '남민전'이 우리에게 가르쳐준 교훈이었다. 그러나 머리와 몸이 따로 움직인 꼴이었다. 조직을 책임지는 사람들로서는 참으로 무책임한 행동을 했던 것이다.

밤 12시가 다 되어서야 우리는 사복경찰에 잡힌 채 구로경찰서로 향했다. 다행이었다. 반월과 가까운 곳이 아니라는 점에 우리는 안도했다. 별거 아닐 수도 있다는 생각도 들었다. 신발에 숨겨둔 중요한 조직도 몇 장만 치우면 되었다. 물론 암호로 되어 있긴 하지만 사람들을 다치게 할까봐 그게 두려웠다. 화장실에 가서 씹어 먹기도 하고, 잘게 찢어서 변기에 버리기도 했다.

엉뚱한 곳에서 일이 커지고

이틀 정도 조사를 받고 끝날 줄 알았는데 그게 아니었다. 문제는 우리가 가지고 있었던 수많은 책 중에 김일성 주석이 쓴 『북한노동당 정책사』라는 책자가 있었던 것이다. 통일원 등 관련 기관에서 북한 방송을 녹취한 책자라 내부에서 누가 유출했는지가 관심사였다.

당연히 소재에 대한 추궁이 시작됐다. "어디서 났고, 누가 주었느냐?"가 핵심이었다. 나는 모르는 일이었다. 나는 정말 별로 관심이 없었다. 몇 장을 들춰보다 성경에서 말하는 것과 비슷하다는 느낌을 가지고 더 이상 읽지 않았다.

'인간 중심의 철학과 세계관'을 말하고 있었지만 교회를 오래 다닌 나로서는 당연히 인간 중심의 운동을 하고 있었다고 생각했다. 내가 친구에게 물었던 기억이 난다. "아니 그럼 내가 동물 중심, 개 중심으로 운동을 하고 있단 말야?" 순진한 얘기였다. 그러나 다른 두 친구는 정말 열심히 읽었다.

그때가 바로 북한에 대한 관심이 높아지고, 소위 NL과 PD의 논쟁이 막 본격화되던 시기였다. 김영환이라는 사람이 쓴 <강철서신> 등으로 기억되는 미국에 대한 폭로와 북한 중심의 혁명 사상에 대한 관심이 커지고 있었다. 그는 북한을 추종하고, 주체사상을 신봉했다고 한다. 북한에 넘어가서 김일성 주석도 만났단다. 당시 주체사상의 '대부'로 불리던 사람이었다.

말이 나온 김에 현재의 김영환이라는 사람에 대해서도 한 마디 하고 넘어가자. 우연히 구한 그의 재판 기록에 나오는 최후진술이다. "저는 우리 민중의 자유와 복리, 민주주의와 민족 해방, 진보와 평화, 한 마디로 혁명을 진심으로 사랑했고 구치소 안에서도 앉으나 서나, 자나 깨나, 조국의 앞날, 혁명의 앞길에 대해서 생각했습니다. 아침에 눈을 뜨면 먼저 혁명을 생각했고 식사할 때도 혁명에 대해서 생각했고, 운동을 할 때도, 책을 볼 때도 혁명에 대해서 생각했고, 심지어 꿈속에서까지 혁명에 대해서 생각했습니다."

그러던 그는 99년 "북한을 타도하는 것이 시대정신"이라고 선언하고, 혁명은커녕 과거 운동권을 비난하는 것을 업으로 하는 뉴라이트의 최전선에 선다. 재밌는 사람이다. 하긴 역사를 보면 그런 사람은 숱하게 나온다. 뉴라이트가 무엇인지에 대해서는 2000년대를 다루면서 얘기하자.

어쨌든 나로서는 반월의 조직에 대한 조사가 없었다는 점에 안도했지만 엉뚱한 데서 일이 커지고 있었다. 다음날인가 치안본부에서 나왔다는 사람들이 구로경찰서에 왔다. '치안본부'라는 말만 들어도 오금이 저릴 정도로 악명을 떨칠 때였다.

85년 9월 치안본부 남영동 분실에서 지독한 고문을 당한 민청련 의장이었던 김근태의 글을 읽어본 사람은 누구나 치를 떨었다. 우리는 차에 태워지자마자 고개를 의자 밑으로 숙이고 잠바를 덮어 쓴 채 치안본부로 향했다.

허리 수그린 채 숲에 갇힌 사람
글에서는 오갈 곳 없는 사람들이 많이 보였다.
언제나 무언가에 쫓기는 듯한 모습과 어떤 심한 강박증…

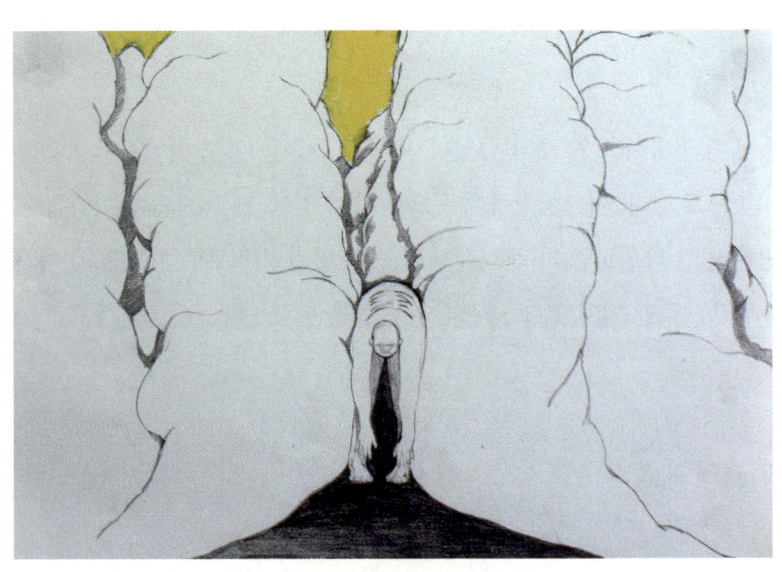

항쟁은 도둑처럼 오고 있었다

도착한 곳이 어딘지를 알 수가 없었다. 육중한 철문을 열고 들어가서 계단을 올라 이층으로 갔다. 여관방처럼 양쪽으로 방이 있다. 열린 방들이 이상하다. 어떤 방은 빨간 타일로만 가득했고, 어떤 방은 파란 타일로만 가득했고, 어떤 방은 노란색으로만 되어 있다. 공포감이 온몸을 휘감는다.

고문 기술의 계승

심문 받는 사람에 대하여 먼저 옷을 벗기고 한 팔은 등 위를 향하고 한 팔은 겨드랑이 밑에 끼워 양손을 등 위에서 잡게 하고는, 삼끈으로 양손의 엄지손가락을 단단히 묶어 천정의 쇠갈구리에 매달아 놓고, 끈의 한쪽을 끌어당기면, 사람이 공중에 매달리게 된다.
三, 四분이 지나면, 두 발의 엄지발가락만 땅에 닿고, 양손은 천정으로 향하게 된다. 이러면 전신에 땀이 흐르고 대소변을 싸기도 한다. 소위 심문 관리라는 자들은 독서를 하든가 바둑을 두든가 잠을 자거나 하며 거기에는 신경도 쓰지 않았다.

전신의 피는 머리끝으로 흐르고, 근육은 뒤틀려 일어나며 四, 五시간 뒤에는 혀를 내놓고 기절한다. 그러면 의사가 와서 다시 살려낸다. 二 주간을 매일 이렇게 한다. 이, 삼일이 지나면 두 엄지손가락은 모두 살이 벗겨지고 떨어져 나가 뼈가 드러난다. _백암 박은식『한국독립운동지혈사』중에서

일본 경찰이 우리나라 사람에 대해 그처럼 악독한 고문을 했다는 기록이다. 오죽했으면 독립운동사가 아니라 독립운동에 대한 '피의 역사'라고 썼을까?

그러나 그런 고문 기술을 발휘한 것은 일본 경찰만이 아니었다. 하긴 일제강점기 그 밑에서 독립군에 대해 악독한 고문을 했던 자들이 해방 이후에도 한국 경찰의 우두머리로 출세를 이어갔으니까, 고스란히 고문 기술이 이어져 오는 것도 이상할 것은 없겠다.

일본 경찰들이 했던 것과 똑같은 방법으로 고문을 했다는 사실이 85년 이후 집중적으로 폭로됐다. 5·3 항쟁에 대한 수배자를 잡는 과정에서 문귀동이라는 경찰은 한 여성을 '성적으로 고문'하기도 했다. 그러면서도 당시 그들은 "성을 혁명의 도구로 이용" 어쩌고 하면서 발뺌을 하기도 한다. 김근태에 대해 이근안을 비롯한 자들이 전기 고문, 고춧가루 고문 등 온갖 야만적인 고문을 했던 사실이 폭로되기도 했다. 그러나 그 이전에도 숱한 고문이 있었다.

남영동 대공 분실, 세칭 '악마들의 고향'의 5층 조사실 - 조사실이라기보다 고문실이라는 말이 더 적당하다. 물을 마음대로 먹일 수 있는 목욕탕(욕조실), 대소변을 처리하는 변기, 책상 하나, 의자 둘, 단색의 벽과 천장, 고문을 할 수 있는 침대, 아무리 소리쳐도 밖에 새나가지 않는 방음벽, 높은 자들이

감시할 수 있는 TV 장치…

나는 무엇 때문에 끌려 왔는지도 모르는 채 우선 30분 가량 5~6명의 건장한 사내들로부터 무차별로 얻어맞기 시작했다. 얼굴이 붓고, 코피가 쏟아지고, 눈에 멍이 들고, 다리, 무릎, 팔, 가슴 할 것 없이 정신을 차릴 수 없을 정도로 얻어맞았다.

그리고 나서 …… 두 발목을 밧줄로 묶고 무릎을 세우고, 두 손을 역시 밧줄로 묶어서 두 팔 사이로 넣고 굽힌 다리 사이로 침대봉을 넣어 거꾸로 매달았다. 얼굴에 젖은 수건을 덮었다 …… 수건으로 덮은 얼굴 위로 고춧가루를 탄 주전자 물을 붓기 시작했다.

눈, 코, 입으로 들어가는 맵고 따갑고 화끈거리는 고통에 혼신의 몸으로 버둥거렸다. 얼마의 시간이 흘렀는지 침대봉이 부러지고 다시 막대기가 끼워졌다. 그들은 숙련공처럼 침착했고 나는 짐승처럼 버둥거리다 지쳐 의식을 잃었다. _『나의 손발을 묶는다해도』중에서 / 1987 민가협

지금도 새누리당에서 큰 영향력을 가지고 있는 이재오라는 사람이 남민전 사건으로 고문받던 기록이다. 오죽했으면 "나는 창틀 사이로 보이는 하늘을 보고 내가 사람으로 태어난 것을 저주했다."라는 제목을 달았을까? 그들은 남자만 그렇게 취급한 게 아니다.

나는 팬티 하나만 걸친 채 바들바들 떨었다. 그 순간 내 몸은 두 형사에 들려 물이 가득 찬 욕조 속으로 푹 빠뜨려졌고 어떤 손은 내 머리를 물속으로 꾹 누르는 것이었다. 코와 입으로 물이 들어가니까 호흡을 할 수 없어 답답해졌고 점점 시간이 흘러가자 가슴이 꽉 막혀 오고 터지는 듯, 찢어지는 듯 아팠다.

처음엔 다리를 바둥거리고 팔은 뒤로 묶였기 때문에 상체를 꿈틀거릴 뿐이었다. 내 딴에 있는 힘을 다하여 몸부림쳤지만 벗어날 수가 없었다. 한참 바둥거리다가 더 이상 버틸 힘이 없어졌다. 정신이 아득하게 느껴지고 몸의 힘도 빠지고 축 늘어져 버렸다.

나는 넘쳐나는 눈물을 참을 수 없어 30여 분 동안 바닥에 엎드린 채 목을 놓아 울었다. 무너져버린 내 자신의 비굴함과 공동같이 뚫려 황폐해진 정신과 분함 등의 감정이 한데 어우러져 미칠 것만 같았다. 그렇게 나는 용공분자가 되었고 그들이 요구하는 대로 써 주었다.

_『나의 손발을 묶는다해도』 중에서 / 1987 민가협

광주에 공수부대를 보내는 것을 허가해 준 미국에 대한 항의로 82년 부산 미국문화원을 방화한 사건의 용의자로 체포되었던 김은숙이라는 여성의 증언이다.

힘들지만 하나만 더 보자. 최근 영화 <남영동 1985>로도 나온 김근태 민청련 의장의 재판 내용이다. 앞에서도 민청련을 얘기할 때 잠깐 언급했다.

본인은 1985년 9월 한 달 동안, 9월 4일부터 9월 20일까지 전기 고문과 물고문을 각 5시간 정도 당했습니다. 전기 고문을 주로 하고 물 고문은 전기 고문으로 발생하는 쇼크를 완화하기 위해 가했습니다. 고문을 하는 동안 비명이 바깥으로 새어나가지 않게 하기 위해 라디오를 크게 틀었습니다. 그리고 비명 때문에 목이 부어서 말을 하지 못하게 되면 즉각 약을 투여하여 목을 트이게 하였습니다. 이러한 과정에서 9월 4일 각 5시간씩 두 차례 물 고문을 당했고, 9월 5일, 9월 6일 각 한차례씩의 전기 고문과 물 고문을 골고루 당했습니다. 8일에는 두 차례 전기 고문과 물 고문을 당했고. 10일 한차

례, 13일… 13일 금요일입니다. 9월 13일 고문자들은 본인에게 "최후의 만찬이다.", "예수가 죽었던 최후의 만찬이다.", "너 장례날이다." 이러한 협박을 가하면서 두 차례의 전기고문을 가했습니다.

_김근태의 진술 중에서, 1985년 12월 19일 서울형사지방법원 118호 법정

그렇게 수많은 사람이 고문을 받았다. 나중에야 알았지만 우리가 끌려간 곳은 치안본부 옥인동 대공 분실이었다. 남영동 대공 분실은 위의 김근태 의장의 고문으로 이미 악명을 떨칠 대로 떨친 이후였다. 그러나 바로 앞서 투쟁해 온 또 다른 사람들이 그곳에서의 고문을 폭로한 때문에 우리는 그처럼 심하게 당하지는 않았다. 이미 앞서 투쟁한 사람들의 투쟁 덕분이었다.

오늘 우리의 투쟁으로 인해 다음 세대는 보다 인간적인 환경에서 살 수 있게 될지도 모른다. 경찰의 현재 모습은 80년대 후반하고는 비교가 안 된다. 물론 여전히 폭력적이기는 하지만.

곳곳에서 들려오던 비명소리, 사람 키만 한 칠성판은 지금도 잊을 수 없다. 달랑 책상 하나와 수세식 변기통이 있었던 그 방은 꿈에 나타나기도 했다. '다시는 지하 조직을 만들거나 그런 곳에서 활동하지 않겠다'는 결심도 했다. 그것은 생명을 걸어야 하는 일이었다. 머릿속의 혁명적 실천과 실제 혁명적 실천은 다르다는 것을 인정해야 했다.

"목숨을 걸고 살아야겠다는 말만은 정말 말아야겠다."라는 시 구절이 그렇게 절절하게 느껴질 수가 없었다. 인간이라는 게 얼마나 간사한 것인지에 대해 처절하게 배울 수 있는 곳, 알고 있는 것을 모두 실토해야만 나올 수 있는 곳, 알지 못하더라도 알아야만 하는 곳, 인간의 모든 것을 버려야 하는 곳, 시키면 시키는 대로 해야만 하는 곳이 바로 거기다.

하얀 백지를 주면서 지금까지 살아온 모든 것을 쓰라고 할 때, 정치에 대해

토론하자고 할 때 나는 순진했다. 그리고 그 대가는 가혹했다. 결국 그들이 원하는 대로 백지를 가득 메웠을 때, 우리는 그 곳을 나올 수 있었다. 그 곳은 시간이 흐르지 않는 곳이다.

마지막까지 우리는 당시 최고의 금서인 『북한노동당 정책사』를 어디서 구했는지에 대해 알리바이를 맞출 수가 없었다. 해서 이미 수배 중인 사람이 책을 준 것으로 책임을 떠넘긴다. 그 자책감은 오래 간다. 그리고 고문이 노리는 것도 바로 그것인지도 모른다. 그로부터 채 6개월도 안된 87년 1월 박종철은 치안본부 남영동 대공 분실에서 고문을 받다 결국 죽음을 맞이한다.

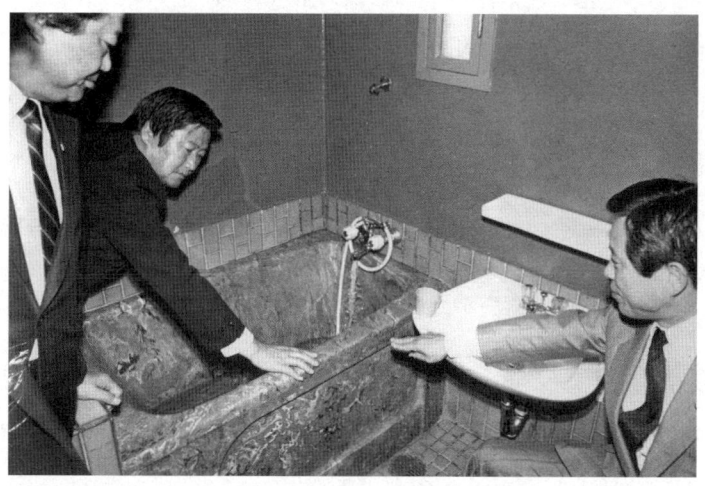

박종철 고문치사 현장인 남영동 대공 분실 내부 모습. (사진=경향신문, 민주화운동기념사업회 ©)

감방 안의 고요

나는 다시 감옥에 갇혔다. 석방된 지 3년도 안된 상태에서. 감옥에서 만난 누군가가 "처음이 어렵지 그 다음부터는 감옥 문이 우리 앞에 활짝 열려 있다."

고 하더니 그 꼴이었다. 이번에는 성동구치소였다. 구치소로 들어가던 날 안도감과 동시에 감사한 생각마저 들었다. 경찰의 손에서 벗어난 것이다. 감옥 생활에는 이미 익숙해져 있었다.

그러던 어느 날 학생들이 왕창 들어왔다. 심지어 대학 1학년생도 있었다. 알고 보니 1986년 10월 28일 건국대에서 '반외세반독재애국학생투쟁연합'이라는 조직을 결성했는데, 전두환이 공산 혁명 분자의 난동으로 규정하고 헬리콥터까지 동원하여 대대적으로 진압했다고 한다. 그 결과 1,290명의 학생들이 구속된다. 이 숫자는 세계 학생운동사상 최대로 기록되고 있다.

이번에는 국가보안법 위반이었다. 국가보안법 제7조 5항 '이적 표현물 소지 등의 죄'였다. 국가보안법이라고 알까? 지금도 있다. 국가보안법은 일제가 식민지 사상 통제와 민족해방 투쟁을 탄압하며 '황국 신민화'를 강제하는 데 악용해 왔던 치안유지법에 뿌리를 두고 있다. 이승만이 1948년에 만들고, 박정희가 1963년에, 그리고 전두환이 1980년에 전면 개정한 악법이다.

통계에 의하면 1981년부터 1987년까지 국가보안법 위반으로 1,512명이 기소되어 그 중 13명이 사형, 28명 무기징역을 선고받았다고 한다. 특히 1984년 7월부터 1987년 6월까지 무려 1,025명이 국가보안법 위반으로 구속됐다. 나만 그런 것은 아니란 얘기겠다. 당시의 판결문도 나중에 역사박물관에 보관되어야 한다. 천편일률적인 내용이다.

…… (북한이) 소위 남조선 정부는 미제국주의와 그 괴뢰인 군사 파쇼 정권에 의하여 미제의 신식민지로 되어 버려 민족적, 계급적 모순이 심화되어 있다고 모략 선전하면서, 조국의 자주적 통일과 인민 해방을 위하여서는 남조선의 노동자, 농민 등 피지배 계급과 진보적 청년 학생, 지식인 등 피지배 계층이 광범위하게 연합, 반제 반파쇼 투쟁을 전개하고 미제를 축출하고 파쇼

정권을 타도하여 민족해방 인민민주주의 혁명을 완수하고 북한의 사회주의 혁명 역량과 연대하여 이른바 전조선 혁명을 완수하여야 한다고 끊임없이 선동하여 오고 있으며, 이러한 북한의 모략 선전과 선동 등 주장을 내용으로 하는 표현물을 탐독, 소지하면 북괴를 이롭게 한다는 사실을 잘 알면서도
……

그걸 읽었기에 구속한다는 내용이다. 우리 사건은 당시 신문에 크게 보도됐다고 한다. 그들은 학생운동을 북한과 연계시켜 군사독재와 맞서 싸우는 민주화운동을 '빨갱이'로 몰아서 사냥을 한 것이다. 당시 천편일률적인 내용으로 판결문을 작성하던 판사들은 지금은 컴퓨터가 발달해서 'Ctrl+C'로 복사하고, 'Ctrl+V'로 붙일 수 있게 되어 더욱 편리하겠다.

1986년 7월 24일 〈경향신문〉

노무현 정권의 역사적 과오

노무현 대통령은 자기 입으로 "국가보안법은 칼집에 넣어 박물관으로 보내야 한다."고 했었다. 유시민은 "다른 법은 모두 타협할 수 있지만 국가보안법은 조금도 양보할 수 없다."고도 했다. 그러나 여당이 다수였음에도 불구하고 국가보안법을 없애지 못했다. 새누리당의 전신인 한나라당이 기를 쓰고

미디어 악법을 통과시켰던 것과 대비된다. 그들은 국회 안에서 도대체 무엇을 하고 있었을까? 새삼 그들의 역사와 시대 인식이 궁금하기도 하다. 지금 와서 노무현 시대를 말할 때 "국가보안법 철폐를 이루어 내지 못한 것은 역사와 국민이 용서할 수 없는 과오다."라고 비판하는 이유다.

빨간 수번을 단 우리를 재소자들은 '국보'라고 불렀다. 졸지에 '나라의 보배'가 된 셈이다. 1986년 두 번째 징역은 그렇게 다가왔고, 결국 징역 1년이 확정되어 마산교도소로 옮겨진다. 마산교도소는 전국의 폐결핵 환자들이 모이는 곳이다. 그만큼 따뜻하고, 좋은 환경이랄 수 있었다. 누군가는 전염의 위험을 걱정했다. 그러나 건강한 사람에게는 문제가 없다고 했다.

지방으로 내려갈수록 징역살이가 훨씬 편하다. '문제아'로 찍혀서인지는 모르겠지만 10명이 쓰는 병실 방 중의 하나를 혼자서 썼다. 그리고 재소자들이 직접 기른 깻잎이나 야채를 거저먹는 행운도 있었다. 나는 역사가 몰고 올 1987년의 태풍을 전혀 모른 채 형들에게 가끔 편지나 보내면서 징역 생활을 하고 있었다. 그 즈음에 썼던 편지다.

바빌로니아 탈무드에 이런 이야기가 있다고 들은 적이 있습니다. 세상이 하도 개판으로 돌아가니까, 워낙 개판을 싫어하는 하나님이 두 명을 선발해서 동굴에서 합숙 훈련을 시켰답니다. 말하자면 '의식화' 교육이지요.
100일 정도의 시간이 흐른 뒤에 세상에 나온 두 사람은 그 동안의 의식화 덕분에 세상이 완전 개판으로 보였겠지요. 가는 곳마다 질책하고, 시비 붙고, 비난하고. 하나님이 보니까 이건 안 되겠다 싶어서 다시 동굴로 불러들였답니다. 말하자면 '재교육'인 셈이지요. 역시 100일 정도 지나서 동굴에서 나간 그들은 보다 온화하게, 그리고 같이 아파하고 같이 그릇됨을 고쳐나가게 되었다고 합니다.

김수영의 시 중에 "역사는 아무리 더러운 역사라도 좋다."라는 구절이 있음을 아시겠지요. 멀리 떨어져서가 아니라 함께 뒹구는 그것이 필요하단 생각입니다. 더러움을 온몸으로 받아들이고, 그 더러움에 몽창 빠져서야 비로소 극복되는 것이 역사의 진리 아니겠습니까?

더럽든, 깨끗하든 초연함을 빌미로 한 거짓말이 아니라 철저히 참가하는 것이 어디서나 필요하단 생각입니다. 이곳의 생활이란 것도 그렇습니다. 완전히 함몰되기 전에는 괴로움도 있을 수 있겠고, 안타까움도 있을 수 있겠으나 일단 포용한 다음에는 그 모든 것은 한낱 사치에 불과한 것입니다.

죽이 되든 밥이 되든 어차피 함께 살아야 할 곳이라면 피상적으로 아픈 척하는, 과장된 고통으로 괴로워하는 것 대신에 차분한 함께 있음이 더욱 큰 것 아니겠습니까? 다분히 지식인적인, 그리고 덧붙여 남자가 가질 수 있는 과대화된 허위의식적 고통감을 호소하는 사람들을 보면 동정보다는 혐오감이 앞섬은 바로 그런 까닭 때문입니다.

바빌로니아 탈무드에 나오는 사람처럼 두 번째 징역 생활을 마친 후에는 보다 넓게, 보다 유연해 졌으면 합니다. 삶을 이해한다는 것, 그것은 쉬운 게 아니란 걸 새삼 느낍니다. 밀려드는 자신감들이 울끈불끈 튀어 올라 애초에 가졌던 '자조감'을 벗어나게 되기를 바랍니다. 결국 그것은 역사에 대한 이해와 전망에 다름 아니겠습니다.

_1987년 4월 3일 형에게 보낸 편지 중에서

편지를 돌아보면서 나름대로 '여유'가 생기기 시작했음을 느끼게 된다. 사실 총칼로 무장한 무식한 대상과 싸우면서 우리 자신의 인간성도 파괴될 수 있기 때문에 여유는 중요한 가치라고 생각한다.

그해 6월 감옥에서 친구의 죽음을 들었다. 폐결핵이라고 했다. 각혈이 심하다는 것을 주변 모두가 알고 있었다. 나도 알고 있었다. 그러나 후배들 교육이다, 야학이다 쉴 틈 없이 일하다 결국 죽었다. 형은 편지에서 "너라면 견딜 수 있을 것 같아 알린다."고 말했지만 사실 견디기 힘들었다.

죽은 날짜도 마침 광주 항쟁이 시작된 5월 18일이었다. 겨우 28살 나이였다. 내가 할 수 있는 일이란 고작 그 친구의 나이만큼 스물여덟 행으로 된 시 하나를 쓰는 것밖에 없었다.

침묵 연습(4) - 고 박형희에게 드림

바람처럼 이슬처럼 사라지면 그만인가
상처투성이, 허리 잘린 우리에겐
산다는 것은 눈 부릅뜬 철조망
그리움으로 달리다 서야 하는
백오십오마일 늘어선 절망뿐인가
그대 없음으로, 삼십촉 백열등
스물여덟살 우리 함께 부르던 노래들은
듣는 이 없이 쇠창살에 부서져야만 하는가
하여 우리 하나됨의 가난한 소망마저도
할애비 묻은 곰나루 한 송이 진달래 되어
어둔 시대의 모퉁이에 또 차가웁게 누워야만 하는가
아니라고 아니라고
잘근잘근 짓밟힌 자리마다
질경이 새순으로 돋아오라 친구여
무너진 가슴마다 썩은 폐 잘라내는 선연함으로

진주난봉가 어깨 춤 장단 맞춘 힘찬 북소리로

돌아오라

갈 길은 멀고멀어

우리가 먼저 죽는다 해도

학암포 바닷가 지침없는 파도같이

우리 뜻은 여전히 남아

바람불면 펄럭이는 깃발로 어김없이

살아오는 것일진대

그대 살 에이는 어두움 온몸으로 껴안고

그대 외로움 무등산에 함께 묻고

또박또박 작은 발걸음 쉼 없이

동트는 그날로 걸어오라

친구여

그 친구의 죽음을 시작으로 주변의 많은 사람들이 죽기 시작했다. 지금도 책꽂이에는 친구들의 유고집이 많다. 역사란 살아있는 사람들, 유명한 사람들의 것이 아니다. 이름 없이, 빛도 없이 스러져간 수많은 사람들이 있음을 다시 한 번 기억하자.

고 박형희.

그러나 나의 평온한(?) 징역살이와는 무관하게 역사적인 87년은 시작되고 있었다. 도둑처럼 새벽이 오고 있었다. 새벽이 오기 전 미명(未明)이 가장 깜깜할 때라고들 했다. 아무런 전망도 안보이고, 폭압이 점점 더 심해져 오던 그때, 항쟁의 6월이 다가오고 있었다.

10년을 바꾼 몇 달

내가 아직 마산교도소로 옮기기 전인 87년 1월 14일이었다. 서울대생 박종철이 치안본부 남영동 대공 분실에서 물고문으로 죽었다. 물론 저들은 결코 범죄를 인정하는 집단이 아니다.

책임자인 치안본부장 강민창은 "어젯밤 술을 많이 마셔서 밥맛이 없다고 냉수를 달라고 하여 냉수를 몇 잔 마신 후 10시 15분경 부터 심문을 시작, 박종운 군의 소재를 묻던 중 책상을 '탁' 치자 '억' 하고 소리 지르며 쓰러져 중앙대 부속병원으로 옮겼으나 12시경에 사망했다."는 말도 되지 않는 변명을 한다.

그리곤 고문에 참가한 2명의 구속으로 넘어가려 했다. 도마뱀이 꼬리를 자르면서 도망가는 방법이다. 그러나 진실은 바늘과 같아서 아무리 감추어도 뾰족하게 튀어 나오는 법이다. 부검에 참여한 한 용기 있는 의사의 증언으로 물고문에 의한 사망이라는 사실이 만천하에 밝혀진다.

전국에서 항의 시위가 시작됐다. 불난 집에 기름을 끼얹듯 4월 13일 전두환은 이른바 4·13호헌 조치를 발표했다. 이전처럼 소수의 자기 편만 체육관에 모아 대통령을 뽑겠다고 공개적으로 선언한 것이다.

이 조치를 비난하는 성명이 잇따르고 항의 시위가 이어졌다. 물론 전국경제인연합회, 한국노총처럼 군사독재 정권을 지지한 단체도 있긴 했다. 일제강점기 친일파들이 그랬던 것처럼 역사에는 항상 권력에 빌붙어 손을 드는 더러운 집단들이 있는 법이다. 그리고 그들은 '다수'를 대변하는 척한다. 물론 보수 언론도 이를 지지하는 데 빠지지 않는다.

전두환은, 어느 정도 반발이 있긴 하겠지만 또 다른 군인에게 무사히 권력을 넘길 수 있다고 생각했을 것이다. 그러나 7년 전 광주 항쟁이 벌어졌던 바로 그 5월 18일과 같은 날짜에 박종철 고문치사 사건이 조작됐음이 김승훈 신부에 의해 폭로된다. 계속된 투쟁으로 조직적으로 은폐하려 했던 박처원 치안감 등 3명이 더 구속된다. 수많은 의혹이 그 뒤에 있음이 계속 드러난다. 본격적인 거리 투쟁이 점화되기 시작한다. "독재타도, 호헌철폐"를 외치는 시위가 전국에서 불타오르고, 이전과는 다르게 시민들의 열렬한 지지 속에 도심 가두투쟁이 계속 이어진다.

잠실체육관과 명동성당

촛불을 이끌었던 '광우병 범국민대책위원회'처럼 모든 시민사회단체등이 결합한 '민주헌법쟁취 국민운동본부'는 6월 10일을 '총궐기 결의대회' 날로 잡는다. 이날은 전두환에 이어 광주 시민을 학살한 또 다른 군인인 노태우가 민정당의 대통령 후보로 잠실체육관에서 지명되는 날이었다. 하루 전인 6월 9일에는 연세대생 이한열이 '6·10대회 출정을 위한 연세인 결의대회'의 가두진출 시위 도중 경찰이 쏜 직격 최루탄에 맞아 의식불명 상태가 된다. 이 사실은 순식간에 전국으로 알려졌고 대중의 분노는 극에 달한다.

6월 10일 전국에서 24만 명이 시위에 참가한다. 시위대와 경찰들 사이에 치열한 공방전이 이어져 무려 3,831명이 연행된다. 지금도 그렇지만 경찰은 시위에 참가한 사람들의 숫자를 축소한다. 실제로는 훨씬 많이 참가했을 것이다. 이로서 1960년 4·19와 1980년 5·18을 이어 우리 역사의 한 획을 이루는 1987년 6월 항쟁이 시작된다.

87년 6월 명동성당에서 군부의 권력 승계를 비난하는 현수막을 들고 시위하는 학생들. (사진=경향신문, 민주화운동기념사업회 ⓒ)

　서울에서는 명동성당을 거점으로 한 5일간의 감동적인 투쟁이 전개되기도 했다. 지금은 많이 퇴색했지만 명동성당을 '민주화 운동의 성지'라고 부르는 이유다. 명동성당을 중심으로 투쟁은 계속 확산됐다. 결국 수그러들 줄 모르는 국민들의 저항에 위협을 느낀 노태우는 6월 29일 대통령 직선제를 전면 수용하겠다고 선언한다. 6·29선언이다. 일각에서는 '속이구'라고 부른다. 5·18민중항쟁 이후 7년 만의 일이다.
　이미 말했던 것처럼 나는 당시 감옥에 있어서 상황을 잘 모른다. 이에 관해서는 유시춘이 쓰고, 민주화운동기념사업회에서 발간한 『6월 민주항쟁』이라는 책을 보면 그 감동을 생생하게 느낄 수 있을 것이다.

 6월 투쟁의 마무리에 대해서는 다양한 평가가 있다. 그런 광범한 투쟁이 군부독재의 완전한 종식으로 이어지지 못하고, 대통령 직선제 시행이라는 것으로 끝난 것에 대한 아쉬움 때문이겠지. 아무튼 6월 항쟁은 마치 촛불 시위 때처럼 전국적이고, 전국민적인 참여 속에 진행됐다. 그것도 경찰 폭력과 무지막지한 최루탄의 뽀얀 연기를 뚫고.

거짓말처럼 감방문이 열리다

그즈음 저녁을 먹고 책을 보고 있으면 <임을 위한 행진곡> 노래가 들리는 것이었다. 처음에는 환청인 줄 알았다. 그것도 하루 이틀이 아니었다. 점차 지나면서 이상하다고 생각했다. 나만이 아니었다. 같이 수감되어 있던 다른 친구들도 그 노래를 들었다. 누군가 밤마다 교도소 담벼락에 와서 노래를 부르는 게 틀림없었다.

 그러던 어느 날 새벽, 거짓말처럼 감방 문이 열린다. 나는 안 나간다고 버텼다. 만기를 불과 1주일 정도 남겨 둔 상태에서 군사정권의 대국민 선전에 놀아나기 싫었다. 하지만 쓸모없는 일이었다. 감옥이라는 곳은 들어가고 싶다고 마음대로 들어가는 곳도 아니고, 나가기 싫다고 해서 계속 있을 수 있는 곳이 아니었다.

 1987년 7월 8일 마산교도소 앞 새벽. 거기에는 수많은 사람들이 모여 있었다. 바로 6월 투쟁을 전개하면서 교도소 담벼락 앞에서 노래를 부르던 그 사람들이었다. 마산은 4·19 혁명의 기폭제가 된 김주열 열사의 주검이 상징하듯, 그리고 79년 박정희의 죽음을 가져온 부마항쟁이 벌어진 투쟁의 도시임을 그때 비로소 실감했다.

"아~ 내 사랑 동지들이여 투쟁으로 구출하리라."라는 <구속동지 구출가>의 노랫말처럼 그렇게 투쟁을 통해 나는 석방됐다.

마산교도소 얘기를 마치기 전 한 사람만 얘기하자. 감옥에 들어가면 이 사람 저 사람이 궁금해 하고, 책을 빌려달라고도 한다. 물론 개중에는 정말로 읽는 사람도 있지만 그냥 흥미로 말하는 사람도 있다. 그래서 나는 누가 책을 빌려달라고 하면 헤겔의 『정신현상학』을 주로 주었다. 정말 어려운 책이다. 그리곤 "잘 읽었다."며 돌려주는 사람은 말고 "너무 어려운데 쉬운 책을 달라."는 사람에게만 책을 빌려주었다. 그 중에 한 교도관이 있었다. 정말 책을 열심히 읽는 그는 원예학과를 졸업했다고 했다. 나는 그와 얘기를 나누면서 교도관 말고 다른 직업을 가질 것을 권했다. 이런저런 얘기도 많이 나눴다.

작년 어느 날이었다. 핸드폰이 울렸다.

"저 혹시 마산에 살지 않았습니까?"

"네? 아뇨. 전 마산에 산 적 없는 데요."

처음에는 무슨 장사꾼인 줄 알았다.

"마산교도소에 혹시 있지 않았나요?"

교도소를 얘기하기가 어려웠나 보다. 바로 그 교도관이었다. 그 후 그는 공부를 해서 건강보험공단에 취직했고, 바로 우리 노조의 조합원이 된 셈이다. 그동안 이리저리 나를 찾으려고 수소문하다가 연결된 것이다. 무려 25년 넘어서 예전의 교도관과 통화했다. 아직 만나지는 못했지만 석방된 그 날, 마산역 앞에서 그와 막걸리 한 잔을 같이 한 기억이 있다.

노동자들 폭발하다

잠시 87년 노동자 대투쟁에 대해서도 알아보자. 6월 항쟁으로 군사정부는 '6·29 선언'을 통해 일정 부분 양보한다. 그러나 항상 그렇듯이 그들의 민주주의에 노동자는 없다. 노동자들의 권리는 오직 노동자들의 투쟁에 의해서만 쟁취된다. 1987년 6월 29일부터 10월 31일까지 총 3,311건의 쟁의가 일어나고, 그 중 97.7%인 3,235건이 파업이었다. 노동자 122만5,830명이 참가한다. 하루 44건의 파업이 일어난 셈이다. 70년대 중반 이후를 모두 합친 것보다 많다.

거의 폭발했다고 해도 과언이 아니다. 노동자 밀집 지역인 울산에서 시작된 이 폭발은 창원, 부천, 광주, 대구 등 전국을 뒤흔든다. 당시 주로 외친 구호가 "인간답게 살고 싶다."는 것이었다. 내가 울산에서 만난 노동자들은 현대자동차에서 87년 노동자 대투쟁 이전에는 지각하면 수위들이 군화발로 무릎팍을 차기도 하고, 토끼뜀을 뛰게 하기도 하고, 머리도 단속했다고 말했다. 믿을 수 없는 얘기다.

> 허겁지겁 울산으로 내려간 나에게, 한 노동자가 주머니에서 꺼내 보여준 꼬깃꼬깃 구겨진 유인물에 적혀 있던 구호들이 20년이 지난 지금까지도 눈앞에 선명하다. "머리를 기를 수 있게 해 달라!", "출퇴근 시 사복 착용하게 해 달라!", "안전화 신고 조인트 까지 마라!"
>
> _하종강, <한겨레 21>, 2007년 6월 7일 제663호

★ 6월 민주 항쟁

연인원 400~500만 명 이상이 참여한 6월 민주 항쟁은 6·10대회로부터 6·29선언까지 20일 동안 지속적으로 전개됐다. 6월 민주 항쟁은 3단계로 나뉜다.

1단계는 6·10 대회부터 6월 18일 '최루탄 추방 결의대회' 이전까지다. 6월 10일은 국민대회와 민정당 제4차 전당대회 및 대통령 후보 지명대회가 동시에 개최되던 날이었다. 잠실체육관에서는 전두환과 노태우가 손을 맞잡고 호헌을 외치고 있었고, 반면 전국 각지에서는 이에 반대하는 국민들의 열기가 분출됐다. 국민대회는 시민들의 적극적인 동참 아래 전국 22개 지역에서 24만여 명이 참여하는 가운데 전개됐다. 이어 15일까지 전개된 명동성당 농성은 이날의 시위 열기를 지속시키고, 이를 전국적으로 확산시키는데 결정적인 역할을 했다.

민정당은 강경책을 강행하는 한편, 15일에는 4당 대표회의와 여야 영수회담까지 고려할 수 있다는 유화적인 태도도 보였다. 이에 대해 민주당은 6·10 관련 구속자 석방, 김대중 연금 해제, 민정당의 일방적인 정치 일정 백지화 등을 전제 조건으로 여야 영수의 실질 대화를 요구했다. 그러나 이러한 대화 모색에도 불구하고 전국적인 시위가 수그러들 줄 모르자, 민정당은 18일 노태우·김영삼 회담의 무조건 추진을 강조하고, '4·13호헌선언'을 유지하는 선상에서 개헌 논의 재개 허용 의사를 밝혔다.

6월 민주 항쟁의 2단계는 18일 '최루탄 추방 결의대회'로부터 6월 26일 국민평화대행진 이전까지의 기간이다. 6월 18일의 최루탄 추방대회는 6월 9일 교문 앞 시위 도중 경찰이 쏜 직격 최루탄에 뒷머리를 맞아 혼수상태에 빠진 연세대생 이한열 사건이 중요한 기폭제가 됐다. 국민운동본부의 결정에 따라 개최된 이날의 대회는 서울을 비롯하여 전국에서 150여만 명이 참가했고, 특히 부산에서는 30~40만 명이 참여해 경찰이 진압을 포기하는 사태까지 벌어졌다. 이제 경찰력이 부족한 중소도시에서는 경찰이 시위를 통제하기 어려운 상황이 되었다. 시위대들은 가두에서 대중 정치집회를 개최해 '호헌철폐', '군부독재 타도', '최루탄 추방' 등을 결의했다. 이날의 시위로 전국에서 총 1,487명이 연행되고, 경찰 차량 13대가 불에 타거나 파손됐다. 6월 19일에도 투쟁은 변함없이 계속되었다. 특히 광주에서의 가두시위가 확대되기 시작했는데, 19일 광주에서는 원각사에서 열린 '호헌 철폐 및 구속자 석방을 위한 법회'를 마친 후 20일 아침 8시 경까지 4만5,000여 명이 참가해 철야시위를 벌였다. 20일에는 강원 지역까지 시위가 확대됐고, 전국적 시위는 6월 21일까지 지속됐다.

20일 국민운동본부는 4·13조치 철회, 6·10대회 관련 구속자 및 양심수 석방, 집회·시위·언론의 자유 보장, 최루탄 사용 중지 등 4개 항을 정부에 촉구하면서, 정부가 이에 대한 조치를 취하지 않을 경우 국민평화대행진을 강행할 것이라고 밝혔다. 하지만 국민 대중들의 투쟁은 정부 여당은 물론 보수 야당이나 운동 지도부들의 통제를 벗어나서 자생적으로 진행됐다.

사태가 긴박해짐에 따라 아제까지 '조용한' 접촉을 모색해 왔던 미국은 "공개적으로 한국 사태에 개입하기 시작했다."며 24일에는 전두환·김영삼의 청와대 회담이 이루어졌으나, 4·13조치의 철회만이 확인됐을 뿐 김영삼이 요구한 선택적 국민투표와 직선제 개헌은 수용되지 않았다.

6월 민주 항쟁의 3단계는 26일 국민평화 대행진에서 6·29선언까지의 기간이다. 5공화국 정권이 4·13조치 철회와 개헌 논의 재개라는 부분적인 양보만을 제시했으나, 국민운동본부와 민주당이 이를 거부하는 가운데 개최된 26일의 대회는 이제까지의 범국민 투쟁을 총결산하는 대규모 투쟁으로 전개됐다. 이 대회에는 전국 33개 시·군·읍에서 180만여 명이 참여했다. 시위 진압에 나섰던 경찰들은 걷잡을 수 없이 늘어만 가는 시위대의 위세에 밀려 속수무책이었다. 특히 이른바 '넥타이 부대'로 불리는 중산층과 사무직 시민들의 참여는 전두환 정권을 다시 한 번 깜짝 놀라게 만들었다. 이날 시위로 전국에서 3,467명이 연행됐고, 경찰서 2개소, 파출소 29개소, 민정당 지구당사 4개소 등이 투석과 화염병 투척으로 파괴되거나 방화됐다. 파손된 경찰 차량도 수십 대에 달했다.

이러한 국민적 저항에 직면한 전두환 정권은 결국 노태우로 하여금 6·29선언을 발표하게 했다. 직선제 개헌이 쟁취되면서 투쟁 열기는 급격히 수그러들었다.

★ 7·8·9 노동자 대투쟁

87년 8월 14일 창원 종합기계 노동자들이 열악한 노동환경 개선을 위해 농성중이다. (사진=경향신문, 민주화운동기념사업회 제공ⓒ)

1987년 7월부터 약 3개월 동안, 3,000여 건에 달하는 노동쟁의와 가투투쟁으로 노동자들의 폭발적 분출이 일어났다. 1987년 당시 결성된 노조는 연대투쟁의 위력을 실감하면서 민주노조 운동의 전국적 조직인 전노협 결성의 실질적인 토대가 되었다. 또한 노동운동단체와 활동가들은 노조 결성과 설립신고 등 행정절차, 노동쟁의 과정에 결합하면서 노동조합에 최소한의 조직체계와 운동성을 부여했다. 1987년 8월에 들어서면서 탄광지역과 창원공단 등지에서 노동자들의 가두시위가 벌어지는 한편, 지방도시에서도 운수노동자들의 지역총파업이 확산되었으며, 대기업 노동자들의 연대투쟁 역시 강화되기 시작하였다. 이에 전두환 정권은 노동쟁의에 대한 폭력진압과 구사대 동원, 공권력 투입, 그리고 구속으로 탄압을 강화하였다.

1987년 7·8·9월 대투쟁 당시 주된 요구는 대부분 1980년대 초반에 제기되었던 것들이었다. 임금인상을 중심으로 내걸면서도 '8시간 노동, 노동악법 개정으로 노동3권 보장, 노조의 자유로운 결성 보장, 블랙리스트 철폐하고 생존권 보장, 살인적이고 비인간적인 작업조건의 개선, 최저생계비에도 미치지 못하는 저임금의 개선' 등이었다.

노동자들은 다양한 요구를 관철시키기 위해서 새로 노조를 결성하거나 어용노조를 몰아내고 민주노조 집행부를 세우고자 하였다. 노동자들은 기존 노조 집행부나 6·29선언 이후 회사 측의 지원을 받아 만들어진 노조에 대해 집행부 교체, 위원장 직선, 노조활동 보장 등을 요구하였고, 7·8·9 대투쟁에 참여했던 사업장 가운데 70% 이상이 노조 민주화를 요구하였다.

노동자들은 민주노조 운동의 성격과 내용을 잘 알지 못했지만 어용노조 위원장을 자신들의 손으로 직접 선출한 위원장으로 교체하고자 하였다. 파업투쟁을 전개했던 대부분 사업장에서 새로운 위원장을 선출하였다.

또한 노동자들은 6월 항쟁의 연속선상에서 자발적으로 투쟁, 특히 법과 제도적 절차를 무시하는 탈법적 투쟁을 전개하였다. 노동자들은 파업, 농성, 시위 등 집단행동으로 세를 형성한 다음 협상으로 이어가는 '선 농성 후 협상' 방식으로 투쟁을 전개했다.

노동자들은 이 과정에서 연대의 필요성을 인식하게 되었고, 비록 노조의 조직형태는 기업별 노조였지만 각종 투쟁을 사안을 둘러싸고 지역 수준에서 연대를 강화하여 전국적 연대와 계급적 결집의 매개를 형성했다. 구체적으로 지역별·재벌그룹별·산업별 연대투쟁이 주요한 투쟁형태로 나타났다. 지역별 연대파업의 형태는 울산, 광주, 부산, 전주, 서울, 군산, 포항, 안양 등 운수 노동자 파업에서 가장 잘 나타났고, 재벌 계열사 연대파업은 대우중공업의 창원(8월 4일), 인천(8월 6일), 영등포와 안양(8월 7일) 등 4개 사업장의 연대파업과 현대그룹 계열 울산지역 하청업체 노동자들의 연대파업, 울산 현대정공과 창원 현대정공의 연대파업 등 다양했다.

『전노협 1990~1995』 중에서 / 한내

늦은 밤, 집에 돌아오는 길에 다리 저편에 있는 공사 중인 건물을 한참 동안이나 바라보며
이상한 기분에 휩싸였던 기억을 되살려 그리려고 했다.
창문과 어떠한 구체적인 구조물도 없이 무턱대고 서 있는 것 같은 건물은
안이 너무나 밝게 빛나고 있었고, 주변에는 아무도 없었다. 그 공포감.

공장에서 맞은 아버지의 죽음과 결혼

 졸지에 석방돼 나왔으나 다시 공장에 들어갈 생각에는 변함이 없었다. 다만 갑자기 벌어진 상황을 이해하는 데 조금의 시간이 필요했다. 석방된 지 얼마 후인 7월 9일, 혼수상태에 있다 결국 숨진 이한열의 장례식이 시청 앞에서 열린다. 22살이었다.
 '민주국민장'이라는 이름으로 열린 장례식은, 연세대학교 본관 → 신촌로터리 → 서울시청 앞 → 광주 5·18묘역의 순으로 이동하며 진행됐다. 당시 추모 인파는 서울 100만, 광주 50만 등 전국적으로 총 160만 명이었다고 한다. 내가 월드컵이나 촛불과 다르게 시청 광장을 떠 올리는 이유다.
 장례식을 마치고 바로 공장으로 갈 준비를 한다. 이미 반월에서 취업은 어려워졌고, 당시 함께했던 사람들이 서울로 장소를 옮겨서 자연스레 성수동 쪽으로 향했다. 당시에는 성수동에 조그만 사업장(일본말인 마찌꼬바로 불린다)이 많았다.
 이번에는 규모가 큰 공장으로 가고 싶었다. 하지만 자리가 쉽게 나지 않았다. 그러다가 300명 정도 되는 인쇄 공장에 취업을 한다. 항상 핵심급이 될 사람을 먼저 찾아야 했다. 책임감이 있고, 주변 동료들과의 관계가 좋고, 일

정한 리더십이 있는 사람이 필요했다. 한 사람이 눈에 띄었다. 그런데 그가 먼저 만나자고 말한다. 첫 월급날이었다.

"여기 이미 6명이나 들어와 있습니다"

"몇 학번이세요?"
대뜸 그가 물었다.
"네?"
"학출이시죠?"
학번이란 대학교에 입학한 연도를 말한다. 학출이란 학생 출신이라는 말이고. 따라서 그는 내가 공장에 온 학생 출신이라는 것을 알고 있었던 셈이다.
"여기는 이미 6명이나 있으니 웬만하면 나가 주시죠."
"네."
불과 300여 명에 불과한 그 곳에도 이미 나와 같은 사람이 6명이나 있다는 얘기였다. 두말 없이 기분 좋게 그만 두었다. 나만 그렇게 살고 있는 게 아니었다.

취업을 위해서는 다른 사람의 주민등록증과 각종 서류들이 필요했다. 내 이름으로는 어려웠다. 이미 전두환은 학생 출신 취업자들을 '위장 취업자', '불순분자'로 몰아갔고 <조선일보> 등 보수 언론을 활용해 노사분규의 배후로 학생들을 지목했다.

노동부는 "앞으로 각 기업체에서 25세 전후의 근로자를 신규 채용할 때에는 학력과 경력은 물론 본인의 면담 등을 통해 신상 심사 등 취업 희망자의 신원 조사를 철저히 하도록 하는 한편, 각 지방의 근로감독관들은 기업체와 협조하여 학력을 낮춰 기능공으로 취업하는 사례가 없도록 노무관리를 중점 지도하라."는 지시를 내렸다.

경찰도 "학력 등 신분을 속이고 기업체에 취직한 사람들이 불법적인 노사분규를 선동할 경우 구속 수사할 방침이며, 운동권 학생의 위장 취업을 봉쇄하기 위해 기업 측에 기능직 사원을 채용할 때도 신원 조회를 철저히 할 것"을 촉구했다.

_오하나 『학출』 중에서

이미 전과가 2개나 생긴 마당에 내 이름으로 취업한다는 것은 꿈도 꿀 수 없는 일이었다.

마침 성베다 교회 야학에서 만난 학생 중 하나가 선뜻 자신의 주민등록증을 준다. 주민등록 등본 등 각종 서류도 떼어 주었다. 이제 나는 1960년생이 아니라 1964년의 송○○이 된다. 학력도 초등학교 졸업이 전부였다. 경력도 만들었다. 초등학교 졸업 후 10년이 넘는 기간 동안 무엇을 했는지도 이력서에 써야 했다. 완벽하게 다른 사람으로 태어나야만 취업이 가능했다.

주민등록증 위조는 전문가들이 있었다. 당시 주민등록증은 비닐로 코팅이 되어 있었는데, 날카로운 면도칼로 얇게 앞뒤를 분리해 앞면의 비닐을 떼어내고 대신 내 사진을 붙이는 것이었다. 한 번 작업하는 것을 보았는데 정말 정교한 작업이었다. 잘 분리할 수 있도록 냉장고에 넣어 얼리기도 했다. 작업이 모두 끝나면 주민등록증 위에 천을 놓고 다리미로 살짝 다려서 다시 붙인다. 이런 과정을 거쳐 나는 다른 사람이 될 수 있었다.

마침 성수동에서 조금 벗어나 있긴 했지만 강 건너 천호동에 있는 P사에서 사람을 뽑는다는 공고가 났다. 거기서도 87년 노동자 대투쟁 때 학생 출신 활동가에 의한 분규가 있었는데 실패하고 많은 사람들이 해고되었다는 말이 있었다.

모든 일이 그렇지만 한 번 실패하면 다시 하기는 두 배 이상의 힘이 든다. 상대방도 일정한 노하우를 가지게 되기 때문이다. 이력서를 내고 면접을 했다. 일부러 어눌하게 말하는 대신 똑똑하게 말했다. 잠시 다닐 것도 아니고 대학생으로 살아 온 과정이 몸에 배어 있을 것이었기 때문이다. 초등학교밖에 못 나와서 배움에 한이 있어 검정고시를 준비하고 있고, 똑똑해지려고 의식적으로 노력 중이라고 말했다. 그리고 주민등록증을 내밀었다.

그런데 간밤까지도 괜찮았던 주민등록증의 비닐이 벌어져 있었다. 의심하기에 충분했다. 그러나 거꾸로 그런 상태의 주민등록증이 위조일 리는 없다고 생각했는지 통과가 되었다. 이제 다른 사람으로 살아가는 또 다른 공장 생활이 시작된다.

그 곳은 만년필과 볼펜, 그리고 라이터 등을 만드는 곳이었다. 용접을 하고 싶었지만 경력을 속였으므로 불가능했다. 그리고 용접을 하는 기계과는 한두 명에 불과했다. 800여 명의 노동자와 그리고 회사가 만든 어용 노동조합이 있었다. 월급은 매일 2시간씩 잔업을 더 해야 20만 원 정도였던 것으로 기억된다.

책 속의 혁명적 노동계급은 없었다

처음 맡은 곳은 각종 필기도구에 들어가는 부품들을 만드는 6과의 벤치리스 파트였다. 볼펜에 들어가는 심에 해당되는 원통 모양의 가는 쇠를 일정한 길이로 자르는 것이었다. 하루에 8,000개를 자르는 게 할당량이었다. 처음에는 고생했지만 차츰 손에 익어 그 정도는 쉽게 할 수 있었다. 무엇보다 무거운 것을 나르는 것도 아니고, 작업의 위험도가 적어 편했다.

사람들을 사귀고, 축구부에 들어가 매일 점심을 굶으며 축구 시합도 했다. 중학교 때 농구 선수를 했기 때문에 골키퍼를 보았다. 그럭저럭 실력을 인정받는다. 대부분 너희 나이 또래인 십대 말에서 이십대 초반의 여자 아이들이 많았다. 그들은 쉽게 "아저씨" 하면서 잘 따랐다. 나보다 나이가 어린 사람에게 형이라고 하기가 처음엔 조금 어려웠지만 그것도 별게 아니었다.

다만 어려웠던 것은 '문화적' 차이였다. 리더급 되는 한 친구를 조직하기 위해 그와 함께 반지하방에서 1년 넘게 같이 생활한다. 당연히 나보다 어린 그에게 나는 형이라고 불렀고, 그의 생활을 바꾸려고 무진 노력했다.

야근이 끝나면 당구 치고, 술 마시고, 고스톱 치고 하는 게 그의 생활의 모두였다. 다행히 월급을 술집 여자에게 바치는 일만은 하지 않았다. 천호동은 유흥가가 발달해서 보통 회식을 하면 1차는 중국집, 2차는 나이트클럽, 3차는 남자들끼리 여자가 있는 술집을 찾는 게 보통이었다. 책에 쓰여 있는 '혁명의 가장 기본 계급인 노동자 계급'은 없었다. 그렇게 살아 온 인생을 바꾸기란 쉬운 게 아니었다. 책은 거리가 멀었다.

그들에게 "한국 사회가 가진 모순을 이해하기 위해 같이 공부하자. 노동자도 권리가 있다. 노동법이라도 같이 보자."라고 말하면 당장 신고가 들어가든가, 멀어지게 될 판이었다. 여자애들도 마찬가지였다. 대화는 주로 입는 것, 먹는 것 등에 관한 것 이상으로 전개되지 않았다. 반장이나 주임급에 대한 욕을 하는 게 가장 일상적이었다. 1년 하고도 6개월 정도가 넘어서야 조금씩 내 얘기를 할 수 있었다. 그게 공장이었다.

아버지의 죽음

하루는 2층 총무과에서 찾는다는 연락이 왔다. 뜨끔했다. 총무과에서 부른 적은 한 번도 없었기 때문이다. 혹시 신분이 탄로 난 게 아닐까 하는 걱정이 앞섰다. 집에서 전화가 왔다고 한다. 형들에게는 내 가짜 이름과 공장을 얘기해 두었었다. 뭔가 일이 생겼음에 틀림없었다.

공중전화를 통해 전화를 해 보니 아버지가 돌아가셨다는 것이다. 그렇게 좋아하던 막내 아들이 감옥을 전전하고, 공장에 다니느라 잘 찾아뵙지도 못하는 사이에 그렇게 돌아가셨다. 문제는 공장에 말할 수가 없다는 것이었다. 말하면 그 사이에 친해진 친구들이 조문을 올 것이고, 당장 신분이 발각될 게 뻔했다. 주임을 찾았다.

"저 오늘 조퇴하면 안 되나요? 친한 친구의 아버님이 돌아가셔서."
"안 돼. 네 아버지도 아닌데 무슨 조퇴야."
"그럼 야근 하루만 빼 주세요."
"웃기는 놈이네. 네 아버지가 돌아가신 것도 아닌 데 대체 왜 그래?"

주임은 이상하다는 듯이 말했다. 결국 조퇴는 안 되고 점심 시간이 되자 또 축구를 하게 되었지만 도저히 공을 찰 수가 없었다. 친구들도 이상하다고 했다. 작업이 끝나자마자 택시를 타고 병원 영안실을 찾았다. 아버지는 그렇게 돌아가셨다.

처음 노량진 경찰서에 연행돼 부모의 각시가 있어야 석방이 될 수 있었을 때, 두 말하지 않고 써주시곤 집에 도착해서도 한 마디도 그에 대한 얘기는 없이 옷 한 벌을 주셨다. 한의사였던 아버지는 약값 대신 받았다면서 "형들에게 뺏기지 말고 잘 입어라."라며 바바리코트를 주셨다.

돌아가신 후에야 아버지도 해방 직후에 감옥 비슷한 곳에 갇혔던 적이 있다는 얘기를 들을 수 있었다.

셋째이던 아버지 역시 해방 공간에서 무언가를 하셨던 모양이지만 끝내 아무 말씀도 하지 않으셨다. 다만 언젠가 어머니가 "내가 무슨 복이 있어서 남편 옥바라지도 모자라 이제 자식까지 그러냐?"라고 말씀하신 기억이 난다. 그래도 다행인 건 내가 감옥에 있을 때 돌아가신 것은 아니라는 점이었다. 그런 경우들도 많았다. 결국 회사를 이틀 결근하고 3일장을 치르고 돌아오니 다들 내가 친구에 대한 의리가 되게 좋은 놈으로 생각하고 있었다.

반지도 없는 결혼

1년이 넘자 몇몇 사람들과 함께 모임을 시작할 수 있었다. 마침 성남 공장에도 나와 비슷한 생각을 가지고 들어 온 활동가가 있어 함께 모임을 가졌다. 모임이라고 해봤자 10명 남짓한 사람들이 모여 노조 민주화에 대한 가장 기본적인 토론을 하고, 같이 놀러가고, 다른 과에 있는 괜찮은 사람들을 파악하는 수준이었다. 그즈음 해서 모임을 같이 하는 사람들에게 내 신분을 밝혔다. 결혼을 앞둔 시점이었고 그들에게 알리지도 않고 도둑장가를 갈 수는 없는 일이었다. 거의 2년이 다 되어 갈 때였다.

"사실은 내가 송씨가 아니고 나이도 60년생이다. 그러니까 대식이 너는 형이 아니라 거꾸로 내가 형인 셈이다. 그리고 찬호 너는 나랑 동갑이 아니니까 앞으로 말 놓지 말고 형님이라고 불러라."

"지랄하고 있네. 그게 무슨 상관이 있냐? 한 번 말 깠으면 그만이지."

그게 반응이었다. 몇몇은 놀랐지만 대부분은 그다지 놀라지도 않았다. 그동안 쌓인 신뢰도 있었고, 이미 신문 등을 통해 위장 취업자에 대한 뉴스를 많이 봐온 때문이었다. 덕분에 결혼은 내 이름으로 할 수 있었다. 당시 형님이 목사였던 영등포 산업선교회에서 결혼식을 했다.

말이 나온 김에 영등포 도시산업선교회에 대해서도 잠깐 얘기를 하자. 지금의 영등포 성문밖 교회다. 줄여서 '산선'이라고 하는데 정권은 '도산'이라고

★ 민중신학의 모태 도시산업선교회

도시산업선교회(이하 산선)는 1979년 YH여성노동자들의 신민당사 점거로 주목받기 시작했다. YH점거농성사건의 전말을 발표하면서 정부는 '산업체들에 대한 외부세력 침투실태 특별조사반'을 구성, 종교를 빙자한 불순 세력이 침투하여 노동자들을 선동해 회사를 문 닫게 하고 있다고 산선을 규정했다.

산업선교는 57년 예수교 장로회(통합) 총회 전도부 안에 산업전도위원회를 조직하면서 공식적으로 시작됐다. 이후 감리교, 성공회, 기장, 구세군 등이 교단 결정에 따라 산업전도를 시작하게 된다. 산업전도를 향한 적극적 노력은 1968년 '도시산업선교'라는 말을 쓰게 되면서 구체화됐다. 자연스럽게 산선의 활동은 노동법, 노동조합, 노동운동 지도자 교육, 노동자 조직 활동, 노동조합 지도자 육성 문제 등에 역점을 두면서 종교활동으로써 노동자를 위한 예배와 성서연구, 그리고 노동자복지활동을 조직적으로 진행하게 되었다. 이후 산선은 많은 대기업에서 노조를 새롭게 조직하고 어용노조를 민주화하는 활동을 활발히 진행한다. 동일방직, 태양공업, 진로주조, 대일화학, 원풍모방, 남영 나이론, 경성방직, 방림방직 등에서 노동자들의 단결된 힘을 모으는 데 주도적인 역할을 하면서 유신정권에 가장 위협적인 존재로 성장하게 된다.

하지만 산선의 성장과정은 곧 고난의 여정이었다. 1972년 영등포도시산업선교회 사무실이 서울시경의 수색을 받은 것을 시작으로 산선 실무자들이 농성을 사주한 혐의로 연행된다. 1974년 산선 실무자들이 긴급조치 1호 위반으로 구속되자 때맞추어 한국노동조합총연맹(이때의 노총은 정부산하 기구같은 성격이었다)은 산하 최고 간부회의를 열어 "한국도시산업선교위원회를 비롯한 일부 종교인의 불순한 조직침해를 배격하고…"라는 결의문을 채택한다. 당국은 또 기독교 내부에 권력과 야합한 일부 보수 세력을 내세워 산선을 공산주의자로 몰기 시작했다.

완벽한 호흡을 맞춘 관제언론은 산선이 사회주의 체제를 건설하기 위하여 노동자들을 교육, 훈련시키며 대중조직운동을 통해 폭력적 수단을 선동하고 있다는 악의에 찬 왜곡 날조기사를 집중적으로 게재했다. 명색이 노동자 조직인 한국노총은 '노조의 자주성 옹호'라는 명분으로 노동운동에 제3자 개입을 막는 입법을 요청함으로써 '제3자 개입금지'라는 세계 입법사상 유례없는 노동관계법 개악이 시행됐다. 82년 콘트롤데이타사의 폐업과 원풍모방 사건을 계기로 이런 정부의 비방은 극에 달한다. "도산이 들어가면 어김없이 부도가 나거나 폐업된다.", "자해 공갈은 물론 폭력적으로 사회를 전복하려 한다.", "무리한 임금인상요구로 130여 개 사업장에서 분규, 배후에 도산있다." 등이 80년대 내내 언론에 보도된다. 이에 대한 진실은 [MBC 다큐멘터리 이제는 말할 수 있다 - 제41화 '마녀사냥, 도시산업선교회' (2001.08.03.)]를 보면 상세히 알 수 있다. 특히 공장이 밀집해 있는 영등포도시산업선교회는 80년대 내내 노동자들의 회합과 집회 장소로 사용됐다. 명동성당과 마찬가지로 경찰투입이 어려워졌기 때문이었다. 지금은 성문밖 교회로 이름을 바꾸고 활동을 계속하고 있다.

불렀다. 당시에는 심심찮게 "도산이 들어오면 회사가 도산(倒産)한다."고 악선전을 해댔다. 군사정부와 언론은 "종교를 빙자한 불순 세력이 침투하여 노동자들을 선동, 회사를 문 닫게 하고 있다."면서 좌익 용공 세력이란 딱지를 붙인다. 거꾸로 생각하면 산업선교회가 그만큼 노동자와 밀착된 활동을 활발하게 했다는 얘기겠다. 산선에서 총무를 하려면 1년 이상 공장을 다녀야 했다.

형인 이근복 목사는 1983년부터 1990년까지 총무를 한다. 87년 노동자 투쟁이 불타오르자 당황한 전두환 정부는 1987년 9월 5일 비상국무회의를 개최하고, 전국경제인연합회의 <최근 노동쟁의의 실상과 특징>이라는 보고서를 통해 노동자들의 쟁의를 '비윤리적, 패륜적' 행위로 매도한다. 매번 그렇듯이 노동자들의 폭력성을 홍보하여 여론몰이를 전개하려 한 것이다.

이에 며칠 뒤인 9월 18일 23명의 목회자들이 전경련을 점거하는 초유의 사태가 발생한다. 이 사건으로 형을 비롯한 5명의 목회자들이 구속된다. 그런 교회였다.

우리는 토요일에 결혼하고 신혼여행으로 1박 2일 수안보에 다녀왔다. 웨딩드레스도 없이 한복을 빌려서 입었다. 우리는 지금도 결혼반지가 없다. 당시 네 엄마는 부천에서 활동 중이었다. 가난했던 우리는 아는 노조를 통해 값 싼 시계 하나만을 주고받았을 뿐이다. 반지 하나 주고받을 정도도 못 되었지만 네 엄마는 한 번도 그것에 대해 불평을 하지 않았다.

결혼은 했으나 달라진 것은 없었다. 여전히 천호동 자취방에서 혼자 지내고 주말을 이용해 부천에 있는 집에 다녀오는 정도였다.

답답한 시간만 흘렀다

신분을 밝혔으므로 본격적으로 어용 노조를 민주화할 생각을 했지만 생각대로 되지 않았다. 대의원 선거에 출마하려고 해도 언제 뽑는지조차 공고하지 않았다. 선거 바로 전날 공고를 내고 바로 투표해 버렸다. 대의원은 회사가 지명했다.

노조 사무실은 어용 위원장과 그 패거리들의 휴식 공간에 불과했다. 성남에 활동가가 있고, 모임도 같이 했으므로 동시에 대의원 출마를 하는 게 유리했지만 도저히 그럴 엄두가 나지 않았다. 뭔가 계기가 필요했지만 쉽게 그럴 순간이 포착되지 않았다.

사회적으로는 이미 1년 전인 1988년 연세대에서 '전태일 정신 계승 및 노동악법 개정 전국노동자대회'가 4만여 명의 노동자들이 모인 가운데 개최됐다. 1989년 들어서는 현대중공업과 서울지하철 등에서 파업이 일어나는 등 대규모 투쟁이 일어나고 있었지만, 공장 지대에서 동떨어진 곳의 P사는 거의 영향을 받지 않았다. 강 건너 모토롤라와 아남전자, 대동화학 등에서도 투쟁이 일어났지만 우리 공장 노동자들은 그조차도 모를 정도로 한강 다리 하나의 차이가 컸다.

신혼부부가 언제까지 떨어져 살 수 있는 것은 아니어서 집도 부천 부근으로 옮기는 바람에, 아침 5시에 일어나서 밤 11시가 넘어서야 집으로 돌아오기 일쑤였다. 신도림역에서 막차를 놓치기라도 하면 역 벤치에 쭈그리고 누워 자고 출근하기도 했다. 답답한 시간만 계속 흘렀다.

순식간에 지나간 저항의 10년

그렇게 1980년대의 10년이 순식간에 지나갔다. 2년 3개월을 감옥에서 보낸다. 감옥을 우리는 '학교'라 부른다. 그 학교에서 삶에 대해 많은 것을 배웠다. 그렇게 열정만 있지 아무것도 모르는 철부지 20대가 30대로 성장한다.

  대학 3년보다 더 긴 공장 생활을 하면서 무엇을 느꼈을까? 지금까지의 얘기가 너무 무섭지는 않았을지 걱정도 된다. 그러나 너희처럼 평범하고 그저 학교 선생님이 되기를 소망했던 한 사람의 얘기를 통해 '시대'를 보길 바란다. 나만이 아니었다. 수백, 수천의 사람들이 이렇게 살았다. '운동권'이라고 얘기했지만 사실 시대가 운동하는 사람들을 만들었다. 우리는 그 시대를 공유한다.

  <아침이슬>이라는 노래를 예로 들어보자. 촛불 때도 가끔 불렀고 심지어 이명박 전 대통령도 좋아하는 노래라고 했다. 그는 촛불이 한창일 때 "청와대 뒷산에 올라 아침이슬을 들으며 뼈저리게 반성했다."고 말했다. 도대체 무엇을 반성했을까?

  "긴 밤 지새우고 풀잎마다 맺힌 진주보다 더 고운 아침 이슬처럼, 내 맘에 설움이 알알이 맺힐 때"로 시작하는 서정적인 노래다. 그러나 "태양은 묘지 위에 붉게 떠오르고 한낮의 찌는 더위는 나의 시련일지라."라는 구절에서 시

대를 은유한다. 군부독재의 '찌는' 탄압은 시련에 불과하다. 그래서 "나 이제 가노라, 저 거친 광야에. 서러움 모두 버리고 나 이제 가노라."라는 '결단'을 하게 된다. 찌는 더위와 폭압에 맞선 싸움을 시작하는 거다.

일본에도 비슷한 노래가 있다. <도모요>라는 노래로 비슷한 음과 서정적인 곡조다. 도모요는 우리말로 '친구여' 혹은 '동지여'라는 정도의 뜻이다. "어둠이 짙을수록 새벽은 가깝다."라는 주제의 노래로 동경대 투쟁에서 많이 불렸다고 한다.

<아침이슬>은 내가 밧줄을 타고 시위를 할 때도 불렀다. 그런 감동을 너희가 느껴 본 적이 있을까? 여러 사람이 하나의 노래를 부르는 것을 입술을 보고 알게 되는. 밧줄에 매달려 시위를 할 때도 멀리 식당 앞에 있던, 선뜻 시위에 동참하지는 못하던 사람들의 입 모양이 그 노래를 부르고 있었다.

또 한 번 85년인가 종로 YMCA 앞에서 가두 시위를 할 때였다. 건물 위에서는 미리 들어간 학생들이 현수막을 늘어뜨리고 유인물이 마구 떨어졌다. 우리는 도로를 점거하고 구호를 외쳤지만 순식간에 몰려든 백골단에 의해 양쪽 도로에 올라섰다. 그때도 바로 그 노래가 불려졌다.

버스가 지나가는 길 건너편에 나와 같은 노래를 부르는 사람들이 있었다. 노래는 종로2가에 메아리쳤다. 작게 그러나 웅장하게 불렸던 그 노래가 주는 감동을 잊을 수가 없다. 바로 그런 사람들로 인해 나는 그 시대를 살 수 있었다. 그 이후도 마찬가지다.

김영삼, 김대중의 욕심과 군인의 집권

지금 우리가 누리고 있는 그나마의 자유는 지난 투쟁의 결과다. "민주주의란

나무는 피를 먹고 자란다."라는 말은 거짓이 아니다. 여전히 우리는 보다 더 자유로워야 하고, 궁극적으로는 돈으로부터 자유로워져야 한다는 것이 내 생각이다.

그러기 위해, 사회가 건강해지기 위해 운동을 하는 것이고, 그런 사회를 만들 때까지 운동은 지속되기 마련이다. 설령 내가 포기한다 해도 말이다. 어쩌면 우리가 살고 있는 오늘은 민주화 투쟁을 위해 온몸을 다해 싸우다 먼저 죽은 사람들이 그토록 '살고 싶었던 내일'인지도 모른다. 새삼 오늘을 허투루 살면 안 된다는 생각을 하게 된다.

살다보면 역사적인 시기가 있게 마련이다. 87년이 그랬다. 바야흐로 역사를 바꿀 계기였다. 그러나 김영삼과 김대중의 욕심에 의해 다시 군사정권이 집권에 성공함으로써 과거를 청산할 역사적 기회를 상실한다. 특히 국가보안법이라는 시대의 악법을 폐지할 수 있는 절호의 기회를 놓쳤다.

전두환은 물러갔지만 그 뒤를 이은 노태우 정권에서도 군부는 지속적인 영향력을 행사한다. 노태우는 '범죄와의 전쟁'이라는 미명하에 경찰을 동원한 감시 체제를 이어 나갔다. 얼마전 그때를 다룬 <범죄와의 전쟁>이라는 영

★ **1988년 서울 올림픽**
전두환은 광주 학살을 자행하고 난 뒤에 국민의 눈과 귀를 다른 쪽으로 돌리기 위해 3S 정책을 펼친다. 5·18 광주 민주화 운동 1년이 다가오자 전두환은 1981년 5월 여의도 공원에서 '국풍81'이라는 대규모 문화 축제를 5일 동안 밤낮으로 열고, 방송은 온종일 '국풍81'을 보도한다. 광주의 아픔과 유혈 사태를 잊게 하려는 속셈이었다. 1982년 야간 통행금지가 해제되고, 이전에는 상상도 못했던 성인영화가 갑자기 등장하면서 극장가와 잡지, 신문 가판대는 자극적인 에로물과 성인 여배우들의 사진이 걸리기 시작한다. 그리고 1982년 프로야구를 개막한다. 전두환은 국민의 시선을 돌리기 위해 올림픽 유치에 갖은 힘을 써 1981년 바덴바덴에서 88년 올림픽 개최지로 서울이 결정된다. 1985년 아시안 게임을 1년 앞두고는 대한체육회장으로 노태우가 취임한다. 아시안 게임과 올림픽을 통해 전두환의 후계자였던 노태우를 부각시키기 위함이었다. 1988년 하계 올림픽은 9월 17일~10월 2일, 16일 동안 서울에서 개최된다. 160개국이 참가한 역대 최대 규모의 올림픽이었다. 코리아나가 부른 '손에 손잡고'가 공식 주제곡이었고, 우리나라는 4위를 한다.

화도 나왔다.

또 전두환 때부터 3S 정책을 썼는데 그것을 효과적으로 이용했다. 3S란 Screen, Sex, Sports의 약자다. 그때부터 <애마부인> 같은 야한 성인 영화가 극장에서 상영되기 시작했고, 88년 올림픽을 계기로 스포츠에 대한 과도한 국민적 관심이 시작되었다. 프로야구와 프로축구도 시작됐다. 월드컵에 열광하기 전에 우리는 그 이면을 볼 필요가 있다.

국제 행사인 올림픽을 위한 '환경 미화'를 한답시고 정부는 그해 5월 말부터 강력한 집중 단속을 펴 7월 1일까지 노점을 완전히 근절시키겠다는 방침을 정한 바 있다. 전투경찰, 백골단, 형사, 순경, 구청 직원, 동사무소 직원, 방범 대원까지 총동원하여 폭력적인 단속에 나섰다.
5월 12일 종로 2가에서 불구의 몸으로 액세서리 장사를 하는 아주머니에게 단속 나온 이정관 의경이 반항한다고 권총을 들이대었다. 그는 "쏘아 죽이겠다. 너 같이 지저분한 것들은 죽여도 아무렇지도 않다."며, 아주머니를 질질 끌고 파출소에 가 면상을 구둣발로 걷어 찼다. 그곳은 바로 대통령 선거 기간에 노태우가 직접 와서 노점상들의 손목을 잡고 "당신들의 고통을 이해한다. 당신 같은 분들을 위해 일하겠다"고 한 곳이었다.

_정인(황광우의 당시 가명) 『소외된 삶의 뿌리를 찾아서』 중에서

현재를 규정하는 1987년

88년 올림픽 바로 직전에 협성계공이라는 공장에 다니던 문송면이라는 15세 소년이 수은 중독으로 죽었다는 사실도 기억해 두자. 일한 지 두 달 만에 손

발이 마비되는 등 아픔을 겪다가 일곱 달 만에 죽어 모란공원에 묻혀야 했던 어린 노동자였다. 지금도 모르지. 어디선가 그런 죽음을 맞을 수밖에 없는 사람들이 또 있는지 말이다.

어쨌든 노태우의 집권으로 인해 민주주의의 발전은 더디게 그리고 수많은 희생이 있은 이후에나 가능한 것으로 되고 말았다. 보수 집단은 조직적으로 후퇴할 시간을 벌었고 권력을 유지할 수 있었다. 바로 지금 우리가 사는 이 시대는 1987년이 기본적으로 규정하고 있다.

이후 김영삼과 김대중은 보수 집단과 손을 잡고서야 대통령이 될 수 있었다. 6월 항쟁과 7월 노동자 대투쟁에도 불구하고 민주주의는 껍데기만 남았고 투쟁은 계속 될 수밖에 없었다. 특히 헌법에 보장된 노동자들의 기본 권리인 단결권, 단체교섭권, 단체행동권은 보장되지 않았다.

광주 항쟁 이후 그 동안의 운동에 대한 반성과 세상을 근본적으로 바꾸려는 각성이 있었다고 했다. 따라서 그에 맞는 새로운 조직들이 필요했다. 우리가 주목한 것은 '당'이라는 사상과 의지의 일체감을 이룬 조직이었다. 물론 당시 러시아 혁명에 대한 일방적인 경도가 있었기 때문이기도 했다.

'뻬떼르스부르그 해방동맹'으로 시작되어 '러시아 사회민주주의 당'으로 성장하여 결국 1917년 러시아 혁명을 성공시킨 레닌의 혁명당은 새로운 길을 찾는 우리에게 '하나의 나침반'이었다. 한편에서는 북한 김일성 주석에게서 모범을 찾은 사람들도 있었다.

당시 우리가 많이 읽은 책은 레닌의 『무엇을 할 것인가』였고, 다른 이론을 찾은 사람들은 김일성의 『주체사상』에서 길을 찾았다. 아무튼 순진하게 민주주의만을 외치다 수많은 사람들이 죽을 수밖에 없었던 광주항쟁으로부터 새로운 길을 찾아야 했다. 그것은 새로운 내용을 가진 전국적인 조직이었다.

인천지역민주노동자연맹(인민노련), ML당 사건, 남한사회주의노동자동맹 사건 등 조직 사건이 계속 발표되기도 한다. 모두 자본주의와는 '다른 사회'를 꿈꾼 사람들이 만든 조직이었다. 인민노련 사건으로 구속된 윤철호라는 사람은 재판정에서 "그렇소, 나는 사회주의자요."라고 말하여 모두를 놀라게 하기도 했다. 그동안 유령처럼 떠돌던 '자본주의를 넘어선 사회주의'가 공공연하게 얘기되기도 한다.

이런 상황에서 수면 아래에서는 '당'이라는 조직을 만들려는 시도와 동시에 합법적인 영역에서 정치 권력 획득을 목적으로 하는 진보적 대중정당을 만들자는 논의가 시작된다. 누구는 개량화될 가능성을 우려해 반대했고, 누구는 야당이 분열되는 것을 이유로 반대한다. 그러나 89년부터 본격적인 논의가 시작됐다. 그리고 그 흐름은 90년 초가 되어서야 민중당이라는 모습으로 나타난다. 그건 90년대 역사를 통해 말하기로 하자.

1988년 11월 13일, 87년 노동자 대투쟁 이후 처음으로 열린 전국노동자대회를 마친 단병호 등 참가자들이 연세대에서 여의도 국회 앞까지 행진하고 있다. 들고 있는 '노동해방' 현수막은 참가자들이 혈서로 쓴 것이었다. (사진=민주노총 ⓒ)

손에 잡힌 앵무새

2부 전진
1990년대

전노협 건설과 진보 정당 운동

우리는 오늘 전국노동조합협의회의 깃발을 높이 들어 이 땅에 어용과 비민주적 노동조합운동을 극복하고 자주적이고 민주적인 노동운동의 새로운 역사가 시작되었음을 엄숙히 선언한다. …… 억압과 굴종의 세월, 어용과 비민주의 시대를 청산하고 전노협의 깃발 아래 강철같이 단결하여 자유와 평등의 사회를 향해 힘차게 전진하자. _전노협 창립선언문 중에서

1990년은 두 개의 상징적 사건이 같은 날 일어나면서 시작된다. 1월 22일 김영삼은 대통령이 되기 위해 노태우, 김종필과 3당 합당을 한다. 같은 날 전국노동조합협의회(전노협)가 결성된다.

앞의 사건은 야당으로 대표되는 정치 세력이 어떻게 변질될 수 있는가를 보여준 대표적 사건이다. 김영삼은 80년대 내내 김대중과 더불어 민주화 투쟁을 해왔던 정치적 상징이다. 그런 그가 군부와 손을 잡았다는 것은 자기가 대통령이 되는 대신 보수 세력의 이익을 지켜주겠다는 의사 표시였다. 군부는 정치에서 손을 떼더라도 자본의 이익을 지킬 수 있고, 그동안 군사정권 아래서 이익을 챙겨 온 보수 집단을 유지할 수 있다는 계산이 있었던 셈이다.

87년 6월 항쟁으로 전두환이 물러갈 때까지 얼마나 많은 희생이 있었는지 역사는 기록한다. 분신하여 죽고, 시위 도중 떨어져 죽고, 군대에 끌려가서 의문의 죽음을 당하고, 고문당하다 죽은 사람들이 얼마나 많았는지 분명하게 남아 있다.

그런 투쟁의 산물로 민주화가 되자 언제 우리가 같은 편이었던가 싶게 돌아서고, 결국 김대중과 김영삼의 배신으로 인해 군부가 다시 정권을 잡았었다. 김영삼은 "닭의 모가지를 비틀어도 새벽은 온다."는 멋진 말을 남긴 투사 중의 하나였다. 79년 박정희의 몰락을 가져 온 YH 여공들의 투쟁을 지원하기도 했고, 탄압에 맞서 단식투쟁도 했었다. 그러나 그가 꿈꿔 온 새벽과 우리가 만들어 갈 새벽은 다른 것이었다.

김영삼의 새벽과 우리의 새벽

역사란 냉정한 것이다. 누가 우리 편인지를 분명하게 알아야 한다. 저들은 '노동'을 모른다. 알 수가 없다. 하루 14시간 일하고 돌아오는 길의 달빛이 왜 그리도 처량한지, 불 꺼진 차가운 방에 들어설 때마다 '벗어나고 싶다.'고 자기도 모르게 읊조릴 때 얼마나 외로운지, 초코 케이크에다 성냥개비를 꽂고 생일을 축하하는 자리가 왜 그리도 즐거운지, 철야를 마치고 철길 옆 수박밭에 앉아 먹는 수박 맛이 왜 그리 달콤한지, 잔업이 끝나고 막걸리에 사이다를 섞어 마시는 '막사'의 맛과 그 속에 담긴 인간애가 얼마나 따뜻한지 모른다.

아니 그들은, 시위를 하기 위해 자기를 길러 준 가족을 버리고 직계 가족 혹은 결혼할 사이가 아니면 면회도 안 되는 0.72평 감옥 속에서도 꿈꿔 왔던 새로운 세상의 꿈을, "지금까지 살아온 모든 과정을 쓰라."며 백지 다발을 놓고 지켜보는 뱁새눈을 가진 형사 앞에서 한없이 움츠러들면서도 조직을 지키고 사람을 지키기 위해 고뇌하는 그 마음을 모른다.

오직 정권을 잡기 위해, 그리고 그 정치를 통해 자기와 비슷한 부류의 이익을 옹호하기 위해 싸웠을 뿐이다. 그들이 말하는 민주주의에 노동자는 없다. 한국통신 노조가 파업을 했을 때 김영삼은 노동자들을 "국가 전복 세력"이라고 말했다. 그의 진실이다. 김대중 대통령 시절에도 공공 부문의 노동3권을 제약하는 법들이 만들어졌다. 노무현 대통령 시대 역시 마찬가지였다. 그들과 한 때 같은 배를 탔으나 서로 다른 꿈을 꾼 것이었음은 역사가 증명한다.

전노협 건설

전노협 건설은 80년대 내내 노력한 노동운동의 총결산이다. 이미 노동운동은 학생운동을 넘어 성장하고 있었다. 불과 10년도 안 걸렸다. 학생들이 공장으로 간 영향도 부분적으로나마 있을 것이다. 그러나 전체적으로 보면 노동자 스스로의 각성은 놀라울 정도였다.

80년대 중반 공장으로 갈 때 "학생운동이 10이면 노동운동은 겨우 2 내지 3밖에 안 된다."고 말했지만 이제 노동운동의 역량은 비약적으로 발전한 셈이다. 그전에는 어용 한국노총이라는 노동조합이 전부였다.

왜 우리가 한국노총을 어용이라고 하는가를 먼저 말해보자. 어용(御用)이란 말 그대로 노동자의 이익보다는 자본과 권력, 그리고 노조 간부들의 이익을 우선하는 세력을 말한다. 어용 세력은 우리나라만 있는 게 아니다. 어느 시기, 어느 역사에서나 어용 세력은 존재해 왔다. 지배 세력은 항상 노동자를

전노협 창립대회시 투입된 백골단. 창문에 붙은 '노동해방'이 선명하다.

분열시킨다. 백인과 흑인을 분리하고, 남성과 여성을 나누고, 정규직과 비정규직으로 편을 가르고, 어용 노조를 만들어 노동자들을 헷갈리게 한다.

나는 1999년에 브라질을 방문, 대통령이 되기 전의 룰라를 만난 적이 있다. 그는 브라질의 어용 노동조합 세력을 '펠레고'라고 부른다고 했다. 펠레고란 말 안장 위에 올려놓은 양가죽 깔개를 말한다고 했다. 나라가 틀리고 언어가 다르지만 '어용'이 무엇을 의미하는지 대강 알 수 있을 것이다.

한국노총은 전두환의 4·13 호헌 조치에 찬성하는 입장을 보이기도 하는 등 노골적으로 군사독재 정권의 품에 있었다. 물론 유신체제 아래서는 유신독재를 찬성했다. 김영삼 대통령 아래서는 사용자 단체인 한국경영자총협회와 야합하여 임금 인상을 억제하기도 한다. 그 대가로 그들은 많은 돈을 지원받았다. 많이 달라진 것처럼 하지만 지금도 별반 달라지지 않았다.

그들은 2007년 대통령 선거에선 이명박 후보와 정책 연합을 한다. 2009년에는 복수노조와 전임자 문제를 두고 또 다시 정권과 야합을 한다. 어용은

저자와 대통령이 되기 전 룰라 브라질 노동자당 당수.

항상 권력의 방향에 관심이 있다. 그 대가로 그들 중의 몇 명은 새누리당의 국회의원이 될 수 있었다. 역사는 쉽게 바뀌는 것이 아니다.

　이런 조건이었으므로 당시 우리에게는 정권과 자본으로부터 독립된 전국적인 노동조합의 구심을 만드는 것이 최대의 과제였다. 물론 이에 대한 이견도 있었다. 어떤 사람은 전두환 정권이 노동조합을 못 만들게 하니까 노동조합이 아닌 다른 것, 즉 '정치적 대중조직'을 만들자고 했다. 또 어떤 사람은 한국노총 안에 들어가서 한국노총을 개혁하자고도 했다. '노총 민주화론'으로 불리는 이 흐름은 당시 강한 영향을 주기도 한다.

　그러나 이 모든 반대에도 불구하고 87년 이후 성장한 민주적 노동조합의 전국적인 중심을 만들려는 노력이 계속 되었고 1990년 전노협이 건설된다. 전노협은 이후 재벌급 회사의 제조업 노조 조직인 대공장 연대회의, 사무직 노동조합의 전국적 구심인 업종회의 등과 합쳐져 오늘날의 민주노총을 만들게 된다.

민중당 부천시지부 조직부장이 되다

이렇게 전노협의 역사적인 출발과 함께 90년대가 시작된다. 정권은 전노협 창립대회 참가를 이유로 무려 141명을 연행하는 등 탄압을 가했다. 그러나 그런다고 역사가 거꾸로 흐르는 것은 아니다. 나는 그 당시 "기차 소리 요란해도 아기아기 잘도 잔다."라는 노래 가사와 "똥개는 짖어도 기차는 달린다."는 말을 즐겨 사용했다. 묵묵히 진행되는 운동은 하잘 것 없는 수많은 논쟁을 잠재운다.

나는 결국 공장을 그만둔다. 2년이 넘는 세월 동안 아무것도 못했다는 자괴감이 컸다. 어용 노조를 민주화하는 일은 노조를 만드는 것보다 힘들었다. 그렇다고 언제까지 그러고만 있을 수도 없는 일이었다. 내가 공장에 들어간 것은 노동운동을 하기 위해서였지 먹고 살기 위한 것이 아니었다.

내가 공장에 다니고 있는 사이에 공장 밖의 세상은 요동치고 있었다. 87년 노동자 대투쟁 이후 전국 각지에서 지역별로 노동조합협의회가 만들어진다. 부천은 6·29 선언 이후 전국에서 처음으로 지역 노동자들이 지역 총파업을 한 곳이다. 그만큼 노동자들의 연대가 잘 되어 있었고, 노동운동이 활발했다. 인천 지역과 부평, 부천은 이미 학생들이 많이 취업을 한 지역이기도 했다.

내가 반월에서 노동운동을 처음 시작할 때부터 네 엄마는 부평과 부천에서 활동을 했었다. 따라서 아는 후배들도 많았고 자리를 잡는 데 어렵지 않았다. 엄마는 부천 민중교육연구소에서 상근하면서 노동자들을 교육하고 있었다. 나는 그때 갓 만들어진 민중당의 부천시지부 조직부장으로 활동을 시작한다. 이병현이라는 대학 1년 후배가 위원장이었다.

노동조합과 마찬가지로 정치 영역에서도 '독자적인 진보 정당'을 만들어야 한다고 생각하는 사람들이 있었다. 물론 소수였다. 87년 대통령 선거에서 백기완 선생님이 후보로 출마했었다. 백기완 선생님은 우리가 애창하는 '임을 위한 행진곡'의 작사자이기도 하다. 가사는 이렇다.

> 사랑도 명예도 이름도 남김없이
> 한평생 나가자던 뜨거운 맹세
> 동지는 간 데 없고 깃발만 나부껴
> 새 날이 올 때까지 흔들리지 말자
> 세월은 흘러가도 산천은 안다
> 깨어나서 외치는 뜨거운 함성
> 앞서서 나가니 산자여 따르라
> 앞서서 나가니 산자여 따르라

이 노래는 5·18 광주 항쟁 당시 시민군 대변인으로 마지막까지 전남도청을 사수하다 죽은 서른 살의 윤상원 열사와 그 전 해인 1979년 노동 현장에서 죽은 박기순 열사를 맺어주는 영혼결혼식에서 '넋풀이'로 불려졌다. 이후 모든 집회에서 민주화의 염원과 새로운 세상에 대한 희망으로 애국가 대신 불려왔다. 정부의 광주 항쟁 기념식에서도 불렀으나, 2010년 이명박 정부는 이를 '방아타령'으로 대신하는 만행을 저지르기도 한다.

백 선생님은 전두환에 맞선 진짜배기 투사이고, 고문으로 인해 많이 상하시기도 한 분이다. 고등학교 시절 형들과 나는 당시 함석헌 선생님이 펴내던 <씨올의 소리>라는 잡지를 누가 먼저 사는지 경쟁하기도 했다. 그 잡지는 걸 핏하면 판매 금지가 돼서 빨리 사지 않으면 볼 수가 없었다. 그 잡지에 실린 글 중에서 유독 백기완 선생님이 딸에게 주는 글이 좋았다. 나중에 '딸에게 주는 편지'라는 부제가 달린 책 『자주고름 입에 물고, 옥색치마 휘날리며』로 내용이 묶여서 나왔고, 나는 그 책을 즐겨 읽었다. 노동운동을 했던 선생님의 딸, 백원담은 지금 성공회대에서 학생들을 가르치고 있다.

백기완 선생님은 87년 김영삼과 김대중의 후보 단일화를 위해 출마하셨고, 결국 그것을 말하면서 후보를 사퇴한다. 나는 공장에 다니느라 가서 보지 못했지만 87년 대통령 선거 유세 때 대학로를 가득 메운 군중과 그 앞에서 포효하던 백기완 선생님을 기억하는 사람들이 많다.

이재오, 김문수도 참여했던 민중당

그때부터 진보적 대중정당을 만들려는 우리들의 노력이 시작되었다. 1988년에는 민중의 당이 있었지만 총선에서 득표를 많이 하지 못해 금방 없어졌다. 그러나 그런 시도는 계속 이어졌고 마침내 1990년 4월 13일 '민중의 정당 건설을 위한 민주연합 추진위원회'를 결성한다. 그리고 그해 11월 10일 51개 지구당에 3,000여 명의 당원을 가진 민중당이 창당된다. 발기인 3,520명 중 대부분이 노동운동가였다.

돌아보면 웃기는 얘기지만 현재 새누리당의 실세 이재오도 그 당의 주요 구성원이었고, 역시 새누리당 경기도 지사를 하는 김문수는 당시 민중당을 만들기 위한 '노동자 진보 정당 건설 추진위원회' 위원장이었다. 그러고 보면 인생은 긴 것이다. 한때 누가 무엇을 주장했는

저자의 민중당 시절 활동 모습.

지는 별로 중요하지 않다. 그가 무덤 속에 들어갈 때 그 사람의 신념이 무엇이었는지가 판가름 난다.

나는 진보적인 가치를 가지고, 그 어려움을 뚫고 진보 정당을 하자고 하던 사람이 전두환, 노태우를 계승하고 있는 새누리당의 고위직을 차지하고 있다는 것이 지금도 이해가 안 된다. 물론 그들도 할 말이 많을 것이다. "호랑이를 잡으러 호랑이 굴에 들어갔다."고 변명하기도 한다. 그러나 잡기는커녕 호랑이 흉내를 내면서 살아가는 것 같다. 중요한 것은 말이 아니라 훗날 역사의 평가겠다. 너에게 큰 아버지가 되는 민하 아빠인 목사님이 네 할아버지 기일에 말한 추도사를 나는 기억하고 있다. "사람이 죽어서 땅에 묻히면 안 된다. 역사에 묻혀야 한다." 그 말이 맞다.

일제 강점기를 살았던 이광수나 최남선 같은 유명한 문필가들도 결국은 변절한다. 36년이라는 긴 세월 동안 '해방'에 대한 꿈을 가진다는 것은 쉬운 일이 아니다. 역사에 대한 전망이 없는 한 '지금 이대로' 계속 갈 것 같은 생각은 누구나 마찬가지다. 그러나 역사에 대한 낙관을 가진 사람에게는 그렇지 않았다. 그런 낙관은 어디에서 오는 것일까?

> 칼 마르크스의 꿈이 언제 실현될지는 아무도 모릅니다. 2천 년 전에 예수 그리스도는 원수를 사랑하라고 가르쳤지만 그것도 아직 꿈으로 남아 있지 않습니까?
> _『호치민 평전』중에서 / 푸른 숲, 2003

베트남의 혁명가 호치민의 말이다. 우리는 무슨 꿈을 꾸고 있는 것일까?

진보 정당을 둘러싼 논쟁들

민중당 활동은 재미있었다. 공장과는 달리 수많은 사람들을 만날 수 있었다. 그리고 편하게 말할 수 있었다. 술을 마시면서 혹시라도 내 이름이 나올까 걱정하던 긴장도 사라졌다. 이제 당당하게 내 이름으로 활동할 수 있었다. 그런 긴장감에서 풀려난 해방감을 너희들이 조금이나마 이해할 수 있을까?

한번은 술을 마시는데 친구가 "야, 근데 내 이름이 뭐였지?"라고 물었던 기억도 있다. 자기 가명을 잊는 경우가 종종 있었다. 나는 지역에 따라, 조직에 따라 다른 가명을 만들었다. 반월에서는 강형민이었고, 울산에서는 정희수였다. 당시 운동했던 사람들을 지금 만나서 이름으로 말하면 잘 모르는 경우도 있다. 직접 봐야 아는 사람인지를 확인할 수 있다. 지하와 지상은 차이가 엄청 컸다.

진보 정당에 대해 반대하던 사람도 많았다. 한 부류의 사람들은 여전히 정권이 국가보안법을 휘두르고 있으니 자신들의 이념을 지키기 위해서는 할 수 없이 몰래 숨어서, 지하에서 당을 만들어야 한다고 주장했다. 합법적으로 만드는 정당은 자신들이 내세우는 혁명이론을 변질시키고 결국은 개량화될 것이라고 말했다.

지금도 그런 사람들이 여전히 있다. 통합진보당, 진보신당은 개량화된 진보 정당일 뿐이기 때문에 사회주의 정당을 만들어야 한다는 주장이 그것이다. 그들 중에는 변화된 정세에 맞게 조직의 약간만 공개하고, 탄압에 대응하기 위해 감추는 조직도 있다. 그런 정당의 모범은 러시아 혁명기에 레닌이 보여주었다. 소위 전위 정당이라고 한다.

정반대의 측면에서 비판한 사람들도 있었다. 야당과 연합하여 정권을 바꿔야 하는데 적전 분열이라는 논리였다. 김영삼은 이미 군부와 타협했으므로 남은 것은 김대중이었다. 김대중에 대해 '비판적으로 지지'한다는 기묘한 논리가 동원됐고, 그런 입장에 선 사람들이 민중당을 비판한다.

민청련 운동을 하고 이후 노무현 정권 때 장관을 지낸 김근태와 같은 사람들은 '진보 정당 시기상조론'을 말하기도 했다. 그러나 시기상조로 반대했던 사람들이 시기가 무르익었다고 진보 정당과 함께하지는 않았다.

이처럼 좌우의 날선 비판을 딛고 민중당은 활동을 시작한다. 그리고 91년 지방의회 선거에서는 42명이 출마하여 1명만 당선됐지만, 출마 지역에서 평균 13.27%라는 상당히 높은 득표율을 기록하기도 했다. 나는 민중당 활동을 하면서 진보 정당 운동에 처음으로 몸을 담는다.

우리는 지구당 사무실에서 『자본론』 강의도 하고, 각종 소모임을 통해 노동자들의 학습 모임도 만들고, 부천역 앞에서 선전홍보전을 하는 등 활발한 활동을 했다. 한번은 부천역 앞에서 유인물을 나눠 주다가 모두 역전 파출소로 끌려가기도 했다.

그들은 거세게 항의하는 우리에게 파출소 안에서 천장에 대고 권총을 꺼내 공포탄을 쐈다. 그렇다고 기죽을 우리가 아니어서 싸움은 더 커졌고, 다음날 <한겨레신문>과 <동아일보>에 대문짝만하게 기사가 나기도 한다. 우리는 끌려간 것보다 당시 생소했던 민중당이라는 이름이 알려지게 된 것을 더

1991년 2월 21일 <한겨레신문> 15면.

좋아했다. 그리고 막 생겨나기 시작한 노동조합에 대한 지원과 연대를 통해 점차 지역에 자리를 잡을 수 있었다.

그러고 보면 90년 벽두에 노동조합의 전국 조직인 전노협이 만들어지고, 민중당이 창당된 것은 1990년대는 80년대와 전혀 다른 질의 운동이 전개될 것을 예고한 셈이다.

노동운동의 메카, 울산으로

그즈음 네 엄마와 함께 활동하던 사람들이 보자고 연락이 왔다. 대략 알고 있던 조직이었다. 엄마는 1989년 말, 최근 진보정의당 국회의원이었던 노회찬 등이 연루되어 21명이 구속된 '인천지역민주노동자연맹'(인민노련)에 가입해 활동하고 있었다. 노회찬은 이 사건으로 2년 넘게 감옥에 있었다. 네 동생 은수가 '호빵맨'이라고 부르던 그 아저씨다.

인민노련은 이후 인천 지역의 '노동계급' 등 다른 조직은 물론 대구의 '프롤레타리아' 등과 통합해 '한국사회주의노동당'이라는, 정부가 모르게 활동하는 소위 '지하당'을 만들었다.

이미 그 조직에서 발간하던 <노동자의 길>, <정세와 실천>, <사회주의자> 같은 간행물을 읽고 그 내용에 깊이 공감하고 있기는 했다. 그러나 주저되는 게 있었다. 경찰에 한번 끌려간 경험, 그것도 치안본부 옥인동 분소의 기억은 쉽게 없어지지 않았다. 일단 잡히면 아는 것은 모두 실토할 수밖에 없도록 만드는 재주를 그들은 가지고 있었다. 솔직히 그게 두려웠다. 빨간 방, 파란 방, 노란 방의 기억이 다시 떠올랐다.

다른 하나는 굳이 지하당이 필요한가라는 의문이었다. 물론 새로운 사회,

자본주의를 넘어선 세상을 바라는 꿈은 포기할 수 없는 것임에는 틀림없었다. 그러나 '지하'라는 공간은 어둡고, 침침하고, 사람들과의 만남을 차단하는 것이었다. 당시 민중당이 내세우고 있던 다양한 강령은 '사회주의'라는 표현을 삼갔을 뿐 당시로서는 상당히 진보적이었던 것으로 기억하고 있다.

전위 정당

한국사회주의노동당은 전노협과 같은 노동조합 조직, 노동 단체, 민중당과 같은 대중정당에 조직원을 파견하고 있었고 전국적인 망을 구축하고 있었다. 시기적으로 보면 당시가 소련이 몰락하기 전이었다는 점을 기억해 둘 필요가 있다. 여전히 러시아 혁명을 모범으로 삼고 있었을 때였다. 전국적인 대중 봉기, 그것을 효과적이고 적절하게 지도하는 앞선 지도자, 즉 '전위'가 있는 정당의 모습이 바로 그것이었다. 러시아의 혁명적 시인 마야꼬프스키는 이렇게 그 당을 묘사했다.

> 당이란 - / 결집된 목소리들이 / 구속력을 갖추어 일으키는 폭풍 / 붙임성 있고 밝은 것 / 당이란 - / 수백만 명을 이고 있는 어깨 / 하나가 되어 돌진하려는 노력의 산물 / 당은 건축물이 자라 하늘이 되도록 한다 / 우리가 서로서로 / 보살펴 주고 독려하게 한다 / 당은 - / 노동계급의 척추 / 당은 - / 불멸의 사명 / 당은 - / 유일하게 완성을 보증한다.
> 　　　　　　　　　_마야꼬프스키 시 <내가 아는 한 노동자> 중에서

그런 당만이 혁명을 가져올 수 있다는 믿음을 가졌던 시기였다. 나는 한국

사회주의노동당이 펴내는 다양한 매체를 통해서 그들의 현실 인식이 과장되지 않고, 실사구시적인 풍토를 가지고 있다는 점에 공감한다. 다소 어려움이 있었지만 내가 가입하게 된 결정적인 이유다. 그리고 얼마 안 있어 조직은 내게 울산으로 내려갈 것을 권유했다. 물론 부부가 함께.

사실 권유라기보다는 조직의 방침이었던 셈이다. 나는 정리해야 할 일이 있어 네 엄마가 먼저 내려간다. 돈이 없어 트럭을 한 대 빌리고, 중고교 동창인 친구가 운전을 해서 울산으로 이사한다. 이삿짐을 내리는데 바람이 워낙 세차게 불어서 신혼 때 산 장롱이 트럭에서 굴러 떨어져 부서졌다. 그만큼 울산의 바람은 거셌다. 1991년 초였다.

"사회주의 학습 같이 하실래요?"

울산. 노동운동의 메카. 87년 노동자 대투쟁의 포문을 연 곳. 90년 초 현대중공업 골리앗 농성 투쟁으로 주목을 받았던 곳. 골리앗이란 높이 15미터 이상 되는 배를 들어 올리는 거대한 기중기다. 성경에 나오는 다윗과 싸운 거인 골리앗에서 따온 이름이다. 결국 육·해·공군이 모두 동원된 공권력에 의해 투쟁은 끝났지만, 대공장 중공업 남성 노동자들이 투쟁의 전면에 나서기 시작했음을 상징하는 곳이다.

울산 동구 만세대로 가는 길에서 처음으로 현대자동차 공장을 봤다. 만세대를 처음 들었을 때 나는 만세 부를 때의 '만세'인 줄 알았다. 그게 아니라 세대수가 1만이라고 해서 그렇게 이름 지었다고 한다. 옆에는 이천세대가 있다.

버스로 몇 정거장이나 가야 끝이 나는지 알 수 없을 정도로 넓었다. 그리고 이어지는 현대정공. 남목 고개를 넘어서야 현대프랜지와 현대중공업이 그 모습을 드러냈다. 수많은 공장을 보았지만 한 마디로 정말 장관이었다. 아침이면 오토바이 부대가 출근길을 가득 메웠다. 바로 신문에서나 볼 수 있었던 장면이었다. 거리에는 몇 년 전 투쟁할 때 쓴 게 분명한 스프레이 낙서가 남아있기도 했다.

울산 민중당에도 조직원들이 있었고, 현대정공과 현대중공업에도 사람들이 있었다. 민중당에서 1차로 학습을 마친 사람들을 지하 조직으로 재조직하는 과정을 거치고 있었다. 나는 현대자동차를 맡았다. 내려간 지 얼마 안 돼 현대자동차 해고자 한 명을 소개받아 다방에서 만났다. 함께 학습할 것을 권유했다.

"나랑 같이 사회주의 학습 한번 해보실래요?"

"아니 그렇게 당당하게 말해요?"

"왜요? 뭐가 문제가 있어요?"

"아니요. 다른 사람들은 사회주의 얘기할 때 입을 가리고 작게 말하곤 해서요."

"사회주의가 무슨 죄예요? 괜찮아요."

그렇게 그를 만나고, 그의 소개로 다른 사람들 2명을 더 만나서 학습 모임을 시작할 수 있었다. 교재는 마르크스의『공산당 선언』이었다. 우리나라는 한국전쟁으로 인해 나쁜 선입관을 가지고 있어서 그렇지 마르크스만큼 현대에 큰 영향을 준 인물은 없다. 세계를 움직인 100인을 뽑을 때 항상 선두에 그가 있다.

특히『공산당 선언』은 그 명쾌한 논리로 인해 유명하다. 너희도 시간이 되면 읽어 볼 것을 권한다. 이제는 세상이 좋아져서 쉽게 책을 구입할 수 있다. 마르크스의 모든 책은 거의 다 번역이 되어 있다. 소련 등 동구권의 몰락

이후 자본주의를 넘어서고자 했던 사회주의가 완전히 실패한 것으로 규정되고 있지만 그렇지만은 않다. 오히려 '돈'을 중심으로 하는 자본주의의 폐해가 갈수록 커지고 있다. 물론 동구권의 몰락을 가져온 이유가 무엇인지, 자본주의를 넘어선 대안 사회가 어떤 모습이어야 하는지는 지속적인 과제다.

당시 울산에는 모든 정파가 다 모여 있었다. 당연한 일이다. 남한 노동운동의 성지이니까. 조직에는 나 말고도 학생 출신 운동가들이 많았다. 민주노동당과 진보신당의 국회의원이었던 조승수를 만난 곳도 바로 거기다.

그는 울산 출신으로 아는 사람이 많았다. 돌아보면 웃기는 일이지만 한때 새누리당 국회의원을 지낸 신지호도 있었다. 현대중공업 골리앗 투쟁을 전개한 허동욱, 김형광 같은 사람도 있었다. 지금도 울산에서 계속 노동운동을 하고 있는 김호규도 만난다. 그는 나보다 훨씬 전에 울산으로 내려간 사람이다. 우리는 현대중공업, 현대정공, 현대자동차 등 모든 계열사에 조직원을 확보하기 시작한다.

항상 돈이 문제였다

전국적인 망을 가진 조직에서는 월간지 <길>을 펴내기도 하고, 지금도 나오고 있는 <매일노동뉴스>라는 것을 처음으로 만들기도 했다. 우리는 울산의 상황을 분석하고, 올바른 생각을 전하기 위한 지하 팸플릿을 발행하기도 한다. <길>에 울산의 소식을 알리는 글을 정희수라는 이름으로 써서 보냈다. 당시에는 컴퓨터가 없었을 때여서 주로 워드프로세서(반자동 타자기)로 제작된 문서를 복사해서 사용했다. 기록이 거의 안 남아 있는 이유다.

워드프로세서는 특히 출력할 때가 문제였다. 그걸 전담하던 최영민은 출

집회에 참석한 학생을 검거, 연행하는 백골단. (사진=박용수, 민주화운동기념사업회 ⓒ)

력할 때마다 고역을 치러야 했다. 워드를 칠 때도 소리가 거의 무전기 소리와 비슷해서 주의를 기울여야 한다. 인쇄할 때에는 '찌익 찌익' 하는 소리가 너무 커서 이불을 뒤집어 써야 했다. 한여름에 이불을 뒤집어쓰고 마음을 졸이면서 작업하는 풍경을 한번 상상해 봐라.

만세대 아파트를 얻은 우리 부부는 돈이 없었다. 주위에는 현대자동차 하청 회사에 다닌다고 거짓말을 했다. 한 번은 정말 돈이 없어서 할 수 없이 내가 조그만 공장에 취직해 용접을 했다. 하지만 활동을 위해서 두 달 만에 그만 두어야 했다.

항상 돈이 문제였다. 그런 경험을 한 나는 지금도 비정규직 단체나 장애인 활동가 단체에 적은 돈이지만 후원을 한다. 너희들도 시민사회단체나 '가치'를 가지고 운동하는 단체에 대한 작은 지원을 하면 좋겠다. 의외로 그 작은 돈들이 큰 힘을 주기도 한다. 이상하게도 친한 친구들이 내게 술을 사주기는 했지만 돈을 주지는 않았다.

울산에 내려간 지 얼마 안 된 1991년 4월 26일, 명지대 학생 강경대가 백골단에 맞아 숨지는 사건이 발생한다. 이미 그전에도 경찰의 폭력에 의해 죽임을 당한 학생들이 있었다. 백골단 해체를 위한 투쟁이 전국적으로 진행된다. 백골단이란 하얀 파이버를 쓰고 집회 도중 체포를 전담하는 경찰 특수부대다. 그들의 폭력은 아주 잔인했다. 그들은 역사의 무대 뒤로 사라졌지만 이명박 정부가 들어서면서 백골단과 비슷한 경찰 체포조를 부활시킨다.

울산에서도 투쟁 집회가 열렸다. 현대중공업에서 시작해서 남목 고개를 넘어 현대자동차에 다다르자 이미 대열은 수천 명에 달했다. 효문 사거리를 넘어 작은 언덕을 사이에 두고 치열한 '전투'가 벌어진다. 최루가스 냄새를 중화하려고 폐타이어를 태우는 연기가 자욱했고, 화염병이 날았다. 오토바이 부대는 이와 별도로 시내로 진입해 들어갔다. 그 광경을 한 번이라도 보여주고 싶다. 정말 장관이다. 여기까지는 여느 집회와 같았다. 그런데 다른 하나가 있었다. 대열 뒤에 있는 나이 먹은 고참 노동자들의 모습이었다.

"아직도 못 뚫었나? 허. 우리가 조금만 젊었으면 바로 뚫었을 건데. 지금 놈들은 힘이 없어."

"머라 카노? 술이나 한 잔 하자."

그러면서 대열 뒤에서는 막걸리를 한 잔 하는 거였다. 신기했다. 그들이 가진 여유를 보았다고 할까? "형님, 조금만 기다리소. 내 가서 뚫고 올 테니." 하고 달려가던 젊은 노동자들도 떠오른다. 결국 5월 2일 노태우는 간접적으로 사과했지만 백골단 해체를 위한 투쟁은 계속되었다.

지하에서 벗어난 노동당

1991년 12월 15일 한국사회주의노동당은 지하에서 벗어난다. 그즈음 해서 소련이 붕괴한다. 지도부는 "현실 사회주의의 몰락과 한국 자본주의의 급속한 성장, 부르주아 민주주의로의 이행 등으로 이제 더 이상 비합법 사회주의 노동자당 건설 노선은 시대에 뒤떨어진 것이 되었다. 합법 정당을 통해 의회민주주의의 정치 공간을 적극 활용하여 노동자들의 정치적 역량을 강화해 나가는 방향으로 대대적인 노선 전환을 해야 한다."고 밝혔다. 이를 '신노선'이라고 한다.

실사구시를 중요시한 조직은 그 직전에 "소련 공산당은 노태우 군부정권과 비슷한 독재 집단이다."라는 글을 실어 조직 내외에 파문을 일으킨다. 나는 그렇게 표현할 수 있는 조직에 대한 믿음을 가졌다. 그리고 그런 정세를 고려하여 그 전까지 러시아 혁명을 모범으로 한 '전통적인 당 건설 노선'을 폐기하고 '한국노동당'을 준비하는 '노동자정당 건설 추진위원회'를 결성했다. 92년 1월 19일 마침에 공개적으로 5,000여 명이 모인 가운데 창당 대회를 열었다.

나는 조직 내 소수지만 아직은 그럴 때가 아니라는 반대 의견을 가지고 있었다. 지하에서 지상으로 나오는 것은 그리 쉬운 게 아니었고, 많은 고민과 갈등이 따르는 것이었다. 여러 가지를 따져 봐야 했다. 그럼에도 불구하고 삼성동 코엑스에서 열린 이 대회에 참석한 나는 가슴이 저미는 기쁨을 느꼈다.

"가자, 가자, 저 자유의 땅에 억센 팔과 다리로 / 수천 년 이어온 생산의 힘으로 새 세상 만들어내리 / 가자, 가자, 저 폐허의 땅에 푸르른 생명 위해 / 참자유 평화 참평등 위한 새 세상을 위해"

그 자리에서 웅장하게 불려졌던 <선언>이라는 노래는 가사와 함께 지금도 좋아한다. 그 노래를 들을 때마다 그 감격이 되살아나기도 한다. 그 많은 사람들은 지금 다 무엇을 하며 살고 있을까?

그러나 정부는 발기인 대회 직전인 1월 11일 주대환 대표 등 4명을 '한국사회주의노동당 창당 준비위원회 결성 사건'으로 구속한다.

두 개의 진보 정당

이제 두 개의 진보 정당이 생겼다. 민중당과 한국노동당. 당연히 합쳐야 했다. 사실 한국노동당이 지상으로 올라오기까지 많은 고민과 내부 논쟁이 있었다. 나오더라도 1992년 4월에 예정되어 있는 국회의원 선거 후에 나가자는 의견도 있었다.

지하에서 나오는 과정에서 주대환 등 지도부가 검거되고, 검거된 지도부가 기존의 사회주의 혁명 노선이 가졌던 많은 부분을 폐기한다고 공개 선언하면서 논란이 증폭됐다. 소련을 비롯한 동구권의 몰락은 더 많은 논쟁에 불을 지피기도 했다.

당시 합법적으로 당이 인정되려면 국회의원 선거에서 전국적으로 2% 이상의 득표를 해야 했다. 아니면 당이 해산되게 된다. 해산된 당의 이름도 사용할 수 없다. 정당의 난립을 방지하기 위한 것이라고 했지만 진보 정당에게는 큰 장벽이었다. 민중의 당도, 한겨레민주당도 그렇게 사라져갔다.

나는 반대했다. 나가더라도 총선 이후에 나가자고 했다. 그러나 민중당 지도부와의 정치 협상을 통해 그해 2월 양당은 통합한다. 그리고 이어진 선거에서 51명의 후보만이 출마한다. 출마한 사람들은 평균 6.45% 득표율을 기록했지만 후보 수가 적어 전국적으로 보면 1.5%밖에 안 돼 결국 당을 해산하게 된다.

선거 이후 이우재, 이재오 등 민중당 지도부는 통합 약속을 깨고 당의 형식적 해산이 아닌 조직적 해산을 주장한다. 그리고 이어 4월 5일 민중당 중앙집행위원회는 조직 해체 안을 다수결로 결의해 버린다. 그러나 이보다 상위 결정 기구인 중앙위원회는 4월 9일 이것을 뒤집고 조직을 유지하는 결정을 내린다. 그러자 이번에는 과거 민중당의 주요 지도부가 퇴장해 버린다.

이때부터 이재오와 김문수는 보수 정치인으로 변모하기 시작한다. '자기를 중심으로 역사를 보는' 정치인들의 한계를 여실히 보여 준 사건이다. 수년에 걸친 진보 정당 운동과 지하운동이 한 순간에 공멸했다. 남은 우리는 진보 정당을 위해 4월 15일 '진보정당 추진위원회'를 결성한다. 본의 아니게 나는 추진위원회 울산 중구 지구당 위원장이 된다.

그와는 다른 그때 얘기를 좀 더 할 필요가 있다. 민중당과 통합한 이후에 울산에서도 총선 후보를 출마시키기로 했다. 후보는 내가 울산에 와서 처음으로 만난 현대자동차 해고자인 이상도였다. 2%의 관문을 넘기 위해서는 노동운동의 성지에서 후보를 낼 필요가 있었다.

이상도는 생기기도 잘 생겼고 후보로서 모자랄 것이 없었다. 그러나 당시 울산의 진보 정당 운동은 김대중에 대한 '비판적 지지 세력'에 의해 고통 받고 있었다. 울산 노동운동의 대부였던 권용목도, 이전에 민중 후보로 출마했던 김진국도 우리 편에 서지 않았다.

나중에 새누리당으로 간 당시 조직의 리더였던 신지호는 권용목과의 담판 결과를 가지고 우리를 설득한다. 국회의원 선거 이후에 권용목이 진보 정당 운동에 함께하는 대신 우리는 김대중 정당으로 출마하는 송철호라는 변호사를 지지하기로 하고 결국 후보를 사퇴시킨다. 그러나 선거 이후 권용목은 약속을 지키지 않았다. 그 후 신지호는 울산을 떠났고, 이어 '그대 아직도 사회주의를 꿈꾸는가?'라는 제목의 공개적인 반성문을 <길>에 발표한다. 운동을 포기한다는 일종의 전향 선언이었다.

잽싸게 '고백'을 한 그는 외국 유학을 하고, 재벌 연구소에 취직을 하고, 교수가 되더니 어느 날 운동권을 공격하는 저격수가 되었다. 그는 2004년 '자유주의연대'라는 것을 만들고, 그것은 이후 '뉴 라이트'라는 우익 단체가 된다. 그 덕분인지 한나라당 국회의원도 한다.

이명박 대통령 시절 벌어진 용산 참사에 대해 "무고한 시민들의 재산과 생명을 심히 위협하는 도심 테러 행위", "철거민연합은 범죄 집단", "고의적 방화"라며 막말을 하기도 했다. 도저히 같이 혁명을 꿈꿨던 사람이라고 생각하기 힘들 정도의 행보를 보인다. 386세대를 팔아 정치를 하는 사람은 많이 보았지만 과거의 동지들을 팔아 출세하려는 사람을 가까운 주변에서 처음 본 경우다.

무릇 모든 변절에는 이유가 있을 것이다. 그리고 변절이기 때문에 살아남기 위해 총구를 옛 동지들에게 겨누는 것은 과거에도 많이 있었다. 그러나 "한국 좌파가 그들의 낡은 이념을 수술하기 전에 해야 할 일이 하나 있다. 바로 도덕성 회복 운동이다."라고 그가 말했을 때 그건 코미디다. 제 버릇 개 못준다고 생방송으로 진행되는 100분 토론에 술을 마시고 나와 사회적 물의를 일으키기도 한 그의 도덕성은 무엇일까? '아직도 혁명을 꿈꾸는가?'라고 묻는 그에게 십여 년이 지나서야 비로소 다음과 같이 답한다.

> 나를 중심에 두지 않고, 나는 여전히 혁명을 꿈꾼다. '근거없는 낙관'은 내 힘의 원천이다. 그리고 그 바닥에는 이론이 아닌 사람들의 삶이 있다. 비록 내 생애의 끄트머리에서도 볼 수 없을지 모르지만 이런 야만의 시대는 끝나야 한다는 믿음으로 산다. 사람보다 자본을 우위에 두고, 인간의 아름다운 연대보다 경쟁을 우위에 두는 폭력적 이데올로기는 종식되어야 한다고 생각한다. 설령 그것이 이룰 수 없는 꿈이라 할지라도 '노동이 아름다운', '인간이 인간다운', '사회가 평등' 한 그런 사회를 나는 오늘도 꿈꾼다.
>
> _2004년 12월 <이론과 실천>에 투고한 '그래, 나는 여전히 혁명을 꿈꾼다' 중에서

권용목은 현대중공업의 전신인 현대엔진노조 위원장 출신으로 87년 노동자 대투쟁의 포문을 연 상징적인 인물이었다. 그는 이후에 민주노총 사무총장을 지내기도 했지만 뉴라이트로 변신하여 민주노총을 비난하는 책을 쓰다

결국 비교적 이른 나이에 비극적으로 세상을 떠났다. 그러고 보면 참으로 인생이 무상하다. '삶의 가치'를 처음부터 일관되게 가지고 살아가기란 생각만큼 쉬운 것이 아니다.

사람들은 울산을 떠나기 시작했다

그러든 말든 운동은 계속된다. 한 사람에 의해 모든 것이 결정되는 운동이란 아예 처음부터 없다. 그러나 소련의 몰락, 그리고 급속하게 진행된 조직의 해체는 개인들에게 많은 고민과 과제를 남겨 둔다. 조직이란 그렇게 무서운 것이다. 이전 같으면 함께 고민하고 해결했을 많은 일들이 개인의 몫이 된다.

총선이 끝나고 민중당이 해산되었지만 진보 정당을 향한 꿈마저 접을 수는 없었다. 우리는 곧바로 그 해 12월로 예정된 대통령 선거 준비에 들어갔다. 조직이 서로 다르지만 진보 정당을 목표로 하는 조직들과 대화를 통해 4개 단체가 공동으로 대응하기로 하고 내가 '민중 후보 백기완 선거대책본부 울산본부장'이 된다.

누구보다 자기가 자신을 잘 아는 법이다. 나는 지도자감이 안 된다. 실무 보조자로서 활동이 딱 맞다. 그러나 아무도 없었다. 나보다 조건이 좋은 사람들이 이런저런 사정을 얘기했다. 결국 맡을 수밖에 없었다.

그즈음 전국 각지에서 울산으로 모였던 사람들도 하나둘 떠나기 시작했다. 이미 지하 조직이 없어지고 민중당으로 합치면서 신분이 공개된 마당에 굳이 연고도 없는 울산에 있을 필요가 없어진 터였다. 선거운동 역시 자신이 연고를 가진 곳에서 하면 더 잘 할 수 있었다.

마침 그즈음 네 엄마가 너를 임신했다. 지하운동을 하면서는 아이를 가질 수가 없었다. 신분이 불안정했고, 언제 어떻게 될지 모르기 때문이다. 은지너를 임신한 엄마는 입덧을 시작했지만 아무것도 해 줄 수가 없었다. 우리가 살던 울산 동부시장 앞에서 참외를 팔고 있었다. 그걸 먹고 싶어 했지만 단돈 1,000원도 없어서 결국 사줄 수가 없었다. 버티다 못한 엄마는 결국 네 외갓집이 있는 서울로 올라간다.

대통령 선거는 김영삼과 김대중이 맞붙은 꼴이 되었다. 역사의 비극이고, 이후 지역감정이라는 민족의 아픔도 생겨난다. "우리가 남이가."라는 영남권 사투리가 나온 것도 이즈음이다. 우리는 두 사람의 차이를 이해할 수 없었다. 그러나 '비판적으로 지지'하는 사람들이 김대중의 편에 섰다. 울산에서 그 운동을 주도적으로 전개하던 '울산 새날을 여는 청년회' 회장을 만났다.

"비판적 지지가 맞는지 독자적 정치 세력화가 맞는지는 역사가 판명할 일이다. 다만 같이 운동하는 사람들끼리 서로 상처를 주지는 말았으면 한다. 울산같이 작은 도시에서 선거를 치르면서 감정을 쌓지는 말자."

"동의한다. 서로 열심히 하자."

백기완 후보 2%를 못 넘다

그러나 현실을 그렇게 만만한 게 아니다. 대통령 선거이기 때문에 후보가 전국을 순회했다. 울산에 오는 일정도 잡혔다. 우리는 3만 명이 들어가는 울산에서 제일 큰 축구장을 빌렸다. 들어가는 돈이 적었기 때문이다. 선거 기간에는 스피커 사용료와 기타 소소한 경비만 지불하면 공용 시설인 그 곳을 빌려주었기 때문이다. 울산이라는 도시를 만들다시피 한 현대그룹의 정주영도 출마하여 직원들에게 서산 경작지에서 재배한 쌀을 나눠주던 그 곳이다.

대통령 선거 유세 중인 민중 후보 백기완. (사진=통일문제연구소 ⓒ)

"언제 우리가 이런 장소를 써 보겠느냐?"고 설득하여 통 크게 3만 명 규모를 얻긴 했지만 걱정이 태산이었다. 우리는 그만한 동원력을 가지지 못했기 때문이다. 고육지책으로 전국의 현수막을 다 내려 보내달라고 해서 스탠드를 메워 버린다.

그런데 마침 백기완 후보가 울산에 도착하던 날 같은 시간에 비판적 지지 세력이 현대자동차 정문 앞에서 인기 있는 국회의원들이 내려오는 행사를 연다. 권용목도 그 편에 섰다. 어차피 선거이기 때문에 '신사협정' 같은 것은 없었다.

당시 비판적 지지 운동을 주도했던 사람들이 나중에 민주노동당을 한다. 그것도 지도적 지위를 차지하고, 울산에서 시도의원을 하기도 했다. 역사의 아이러니라고 해야 할까? 물론 그들은 민주노동당이 분당된 후 통합진보당으로 간다. 그게 그들의 길이다.

그렇게 대선을 치렀다. 혼신을 다한 노력에도 불구하고 김영삼과 김대중의 접전 속에서 백기완 후보는 2%를 넘지 못했다. 그만큼 힘들었다. 너희가 지난 날 본 민주노동당은 바로 그런 과정과 헌신적 노력을 통해 성장해 온 '역사적 산물'이다.

물론 그들이 그 정신을 제대로 살려가고 있는지는 역사적으로 평가될 문제다. 그러나 운동은 아직 끝나지 않았고, 그 운동을 이어갈 몫은 이제 너희들의 것이다. 네가 다니던 고등학교는 학생회장 선거를 하려면 '당'을 만들어야 한다는 얘기를 듣고 놀란 기억이 새롭다. 그 당을 통해 선거운동을 하고, 당선이 되면 당원들이 책임지고 이끌어 간다고 했다. 너와 나눴던 대화를 기억한다.

"은지야, 너희들 당 이름은 뭐니?"

"바지락."

"엥, 그게 무슨?"

"바꿀 건 바꾸고, 지킬 건 지키고, 즐겁게(樂 혹은 rock) 하자는 뜻이야."

앞으로 너희가 만들 당의 이름으로도 손색이 없을 것 같다. 나는 너희들이 그동안 진행되어 온 진보 정당의 한계를 극복한 새로운 진보 정당을 만들어 내기를 소망한다. 진보 정당 '바지락'을 기대한다.

여담이지만 이 글을 본 금속노조 관계자가 미조직 비정규 노동자를 조직하는 신문을 발행하면서 '바지락'을 신문 이름을 쓰면 안 되겠냐고 물었다. 너의 동의 아래 그 신문 이름은 바지락이 됐고, 지금도 발행되고 있다.

금속노조 신문 〈바지락〉.

인터뷰 김호규 현대자동차 노동자

87년 이후 울산, 창원, 거제 등 중화학공업이 육성된 대도시로 이른바 '학출'이 대거 내려갔다. 노동자 대투쟁을 거치며, 운동의 불모지로 일컬어지던 거대 재벌 중화학공업 남성 노동자들의 집단행동이 주목받기 시작했기 때문이다. 당시 이근원과 함께 인민노련 조직원이던 김호규는 부천에서 활동하다 88년 울산으로 갔다. 그리고 1년이 지나 사람이 더 필요하다는 보고서를 조직에 올렸다. 울산에는 당시 웬만한 운동권 정파들은 다 사람을 보냈고 그 인원이 2,000여 명에 달한다는 얘기가 있을 만큼 많은 활동가들이 파견됐다. 그때 이후 울산에 정착한 김호규는 현재까지 현대자동차 노동자로 있으면서 노동운동의 최전선을 지키고 있다. 2002년에는 금속연맹 사무처장으로 당선되면서 이근원과 서울에서 조우하고, 발전노조 파업에 연대하는 금속연맹 파업을 이끌어낸다.

울산에는 언제 어떻게 내려갔나?
88년 12월에 왔다. 87년 노동자 대투쟁 당시 울산, 창원, 거제 등 대도시에 대중투쟁이 광범위하게 일어났고, 전국적 노조운동을 위해 서울 수도권에서 벗어나 지역을 조직해야 한다는 판단 때문이었다. 인민노련이 비합법 활동을 하던 시절이었고 대의원대회에서 한 결정이었다. 누구는 거제로, 누구는 구미로, 나는 울산으로 왔다. 울산에 내려가기로 결정을 하고 길을 찾다가 현대정공 직업훈련소에 들어갔다. 6개월 후 중공업 사내 하청에서 일을 시작했고 나중에 정공 정식 직원이 됐다.

말하자면 위장 취업인데?
이름은 본명을 썼지만, 대학 중퇴 이력은 숨겼다. 대학은 1년만 다녔고 군대 갔다 와서는 부천에서 지하 조직 활동을 했다. 거기서 87년 7~9월 투쟁을 겪었다.

몸담았던 조직의 첫 파견이었는데 내려가서 어떤 일을 했나?
사람들을 만나고 지역 상황에 대한 판단을 했다. 조승수도 그때 만났다. 그리고 90년에 사람이 더 필요하다는 보고서를 조직에 올렸다. 민중당이 만들어질 즈음이다. 해볼 만하겠다는 생각이 들었다. 조직에서 사람을 보냈고 그 사람 중 이근원 부부가 있었다. 그 외 신지호 등 몇 사람이 더 있었다. 그래서 공조직인 민중당 담당으로 몇 사람, 비합법 활동으로는 이근원, 이런 식으로 역할을 나눴다. 나는 중공업을 담당하다 사내 하청에 취업되면서 정공을 담당하게 됐다. 그러면서 87년 투쟁을 겪었던 사내 하청 노동자들을 만나서 민중당 동구 지구당도 만들 수 있었다. 정공 직원이 당시 4,000명이었는데 당원이 100명까지 됐었다.

그 뒤 얘기를 좀 더 해 달라.
91년 소련 붕괴의 충격도 있었고, 92년 대통령 선거 후 사람들은 혼란을 겪었다. 백기완 선거운동본부와 김대중을 '비판적 지지'했던 사람들과의 차이와 갈등도 있었다. 결국 92년 무렵 수많았던 그룹이 다 올라가고 우리 그룹도 그렇게 됐다. 제일 마지막에 이근원이 올라갔다. 그 길로 운동을 떠난 사람도 많았다.

남아서 노조 활동을 본격적으로 한 얘기를 듣고 싶다.
90년 10월 정식 직원이 되고 나서는 수습 기간 석 달만 기다렸다가 바로 대의원으로 활동을 시작했다. 92년 대선 때는 조합원들과 정주영 출마를 조직적으로 반대하는 투쟁도 했다. 그때도 노조운동과 함께 노동자 정치 활동이 필요하다는 초보적 문제의식이 있었다. 95년 35세의 조승수가 최연소 시의원이 된 것은 개인적인 일이 아니었다. 그런 생각에 동의했던 현장 당원들이 모두 힘을 모았고 당시 선거대책본부장도 중공업의 현장 당원이 했다. 또 한 가지 정치 세력화와 함께 가장 중요하게 판단했던 게 조합원 교육이었다. 그래서 현대정공노조에 조합원 교육을 직접 하는 교육위원 제도를 만들었다. 97년 임원 선거에 수석부위원장을 하면서 해고됐다 다시 복직되기도 했다. 2002년엔 금속연맹 사무처장으로 당선되면서 서울에 와서 공공연맹에서 일하던 이근원 동지를 다시 만났다. 연맹 사무처장 당선 후 첫 중앙집행위원회를 2월 18일에 열어 발전, 철도, 가스 공동 파업에 금속이 연대 파업하는 안건을 올려 결의했다.

그 당시 이근원은 어떤 사람으로 기억하는지?
참신함, 진지함, 그리고 어디 안 떠날 사람이라는 느낌을 항상 받았다. 참 어려운 시기였고 당시 이근원은 나처럼 직장이 있는 것도 아니어서 훨씬 힘들었을 텐데도, 매사에 뭘 하더라도 이건 해볼 만하다며 낙관했다.

어디론가 한 방향으로 가는 물고기들.

돈 받고 운동하는 행복

나보다 경제적으로 여유가 있고, 똑똑한 사람들이 울산을 차례로 떠나고 있었다. 나는 그래도 조직이니까 서로의 처지를 비교해 보고 떠날 순서를 상의해서 정할 줄 알았다. 그러나 아무리 혁명 조직이었다 해도 조직이 없어지면 서로를 규정할 수 있는 건 아무 것도 없었다. 나까지 그동안 노동자들에게 말한 것을 부정할 수는 없었다. 누군가는 책임을 져야 했다.

이런 시기에 빠져나간다는 것이 스스로 삶의 지표를 버리는 것이라는 생각도 해. 아주 가끔은 이대로 죽어버리면 어떨까 하는 극단적인 생각도 머리를 스쳐. 현실을 피해나가고 싶지는 않아. 현실이란 피해나가면 언젠가 그 고민에 다시 빠질 수밖에 없는 것이란 걸 알기 때문이지. 무엇이 옳은지, 어떻게 자신을 위치 지어야 하는 건지 갈피를 못 잡고 있어. 현실이 주는 압박감에 짓눌리는 기분이지. 아주 어렵다고 얘기하는 주변의 사람들도 최소한의 조건을 갖추고 있어. 그런데 우리는 그것을 너무 오래 포기하고 살아왔어. 이전에는 내가 포기하는 만큼 다른 데서 그 보상을 받는 것이라고 생각했었어. 그래서 포기하는 만큼 더 많이 얻는다고 생각했었어. 그렇다고 그것이 희생이었다고는 절대 생각하지 않아. 단지 나는 내 인생을 살아왔을 뿐이지. 내가 다르게 살아왔으면 느끼지 못했을 수많은 경험들을 해 왔지. 그것으로 나는 지금까지의 삶의 궤적들에 만족해.

당시 내가 너의 엄마에게 쓴 편지의 일부분이다.

은지 너는 대선을 불과 며칠 앞두고 태어났다. 그나마 병원에서 네 얼굴을 본 것만 해도 다행이었다. 선거 막바지였기 때문이었다. 갓 태어난 너를 돌보지도 못하고, 외할아버지에게 맡긴 채 다시 울산으로 내려가야만 했다.

선거가 끝나자 갈등이 밀려왔다. 함께했던 조직들은 모두 각자의 자리로 돌아갔다.

"울산같이 거대한 도시에선 구멍가게로 장사하면 망한다. 적어도 슈퍼마켓 정도는 되어야 진보 정당의 꿈을 가질 수 있다. 함께하자. 조직이 문제라면 울산만이라도 진보정당 추진위를 탈퇴하는 것도 검토할 수 있다."고 호소했지만 각자가 갈 방향이 달랐다. 결국 이후를 위한 아무런 조직적 토대도 남길 수 없었다. 이들은 이후 서로 다른 이름으로 진보 정당을 추진하게 된다. 나는 서울로 올라가야 했다. 올라간다는 것은 이제까지의 삶과 다른 삶을 산다는 것을 의미했다.

절망 속에서 울산을 떠나다

은지 너를 낳았으니 책임을 져야 했다. 만세대 뒷산에 올라 현대중공업의 불빛을 바라보며 술을 마셨다. 며칠이고 술을 마셨지만 해결책은 없었다. 울산의 친구들은 자기들이 책임질 테니 다 데리고 내려오라고 했다. 당시 그들은 한 달에 5만 원 정도를 내고 있었던 것으로 기억한다. 큰돈이다. 그럴 수는 없는 일이었다.

"한국 사회를 변화시키자고 꼬시던 사람들이 아무런 책임감도 없이 그렇게 다 올라가냐?"는 눈에 보이지 않는 비난도 있었다. 모두 다 올라가 버리면 최영민만 남게 되는 셈이었다. 최영민은 이후 민주노동당의 월간 기관지 <이론과 실천>을 처음 만든 친구다. 그는 나중에 이상하게, 쫓겨나듯이 민주노동당을 떠나게 된다. 아무튼 당시 나보다도 더 어려운 처지에 있었지만 그는 남았다. 물론 울산이 고향인 조승수와 당시 현대정공에 다니던 김호규는 그대로 있었다. 지금도 그 당시 만났던 사람들은 정기적으로 모임을 가진다고 한다. 생각할수록 부끄러운 기억이지만 선택의 폭은 넓지 않았다.

이런 저런 갈등은 여러 가지 생각을 하게 만들기도 했다. 심지어 이혼하고 아예 섬에 들어가 조용히 사는 것은 어떨까라는 생각도 했다. 그럴 수도 없는 일이었다. 너를 생각하면 정말로 무책임한 생각이었을 뿐이다.

누구나 인생에 한 번은 커다란 전환점이 온다. 그러나 이런 것은 아니었다. 조직이 원망스럽기도 했다. 무책임했다. 혁명을 꿈꾼 조직을 이따위로 전락시킨 사람들에 대한 비판도 했다. 그러나 소용없는 일이었다. 현실은 눈을 감는다고 없어지지 않는다. 결국 다시 서울로 올라왔다. 1993년 초의 일이다.

운동만 해 왔으니 할 줄 아는 게 없었다. 아침이면 취직을 위해 이력서를 품 안에 넣고 나온다. 그러나 정작 몇 군데를 알아보면 끝이다. 벼룩시장 등 구인 광고를 보고 전화도 해보고, 면접도 봤지만 모두 퇴짜를 맞는다. 대학 중퇴자에 나이도 삼십을 넘은 사람을 써 줄 곳은 없었다. 오전에 모든 일이 끝나면 갈 곳이 없었다. 집에 들어가기에는 너무 이른 시간이었다. 돈이 있으면 만화방에서 죽치거나 아니면 한강에서 시간을 보내다가 저녁에야 집으로 향했다. 전형적인 실업자의 모습이었다.

이런 경험은 이후 1998년 국민승리21에서 실업대책본부 상황실장으로 일

할 때 큰 도움이 되었다. 그러나 당시에는 한심하고 처참했다. 결국 다시 용접하는 곳으로 향한다. 김포공항 가는 곳에 있는 어린이 놀이터를 만들고 시공하는 곳이었다. 똑같이 공장에 다니는 것이었지만 많이 달랐다. 노동자를 조직하기 위해 다니는 것과 먹고 살기 위해 용접하는 것은 달랐다. 마치 너희들이 좋아서 책을 읽는 것과 시험을 위해 책을 읽는 것이 다른 것처럼.

아무튼 출근할 수 있어서, 돈을 벌 수 있어서 좋았다. 놀이터를 시공하기 위해 얼어붙은 땅을 파는 것은 어려웠다. 꽁꽁 얼어붙은 땅은 30센티미터를 파기도 힘들다. 그걸 2~3미터나 파고 묻어야 했다. 그나마 아이들이 노는 미끄럼틀이라든가 그네를 만드는 것이어서 좋았다.

노동은 많은 것을 잊게 만든다. 일에 집중하면 더욱 그랬다. 그러던 어느 날 대학 선배가 노동조합에서 사람을 뽑는다며 한 번 가보라고 연락을 준다. 조진원이라는 그 선배는 학림 사건에 연루된 바로 그 사람이었고, 당시 건설연맹에서 일하고 있었다. <한겨레신문>에 광고가 실렸다. 서류는 엄마가 내고, 나는 작업을 끝내고 김포에서 잠실까지 갔다. 그리곤 대여섯 명이 앉아 있는 가운데 면접을 보았다.

"전문노련이라고 들어 보셨는지?"

"아니요. 전노협은 알지만 전문노련은 처음 듣는데요."

그렇게 면접을 보았다. 1명을 뽑는데 5명인가 왔다. 그 중 나이가 제일 많았던 데다가 백기완 선거운동을 했으니 이미 노선이 분명한 사람으로 규정되었을 터였다. 마침 울산에서 같이 노동운동을 하던 김호규의 부인이 전문노련 산하 홀트노조의 위원장 출신이었던 게 힘이 됐는지, 아니면 전문노련은 정파의 구분을 두지 않았는지 다행히 뽑혔다.

그 당시 전문노련의 위원장은 허영구였고, 인사위원회 위원장은 양경규였다. 너희가 '빼빼로 아저씨'라고 부르던 양 위원장과의 오랜 인연은 이렇게 시작된다. 바로 출근을 시작했다.

새로운 전문노련 생활

1993년 5월 8일의 일이다. 눈에 안 보이는 어떤 힘이 나에게 행운을 준 셈이다. 사실 처음에는 전문노련을 몰랐다. 그냥 회사에 취직하듯 했다. 사무직 노동운동에 대해 그만큼 몰랐다. 노동운동하면 굴뚝이 생각나고, 공장을 떠올렸다. 그러나 노동운동의 발전은 제조업 노동자만이 아니라 사무직 노동자들의 각성도 불러왔다. 이미 KBS 등 언론 노동자들의 파업 투쟁이 있었다. 그리고 87년 6월 항쟁에도 사무직 노동자들이 '넥타이 부대'를 이끌고 나온 경험도 있었다. 정권은 "교사들이 노동자로 전락했다."고 비난했지만 선생님들도 노동조합을 만들고 있었다.

이 시기를 돌아보면 지금도 가장 마음이 아프다. 특히 갓 태어난 너에게 많

96년 7월 2일 과천 정부종합 청사 앞에서 열린 전문노련 결의대회.

이 미안하다. 나만 그렇지는 않았을 것이다. 나와 같은 사람들이 많았을 것 같다. 운동을 계속 하고 싶으나 현실적 어려움으로 인해 결국 포기할 수밖에 없었던 사람들은 지금 다 무엇을 하고 있을까? 너희는 이해가 안 될 수 있겠지만 정말이지 운동을 하고 싶었다. 모든 꿈이 그렇듯이 세상을 바꾸려는 꿈은 포기될 수 없었다. 그리고 꿈이 있어 행복했다. 그러나 그 꿈은 현실의 삶과 화해할 길을 찾아야 했다.

전문노련의 정식 명칭은 전국전문기술노동조합연맹이다. 경제사회 단체, 엔지니어링, 연구 기관, 정부 출연 기관 등의 다양한 전문가들이 모여 1989년 연맹을 만들었다. 전문노련은 전국공익사회서비스노동조합연맹(공익노련)으로, 이후 다른 공공 부문과 합쳐져 전국공공사회서비스노동조합연맹(공공연맹)으로, 그리고 다시 철도와 화물연대 등 운수 부문과 합쳐져 지금의 전국공공운수노동조합연맹(공공운수연맹)으로 확대 발전한다.

당시 전문노련은 2만 명 남짓한 규모였지만 지금의 공공운수연맹은 13만 명의 조합원을 가진, 민주노총 안에서 금속노조 다음의 규모를 가진 조직이다.

나는 그 동안의 활동 경력이 인정되어 바로 국장으로 임명되고 조직 담당을 거쳐 연대 사업을 담당하게 된다. 연대 사업이란 다른 노동조합 혹은 정당, 그리고 시민사회 단체 등과의 유관 사업을 함께하는 부서다. 그리고 동시에 정당 활동을 한 경험을 살려 정치 사업을 담당하게 된다.

새로운 활동이 주는 신선함은 사람을 흥이 나게 한다. '흥'이야말로 무슨 일을 하든지 제일 중요하다. 제조업에 비해 상대적으로 학력이 높고, 활동 방식에 차이가 있었지만 노동조합이라는 점에서는 똑같았다. 처음으로 청량리에 있는 한국과학기술연구원(KIST)을 방문했던 기억이 난다. 넓게 깔린 잔디밭에 놀란다. 내가 물었다.

"아니 이런 데 다니면서 왜 노동조합을 해요?"

정부는 한국개발연구원 등 인문사회계는 물론이고 전자통신연구소 같은 출연 기관에 대해 각종 통제를 지속적으로 가했다. 연구를 하고서도 그 결과를 왜곡시킨 채 정부의 입장에 유리하게 발표되는 경우도 있었다. 특히 군사정권 시절에는 더 심했을 것이다.

너희들도 이명박 정부의 4대강 사업을 담당했던 건설기술연구원의 김이태 박사에 대해서는 들었을 것이다. 그는 "이명박 정부가 추진하고 있는 한반도 물길 잇기 및 4대강 정비 계획의 실체는 운하 계획이다."라고 양심선언을 한다. 그는 국토해양부로부터 연구 용역 의뢰를 받아 4대강에 대한 연구를 담당한 연구원이자 조합원이었다. 학자적 양심을 가진 사람들은 그렇게 행동한다. 무척 힘든 과정이었을 것이다. 2010년 말 김이태 박사는 '투명 사회상'을 받기도 했다. 87년 노동자 대투쟁 당시 이런 문제의식을 가진 박사급을 포함한 이들은 '연구 자율화'를 내걸고 노동조합을 결성하게 된다. 그리고 노동조합을 통해 많은 부분 정부의 일방적 통제를 막아낼 수 있었다.

노동조합에 대해 제대로 알자

더 얘기를 진행하기 전에 노동조합에 대해 말해 둘 필요가 있겠다. 노동자란 두 가지 의미에서 자유로운 사람을 말한다. 하나의 자유는 직업을 자기가 선택할 수 있는 자유다. 너희는 디자이너가 될 수도 있고, 문필가가 될 수도 있다. '직업 선택의 자유'가 있는 셈이다. 노예나 농노는 그렇지 못했다. 역사가 발전한 셈이다.

다른 하나는 직업을 갖지 않으면 '굶어 죽을 자유'다. 농민과 달리 아무런 생산수단을 가지고 있지 않기 때문에 노동자는 자신의 노동을 팔아야 한다. 그리고 그 대가의 일부로 임금을 받는다. 우리가 임금 노동자라고 부르는 이유다. 어딘가에는 반드시 취직을 해야 먹고 살 수가 있다.

그런데 자본가와 비교하여 노동자는 상대적으로 약자다. 대부분의 현대 국가가 그런 것처럼 우리나라의 경우도 헌법에 노동3권을 보장하고 있다. 노동조합을 만들고(단결권), 자본가와 단체로 교섭을 하고(단체교섭권), 정 안되면 생산을 정지시켜 자본가를 압박하는 파업(단체행동권)을 할 수가 있다.

여기까지 오는 데에는 수많은 노동자들의 투쟁과 희생이 있었다. 법은 멀고 주먹은 가깝다. 자본가는 노동자와 대등하다고 생각하지 않는다. 그래서 노동조합을 만들려는 시도를 막고자 한다. 심지어는 폭력을 쓰기도 한다. 울산에서는 노동조합을 만들려는 사람들에게 '식칼 테러'를 가하기도 했다. SK그룹 최태원 회장의 사촌인 M&M 대표 최철원이라는 사람이 내가 속한 연맹의 화물연대 조합원을 "한 대에 백만 원"이라며 알루미늄 야구방망이로 때린 사건도 있었다.

여전히 세상은 노동자와 노동조합을 백안시한다. 오늘 우리가 누리는 대부분의 권리가 이전 사람들의 노력에 의한 것이라면 마찬가지로 오늘의 우리는 다음 세대에게 보다 나은 세상을 주어야 할 의무가 있다. 그게 바로 운동이다.

아직도 이 땅의 노동자들은 온전한 노동3권을 보장받지 못하고 있다.

연맹이란 이런 노동조합들이 가입해 있는 상급단체를 말한다. 직종별 혹은 산업별로 조직되어 있다. 언론, 병원, 공공 부문, 제조업 등으로 연맹이 구성되어 있고, 이 연맹들이 모여 민주노총을 구성한다. 민주노총을 만들어 가는 과정은 다음에 얘기하자.

사람들은 전노협은 잘 알지만 전국업종노동조합회의(약칭 업종회의)는 잘 모른다. 전노협이 제조업을 중심으로 한 전국 조직이라면 업종회의는 사무직 연맹들이 모여 만든 전국 조직이다. 언론, 병원, 증권 계통의 사무금융, 전교조, 그리고 전문노련 등이 주요 구성 조직이었다. 아직 민주노총은 만들어지기 전이었다.

민주노총 건설을 위하여

민주노총은 전노협, 업종회의, 그리고 전노협에 가입하지 않았던 현대그룹과 대우그룹에 속한 대공장 노동조합들이 함께 모여 1995년에 만들어진다. 모든 단체들이 한 번에 만들어지는 것이 아니듯이 내가 전문노련에 들어간 직후인 1993년 6월 1일 전국노동조합대표자회의(전노대)가 만들어진다. 이 전노대가 발전하여 민주노총이 되었다고 이해하면 되겠다.

그러나 이 모든 역사의 진행은 정권의 방해와 탄압 아래서 진행되었음을 기억해 두어야 한다. 1988년부터 1995년까지 구속된 노동자는 무려 2,354명이나 되었다. 전국교직원노조를 만들고 가입했다는 이유로 선생님 1,465명이 학교에서 쫓겨난다. 특히 전노협을 집중적으로 탄압했다. 출범 5개월 사이에 단병호 위원장을 비롯하여 200여 명의 노조 간부와 노동자들이 구속되고, 15개 지역 차원의 노동조합협의회 가운데 10개 지역에서 의장단을 포함

★ **전국노동조합대표자회의(약칭 전노대)**
한국노총의 어용성을 넘어 전국적인 민주노조의 결집을 위해 모인 전국노동조합협의회(전노협)와 사무직 업종으로 구성된 전국업종노동조합회의(업종회의) 그리고 현대그룹노조총연합(현총련) 등이 포괄되어 있는 대공장연대회의 등이 모여 1993년 6월 1일 결성대회를 갖고 공식 출범한다. 이로서 87년 노동자 대투쟁 이후 분산되어 있던 민주노조가 하나의 조직으로 모이고, 94년 민주노총 준비위원회, 95년 민주노총으로 발전한다. 출범당시 1,145개 노조, 41만 노조원이 포괄되었다.

한 100여 명이 수배된다. 전노협 소속 사업장에 18번이나 경찰들이 난입하고, 심지어는 전노협 중앙위원회 회의장에 백골단이 치고 들어와 전원 연행하는 등 만행을 저지른다.

이런 정권의 극심한 탄압으로 전노협 결성 1년여 만에 가입한 노동조합의 48%, 조합원의 45%가 감소한다. 얼마나 극심한 탄압을 받았는지 잘 알 수 있을 것이다. 심지어 1991년 2월 13일 한진중공업의 박창수 위원장은 당시 진행되고 있던 대우조선의 파업에 대해 지원 방안을 '논의'했다는 이유만으로 전노협, 대기업노조 연대회의 간부 6명과 함께 구속된다. 그리고 5월 4일 이마가 6센티미터쯤 찢어져 안양병원 중환자실에 입원한다. 이틀 뒤인 6일 새벽, 병원 마당 시멘트 바닥에서 박창수의 시신이 발견된다. 정부 기관은 투신자살이라고 발표했지만 전노협에 대한 탈퇴 강요를 거부해서 의문의 죽음을 당한 것으로 알려졌다. 한진중공업 얘기는 나중에 한 번 더 하자.

지금도 사업주들이 민주노총만 탈퇴하면 요구 조건을 다 들어 주겠다고

경찰이 박창수 열사 빈소에 난입해 시신을 탈취하는 만행을 저지르는 모습. (사진=한진열사회 ⓒ)

회유하는 경우가 많다. 그만큼 그들은 노동자들의 민주적인 단결을 싫어한다. 2010년 겨울, 노동조합을 만들었다는 이유 하나로 24명 전원이 해고돼 투쟁하던 대전 롯데백화점 비정규직 노동자들의 집회에 연대를 위해 함께한 카이스트 학생들이 말한다.

"잘 모르지만 우리도 2~3년 있으면 사회에 나갑니다. 오늘 여기 이 추위를 이기며 싸우고 있는 노동자들의 투쟁은 곧 우리의 미래를 위한 싸움이기도 합니다." 똑똑한 학생들이다.

김영삼 정권과 노동운동

1992년 대통령 선거를 통해 당선된 김영삼 대통령은 군사정권과 다르다는 점을 강조하기 위해 스스로 '문민정부'라 이름 붙였다. 5·16 이후 최초로 민간인이 대통령이 된 것이다. 김영삼 대통령은 처음으로 군을 민간 정부의 통제 아래 두었고, 금융실명제를 실시했다.

무엇보다도 1995년 광주 학살에 개입했던 14명의 군인들을 내란수괴 등의 혐의로 구속하여 전두환은 무기징역, 노태우는 17년 징역형을 받게 했다. 물론 그들은 뒤를 이어 대통령이 된 김대중에 의해 사면 복권 및 석방된다.

그러나 노동자들에게 달라지는 것은 없었다. 어차피 군부와 자본의 힘을 빌려 들어선 껍데기만 민간인 정부였다. 1992년 4월 각계 대표 18명으로 '노동관계법 연구위원회'를 구성해 근로기준법과 노동조합법 등 5개 노동 관계법의 전면 개정 보완 작업에 들어갔으나 결국 1996년 노동법 날치기로 귀결돼 전 세계가 주목했던 전국 노동자들의 총파업의 원인이 된다. 그 얘기는 다음에 하자.

또 한국노총을 앞세워 임금 인상 가이드라인을 정하고, 이를 강제했다. 1994년에는 아예 '무쟁의 원년'을 선포하기도 했다.

노동자들이 투쟁을 좋아한다고 생각하면 오해다. 투쟁은 항상 그만큼의 피해를 가져오기 마련이다. 1년에 거의 수백 명씩 구속되는 상황에서도 싸울 수밖에 없는 이유는 그만큼 절박하기 때문이다. 살아가기 위한 최대의 방편인 임금 인상을 억제하고, 각종 노동 통제 정책을 쓰면 반드시 저항이 생길 수밖에 없다. 서울지하철, 한진중공업, 한국통신, 조폐공사 등 수많은 사업장에서 파업이 발생한다.

나는 새로 만난 사람들과 즐겁게 활동할 수 있었다. "노동운동의 매력 중에 하나는 아주 좋은 사람들을 아주 쉽게 만날 수 있다는 데 있다."고 나는 자주 말하곤 한다. 사리사욕 없이 헌신적으로 일하는 수많은 사람들과의 만남은 유쾌한 것이다. 처음 보는 사람들과도 금방 친해질 수 있는 매력이 있다.

더욱이 운이 좋아서 노동조합의 전국 조직을 만드는 과정에 함께할 수 있었다. 그때쯤 나는 언론노조 위원장이면서 당시 업종회의 의장이었던 권영

업종회의 간부 수련회에서 권영길 당시 의장과 함께한 저자와 집행 간부들.

길 위원장을 알게 된다. 이후 대통령 후보로 출마하게 되는 권영길 위원장과의 긴 인연도 이렇게 시작되었다.

나는 새로운 풍토에 아주 쉽게 적응할 수 있었다. 울산에 있을 때 내가 제일 부러워했던 사람들이 '대공장 해고자'들이었다. 조합원들이 주는 급여를 받으면서 자기가 원하는 노동운동을 아주 맘껏 할 수 있는 그들이 정말 부러웠다.

우스운 얘기지만 어느 날 현대중공업 사람들이 노조 창립 기념품이라면서 커다란 검정 우산을 하나씩 들고 나오는 것을 보고 부러워했던 기억도 있다. 그런 내가 월급을 받으면서 노동운동을 할 수 있었으니 얼마나 좋았을지 상상할 수 있으리라 본다. 그만큼 최선을 다해서 정열적으로 일했다. 그즈음 전체 노동운동은 한국노총이라는 어용 조직에 맞선 민주적인 노동조합의 전국적인 조직을 만들려는 노력을 가시화하고 있었다.

민주노총 건설

시간이 흐름에 따라 나는 전문노련에서 업종회의로, 민주노총 추진위원회 조직팀으로, 민주노총 준비위원회 집행위원으로 파견 나가서 활동을 하게 된다. 그러고 보면 나는 연맹에서 일한 기간보다 다른 곳으로 파견 나가서 일한 기간이 더 길었다. 모두 자기 것을, 자기 조직만을 챙기는데 조합원 수 2만 명에 불과했던 전문노련은 유독 '연대'에 대한 가치를 높게 가지고 있었다. 너희는 잘 모르겠지만 그건 쉬운 일이 아니다. 누구나 다 자기 위주로 생각을 하는 것처럼, 조직도 그렇기 때문이다.

1994년 전국과학기술노동조합을 만들 때도 한 달 넘게 대전 유성에서 살았다. 그러고 보면 내게는 너와 놀아줄 시간이 별로 없었다. 지금도 미안하게 생각한다.

우리나라의 노동조합은 모두 회사별로 구성되어 있다. 기업 단위로 노조가 있기 때문에 이를 '기업별 노조'라고 한다. 박정희나 전두환 모두 노동조합이 힘을 가지는 걸 원치 않았다. 따라서 기업별로 노동조합을 만들도록 강제했다.

외국은 그렇지 않다. 업종별, 직업별, 산업별로 조직되어 있다. 말하자면 현대자동차, 대우자동차, 쌍용자동차 노조가 따로 있는 게 아니라, 이걸 모두 합쳐서 금속노조라는 단 하나의 노조로 만든 게 산업별 노조다. 어떤 노조가 힘이 더 셀까? 당연히 산업별 노조다. 독재자가 산업별 노조를 막은 것도 이 때문이다. 우리나라 기업별 노조의 경우 한 노조의 조합원 수가 평균 200명 정도에 불과하지만 외국은 수십만, 수백만 명이 하나의 노조다. 그 힘의 차이는 엄청난 것이다. 87년 이래로 민주노조 운동이 '산업별 노조 건설'을 목표로 한 이유다. 과학기술노조는 바로 그런 산업별 노조를 만들기 위해 기업별로 조직되어 있는 노동조합을 합쳐 나가기 시작한 최초의 사례였다. 민주노조 운동의 또 다른 주요 목표는 '노동자의 정치 세력화'였다. 이 목표는 이후 국민승리21과 민주노동당 건설로 구체화됐다.

산별노조, 아무도 가보지 않은 길

충남대학교 앞에 자취방을 구해 놓고 나는 유성에 있는 화학연구소, 전자통신연구소, 표준과학연구원, 자원연구소 등의 노조와 함께 고민하고, 토론하면서 마침내 과학기술노조를 만들 수 있었다. 당시 우리가 가장 많이 쓴 표현이 '아무도 가보지 않은 길'이라는 말이었다.

각 연구소마다 기존에 있는 노조를 없애고 하나의 단일 노조로 만드는 것이었고, 당시까지는 아무도 시도하지 않았던 건설 방식이었다. 한 달 넘게 유성에 살면서 더 많은 사람들을 만날 수 있었고, 마침내 94년 4월 15일 성공적으로 과학기술노조를 만들 수 있었다.

누구나 자기 욕심을 조금씩만 양보하면 좋은 사회가 될 수 있는 것이지만 그게 말처럼 쉬운 게 아니듯이 규모의 차이가 있는 개별 노동조합들이 자기

기득권을 버리고 하나의 노조로 다시 태어난다는 것 역시 쉬운 게 아니었다. 그러나 과학기술노조를 시작으로 많은 노조들이 작은 산업별 노조를 만들기 시작했다. 정부 차원에서 노동자가 커다란 힘으로 모이는 것을 방해했지만 '스스로의 역사'를 만드는 것은 노동조합도 마찬가지였다.

각기 다른 이념과 목표를 가지고 활동해 왔던 사람들이 하나로 된다는 것도 쉬운 일이 아니다. 더욱이 각자 서 있는 위치가 다른 경우에는 시각이 완전히 차이나는 법이다. 존재가 의식을 규정한다는 마르크스의 말은 진실을 담고 있다.

다른 한편으로는 민주노총을 만들기로 하고 추진위원회와 준비위원회가 만들어졌지만 하나의 조직으로 되기에는 넘을 산이 많았다. 전노협은 명실상부하게 당시 투쟁의 지도부였다. 반면 업종회의는 사무직 노조였기 때문에 투쟁력이 약했고, 조직의 안정을 더 많이 바라는 특성을 가지고 있었다.

전노협과 업종회의의 불신

예를 들면 이랬다. 1994년 11월에 민주노총 준비위원회 1차 대표자회의에서 집행위원장을 선출하는 일이 있었다. 보통의 경우라면 조직을 처음 만들어가는 과정이기 때문에 '합의'에 의해 사람을 선정하고 추인한다. 그런데 경선을 치른다. 내가 속한 연맹 출신의 허영구 위원장과 금속노조 출신의 최은석 위원장이 경선을 한다. 나는 사실 아무나 되어도 좋다고 생각했다. 누가 하든 훌륭한 사람들이니까. 하지만 기록을 보면 상황은 녹록치 않았다.

> 그때 업종회의 사람들 못 믿겠다는 정서들이 있었죠. …… 민주노총이 소위

투쟁 중심이 아니라 타협 중심으로 갈 거다 하는 우려를 많이 한 거죠. 막연하나마 그런 생각들을 가지고 있었죠. …… 그런 것들을 봤을 때 업종회의 중심으로 가면 한국 노동운동이 빨리 무너진다, 전투적 중심을 잃어버릴 가능성이 크다, 이런 우려가 있었죠.

_김창우 『전노협 청산과 한국노동운동』 중에서 '백순환 면담' 인용

서로 다른 조직에서 파견 나온 사람들이 한 곳에서 일하게 되면 그런 갈등들이 나타나기도 한다. 현재 진보정의당의 심상정은 전노협에서, 현재 통합민주당 국회의원인 홍영표는 대우그룹 노동조합협의회에서, 뉴라이트라는 보수단체로 가면서 민주노총을 탈퇴한 오종쇄 현대중공업 위원장은 현대그룹 노동조합총연합에서 파견 나와 같이 일했다. 15년 전 같이 일했던 사람들이 현재는 갈기갈기 찢겨진 채 서로 다른 길을 걷는 셈이다.

문제는 다른 곳에도 있었다. 당시 파견 나온 사람들에게는 활동비로 월 10만 원 정도가 지급되었다. 혜화동 성균관 대학교 부근의 작은 사무실이었다. 그런데 나처럼 업종회의에서 파견 나온 사람들은 해당 조직에서 급여를 주고 있었다. 반면 전노협에서 파견 나온 사람들은 급여가 거의 없는 셈이었다. 나는 플러스 알파를 더 받는 셈이었고, 그들은 과외 등을 하면서 활동을 해야 했다.

한참 일하다가 나가는 후배에게 "어디 가?"라고 물으면 "돈 벌러 가요."라는 대답을 듣기도 했다. 그렇다고 그 돈을 거부할 수도 없었다. 파견자들이 받는 돈을 나누어도 전노협 출신자들에게 돌아갈 돈이 보잘 것 없었기 때문이었다. 대신 밥값을 치르거나 술값을 내는 정도였다. 전노협 출신의 활동가들이 얼마나 어려운 조건 속에서, 얼마나 치열한 정신으로 활동했는지 아직도 생생하다. 그만큼 취약한 상태로 민주노총이라는 노동조합의 대통합이

시작되었다는 것을 보여주는 단적인 사례다.

혜화동 시절의 기억 한 토막을 남기고 싶다. 우리는 민주노총 현판을 만들기로 한다. 돈도 돈이지만 의미 있게 만들기로 하고 우리 연맹의 예술의 전당 노동조합에 부탁을 한다. 결국 조합원 한 분이 용비어천가에 나오는 글을 모아서 '민주노총'이라는 글자를 만들어 주었다. 집자(集子)라고 한다는 걸 처음 알았다. 그걸 들고 영등포에 있는 목공소에 직접 가서 나무에 파서 들고 왔다. 모든 걸 수공업적으로 하던 그 시절이 문득 그립다.

95년 1월. 민주노총 현판식 모습. 글씨체는 〈용비어천가〉에서 집자를 했다. (사진=민주노총 ⓒ)

전국노동자대회를 할 때도 상근자들이 모두 동원되어서 현수막을 걸고, 그 높은 무대를 직접 쌓기도 했다. 아시바(비계)라고 부르는 건조물을 4단 높이로 쌓을 때면 아찔하기도 했던 그 날들. 다리가 후들후들 떨리기도 했다.

당시 그 어려웠던 시절을 같이했던 사람들은 다 어디에 있을까? 전교조를 만든다고 해고되었던 최철호는 10여 년 만에 복직을 하여 교사가 되고, 주진우는 평화박물관 건립 추진위에서 일하다가 박원순 서울시장의 정책특보로 있으며, 김인숙은 지리산 밑에서 고사리 농사를 짓다가 최근 '토닥'이라는 문화 공간을 만들었고, 또 다른 이들은 진보 정당 운동을 하고 있다. 물론 평범한 일상으로 돌아간 사람들도 많다. 어디에 있든 그 시절의 기억은 잊지 못할 것이다.

민주노조 운동의 전국적인 구심인 민주노총을 만드는 데 10년 가까운 세월이 걸렸다. 87년 노동자 대투쟁, 90년 전노협 건설, 95년 민주노총으로 숨 가쁘게 달려왔다.

민주노총을 만들던 당시인 1994년 전국지하철노조협의회에서 파업이 시작됐다. 당시 민주노총을 만들던 지도부 중의 한 명이자 초대 민주노총 위원장이 되는 권영길 업종회의 의장은 당연히 지지하는 연설을 했다. 하지만 권 의장은 그 때문에 '제3자 개입 금지' 조항에 위반으로 수배된 상태에서 민주노총을 결성해야 했다. 한번은 권영길 위원장도 참가한 가운데 우이동에서 사무처 수련회를 하는데 경찰이 출동해 산을 넘어 피신해야 했다.

나는 그즈음 대학을 졸업하게 되었다. 입학에서부터 15년이 걸렸다. 1984년 전두환이 만든 '유화 국면'에서의 복학은 민심을 다스리기 위한 '쇼'였다. 당연히 복학을 거부하고 공장으로 갔다. 그러나 세월이 흘러 김영삼 정부가 되자 학교에서 복학 여부를 타진해 왔다. 나와 네 엄마는 복학을 한다. 특별한 이유는 없었다. 다만 실업의 고통을 겪은 나는 이후에라도 다른 곳에 취직을 할 때 혹시 도움이 될지도 모른다는 생각을 했다. 고졸과 대졸은 차이가 크다는 것을 실업자 시절에 알았다. 등록금은 학교에서 부담했다. 군사정권의 압박에 의해 강제로 퇴학 조치를 한 것에 대한 일종의 보상이었다. 학교를 거의 갈 수가 없었기 때문에 그야말로 우여곡절 끝에 졸업을 하게 된다. 나와 같이 데모를 한 임재선은 물론 많은 선후배들이 이때 같이 졸업하다.

중간고사 등을 치르기 위해 몇 번인가 학교를 간 적이 있었다. 학생들은 내가 교수쯤 되는 것으로 알고 있다가 깜짝 놀라곤 했다. 졸업이라고 해 봤자 비슷한 시기에 학교에서 제적당한 친구와 후배들과 사진을 찍는 것에 불과했지만, 그래도 뒤늦게나마 네 할머니에게 효도할 수 있어서 좋았다.

할아버지가 세상을 떠나시고 홀로 된 할머니는 네 큰아버지 집에서 조카들을 돌보면서 살아가고 계셨다. 두 번의 감옥 생활과 이후의 활동을 비밀로 하고 있었지만 부모란 아무리 속이려 해도 동물적인 감각으로 알아채는 법이란 걸 그때 알았다.

민주노총 결성

민주노총은 많은 논란과 우여곡절 끝에 1995년 11월 11일 연세대학교에서 결성된다. 민주노총은 이렇게 기록을 남겨두고 있다.

95년 11월 11일 연세대학교에서 열린 민주노총 창립 대회.

창립 대의원대회를 서울 연세대학교 강당에서 개최. 가맹 노조 866개, 41만여 명의 조합원을 대표해 366명의 대의원과 국내외 귀빈 500여 명이 참석해 창립 대의원대회를 열고 공식 출범. 초대 위원장에 권영길, 수석부위원장 양규헌, 사무총장 권용목 준비위 공동 대표를 각각 선출. 민주노총의 선언과 7개항의 강령, 20개의 기본 과제, 규약을 319명의 대의원이 투표에 참가하여 306명의 찬성으로 확정. 사업 계획안과 예산안을 확정하고 조합원 1인당 의무금 200원 납부와 1만 원의 창립 기금 모금을 기립 박수로 통과시켰으며 국제자유노련(ICFTU) 가입을 결의하는 한편 가입 시기는 중앙위원회에 위임. 정치 세력화, 공동 교섭 및 공동 투쟁, 경영 참여 확대 및 사회개혁 운동 등을 주요 활동 목적으로 결의. _<민주노총 10년 연표> 인용

이로서 멀게는 1970년 전태일 열사의 분신으로부터 25년 만에, 87년 노동자 대투쟁 8년 만에 어용적인 한국노총에 맞서는 전국적 노동자의 조직 중심이 만들어졌다. 노동운동이 본격적으로 시작된 셈이다. 반복하여 말하지만 역사에 공짜는 없다.

민주노총을 만들기까지 수많은 사람들이 죽어갔고, 구속되고, 수배됐다. 이 사람들을 기억하는 것은 살아 있는 사람들의 몫이라는 것을 알아두자.

나는 실무에 치이고, 수배 중인 권영길 위원장의 보호 문제 때문에 사실 커

★ 민주노총 로고

민주노총 로고는 민주노총 강령에 나와 있듯 '자주적이고 민주적인 노동조합운동의 역사와 전통을 계승하고, 인간의 존엄성과 평등을 보장하는 참된 민주사회 건설을 향한 염원'을 잘 나타내고 있다. 인간 평등과 함께 단결을 표현하고 있는 노동자의 옆얼굴은 노동자의 진취적인 기상을 담고 있다. 힘차게 나부끼는 깃발은 참세상 건설, 노동해방을 향해 나아가는 4,000만 국민의 꿈과 희망인 민주노총의 모습을 표현한다.

★ 정권별 열사 및 희생자들(추모연대 제공)

정권 구분	
박정희 정권 (70~79년)	전태일 김진수 김경숙
전두환 정권 (80~87년)	안종필 김종태 박종만 홍기일 박영진 변형진 신호수 이순덕 표정두 황보영국 정경식 김현욱 이대용 박용선 유인식 이석규 이석구 김수배 김성애 박응수 심재환
노태우 정권 (88~92년)	이대건 김장수 오범근 최윤범 장용훈 문용섭 문송면 성완희 송철순 이문철 배중손 김윤기 최완용 김종수 이상남 조정식 이상모 박진석 이영대 최성조 강현중 김종하 이재호 임태남 배주영 강민호 이영일 최태욱 최 동 박성호 원태조 오원석 김봉환 신용길 박창수 윤용하 이진희 석광수 유재관 김처칠 권미경 박복실 박태순 임희진 최성근 이광웅
김영삼 정권 (93~97년)	정운갑 채희돈 정영상 정영부 조경천 고정자 박미경 서영호 김주리 임혜란 길옥화 최 웅 김성윤 김상옥 최성묵 김낙성 임종호 양봉수 박삼훈 이민호 서전근 조수원 김시자 김왕찬 유구영 오용철 박문곤 홍장길
김대중 정권 (98~2002년)	최대림 최명아 신길수 조현식 정성범 김윤수 배동복 이상관 최경철 박용순 김종배 김명한 최진욱 이옥순 김순조 안동근 이동현 유순조 김기욱 한경석 천덕명
노무현 정권 (2003~2008년)	배달호 임영덕 이성경 권오복 이성도 박상준 최복남 김병진 송석창 이현중 최종만 김주익 최주홍 곽재규 이용석 이해남 성기득 박동진 박일수 장상국 김춘봉 박상윤 정종태 김태환 류기혁 김동윤 조문익 주민칠 허중근 이정미 남문수 김형선 전응재 김미영 허세욱 정해진
이명박 정권 (2009~2012년)	이병렬 차봉천 박윤정 최선린 정형기 박종태 김헌정 하재승 양갑세 박현정 박종길 허광만 이춘자 신승훈
합계	169명

다란 감격을 못 느꼈다. 그리고 전노협이나 업종회의 초기 활동부터 결합한 것이 아니었기 때문에 더욱 그랬을 것이다. 그러나 87년 이래 전국적으로 단일한 노동운동의 구심을 만들기 위해 노력해 온 사람들에게는 가슴 벅찬 일이었다. 양경규 위원장은 이렇게 회고한다.

앞줄에서 세 번째 자리엔가 앉아 있었습니다. 전문노련 위원장을 하고 있을 때입니다. 성원이 확인되고 노동 열사에 대한 묵념, <임을 위한 행진곡>이 제창될 때, 자리 곳곳의 대의원들과 이 역사적인 자리에 참가하기 위해 수많은 형극의 세월을 견뎌 온 사람들의 눈에는 눈물이 흐르고 있었습니다. 모두들 생각하고 있었을 것입니다. 누군가는 민주 노조의 깃발을 부여잡고 달려온 지난 세월의 고통을 떠올렸을 것입니다. 누군가는 차디찬 쇠창살 아래 몸을 누이던 그 아픔의 기억이 되살아났을 것입니다. 또 누군가는 어느 양지 바른 언덕에 묻었던 맑은 영혼의 옛 동지를 떠올리며 사랑도 명예도 이름도 남김없이 떠난 동지를 그리워했을 것입니다. 어느 작업장 후미진 곳에서 피로 쓴 유서 한 장 남기고 목을 맨 동지를 생각했을 것입니다. 결코 투쟁을 멈출 수 없다면서 웃으며 들어갔던 감옥에서 싸늘한 시신이 되어 돌아 온 동지를 기억했을 것입니다. 최루탄에 맞아 피 흘리며 자신의 가슴에서 숨져간 동지, 자신의 몸을 노동 해방의 제단에 한 점의 불꽃으로 던진 동지를 생각했을 것입니다.

모두들 지금 부르고 있는 노래, <임을 위한 행진곡>이 바로 그들을 위한 애달픈 헌사임을 생각하고 있었을 것입니다. 민주노총의 새로운 출범, 새로운 행진이 바로 이들 '임'을 위한 행진이라는 생각을 하고 있었을 것입니다. 미처 생각지도 못하던 뜨거움이 가슴 밑바닥에서부터 치고 올라왔습니다. 어느 사이 나도 모르게 눈시울이 붉어지고 이내 시야가 흐릿해졌습니다. 무어 얼마나 대단한 운동을 했다고 할 수도 없는 저도 볼을 타고 흐르는 눈물을 주체할 수가 없었습니다. 그날, 민주노총이 창립되던 날, 우리 모두는 그렇게 울었습니다.

민주노총 창립, 그렇게 그날 동지는 간 데 없지만 최후의 한 사람까지 나부끼는 깃발 들고 달려 왔던 산 자들은 죽은 자들의 가슴에 고인 피눈물을 닦아주며 눈물을 흘렸습니다. 우리는 그날 전태일을 생각했습니다. 수많은 열사들을 생각했습니다. 우리가 그날 올렸던 깃발, 민주노총은 그들이 그토록 살고 싶고 투쟁하고 싶었던 내일이었던 것입니다.

내가 너희에게 하고 싶은 말을 대신 한 강의안을 발견했다. 그걸로 대신한다.

긴 역사의 흐름을 볼 때 역사는 제 길을 따라 여기까지 왔으며 앞으로도 가야 할 곳으로 갈 것이다. 역사는 정체와 후퇴의 시기도 있었지만 끊임없이 변화해 왔고, 현재 현실도 고정불변이 아니라 변화 과정의 일부이며, 앞으로도 변화 발전할 것을 인식해야 한다. 그 가능성을 인식하고, 역사를 통하여 희망을 배우는 것이다. 아무리 노력하고 실천해도 안 된다면 지금 여기 투쟁할 수도 없고 할 필요도 없다. _금속노조 교안 '한국 노동운동사 열사를 중심으로' 중에서

세상을 뜨는 게 사람뿐은 아니지만

얘기가 나온 김에 먼저 죽어간 이들의 얘기를 하고 넘어가자. 한 친구가 죽었다. 김공림. 나와 같이 1985~86년에 반월에서 활동을 하고, 함께 감옥도 간 친구이다. 저들의 입장에서 보면 소위 공범이다. 제주도 출신으로 유난히 라면을 좋아하고, 밥을 지을 때 콩나물을 함께 넣어 콩나물밥을

고 김공림.

해먹길 좋아하던 황소 같은 친구다. 제주 항쟁의 주역으로 월북한 김달삼이라는 가명을 썼다.

같이 감옥을 나와 지역도 같이 서울로 옮기고 나는 공장으로, 그는 성수동에 있는 동부노동상담소로 가서 일했다. 가끔 만나서 소주도 한 잔하고, 이런저런 얘기를 하던 친구였다.

출소 후 다시 국가안전기획부에 끌려가서 고문도 받았다. 87년 대통령 선거 때 후보 단일화를 위한 집회를 뚝섬 둔치에서 개최했다는 이유였다. 한편

으론 돈을 벌고, 한편으론 노동자들을 만나 상담하는 바쁜 일정이 결국 그를 잡아먹었다. 위암이었다. 결혼한 지 겨우 6개월만이었다. 유고집 『지금은 우리가 만나서』를 보면 아내에게 보낸 편지에 이런 구절이 있다.

> 우리만은 역사 속에서 삶 속에서 추하지 않고 비굴하지 않게 나라와 민중 속에서 희망과 용기를 가지고 나머지 두 사람의 삶을 하나하나씩 만들어 나갈 예정이다.
> _김공림 추모집 『지금은 우리가 만나서』 중에서

제주도에 가서 그를 묻고 왔다. 1991년 2월의 일이었다.

고 유구영.

한 선배가 또 죽었다. 유구영. "기필코 살아 힘찬 모습을 보여주겠다."고, "나마저 암으로 죽으면 할머니, 어머니에 이어 3대가 죽는 것인데 딸자식에게 희망을 주기 위해서라도 이렇게 죽을 수는 없다."던 선배였다. 85년이었을 거다. 형이 목사로 있던 영등포 산업선교회에서 그를 만났다. 항상 밝은 표정으로 능구렁이처럼 웃기를 잘 하던 선배였다.

90년 전국노동자대회가 고대에서 열렸다. 비밀스레 연락을 받고, 책임자만 장소를 아는 상태에서 전철을 타고, 갈아타고, 또 갈아타고 내리라는 은밀한 지령. 그리고 "뛰어!"라는 소리 하나로 기를 쓰고 미아리 고개에서 성신여대 뒤를 넘어 고대 후문으로 진입하는 순간, 거기에 서울지역노동조합협의회의 선봉대장으로 웃고 서 있던 형이었다.

95년 지방선거 때에는 선거 지원을 위해 내가 유성으로 한 달 동안 파견되자 내 대신 민주노총 조직팀으로 와서 일을 하기도 했다. 그리곤 민주노총이 만들어지자 정책실에서 일했다.

메이데이를 치르고 새벽 2시, 몇 사람이 병원에 있다 답답해 비가 오는 거리로 나가 문 닫은 술집을 두드려 소주 한 잔 걸치고, 자기 전에 얼굴이나 한 번 보자고 올라간 5층 병실에서 형은 마지막 숨을 가누고 있었다.

그 좋던 풍채는 어디로 가고, 배를 문지르며 "인격이다."라고 얘기하던 그 환한 웃음은 어디로 두고, 모든 구멍마다 호스가 연결되어 있었다. 형수는 계속 할 수 있는 모든 노력을 다 하고, 침대 주변에 있던 10여 명의 사람들은 숨을 죽이고 있었다. 그는 눈을 감지 못했다. 입도 다물지 못했다. 그 모습을 잊지 못한다. 간암이었다. 1996년 5월의 일이다. 얼마 전 그 형의 작은 딸 민지가 결혼을 했다.

한 후배가 또 죽었다. 최명아. 대학 졸업 후 공장에 들어가 활동하고 해고되고 구속되었다. 민주노총 결성과 함께 조직국에서 일했던 여자 후배. 성실하고, 잘 웃고, 그러나 운전면허증도 못 딴, 음식 솜씨는 좋은 마음 따뜻한 사람이었다.

고 최명아.

마침 1998년도 민주노총이 전교조의 합법화 대신 정리 해고에 동의해 주면서 대의원대회가 난장판이 되고, 서로가 마음이 안 좋을 때였다.

과로로 쓰러져 결국 일어나지 못했다. 뇌출혈이었다. 밤에 전화를 받고 병원에 도착할 때 신생아실 바로 옆에 중환자실이 있는 병실에 나는 들어가지 못했다. 그녀를 위해 시를 하나 남겼다. 1998년 2월의 일이다.

이별이 이리 쉬운 것을

한 마디 말도 없이 떠나갈 수도 있음을
미처 우린 몰랐네

자정이 넘어 비 내리는 광화문
서울대병원으로 가는 택시를 기다리며
그것이 이별의 시작일 줄 몰랐네
차마 얼굴을 대할 수 없어
서성이던 중환자실 복도
갓 태어난 아이의 울음 속에
우리의 울음이 묻힐 줄 몰랐네
한겨울 더욱 선연한 다복솔 자라듯
우린 사랑했네
비록 지금은 힘들고 나뉘고 찢길지라도
꿈을 가졌네
눈을 들어 미래를 보았네
그럴 줄 몰랐네
가끔 속 상하는 소주를 함께 마시며
백년 천년은 몰라도 이렇듯 이별이 빠를 줄 몰랐네
삶과 죽음이 이리 가까운 사이인 줄 몰랐네
다시 찾은 마석
구영이형 무덤 흙 마르기도 전에
그대를 눕게 할 줄 몰랐네
소리 없이 무너지는 것이
이리 많을 줄 진정 몰랐네
그렇게 봄이 왔네, 개나리 솟아난 혜화동 로터리
운동은 건강해지기 위해서 하는 것
그렇게 날선 검으로 서로의 가슴을 후벼 파

동지가 적인 양 물어뜯는 우리가

이제는 바뀌려나, 봄이 오려나, 노란 꽃망울이 피려나

죽음은 무엇을 남기는가

꽃은 피고 져 더 많은 꽃으로

슬픔이 다하면 기쁨으로 오는가

아픔도 다하면 새 살이 돋는가

그대 누운 자리 더 많은 꽃이 피는가

그럴 줄 몰랐네

도시 같은 우리 안에 그대를 사랑하는

눈물이 이토록 남아있을 줄은

나는 정말 몰랐네

_최명아 추모집에 쓴 시 전문 『사라지는 것은 없다』

동료 하나가 또 죽었다. 김종배. 전문노련이 다른 조직들과 통합해 공공연맹을 만든 직후였다. 나와 비슷한 길을 걸었다. 시위하고 감옥가고, 다시 공장으로, 그리고 전노협에서 일했었다.

고 김종배.

전노협이 민주노총으로 발전한 뒤 전노협 백서를 만들었던 후배이자 동료였다. 공공연맹에서는 교육국에서 일했다. 강원도에 사시는 아버님이 편찮으셔서 밤새 간호하고 돌아오다 불의의 교통사고로 죽었다. 1999년 8월의 일이다.

쉬운 사람들
모두가 끝났다고 말한다

이 무모한 선언에 둔감한
그들은 누군가?
미래는 끝났다고?
쉬운 사람들

그가 쓴 '쉬운 사람들'이라는 시다. 사실 잊고 있었다. 이름만 비슷한 줄 알았다. 그런데 그게 아니었다. 이명박 정부에서 민간인 사찰이 문제가 된 적이 있는데 죽은 김종배의 친형이 사찰 대상이었다. 김종배가 죽을 당시 국민은행을 다니던 형 김종익 씨는 퇴직 후 하청 업체 대표를 맡는다. 그는 2008년 6월 이명박 대통령을 풍자한 <쥐코> 동영상을 자신의 블로그에 올린다. 그때부터 청와대가 개입하여 만신창이가 된다. 1990년 노태우 정권은 보안사령부에서 민간인 사찰을 해서 난리법석을 치더니, 20년 가까운 세월이 지났음에도 국무총리실 산하 '공직윤리지원관실'을 통해 민간인을 불법적으로 사찰한 것이다. 모르지 지금도 누가 우리를 감시하고 있는지 말이다.

고 이재영.

또 한 후배가 암으로 죽었다. 그것도 최근에 말이다. 이재영. 진보정치운동에서 빼놓을 수 없는 친구와 같은 후배다. 민중당은 물론 민주노동당과 진보신당까지 그가 남긴 발자취가 크다. 짧은 평생을 진보 정당의 정책 전문가로 살았다. 한국 사회에서 진보 정당은 불가능하다고 모두가 고개를 젓던 90년대에, 그는 척박한 땅에 자신의 무릎을 대고 맨손으로 씨를 뿌렸다. 그가 쓴 많은 주옥같은 글들이 남아 있다.

민주노동당은 과거 진보 정당 운동의 오류와 한계를 극복하면서 그 의지를 계승, 발전시킨다. 민주노동당은 어떠한 시련에도 굴복하거나 타협하지 않고, 작은 진전이나 성취에도 안주하지 않을 것이다. _민주노동당 강령 중에서

항상 낙천적이던 그는 민주노동당이 분당되고, 진보 세력이 갈가리 찢겨진 것을 보고 죽었다. 2012년 12월 12일이다. 대장암이었다.

나는 살았다. 너는 떠나고
춥다
추운 겨울을 헤치고 살자 했다
그런데 너는 떠나고 나는 산다
잘 가라 웃으면서
항상 그랬던거 아니었나
차가운 바람이 불어야 비로소 아는
저 푸르름
너 아니면 누가 다복솔에 반하겠나

누가 알아달라고 한 적도 없다
그저 묵묵히 내 길을 갈 뿐
이름 없이 빛도 없이
그저 내일을 꿈꾸었을 뿐

내가 쓴 조시의 일부다. 그렇게 많은 친구들이 내 곁을 떠났다. 그걸 기억하고 산다. 그들의 꿈과 내 꿈이 같기에.

창문 밖에 보이는 이상한 모양의 나무를 보았다.
뒤의 골프장은 고요하고, 앞에 흐르는 강 또한 조용하다.
버스 안의 사람들은 시끄럽다.

96~97년 노동법 개정 투쟁

민주노총이 건설됐으므로 나는 다시 전문노련으로 돌아왔다. 전문노련은 내게 '친정집' 같은 곳이었다. 96년은 국회의원 선거가 있는 해였다. 민중당과 한국노동당 등을 거친 나는 당연히 '노동자 정치'에 대한 관심이 높았다. 바로 전 해인 95년 6월 지방선거를 앞두고 3월에 개최한 민주노총 서울지역본부 추진위원회에서 주최한 강연회에 강사로 등장한 노무현 전 대통령(당시에는 전 의원이었다)은 다짜고짜 이런 질문을 참가한 노동자에게 던졌다.

"도대체 노동자 여러분들이 가진 표가 얼마나 되느냐?"

그만큼 우리는 아무것도 준비되어 있지 않았다. 따라서 연맹이 주도해 후보를 출마시키고, 책임지는 것이 아니라 누군가가 출마하면 그를 심사하여 도와주는 방식으로 진행됐다. 마침 연맹 부위원장이자 무역협회 위원장이던 이병무가 경북 김천에서 출마했다. 연맹은 정치 활동 특별위원회를 구성했고, 나는 곧바로 정오섭 정치위원장과 함께 김천에 내려가 국회의원 선거를 치른다.

준비 없는 출마가 준 교훈

김천은 보수적인 동네였다. 후보가 9명이 출마했는데 모두 김천중학교 출신일 정도였다. 타지 사람은 출마를 엄두도 못 내는 동네였다. 우리는 후보의 친구, 선후배들과 함께 자전거 유세도 하고, 서울에서 주말이면 연맹 사람들이 내려와서 김천역 유세도 하고, 유권자들에게 엽서와 편지 3만여 통을 보내는 등 선거운동에 최선을 다했다. 그러나 결과는 비참했다. 1,115표, 9명 중 6위. 당연히 비판도 많았다.

전문노련은 96년 최초로 이병무를 경북 김천 국회의원 후보로 출마시켰다. 사진은 선거사무소 개소식. 맨 오른쪽이 저자.

"당선 가능성이 없는데도, 그리고 민주노총의 얼굴에 먹칠을 할 후보들이 나가겠다고 하면 누구라도 앞으로도 연맹 후보이고 민주노총의 후보가 될 수 있는가?", "이번 총선에 누군가 책임을 져야 한다."

맞는 말이었다. 그러나 나는 비싼 수업료로 내고 배운 소중한 교훈을 찾는 것이 과제라고 주장했다. 단지 비판으로 끝나서 될 일은 아니었다. 전문노련 기관지에 다음과 같은 글을 남겼다.

> 이미 노동운동은 87~88년의 상승세를 벗어난 지 오래다. 그리고 그간의 노동조합운동은 우리 사회에서의 정치 사회적 영향력이 미미하다는 것을 수차례 증명하고 있다. 이런 판에 돈도 없이, 지역 기반도 없이 노동조합의 이름으로 출마했을 때 사실 결과는 이미 예견되어 있었다고 할 수 있다.
>
> 지역 활동이 없는 곳에 출마하다 보니 선거 기간 중에 줄 수 있는 게 무엇인지가 없는 상태에서 '표'를 구걸하는 선거로 귀착되는 것이다. 이번 선거는 너무 밑천이 없었다. '맨땅에 헤딩하기' 식으로 출마하는 경우는 이제 없어야 한다는 값비싼 교훈을 준다.
>
> 이런 결과를 놓고 보면 이번 총선에 후보를 출마시키지 않았던 것이 맞았다고 생각하는 사람이 있을 수 있다. 그러나 어떤 사업장의 투쟁이 패배로 끝났다고 싸우지 말아야 한다고 얘기할 수 없는 것처럼 이번 선거 역시 마찬가지다. 문제는 과정을 통해서 우리가 무엇을 배웠고, 무엇을 앞으로 준비할 수 있는가라는 점이다.
>
> "지금까지 알아왔던 어떤 조직보다도 당신들의 조직은 대단하다. 존경스럽다."라고 선거 기간을 지켜 본 김천 사람들은 말했다. 그야말로 돈 한 푼 바라지 않고 헌신적인 활동을 우리는 했다. 그것은 앞으로도 큰 힘이 될 것이며, 우리의 미래를 짐작케 해주는 대목이다.
>
> 이런 바탕 위에서 차분히 4년 이상의 준비를 해야 한다. 대학에 들어가는 것도 3년을 공부하고, 재수도 하는 판에 한나라의 국회의원을 하기 위해 벼락공부를 해서는 안 된다. 차분히 중장기적인 계획을 가지고 활동해야 가능성을 엿볼 수 있을 것이다.
>
> 이번 선거 참여가 준 값비싼 교훈들을 겸허하게 받아들이는 속에서, 노동자

의 정치 세력화라는 해묵은 과제에 대해 보다 체계적이고 보다 장기적으로 계획을 세워야 한다. 이번 선거가 남겨 준 가장 큰 교훈은 준비되지 않은 투쟁이 패배하듯이 준비되지 않은 선거 역시 마찬가지라는 것이다. "96년 4월 11일. 선거는 패배했다. 그러나 우리는 그 속에서 많은 교훈을 배우고, 이후를 준비해 왔다."라고 힘 있게 쓸 수 있는 미래를 준비하자. 지금부터.

_1996년 4월 26일 전문노련 기관지 중에서

그렇게 96년의 반이 지나고 있었지만, 사실은 더 큰 태풍이 기다리고 있었다.

노동 교육이 없는 나라

언젠가 KTX 비정규직 집회에서 "아무도 학교에서 우리가 졸업하고 나가서 일할 사회가 이런 거라고 말해주지 않았다. 비정규직이 무엇인지도 가르쳐 주지 않았다."라고 절규하는 조합원을 본 적이 있다. 나는 우리 모두에게 던지는 항의로 들었다.

1996년 말부터 치열하게 전개된 노동법 개정 투쟁을 말하기에 앞서 '노동'에 대한 얘기를 먼저 하자.

사실 우리나라는 노동 문제에 대한 교육을 전혀 하지 않는다. 하종강 한울노동문제연구소 소장의 강의록을 보면 독일에서는 중등 사회 과목 340쪽 분량 중 93쪽을 노동 교육에 할애한다고 한다. 초등학교 때부터 '모의 노사 교섭'이 교육으로 잡혀 있다고도 한다. 프랑스에서는 '단체교섭의 전략과 전술'에 대해 가르친다고도 한다.

이탈리아 어느 버스 회사 노동자들이 3년 동안 500번이나 파업을 했는데 시민들에게 불편하지 않은지 물어보니까 "그들도 파업을 할 이유가 있겠지요. 그들의 권리를 존중하기 때문에 불편을 감수하고 있습니다. 내가 지금 불편하다고 불만이나 늘어놓으면 나중에 내가 파업할 때 누가 나의 권리를 이해해 주겠습니까?"라고 대답했다고 한다.

"우리가 파업하는 노동자들을 비난하면, 지금 노동자들의 권리를 빼앗고 있는 힘 있고 돈 많은 사람들이 언젠가는 우리 시민들의 권리까지 빼앗게 되는 것을 왜 모릅니까? 노동자 권리부터 지켜야 시민들의 권리도 지켜진다는 것을 왜 모릅니까?"라는 그들의 시민의식과 파업만 하면 "시민을 볼모로 자기들의 이익만 생각한다."는 비난에 휩싸이는 우리와는 너무 많이 다르다. 그만큼 우리가 가야할 길이 멀다.

노동법을 둘러싼 공방

노동법이라는 게 있다. 자본가들에 비해 상대적으로 힘이 약한 노동자들을 지켜주기 위해 노동3권을 헌법에서 보장하고 있다. 물론 저절로 만들어진 것이 아니라, 노동자들의 오랜 투쟁의 결과로 확보한 것이다.

자본과 권력은 호시탐탐 이 법을 자기들에게 유리하게 바꾸든가 아예 없애려고 한다. 군사정권만이 아니라 김대중 대통령도, 노무현 대통령도 그랬다. 지금은 더 심하다. 2009년 노동부 산하 국책 연구원인 노동연구원의 원장이었던 박기성이라는 자는 "헌법에서 노동3권을 빼야 한다."는 발언을 해 논란을 빚기도 했다. 그는 온갖 나쁜 짓을 다하다가 결국 쫓겨났다.

전두환은 1980년 12월 국가보위입법회의에서 제3자 개입 금지 조항을 만들고, 기업별 단위 노조를 강제하는 등 노동법을 개악했다. 물론 87년 투쟁으로 부분적으로 고쳐졌지만 여전히 많은 문제점을 가지고 있었다. 따라서 87년 노동자 대투쟁 직후인 88년부터 노동법 개정 투쟁을 지속적으로 전개한다. 그리고 96년이 다가왔다.

민주노총은 "복수노조 금지 조항 삭제, 공무원과 교사의 단결권 보장, 공익사업장 직권중재 삭제, 제3자 개입 금지 및 정치 활동 금지 조항 폐지"와 "주 40시간 노동제 확립, 변형근로 시간제 도입 반대, 경영상 해고의 요건과 절차 신설, 근로자 파견법 도입 반대" 등을 주요 요구로 하는 노동법 개정을 촉구했다. 노동법이 안고 있는 많은 독소 조항을 없애려는 노력이었다. 마침 문민정부를 표방한 김영삼 대통령도 노동법을 개정하려 했던 시점이었다.

원래 12월 13일에 파업을 하기로 했었다. 그러나 여러가지 상황을 고려, 당시 민주노총 위원장이었던 권영길 위원장은 파업을 불과 30분 앞두고 총파업을 유보하면서 다음과 같은 담화문을 발표한다.

저의 이 같은 판단과 결정에 여러 가지 반응이 있을 것입니다. 물론 비판적인 견해와 시각도 있을 것입니다. 그러나 저를 비롯한 민주노총 지도부에 대한 비판 또는 지지와 우리가 사랑하는 민주노총에 대한 애정은 차원이 다른 문제라고 생각합니다. 민주노총이 어떤 개인이 아니라 1,200만 노동자의 대의와 희망으로 굳건하게 서 있을 때만이 권력과 자본의 음모를 분쇄할 수 있습니다. 이번에 내린 파업 유보 결정을 '싸움을 완전히 접어 둔 것'이라고 바라보는 시각에 저는 결코 동의할 수 없습니다. 투쟁의 시점이 재배치된 것일 뿐입니다.

이런 판단에 대해 수많은 논쟁이 일어나고, 투쟁이 끝날 때까지 여러가지 쟁점이 남는다. 당시 나는 전문노련의 조직쟁의국장이었고, 연맹 위원장이었던 양경규 위원장이 노사관계개혁위원회 위원으로 참가하기도 해서 비교적 소상하게 흐름을 알 수 있었다. 덕분에 투쟁 이후에 연맹 차원에서 두 권짜리로 된 노동법 투쟁 자료집을 남길 수 있었다. 13일 파업 투쟁을 불과 며칠 앞두고 11일에 쓴 글이 하나 남아 있다.

> 피할 수 없는 투쟁이라 판단됩니다. 죽음이라는 잔이 자신을 비껴가기를 그렇게 바랬으면서도 결국은 십자가에 매달렸던 인간 예수처럼, 뻔히 알면서도 투쟁할 수밖에 없는 상황이기도 합니다. 아마도 언론은 14일이 되면 첫 기사로 이렇게 쓸지도 모릅니다. '민주노총 총파업 불발!' 이전부터 계속 해 온 작태이기도 합니다. 민주노총 산하 전체 노조가 한꺼번에 총파업에 돌입하지 못하는 현실을 부풀리려 할지도 모릅니다. 그러나 우리는 각 연맹이 처한 조건을 충분히 숙지하고 있습니다. 오히려 우리의 투쟁이 한 점 불씨가 되어 전체 노동자가 분발할 수 있다면 그것도 의미 있는 일이라고 판단합니다. 지금은 서로를 감싸고, 최선을 다해 전체가 하나 될 수 있도록 투쟁을 조직할 때 입니다.

아마도 당시 모두가 이런 심정이었을 것이다.

12월 26일 새벽, 날치기와 총파업

애초 문제가 있는 조항을 바꾸기 위해 노동법 개정을 요구했지만 현실은 거꾸로 흘러간다. 김영삼 대통령은 시대에 뒤떨어진 노동법을 문민정부에 맞게 고치겠다고 했지만 실제로는 최악으로 개악된 법을 통과시켰다. 그것도 날치기로.

1996년 크리스마스 다음날인 12월 26일 새벽 6시, 신한국당(민자당이 이름을 바꾼 것이고, 한나라당을 거쳐 지금의 새누리당이 된다)은 노동법과 안기부법을 날치기로 통과시킨다. 동이 트기도 전인 오전 6시, 마치 도둑놈들처럼 몰래 버스를 동원해 영등포에 집결한 신한국당 의원 155명은 단체로 국회 본회의장으로 이동하여 단 7분 만에 날치기로 통과시켜 버린다. 거기에는 노동운동을 했다던 김문수 현 경기도 지사도 있었다.

김영삼은 노동자들이 연말 연초라서 투쟁하기 어렵다는 조건을 이용해 치사한 짓을 벌인 셈이다. 1년 가까이 노동자와 학자들, 그리고 사용자와 정부가 만나서 논의한 내용을 무시하고 자본의 입맛에 맞는 노동법으로 완전 개악한 내용이었다.

당시 권영길 위원장을 비롯한 모든 연맹 위원장들은 원래 예정되어 있던 12월 13일의 파업을 유보한 대신 12월 16일부터 머리를 삭발한 채 명동성당에서 농성 중이었다. 이 소식이 전해지자마자 민주노총 지도부는 새벽 6시 즉각 총파업을 선언하고, 투쟁에 돌입했다.

> 전국의 50만 조합원 여러분! 다시 한 번 간곡히 호소 드립니다. 즉각 자리를 박차고 일어섭시다. 이 같은 상황에서 작업장을 지킴은 역사를 거스르는 노동악법을 인정하는 행위입니다. 일손을 놓고 거리로, 거리로 나갑시다. 최후의 일인, 최후의 일각까지 우리의 정당한 주장을 온 국민에 알려나갑시다. 동지여러분! 역사는 우리, 노동자의 편입니다.
>
> _1996년 12월 26일 권영길 위원장 메시지

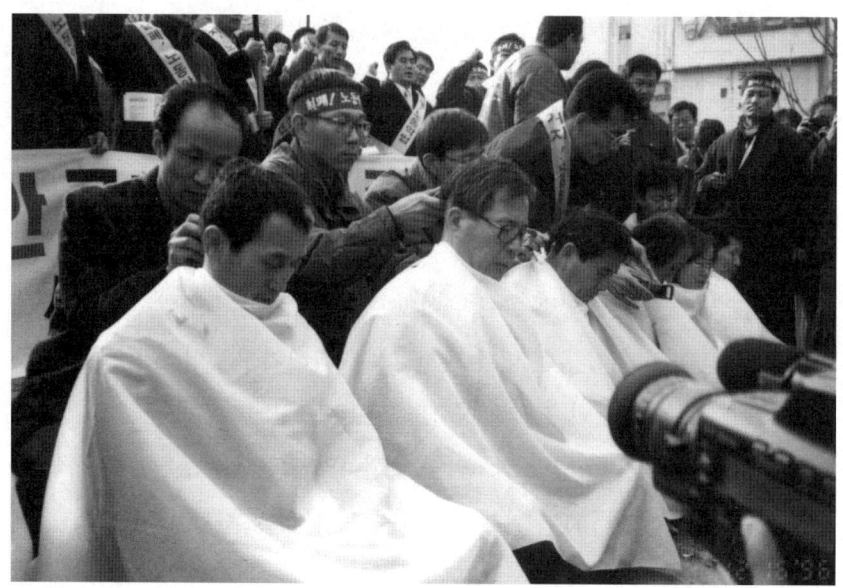

민주노총 지도부 삭발 모습. 왼쪽부터 허영구 부위원장, 권영길 위원장, 배석범 수석부위원장, 단병호 부위원장. 허영구 부위원장의 머리를 깎아주고 있는 사람이 당시 조직쟁의국장이던 저자. 열흘 뒤 저자를 포함 전문노련 중집위원들도 삭발을 했다.

아무도 예상치 못했던, 전 세계가 주목했던 대한민국 노동자들의 96~97년 대투쟁은 이렇게 시작됐다. 그 날을 시작으로 해를 넘겨 97년 3월 10일 국회에서 여야 합의로 다시 노동법을 만들 때까지 한 겨울 투쟁이 계속된다. 민주노총은 출범한 지 불과 1년도 안 된 시기에 우리 사회 전체를 뒤흔드는, 더 나아가 전 세계의 이목을 집중시킨 투쟁의 횃불로 타올랐다.

날치기 소식을 들은 우리들은 모두 명동성당으로 모이기 시작한다. 정오에 열린 집회에는 4,000여 명이 모여 성당을 가득 메웠다. 기아자동차 조합원 2,500명이 명동성당으로 '진출'하는 모습을 본 기억은 잊을 수가 없다. 감동적이었다. 내가 속한 전문노련에서도 유신코퍼레이션, 대림엔지니어링, 생산성본부, 하이텔노조 등 작은 사무전문직 사업장의 조합원들이 그보다 먼저 명동성당에 모였다. 하지만 사람들은 늘 큰 사업장만 기억한다. 조합원

30여 명에 불과한 오창휴게소노조의 전 조합원의 1박 2일 상경 투쟁도 내겐 잊혀지지 않는 감동이었다.

전문노련은 중앙집행위원회 위원 전체가 삭발을 한다. 물론 나도 삭발을 했다. 머리를 깎으니 겨울바람이 더욱 차갑게 느껴졌다. 그렇게 시작된 파업 투쟁에 26일 90개 노조 14만2,958명, 27일 163개 노조 20만6,220명, 30일까지는 190개 노조 23만4,126명이 참가한다. 당시 민주노총에는 929개 노조 49만6,908명이 가입해 있었으니 전체 조합원의 47%가 참가한 셈이었다. 이후 투쟁에 참가한 조합원은 80% 가까이 늘어난다.

전문노련도 97년 1월 15일 파업에는 전체 조합원 2만5,860명 중에서 2만3,108명이 참여한다. 누계로 따지자면 75일이 넘는 투쟁 동안 총 3,422개 노조, 338만 명이 투쟁에 참가했다고 한다. 그야말로 민주노총 산하 모든 노동자가 전국에서 "김영삼이 날치기면 노동자는 박치기다.", "쉴 때는 쉬고 확실하게(김영삼 대통령의 발언을 흉내낸 것) 투쟁하자." 등의 새로운 구호를 만들면서 투쟁에 참가했다.

그리고 그런 기억은 쉽게 잊히지 않는 법이다. 사무직과 생산직을 넘어선 만남, 한겨울 매서운 추위에 맞서 지도부를 지키는 사수대가 되어 밤잠도 못 자고 경찰의 침탈에 대비하던 기억, 최루탄을 쏘며 사람들을 해산시키려는 경찰과 맞선 투쟁 등등에 대한 기억을 그 많은 노동자들이 가슴에 담고 있다.

시위 현장에서 머리가 터지고 연행된 수백 명의 무명의 노동자들을 기억해 두자. 누차에 걸쳐 말하지만 역사는 그렇게 우리가 만들어 가는 것이다. 역사는 영웅을 만들고, 세상은 그 영웅을 기억하지만 그런 영웅을 만드는 것은 곳곳에 보이지 않는 수많은 사람들의 희생적인 투쟁이다.

가장 부끄러웠던 것은 우리가 사무직 노동자라는 것, 우유부단한 사무직 노동자라는 것이었습니다. 일사불란한 대오를 형성하고 치열하게 파업 투쟁에 나서는 생산직 노동자의 행동과 결속을 보면서, 사무직 노동자들보다 훨씬 열악한 환경에서 일하면서도 자기 자신보다는 동료들을 먼저 챙기는 동지애를 보면서, 약간은 이기적이고 우리보다는 나를 생각하는 사무직 노동자들의 태도를 반성했습니다.

_조흥시스템 노동조합 소식지에서(97년 1월 7일)

  커다란 투쟁은 수많은 자각을 남긴다. 그리고 그 자각들이 새로운 사회를 만드는 거름이 된다.
  당시 전문노련은 투쟁에 적극적이지 않은 노조에 대한 징계를 하기도 했다. 1월 28일 그동안 연맹 차원에서 시행해 온 총파업을 포함한 각종 사안에 대해 하나도 실행하지 않은 노조에 대한 징계를 검토하여 8개 노조에 경고, 5개 노조에 정권 3개월, 7개 노조 제명으로 안을 올리기도 한다.
  그러나 대표자회의에서 "사랑으로 감싸고, 오히려 더한 노력을 해야지 징계로 문제를 해결하려고 해서는 안 된다."는 입장을 가진 사람들도 있어, 1월 30일 표결에 의해 7개 노조만 경고하는 것으로 결정한다. 노동조합의 연합체인 연맹에서 투쟁을 하지 않았다는 이유로 이런 징계를 한다는 것은 이례적인 일이다.

  모든 노동자가 함께하는 투쟁 과정에서 어떤 노조도 예외가 될 수 없다. 파업 투쟁에 참여하지 않은 노조들은 단위 노조의 사정을 들어 불가피성을 설명하고 있으나, 어느 노조를 막론하고 쉬운 노조는 없다. 적극적으로 투쟁에 참여한 노조들은 탄압을 받아가면서 조합원들을 투쟁에 참여시키기 위해 피눈물 나는 노력을 해 왔다. 동지들의 피눈물로 자신의 노조를 지키겠다는 생각을 버리자. 징계를 받는 노조들이 이런 피눈물 나는 노력을 했는지 겸허하게 반성해야 한다. 조직 보존 논리를 얘기하는 데 이런 투쟁에도 함께하지 못할 노조를 보존해서 도대체 어디에 쓸 생각이냐? 징계를 받는 노조들은 투쟁하는 동지들의 발목을 잡아 노동자 전체의 삶을 해치고 있다는 점을 명심해야 할 것이다.

양경규 당시 연맹 위원장의 말이다. 이 말은 화살이 되어 많은 노조의 투쟁을 부추긴다.

나 역시 "우리 연맹이 가지는 원칙을 이해하고 그것에 따르겠다는 생각이 없다면 연맹 가입을 재고하라."는 말을 신규 가입 노조에게 말하기도 했던 시절이다. 그런 활동이 받침이 되어 거의 모든 노조가 참여한 가운데 투쟁 기금도 1억2,000만 원을 넘게 모을 수 있었다. 연맹에서는 조합원에게 보내는 편지를 2만 통 넘게 발송했다. 당시 조합원이 불과 2만5,000명 정도였음을 감안하면 대단한 일이 아닐 수 없다. 그만큼 모든 힘을 모았던 투쟁이었다.

투쟁을 통한 각성과 자각

당시 여섯 살이었던 은지 너는 오랜만에 집을 찾은 나에게 "아빠 회사는 왜 그렇게 일을 많이 시켜?"라고 묻기도 했다. 기억하지 못하겠지만 1996년 노동자대회에 너와 같이 간 적이 있었다. 그 이후로 너는 TV에서 시위하는 장면만 나오면 "아빠 나와?" 하고 엄마한테 묻기도 했단다. 너만이 아니다. 너와 같은 학교를 다닌 정민이 엄마인 당시 연맹 선전부장 조귀제는 이런 기록을 남기고 있다.

"엄마, 아빠가 보고 싶어요.", "아빠는 왜 안 와요?" 정민이가 잠자리에 들면서 보챈다. 눈에 눈물을 가득 담고서. 정민 아빠가 집에 못 들어온 지 나흘째다. 그런데 다섯 살 정민이는 벌써 아빠가 그리운가 보다. 오늘 결혼식을 올린 권영길 위원장님의 따님도 지금쯤 결혼식장조차 올 수 없는 아버지에 대한 그리움과 가슴 아픔을 지닌 채 이 밤을 보내고 있으리라. 이제 초등학교에 다니는 양경규 위원장님의 딸들도 혹시나 텔레비전 화면을 통해 아빠의 흔적을 찾으려고 늦은 밤까지 화면 속으로 눈길을 던졌으리라.

투쟁의 강도를 높이지 않을 때 많은 노동자들의 가정은 저들의 탄압 속에서 짓밟히고 깨진다. 정리 해고, 파견 근로, 변형 근로 등 진정한 가정의 행복을 앗아갈 수 있는 노예법을 없애는 그 날까지 우리는 우리의 편안하고 안락한 가정의 문을 잠시 닫아야 한다. _1996년 12월 29일 연맹CUG에 올린 글

지금은 진보신당에서 일하는 심재옥은 당시 연맹 조직부장이었는데 집회에 나오도록 강요하는 것으로 악명(?)이 높았다. 심재옥은 당시 경제사회단체 산하 노조를 담당했다. 그녀가 관할했던 관세무역개발원의 이함태 홍보부장은 "경총 앞 집회에 20명이 안 나오면 연맹에서 제명이 되고, 불이익을 당할 수 있다."는 심재옥 부장의 말에 아내를 데리고 집회에 갔다가 하필이면 최루탄이 바로 그들 부부 앞에 터져 크게 고생을 했다.

이런 기록들은 끝도 없이 많다. 그만큼 치열했고, 정말로 많은 사람들이 참여한 투쟁이었다. 건설기술연구원에는 '노동법은 법이 아니다. 노동법은 삶이다.'라는 현수막이 걸리고, 누군가는 '노동법은 노동자를 지키는 법이어야지, 노동자가 지키는 법이어서는 안 됩니다.'라는 낙서를 남기기도 한다. 명

노동법 날치기 개악에 격분한 노동자들. (사진=민주노총 ⓒ)

동성당에서 새해맞이를 하기도 하고, 드럼통에 지핀 불 하나를 가운데 놓고 밤 10시부터 불침번을 서던 여성 노동자들도 많았다.

전국에서 400명이 넘는 사람들에게 소환장이 떨어지고, 손해배상 등이 청구됐지만 전혀 위축되지 않았다. 그만큼 각성이 컸다. 월급쟁이로 살던 많은 사람들이 투쟁을 통해 노동자로 다시 태어나고 있었다.

아쉬운 마무리, 그리고 남긴 것

수많은 감동과 처절한 투쟁이 있었으나 결과적으로 노동법은 개정되지 않고 투쟁은 끝났다. 개정된 노동법은 상급단체에 대한 복수노조 인정이라는 조항을 제외하면 날치기 노동 악법과 별반 달라진 것이 없었다.

1996년 12월 26일 새벽, 노동법이 날치기 통과된 직후 분노한 노동자들이 명동성당에 모였다. (사진=민주노총 ⓒ)

정리 해고는 그 전까지는 상당히 까다로운 조건을 두었으나 대폭 완화된다. 비록 2년의 유예 기간은 두었지만 말이다. 이로 인해 쌍용자동차나 한진중공업과 같은 2000년대 투쟁이 일어나게 되다.

퇴직금 중간 정산 제도가 도입되고, 다양한 노동시간 제도의 변화가 가능하게 됐다. 복수노조 금지 조항은 부분적으로만 개정됐고, 노동자의 정치 활동 금지 조항과 제3자 개입 금지 조항도 형식적으로만 고쳐졌다. 노조 전임자 임금 지급 금지 조항도 비록 2011년까지 적용을 유예했지만 사용자가 자발적으로 노조 전임자에게 급여를 주는 것을 금지하는 등 불씨를 남겨두어 결국 이명박 정부 들어서서 민주노조를 탄압하는 방법으로 사용된다.

누군가는 "죽 쒀서 개 줬다."라고 자조하기도 했다. 내용만 보면 그럴 수도 있겠다. 그러나 꼭 그런 것만은 아니다. 투쟁으로 인해 각성된 노동자들이 성장했고, 연대가 강화됐고, 노동자들을 바라보는 세상의 눈도 달라졌다.

내가 지금 열심히 싸우면, 내 손녀가 태어날 때쯤엔 정말 노동자들을 위한 노동법이 제정되고, 일하는 사람들이 잘사는 세상이 되지 않을까. 그보다 시간이 더 걸린다 해도 최소한 이 다음에 내 딸에게서 "엄마는 그때 뭘 했기에 세상이 지금 이 모양이야."라는 소리는 정말 듣고 싶지 않으니까 난 싸울 수밖에 없다.

어떤 사람들은 이번 총파업이 별 성과 없이 마무리되는 것 같다는 평가를 하기도 하지만 나는 분명히 성과가 있다고 생각한다. 어찌 되었든 노동자들의 힘으로 노동법을 개정하게 만들었고, 민주노총의 위상도 정립되었다. 그리고 무엇보다도 이번 총파업을 통해 노동자들의 의식이 성장했다.

우리 조합원들만 해도 총파업 이전에는 민주노총 위원장님이 누구인지도 몰랐는데, 이제는 뉴스나 신문을 볼 때마다 민주노총 기사를 먼저 찾아보고, 일간지 1면을 장식한 자본가들의 광고에 분노하고, 스스로를 노동자라고 말하는 데 거리낌이 없다. 이만하면 훌륭한 시작이 아닐까. 그래서 나는 다시 시작한다. 조합원들에게서 발견하는 가능성을 희망으로 새기고, 때로는 그들에게 그 희망을 심어주면서.

총파업은 끝났을지 모르지만 새로운 투쟁은 이제 시작일 거라 믿고, 지금까지 그래왔던 것처럼 앞으로도 모두 함께 싸울 수 있기를 빌어본다. 사실 노동자들의 가장 큰 힘은 끝까지 싸운다는 것뿐이니까.

_조흥시스템노조 소식지에서(1997년 3월 10일)

위 글은 여성이면서 사수대도 하고, 투쟁 기간 내내 최선의 모습을 보여 많은 사람들이 '미스 전문노련'이라고 불렀던 당시 조흥시스템노조 수석부위원장이었던 김영수 언니의 글이다. 너도 만난 적이 있는 키가 큰 언니다.

그녀는 훗날 지금 진보 정당 운동의 밑거름이 되는 당비 납부 시스템인 CMS를 처음으로 프로그램화 한 사람이다. 아마도 현재까지 민주노동당과 진보신당이 성장하는 데에는 CMS 제도가 기여한 공로가 매우 클 것이다. 그 얘기는 나중에 하자. 그렇게 투쟁은 곳곳에 많은 이야기들과 기억나는 사람들을 남겨 놓고 끝났다.

★ 노동법 개정 투쟁 후 조합원들의 깨달음

"그러나 나는 또 한 번 주저할 수밖에 없었다. 그동안 몇 번의 집회에 참여한 조합원들에 대한 부처장들의 호통과, 징계를 하겠다며 날아 온 경위서 제출 요구, 그리고 더욱 더 내 발목을 잡아 온 것은 그동안 노조 활동에 열성을 보인 사람들에 대한 인사상의 불이익. 이러한 것들이 갈등으로 다가 오고 있었다. 이러한 갈등 속에서 나는 나를 합리화하기 시작하였다.
'그래 어차피 이번 싸움은 회사하고 싸움이 아니라 정부와 노동자와 싸움이다. 이번 싸움에 나 하나의 참여가 큰 의미가 되지 않는다. 대세에는 영향을 미치지 않는다. 이번 싸움에 나의 희생을 각오하고 참여할 필요까지는 없다. 그냥 대세를 지켜보고 판단하자. 다음번 싸움에 참여하면 되지 않는가?'
결국 나는 파업의 대열에서 빠지고 말았다. 그러나 더 큰 갈등에 빠지고 말았다. 동료들과 함께하지 못한 나의 양심이 힘들었고, 더욱 집회에 참여했던 조합원들에게 또 다시 경위서의 공세가 시작되는 것을 보면서 나는 나의 어리석음을 후회한다. 나의 나약함을 탓해본다. 그러나 이내 마음을 고쳐먹는다. 후회와 좌절은 아무것도 이루지 못한다. 싸움은 아직 끝나지 않았다. 노동법 개악은 고쳐지지 않았다. 아직도 내게 할 일이 있는 것이다."
_지역본부 조합원

"난 소시민의 작은 가슴으로 그저 나만 탈 없기를 바라며 살아가는 사람들에게 내 신념을 강요할 생각은 없다. 다만 그들에게 오늘 탈 없이 바라는 그 작은 걱정이 몇 년 뒤 그 사람들의 아들딸들이 직장에서 정리 해고되지 않기를 바랄 뿐이다."
_본부 조합원

중소기업진흥공단 노보(97년 1월 12일자 호외)
"새해 복 받는 거 거부합시다. 파업 중이면 그것도 거부해야 하는 거 아닌감? 좀 기다리다 03이 몰아내고 그때 왕창 받아 봅시다." _과기노조 박근철(과기노조 CUG, 1997년 1월 2일)

아래는 1997년 1월 20일 단위 노조 상임 집행 간부 결의대회 참가자 소감 및 결의에서 나온 발언들이다.

"일신상의 편안함, 뒷전에 빠져서도 실익을 챙길 수 있었던 대다수의 노동자들도 엄동설한 추운 날씨에 언 손 후후 불어가며 개악 노동법을 무효화하기 위한 총투쟁에 가슴 뭉클한 진한 감동을 느꼈다." _가스안전공사 노조 설현길

"학창 시절 제대로 시위 한 번 못했던 나로선 큰 무리의 엄청난 힘의 크기를 실감한 순간이었다. 벅찬 일체감과 단결 의식이 집회 내내 느껴졌다. 아울러 그 느낌은 다음 집회 참석을 유도했고 주체 의식을 갖게 했다."
_서은시스템 노조 오일숙

"흩어진 모래알처럼 느껴졌던 노동자들이 뭉치면 엄청난 힘을 발휘한다는 사실에 감격하며 역사적 총파업 투쟁의 중심에 서 있다는 현실에 긍지와 자부심을 느낀다. 노동자로 태어난 것이 감사하며 함께하는 동지들이 자랑스럽다."
_대림엔지니어링 노조 이문영

"역사적 투쟁이었음을 인정하고 있다. 권력의 독재 성향을 꺾는 쾌거로써 이후 노동자의 정치 세력화를 도모하는데 있어 일대 전환기가 될 것이다."
_전기안전공사 노조 이영원

"노동법 개정 투쟁에 참여하면서 많은 것을 얻었다. 정확한 의지와 결의도 없이 참여한 자신이 원망스럽다."
_이름 없는 노동자

"노동 악법 날치기 통과에 분개하였으나 우리의 힘이 이렇게 강력히 작용되리라 예상치 못했다. 따라서 뭉치고 함께하면, 그리고 우리의 주장이 온전하다면 반드시 승리할 수 있다는 자신감을 가졌다."
_과기노조 김진영

"재미있고 좋았다. 생산직만의 싸움일 것이라는 예상을 뒤엎고 사무직들도 2단계 파업 후 힘차게 결합한 것이 좋았다. 특히 방송 4사의 결합은 인상적이었다."
_중소기업협동조합 노조 심충택

"무소속 국회의원을 돈으로 삽시다. 그리고 나서 우리 당을 만듭시다. 그리고 우리도 정치를 합시다. 당비도 내고."
_과기노조 박형기

총파업 성과를 노동자 정치 세력화로

 노동법 개정 대투쟁이 끝나고 전문노련은 여러 가지 형태로 평가를 하고, 이후 대안을 모색했다. 지금도 노동조합은 각 계기마다 평가를 한다. 좀 지루해서 그렇지 잘만 하면 좋은 과정이라고 생각한다.
 투쟁 직후인 4월 2일부터 4일까지 열린 가맹 조합 대표자 수련회를 열고 투쟁 이후의 과제에 대해 물어보았다. 그 중에는 노동자 계급의 본격적인 정치 세력화, 노동자 독자 후보 출마 등 노동 정치에 대한 새로운 문제의식들이 나타나고 있었다.
 97년 5월에는 조합원에 대한 설문 조사를 한다. 노동법 개정 투쟁의 성과와 한계, 그리고 12월 18일로 예정되어 있는 대통령 선거에 대한 생각을 알아보기 위해서였다. 설문지는 4,500부를 배포해 1,136부를 수거, 분석했다. 응답자의 77%는 많은 한계가 있었으나 '대체로 승리'했다고 평가했다. 하지만 통과된 노동법을 볼 때 '결과적으로 패배'했다고 응답한 사람도 23%를 기록했다.
 12월 18일로 예정된 대통령 선거와 관련돼 '재야 시민단체 연대를 통한 범국민 독자후보'에는 36% 정도가, '여야를 막론하고 개혁 정당과 정책 연합'에는 40% 정도가 찬성하고 있었다. 김대중과 김종필이 손잡은 DJP 연합을 찍겠다는 사람은 16% 정도였고, 민주노총 및 재야 국민 후보에는 43%가 찍겠다고 대답하고 있었다. 투쟁을 통해 기존 정치인에 대한 불신이 그만큼 깊어지고 있었다.

민주노총, 정치 진출 선언

총파업 투쟁이 끝난 직후인 1997년 3월 14일 민주노총 정치위원회는 1차 정치위원회를 개최해 정치 사업 방침을 만들고, 이를 3월 27일 임시 대의원대회에 상정했다. 나는 96년 초부터 민주노총 정치위원회 기획팀에 참여해 정치 사업을 준비하고 있었다. 당시 업종회의에서 함께 일했던 전교조 해직 교사인 최철호가 민주노총 정치기획위원을 맡고 있었고, 그와는 민주노동당 건설까지 계속 함께 일한다. 이후 그는 민주노동당 당원 1번이 되고, 나는 2번이 된다. 제출된 안은 이후 진행되는 노동자 정치 세력화 사업의 최초의 기본 방향이었던 셈이다.

> 민주노총은 노동자가 적극 참여하고 각계각층의 민주적이고 양심적인 세력이 함께하는, 우리 사회의 민주적 개혁을 실현하고 노동자의 이익과 요구를 철저히 대변하는 새로운 정당 건설의 토대를 구축한다. 이를 위해 민주노총은 98년 지자체 선거 대거 진출 → 98~99년 정당 건설 → 2000년 국회 원내 진출을 목표로 하는 정치 세력화 사업을 힘차게 전개해 나간다.

역사적으로 대단히 의미 있는 결정을 하긴 했지만 그만큼 실천적 결의가 뒷받침된 것은 아니었다. 치열한 토론도 없었다. 그럼에도 불구하고 이를 기초로 대통령 선거에 대한 대응과 노동자 정치 세력화에 대한 고민이 본격화되기 시작한다.

더 얘기를 진행하기 전에 이해하기 쉽게 진보 정당 건설과 관련된 고민과 당시 조건을 말해 둘 필요가 있을 것 같다. 이미 민중당 때도 그랬지만 진보 정당 건설에 대해서는 좌우로부터 날선 비판들이 있었다.

한편에서는 김대중이 대통령이 되어야 한다는 사람들이 여전히 자리 잡고 있었다. 물론 김대중이 박정희와 5·16 쿠데타를 같이 한 구시대적인 정치인인 김종필과 손을 잡음으로써 노골적으로 92년과 같은 '비판적 지지'를 말할 수 없는 조건이긴 했지만, 김대중이 대통령이 되는 것이 역사적으로도 의미 있는 진전이라고 보는 사람들이었다. 보통 우파라 말한다. 사실 김대중 씨가 가지는 민주화운동의 대부로서의 무게감은 매우 큰 것이었다.

반면에 합법적인 대중정당이 가질 위험성을 지적하며 노동자계급의 정치를 고민하는 사람들도 있었다. 보통 좌파라 말한다. 그 사람들은 민주노총이 중심이 되어 노동자 정당을 만드는 것에는 일정 정도 동의를 했지만 자칫 이 정당이 개량화되어 혁명적인 사상과 관점을 잃어버리지 않을까 하는 우려에 반신반의하고 있었다. '선거주의, 합법주의, 의회주의'를 경계했던 것이다.

이처럼 좌우에서 제기되는 날선 비판들은 과거에도 있었고, 지금도 마찬가지다. 이미 80년대를 얘기하면서 NL-PD를 말한 적이 있었다. 어렵게 다가올 수도 있겠지만 현실 운동에서는 항상 부딪치는 지점이고, 당시에도 그랬다. 그리고 그런 흐름들이 당연하게도 노동조합 안에도 존재하고 있었다.

1997년 5월 7일에는 '노동자의 정치 세력화와 97년 대선'이라는 주제로 민주노총 간부 토론회가 열린다. 발제를 맡은 나는 노동자 정치 세력화를 위한 여러 가지 문제를 말했다.

나의 결론은 이랬다. "노동자의 정치 세력화는 당연히 정당 건설을 목표로 해야 하고, 정당 건설 운동의 일환으로 97년 대선에는 독자 후보를 중심으로 참여해야 한다."

민주노총 중앙위원의 고민들

물론 반대도 많았다. 예를 들면 당시 현대그룹노동조합총연합(현총련)의 이수봉 사무차장은 "노동자의 정치 세력화가 꼭 정당의 형태를 지칭하는 것은 아니고, 한국 사회에서는 노동조합 그 자체로 정치적 성격을 가진다. 그리고 현 단계에서 민주노총은 정권 교체에 일차적 목표를 두어야 하고, 이를 위해서는 야당을 포함한 국민적 후보를 세우는 데 주도적 역할을 해야 한다."고 주장했다.

이렇게 논쟁이 시작됐고 5월 29일 열린 민주노총 7차 중앙위원회에서 본격적인 토론을 한다. 얼마나 다양한 의견들이 있었는지 한 번쯤 들여다 볼 필요가 있다. 이런 논란들을 통해 이후 국민승리21, 민주노동당이 탄생되기 때문이다.

1997년 9월 27일 공익노련 정치실천단 수련회 모습. 전문노련은 공익노련으로 명칭을 변경했다.

10년도 훨씬 더 지난 그 당시 노동운동의 주요 리더들은 많은 고민을 했고, 진지한 토론과 때론 뜨거운 논쟁을 벌였다. 노동자 정치 세력화를 둘러싼 다종 다양한 쟁점을 분출했다.

그때의 논쟁 현장으로 가보자.

총파업을 통해 노동자 정치 세력화에 대한 요구가 높아졌다. 보다 자신 있는 추진이 필요하다. 정치 방침의 구체적인 결정이 그래서 필요하다. 더 이상 방침 결정을 미루지 말자. 민주노총을 중심으로 한 국민 후보 운동이 적절하다. 우려도 있었지만 대부분이 이번 대선에 정치 세력화를 위한 실천을 해야 한다는 의견이다.
_충북지역본부 배창호

민주노총은 영원해야 하고, 정치에 뜻이 있는 사람들이 모여서 정당을 만들어야 한다. 현재 민주노조운동의 조건에서 정치 세력화는 시기상조다. 민주노총의 창립이 얼마 지나지 않은 조건에서 조직적인 토대의 구축과 산별 체제의 재편이 시급하다. 현재의 당면 임단투도 어려운 실정 아닌가? 재정은 감당할 수 있나? 이런 조건에서 필연적으로 조직 내 정치적 입장 차이 때문에 하나로 된 정치 방침을 갖는 것은 어렵다. 정권 교체나 정책 연합에 무게를 두어야 하는 것 아닌가?
_현총련 이홍우

대체로 독자 후보를 내는 것에 대해서는 부정적이고, 국민 연대를 해서 국민 후보를 내는 것이 좋겠다는 의견이었다. 민주노총의 독자 후보인 노동자 후보나 민중 후보는 조합원의 정서에 맞지 않는다. 사회 개혁 투쟁에서 제시된 12대 요구 사항을 가지고 막판에 정책 연합을 할 수는 있다고 본다. 우선 시급한 것은 조합원의 의견을 수렴하는 것이다. 설문 조사하자.
_언론노련 이형모

노동자 후보가 아니라 국민 후보로 갈 경우 전체 민주운동권과 같이 가는 것보다 우리는 오히려 뒤에서 가는 것이 더욱 명분 있을 것이라고 본다. 정치 세력화는 중장기 목표 속에서 진행되어야 한다. 노동조합의 당면 과제인 산별노조 건설과 미조직 사업장의 조직화가 더 중요하다. 천천히 가자. 중장기적으로 바라보자.
_병원노련 김유미

최소한 투표를 통해서라도 노동자는 하나라는 것을 보여야 한다. 정치적 단결을 해야 한다. 금년 임금 인상 투쟁과 단협 투쟁이야말로 전국적인 총력 투쟁을 만들어야 한다. 임단투의 전선 구축이 곧 정치 세력화의 과정이다. 분리해서 사고하는 것은 맞지 않는다. 그 성과를 바탕으로 대선을 맞아야 한다. 방침 이전에 투쟁을 통해 실천하고, 정치 방침은 나중에 결정하자.
_전국지하철노조협의회 김명희

정치 세력화가 시급히 필요하다는 데 공감한다. 노조운동이 봉착하고 있는 측면을 고려한다 해도 이번 대선은 그냥 넘어갈 수 없다는 것에 공감한다. 그러나 노동운동의 발전 전망을 포함한 역량 발전을 고민해야 한다. 대선에 참여하고자 한다면 대중의 동력을 최대한 구축해야 한다. 가능한가? 후보는 조합원을 결집하기 위해 필요하기는 하다. 그런데 어떤 후보여야 하는지는 판단이 안 선다. 국민 후보, 범야권 후보, 민중 후보에 대하여 내부 논의 중이다. 아직 조직 내부의 합치된 견해가 없다. 산별노조 건설을 과제로 천명하고 있는 입장에서 일련의 역량 배분에 연맹이 얼마나 책임 있게 참여할 수 있을지 판단하기 어렵다.
_금속연맹 심상정

절차를 중요시 하되 지도부의 결단이 필요하다고 본다. 조심스럽게 상정한 안건이지만 후보 문제를 포함한 직설적인 논의가 있어야 한다. 후보 문제에 있어 종속적인 위치에 처해서는 안 된다. 가장 시급한 것은 조직 내의 합의를 이루는 일이다. 이 작업을 우선 빨리 시작해 달라. 여론 수렴도 필요하지만 방침 없이 사업을 진행하는 것은 상황을 더 어렵게 만들 것이다. _대전충남본부 이용길

현실적 판단을 해보자. 지자체 선거에 무게가 더 실려야 한다. 위험 부담들을 생각하면 신중하게 접근해야 한다. 현실성 있게 검토되어야 한다. 그리고 노조와 정치는 분명히 구별되어야 한다. _현총련 이영희

이 자리에 참석했던 나는 "그동안의 정치 세력화의 실패는 대중적 기반으로부터 출발하지 않았기 때문이다. 민주노총을 기반으로 한 정치 세력화는 다른 시도이다. 현장의 목소리를 들어야 한다는데 이의는 없지만, 그렇다고 방침 결정을 또 미루면 사업 집행을 할 수 없다. 김대중으로 정권이 교체되면 노동자에게 무엇이 달라지는가? 정치 세력화는 현실을 돌파하려는 의지의 문제이다."라고 주장했다. 결국 이날 중앙위에서는 격론을 벌였음에도 불구하고 결정을 내리지 못 하고, 좀 더 많은 토론과 의견 수렴을 한 후 다음 중앙위에서 다시 심의하는 것으로 결정했다.

험난한 여정의 시작

한편 이날 중앙위에서는 민주노총 정치위원장을 새롭게 뽑았다. 그때까지는 건설연맹 위원장을 역임했던 배석범 민주노총 수석부위원장이 맡고 있었다. 그는 노무현 정부 때는 가스공사 감사를 지내기도 했다. 권영길 당시 민주노

총 위원장이 양경규 전문노련 위원장에게 정치위원장직을 제안한 것이다.

현실적으로 어려운 일이었다. 양 위원장은 연맹 위원장이면서 총파업 이후 다시 재개된 '노사관계개혁위원회'의 위원 역할까지 맡고 있었다.

민주노총을 만들기 직전 나는 업종회의에서 집행위원으로 일하고 있었고, 당시 권 위원장이 업종회의 대표를 맡고 있었다. 얼마 안 되는 사람들이 함께 일했기 때문에 그만큼 가까웠다. 나는 개인적으로 권영길 위원장과 노동자 정치 세력화에 대한 고민을 많이 나눈 편이었다. 이후 대통령 후보로 나설 것을 권유하면서 "위원장님이 결심하면 평생 뼈를 함께 묻겠다."고 약속도 했던 기억이 있다. 결국 그 약속은 지키지 못한 셈이다.

많은 어려움이 있었지만 전문노련 중앙집행위원회에서는 정치위원장 겸직을 강력하게 권고했고, 결국 수락했다. 당시를 양경규 위원장은 이렇게 회고한다.

정치위원장을 수락하면서 마음속으로 다짐한 것은 하나였다. 다시는 실패하지 않는 노동자 정치 세력화를 이루어야 한다. 과거처럼 선거가 끝나면 뿔뿔이 흩어지는 관행이 또 다시 반복되지 않도록 해야 한다. 선거 후에도 노동자 정치 세력화의 행군이 계속되기 위해서는 대중적 토대를 반드시 구축해야 한다. 그것은 노동자 대중, 민주노총의 조합원이 대중적으로 결의하고 참여함으로써 대선의 결과와 관계없이 다시 일어서 전진할 수 있는 노동자의 정치 부대를 만드는 것이다. 민주노총이 나섰는데도 또 실패를 반복한다면 언제 다시 노동의 정치를 만들 수 있을까?

양경규 위원장의 생각은 나와 거의 같았다. 그리고는 험난한 여정이 시작됐다.

죽어가는 냄새가 가득한 이불이 있었다.
그 곳에는 어떠한 종류의 구원도 없다.

국민승리21과 97년 대선

서로 각기 다른 조직에서 모인 이들은 국민후보 운동을 통해 21세기 국민적 대안 세력으로 나갈 것을 선언하고 나선다. 민주노총을 중심으로 전국연합, 진보정치연합 등에서 일하던 사람들이 하나로 모인다.

수많은 우여곡절을 겪고 권영길 민주노총 위원장은 대통령 후보로 출마하게 된다. 선거를 치르기 위해 그에 맞는 조직도 만들었다. '국민승리21'이 그 이름이었다. 누구는 명칭부터 맘에 들지 않는다고 했다. '국민'이라는 말 자체가 일본 제국주의가 부른 '황국신민'에서 나왔다는 문제 제기도 있었다. 누구는 '민중승리21 혹은 노동자승리21'로 하자는 의견도 냈었지만 결국 그대로 정해진다. 지금 돌아보아도 아쉬운 부분이기는 하다.

결론적으로 말하자면 '국민승리21'은 당시 서로 적대시하고, 분열된 채 진보 운동을 하던 조직들이 하나로 뭉쳐서 만들어졌던 조직이었다. 처음이자 마지막이었다. 갓 태어난 민주노총의 힘이 나뉘어 있었던 운동을 하나로 만든 셈이다. 물론 그 기간은 상당히 짧았다.

하나의 조직이라고 했지만 얼마 안 있어 한편에 속한 조직은 '계급성 부족과 선거 과정의 문제'를 탓하며 떠났고, 다른 한편에 속한 사람들 중에서는 김대중 지지를 노골적으로 선언하며 떠났다. 그 사람들 중 일부는 국회의원이 되기도 했다. 조금 더 자세히 어떤 조직들이 함께했는지를 살펴보자. 그 조직적 흐름들은 관성처럼 지금까지 계속되고 있기 때문이다.

서로 다른 조직들이 하나로

1992년 대선에서 민주대연합 방침에 따라 당시 야당 후보 김대중을 지지했던 민주주의민족통일전국연합(약칭 전국연합)이라는 조직이 있었다. 그들은 97년 대선을 앞두고, 그해 2월 22일에 열린 6기 정기대의원대회에서 "민족민주 진영의 독자적인 정치 세력화를 위해 노력하고, 동시에 민주적인 정권교체 실현을 위해 노력한다."는 결정을 내린다.

이렇게 보면 권영길로 대표되는 독자적인 후보 운동을 하는 것 같기도 하고, 또 저렇게 보면 김대중의 당선을 위해 노력하는 것 같기도 한 상호모순적인 결정이었다. 그러다가 6월 14일 '반신한국당, 민주개혁'을 위한 국민 후보 추대 운동을 결의함으로써 국민승리21로 결합한다. 뒤에 말하겠지만 그 이후에 또 달라진다.

또 다른 한편으로는 진보정치연합이라는, 당시까지 진보 정당 운동을 해 온 조직이 있었다. 노회찬, 주대환, 황광우 등이 포함된 이들은 민중당 이후 진보 정치 운동의 맥을 이어 온 세력이었다. 그 중에는 과거 내가 속했던 지하 조직의 사람들이 많았다. 이들은 꾸준히 진보 정당 운동을 해 옴으로써 정치 활동 경험과 인적 역량을 많이 축적하고 있다는 장점을 갖고 있었다. 7월 6일 국민 후보 방침을 결정했다.

민주노총은 3월 27일과 7월 27일 대의원대회를 열고 '새로운 정당 건설의 토대를 구축'하기 위해 공동 선거 대책 기구 구성에 나서기로 결의한다. 민주노총은 대통령 선거 참여 자체에 대해 "노동자 정치 세력화는 장기적인 관점에서 접근해야 하며 대선 논의는 정치 세력화라는 장기 과제를 추진하는 과정에서의 전술적 지점에 불과하다."는 점을 분명히 함으로써 선거 결과와 무관하게 진보 정당 운동을 펴나갈 것을 밝혔다.

이 조직들이 모여 공동 선거 대책 기구 구성을 결의하고 이를 적극적으로 추진해 나가기 시작한다. 7월 25일에는 마포구 도화동의 삼창플라자라는 건물에 사무실을 마련했고, 각 조직이 파견한 실무자들을 중심으로 본격적으로 일을 시작하게 된다.

민주노총 정치위원회는 대의원대회에서의 상근 파견 원칙을 확인하고 각 조직에 파견을 강력하게 요구했지만 실제로는 활동 초기에 단 3명의 상근자만을 파견했을 뿐이었다. 전문노련은 9월 2일 숭실대 사회봉사관에서 58차 중앙집행위원회를 열고 당시 조직쟁의국장이었던 나를 파견하기로 결정한다. 나는 노회찬 기획위원장과 함께 기획국장으로 일하게 된다. 그리고 대부분의 활동가들은 전국연합 등에서 나온 사람들로 채워야 했다. 당시 전문노련은 위원장 포함 총 상근자가 9명이었는데 연맹 위원장과 조직쟁의국장 2명을 파견한 셈이었다. 그만큼 전력을 기울인 것이다. 다시 얘기하지만 그건 정말 쉬운 일이 아니었다.

9월 1일 국민 후보 추천위원회가 권영길 민주노총 위원장을 추대하고, 9월 4일에는 전국연합이, 9월 5일에는 민주노총이 이를 받음으로써, 9월 7일 63빌딩 국제회의장에서 '국민승리21 준비위원회'가 공개적으로 발족하게 된다.

그러나 아직도 완성된 형태는 아니었다. 이와는 약간 결이 다른 사람들이 또 있었다. 민주노총의 정치 방침이 자본주의 체제에 대한 저항을 분명하게 하지 않은 개량적인 것으로 비판하는 조직이 있었다. 이들은 8월 16일 '노동자민중의 정치 세력화 진전을 위한 연대(준)'라는 조직을 만든다.

다양한 세력이 모여서 만든 조직으로 무엇보다 노동자, 민중의 계급적 정치 세력화를 추진한 조직이다. 이들은 "대선 투쟁은 노동자, 민중의 이해를 실현하는 투쟁의 공간이며 이를 통해 새로운 정치 지형을 창출하자.", "노동자, 민중의 이해에 기반을 둔 정강 정책을 갖고 자본과 정권에 맞서 사퇴하지 않는 노동자, 민중 후보 운동을 전개하자."고 주장했다. 이들은 결국 국민승리21 발족식에 함께하지 못했고, 선거를 불과 2달여 앞둔 10월 11일에야 합의문을 발표하고 대통령 선거에 함께하게 된다.

이들과 함께하면서 명칭도 '민주와 진보를 위한 국민승리21'로 고치고 97년 10월 26일에야 정식으로 발족한다. 선거가 12월 18일이었으니까 불과 두 달도 채 안 남겨둔 시기였다. 그만큼 힘든 과정이었다.

이렇게 복잡하고, 지난한 과정을 통해 '국민승리21'이라는 새로운 조직이 탄생하고, 독자적인 후보 운동을 하게 된다. 87년과 92년에 나타났던 김대중에 대한 '비판적 지지'라는 유령은 '수평적 정권 교체'라는 새로운 말로 대체되긴 했지만 적어도 노골적으로 김종필과 손잡은 김대중을 지지하자는 세력은 없었다. 그렇다고 해서 민주노총 안에 이견이 없었던 것은 아니다.

"정치 세력화에 대한 준비가 아직 안되었다.", "정치 세력화에 대한 방향성에 문제가 있다.", "위원장의 공백이 가져 올 문제가 크다."라는 등 다양한 입장들이 있었다. 물론 내심 김대중을 지지하는 사람들도 많았다. 더 많은 토론이 있어야 했지만 그냥 만장일치의 결의로 권영길 위원장을 대선 후보로 승인한다. 대신 그만큼의 책임있는 실천은 따르지 않았다.

대의원대회를 통해 결정한 "모든 인적 물적 역량을 대선 투쟁에 총력으로 집중한다."는 결의는 지켜지지 않았다. "각 조직별로 전현직 임원 및 간부 1인 이상의 상근자를 파견한다."는 결정을 모든 조직이 지킨 것도 아니었고,

25억 원을 목표로 한 돈도 그만큼 모이지 않았다. 따라서 선거는 매우 어렵게 진행될 수밖에 없었다.

서로 각기 다른 조직에서 활동하던 사람들이, 그것도 서로 다른 생각을 가지고 일을 하다 보니 참으로 어려웠다. 민주노총을 만들 때야 누구나 공감하는 '하나의 목표'가 분명했다. 따라서 차이를 쉽게 극복할 수 있었다. 그러나 국민승리21은 그렇지 않았다. 하나하나의 사안마다 지루하고, 날선 토론을 해야 했다.

목표와 지향점이 서로 다른 사람들이 같이 일하는 것만큼 힘든 게 없다. 그러고 보면 선거운동만으로 놓고 볼 때는 1992년 백기완 후보 때가 더 쉬웠던 것 같기도 하다.

'일어나라 코리아' 폭탄 터지다

"어차피 치르는 선거이고, 선거 이후 진보 정당을 만들기로 한 만큼 정당법에 따라 선거용 정당을 우선 등록하자."는 입장에 대한 찬반으로 한바탕 난리를 치른 직후에 선거 포스터 및 주요 슬로건에 대한 문제가 발생했다. 홍보위원회가 만든 "일어나라! 코리아"라는 주 슬로건이 문제가 되었다.

한편에서는 첫 번째 표어만으로 판단해서는 안 되고, 뒤이어 "일어나라! 노동자", "일어나라! 농민" 등으로 후속 주체가 밝혀질 것이기 때문에 큰 문제가 없다는 설명이 있었다. 다른 한편에서는 그 표어 자체가 담고 있는 문제의식이 노동자, 민중적인 것과는 많이 떨어진 것이라는 점을 강조했다. 지나치게 민족주의적 성향을 드러내고 있다는 점이 지적되기도 한다.

당시 한국 경제는 전대미문의 외환 위기에 빠졌으며 이로 인해 IMF를 불러들이게 되기 시작한 시점이었다. 아무튼 그 문제는 커질 대로 커져서 도저히 봉합될 수 없는 지경까지 가버린다. 일부 정치세력은 문제를 제기하고, 철수해 버린다.

가장 곤란에 빠진 것은 민주노총이었다. 민주노총은 "일어나라! 노동자여!"라는 벽보와 현수막을 새로 만들어 현장에 내려 보내고, 노동자를 조직하기 시작한다. 그럼에도 불구하고 이 논란은 계속된

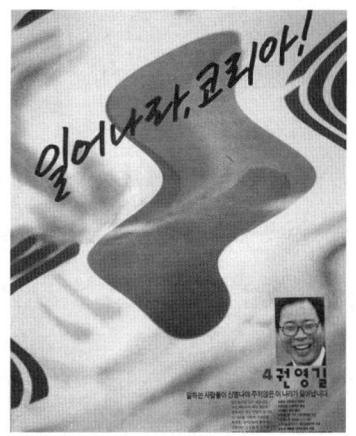

논쟁을 폭발시킨 문제의 포스터.

다. 그 즈음해서 선거 운동원용 수첩, 선거 마스터플랜 등 선거 전반에 대한 기획을 끝낸 나는 전국 버스 투어를 제안했다. 버스노조로부터 버스 한 대를 제공받고, 김영찬이라는 분을 기사로 파견 받는다. 후보가 차 안에서 쉴 수 있게 의자 몇 개를 들어내고, 전국을 돌았다. 버스에는 자원 활동가들과 민주노총 산하 연맹 위원장들이 번갈아 가며 탑승했다. 나는 그 버스의 조수였다. 운전석 옆에 의자를 두고, 운전기사가 졸지 않게 말을 건네기도 하고, 후보의 상태에 맞게 비서실과 이런저런 조정을 하기도 했다. 몇 가지 기억이 있다.

기억에 남는 장면들

장면1

대통령 후보에게는 무장 경호 요원이 배치됐다. 당선 가능성에 따라 달랐는데 권영길 후보에게는 2명이 배정됐다. 버스에도 같이 타고 다녔다. 물론

권총을 가진 채.

"미안합니다."

"뭐가요?"

"김대중 후보나 이회창 후보 경호를 했으면 훨씬 편했을 텐데요."

사실 그랬다. 돈이 없는 우리는 기껏해야 여관방에 떼거리로 뭉쳐 잘 수밖에 없었다. 그래도 후보와 운전기사, 경호 요원만은 별도로 방을 얻어주긴 했지만 먹는 것과 자는 것이 천양지차였을 것은 뻔했다.

"그렇게 생각 안 합니다. 적어도 대통령에 출마할 정도의 사람이라면 우리가 당연히 해야 할 임무라고 봅니다."

"다음 선거에서 다시 만나지요. 그때는 지금보다 훨씬 잘 해 드릴게요."

장면2

울산 유세를 끝내고 남해로 넘어갈 때였던 것 같다. 자정을 넘긴 시간이었는데 깜박 졸았다. 창문에 나무가 스치는 소리가 났다.

"형님! 지금 졸았죠?"

깜짝 놀란 내가 기사에게 말했다. 격무에 시달린 나머지 깜박했던 거다. 그럴 만도 했다. 보통 한 지역에 도착하면 새벽 1~2시가 되기 일쑤였다. 그리고 잠깐 자면 7시 정도부터 출근 인사, 시장 방문, 간담회, 작업 현장 순회 등이 줄줄이 이어졌다.

저녁에는 대중 강연회를 하고, 그게 끝나면 주요 인사들과의 간담회, 그 지역 선거운동본부와의 만남 등이 이어졌다. 간단한 술자리를 만들기도 했다. 그리고 여관으로 향하면 이미 몸은 파김치였다. 그것도 하루 종일 큰 소리로 유세를 해야 했다. 우리만이 아니라 운전기사도 많이 피곤했을 것이다. 그나마 우리는 이동 중에 토끼잠이라도 잤지만 종일 운전을 해야 했으니 말이다.

"형님, 피곤하면 꼭 말을 해요. 지금 여기서 교통사고로 몽땅 죽으면 진보 정당 운동도 끝입니다요."

장면3

우리는 주로 노동자가 있는 현장을 중심으로 유세를 했다. 작업 중인 노동자들을 만나기도 했고, 민주적인 집행부가 있는 사업장에서는 점심 시간 등을 이용해서 야외 집회를 잡아주기도 했다. 그런데 겨울이었고, 몹시 추웠다. 가능하면 간단하게 해야 했는데 후보는 그게 아니었다. 사람이 많을수록 신이 나서 어떤 때는 길어지기도 했다.

"도대체 이게 뭐하는 거야? 이번에는 꼭 선생님이 되어야 하는데. 별 표도 없는 게 왜 나와서 난리야? 민주노총 위원장이면 다야?"

마치 나보고 들으라는 듯이 큰 소리로 누가 말하는 거였다. 기아자동차 소하리 공장이었던 것 같다.

장면4

"근데 왜 자원봉사를 하려고 왔어요?"
"진보 정치가 필요하다고 생각해서요."
"그 전에는 뭐 했어요?"

대학을 졸업하고 국민승리21에 자원봉사를 하겠다고 온 황정아라는 후배를 면접하면서 오간 대화다. 어렸을 적 유명한 '뽀드득' 치약 광고 모델도 했다는 예쁜 여성이 도대체가 어울리지 않는 곳에, 아무런 보수도 없이 와서 일하겠다고 찾아 온 게 이상했다. 마침 같은 대학 후배라고 나보고 만나보라고 했다. 결국 기획위원회에서 함께 일했는데 나중에 그 후배가 나에게 되물었다.

"선배, 그때 내가 프락치일지 모른다고 의심했었죠?"
"……"

장면5

권영길 후보는 재정 사업도 할 겸, 후보 인지도를 높일 겸 책을 한 권 출간했다. 당시 월간 <말>이라는 잡지 기자였던 김경환이 쓴 책으로 우리는 이 책을 강매해서 선거 자금을 만들었다. 『권영길과의 대화』가 제목이었다. 아마도 당시 반 강제로 책을 구입한 사람들이 전국적으로 꽤 많이 있을 것이다.

장면6

선거운동은 결국 시간과의 싸움이다. 아마도 너희는 그런 풍경을 본 적이 없을 거다. 어느 도시, 예를 들어 춘천의 실내 체육관에서 유세가 있으면 우리 버스를 경찰차가 호위해 주는 것은 물론 모든 신호등이 초록색으로 바뀐다. 교통 경찰들이 우리 차가 막히지 않게 가는 곳마다 차량 통행으로 바꾸는 것이다. 자신도 모르게 사람이 우쭐해지기도 했던 것 같다.

참패로 끝난 선거

권영길 후보는 대선을 며칠 앞두고 대통령 선거 후보로서는 파격적으로 삭발을 감행한다. 당시 경제 위기를 앞두고 노동자들이 정리 해고 등의 위협 아래 놓여 있었던 현실을 반영한 것이다.

머리를 박박 깎은 채 "일하는 사람들의 한 표 한 표, 작은 힘이 아닙니다.

권영길 후보 선거운동 모습.

200만 표를 주시면 정리 해고를 막을 수 있습니다. 300만 표를 주시면, 재벌 경제를 개혁할 수 있습니다."라고 호소한다. 노동법 개정 투쟁을 끝내고 불과 1년 만에 다시 머리를 깎은 셈이다.

그리고 선거가 끝났다. 현실은 냉혹했다. 권영길 후보는 1992년 백기완 후보의 득표보다 겨우 7만 표가 더 많은, 30만6,026표를 얻는 데 그쳤다. 그야말로 참패였다.

그러나 그 한 표 한 표에 녹아 있는 무수한 사람들의 땀과 눈물을 잊어서는 안 될 것이다. 새벽에 일어나 차가운 겨울바람을 이기며 거리 곳곳에서 선전전을 한 사람들. 언 손을 호호 불어가며 열정을 모두 바친 그 사람들은 모두 무엇을 하고 있을까? 나는 농담으로 그런 말을 했다. "아마 천재지변으로 선거를 1주일 연기한다고 하면 자살하는 사람들이 꽤 많을 거야." 그만큼 모두가 있는 것을 다 바쳐 선거운동을 진행했다.

가난한 선거

항상 돈이 문제였다. 정부에서 투개표 참관인에게 주는 돈을 받기 위해 전국적으로 참관인을 조직하기로 한다. 투표 참관인은 1인당 5만 원의 수당과 식사가, 개표 참관인은 1박 2일이기 때문에 10만 원의 수당과 식사가 제공된 것으로 알고 있다.

투표구 참관인은 총 2만7,810명이, 개표구 참관인은 총 1,754명이 가능했다. 산술적으로 보면 어마어마한 돈을 벌 수 있는 계기였다. 물론 네 엄마와 나도 참관인을 했고, 그 돈을 고스란히 선거운동본부에 주었다. 이런 기록이 남아 있다.

> 책자형 법정 홍보물의 경우, 책자로 제작하는 것은 꿈도 못 꾸고, A4용지 4면으로 줄여서 제작할 수밖에 없었던 데다가 전국의 각 가정으로의 송부는 포기하고 부재자에게만 보내야 했습니다. 전단형 법정 홍보물의 경우, 1,550만 부를 A4 규격 2면으로 제작하더라도 전체 소요 비용이 2억6,000만 원이나 됩니다. 종이 값 일부라도 우선 지급해야 인쇄에 걸어 선관위 제출 시간을 맞출 수 있는데, 그 돈 역시 당장은 부담스런 1억 원이었습니다. 몇 천억씩 사기를 치고, 몇 조씩의 부채를 안고도 큰소리치는 사람에게는 작은 돈일 수도 있겠지만 우리는 그 돈을 마련하느라고 중앙상임집행위원들이 초를 다투는 긴급 차입 작전을 펼쳐 극적으로 12월 3일 오후에야 인쇄에 들어갈 수 있었습니다. 하지만 문제는 끝난 것이 아닙니다. 선관위 제출 시한인 12월 9일에 맞추어 지역에 발송하려면, 12월 6일까지는 잔금 1억6,000만 원이 마련되어야 합니다. 또 미디어 선거라고들 하는데 TV 유세를 몇 번이라도 하려면 늦어도 12월 13일까지 최소한 몇억 원이라도 마련해야 합니다.

TV 유세는 방영일 3일 전까지는 현금으로 방송국에 납입하지 않으면 자동 취소되기 때문입니다. 남들은 돈 안 드는 선거라고 하지만 우리는 재정 부족 때문에 TV 광고나 신문 광고 등 필수적인 선거운동조차 제대로 시행하지 못하고 있는 실정입니다.　　　　　　　　　　_당시 민주노총 공문 중에서

한 가지 기록만 남기고 선거 얘기는 그만하자. 선거운동의 막바지인 1997년 11월 23일에 개최된 전국연합 제6기 2차 임시 대의원대회는 "전국연합은 지난 6월 14일 임시 대의원대회에서 결정한 '독자적 정치 세력화와 민주적 정권 교체'의 대선 방침 중 민주적 정권 교체를 위한 노력이 국민승리21에서 실현되지 않고 있음을 확인하며, 국민승리21 후보가 '민주적 정권 교체와 야권 후보 단일화'를 위해 최선의 노력을 다할 것을 촉구한다. 이를 위해 전국연합은 국민승리21의 활동에 적극적으로 참여한다."고 결정했다.

쉽게 말하면 권영길 후보가 김대중 후보의 당선을 위해 사퇴까지 고려해야 한다는 내용이었다. 선거 시작부터 마지막까지 내부 논란이 계속된 셈이다.

선거가 남긴 것들

전국적으로 80여 개 지부와 220여 개의 선거 연락 사무소가 설치된다. 700여 명의 상근자와 1500여 명에 달하는 자원봉사자가 찬바람을 맞으면서 선거운동을 전개한다. 약 4만여 명의 회원도 생긴다.

전문노련에도 관련 기록이 남아 있다. 정치실천단 2,078명, 정치기금 1억6,600여만 원, 서적 판매 721권, 조합원 주소록 64% 확보, 투개표 참관인

210명 등이 그것이다. 조합원이 2만5,000여 명 안 되는 조직이었다. 그런 노력에도 불구하고 선거 결과는 비참했다. 그나마 위안이 된 것은 울산, 창원 등 노동자 밀집 지역에서 권영길 후보 지지율이 다른 지역에 비해 상대적으로 높았다는 점이다. 그래도 처참한 결과는 지워지지 않는다.

투표 참관인을 마치고 삼삼오오 당시 선거운동본부가 있었던 마포의 일진빌딩으로 모였다. 최선을 다한 나는 개표를 보기보다는 술을 마시러 바깥으로 나왔다. 연애도 그렇듯이 최선을 다하면 후회도 덜하다. 때로는 그 시절이 그립기도 하다. 술이 취해 새벽녘에 최종 결과를 알았다. 무조건 서점으로 갔다. 그리고 『섬, 섬, 섬』이라는 제목의 책을 한 권 샀다.

"일주일만 갔다 올게."

지금도 그렇지만 네 엄마는 항상 관대하다. 한 달 넘게 거의 집에 들어가지 못한 상태였지만 그러라고 했다.

"그래. 어디 가려고?"

"그냥 아무데나 섬에 가려고."

"몸이나 잘 챙겨. 그리고 고생했어."

당시에는 핸드폰도 없었다. 일상적으로 서로 연락할 방법이 없었던 셈이다. <겨울노래>라는 CD도 하나 샀다. 그리고 무작정 기차에 몸을 실었다. 그 책에 나와 있는 삽시도라는 섬을 찾았다. 섬 전체가 화살을 닮아서 삽시도라고 부른다는 그 말이 좋았다.

도착한 시간이 저녁이어서 대천 항구에서 하루를 자고 섬으로 들어갔다. 그리곤 며칠인가를 바다에 취하고, 술에 취하고, 절망감에 몸부림치기도 했다. 민주노총 조합원 수 55만 명보다도 더 적게 나온 득표를 도저히 이해할 수 없었다. 아무도 없는 겨울 바다는 혼자서 무슨 짓을 하든 자유였다. 혼자 마신 소주병이 어느 정도 방을 채웠을 때 결론을 내렸다.

"그래 좋다. 딱 10년만 더 해 보자." 그리고 삽시도를 벗어날 수 있었다. 삽시도 얘기를 네게 하는 것은 나만이 아니라 최선을 다했던 많은 사람들이 모두 나름의 방법으로 그 충격을 이겨내고, 다시 새로운 역사를 써 나갔다는 것을 말하고 싶어서다.

삼선동 시대

선거가 끝나자 모두 자기 자리로 돌아갔다. 그리고 남는 것은 무수한 평가였다. 처참한 패배로 끝났지만 92년 대통령 선거처럼 아무 것도 남기지 않은 채 흩어질 수는 없는 일이었다. 사실 92년 대선을 시작으로 노력을 기울여왔더라면 역사는 많이 달라졌을 것이다.

"우리는 국민 대중을 설득하지 못한 것을 솔직히 시인하고, 원점에서 다시 출발해야 한다. 30만 표의 기반은 절대 포기하지 않을 것이다. 이제부터가 시작이다." 당시 언론노련 부위원장이었던 네 친구 지원이 아빠 박강호의 말이었다.

"이번 대선은 정치 세력화를 위해 실천할 것인가 말 것인가를 시험하는 무대가 아니었다. 정치 세력화의 초기 값을 어디에 둘 것인가를 측정하는 무대였다. 이런 의미에서 이미 초기 값은 정해졌다. 이제 우리에게 요구되는 것은 미약한 출발을 정치 세력화의 완결로 승화시킬 고민과 실천이다." 나와 같이 기획위원회에서 일했던 막내 김해근의 말이었다.

선거가 남긴 과제를 이어가기 위해 사무실을 대폭 축소해서 삼선동으로 이사한다. 남은 사람들은 전국연합과 민주노총 등에서 나온 아주 적은 사람들뿐이었다. 마침 민주노총이 있었던 삼선동에서 그리 멀지 않은 돈암성결

삼선동 시절 사람들. 세월은 어떤 기억들은 가물거리게도 하지만, 열정에 대한 기억은 여전히 또렷하다. 맨 오른쪽이 저자.

교회 2층이었다. 선거 때와는 비교할 수도 없는 작은 사무실이었다. 그러나 거기에서 국민승리21이 남긴 성과와 과제를 이어갈 사업을 하기 시작했다. 누군가 이름을 알 수 없는 한 교수는 이런 평가를 남겨두고 있었다.

국민승리21은 많은 문제점을 가지고 있음에도 불구하고, 그간 선거 때마다 분열되어 있던 진보운동 세력이 한데 결집했다는 점에서, 그리고 노동자 민중의 독자적 정치 세력화를 지향한다는 점에서 한국 사회운동에서 한 단계 진전된 모습을 보이고 있다. 과거의 전례와 규칙에 따라 열심히 하기만 하면 되는 보수 정치의 길이 쉬운 것과는 달리 노동자 정치는 새로운 것을 창조해야 한다는 점에서 그 앞길이 험난하다.

그리고 그 험난한 길을 삼선동에서 열어가기 시작한다.

삼선동 사무실에는 나를 포함한 민주노총 파견자 4명, 전국연합에 사표를 내고 참가한 3명, 진보연합 4명, 경제시민모임 2명, 기타 과거 서노협 출신, 정보네트워크에서 일하다 함께한 사람 4명 등 모두 17명이 일했다. 그 외에도 시간을 내어 자원봉사를 해준 홀트아동복지회 이현주 위원장 같은 사람들도 많았다. 다시 예전 민주노총을 만들 때와 비슷한 시절로 돌아간다.

나를 제외한 상근자들은 1주일에 3만 원씩의 차비만 받을 수 있었다. 그러면서도 열정을 바친 많은 사람들이 있었고, 그 힘으로 인해 2000년 민주노동당을 만드는 기틀을 다질 수 있었다. 얼마 전부터 그 시절에 함께 일했던 사람들이 보자는 연락이 오고 있다. 지금은 서로 다른 길을 가기도 하지만 언제나 그리운 얼굴들이다.

IMF와 일방적인 노동자들의 희생

 1998년 김대중 대통령 시대가 시작된다. 칠전팔기의 정신으로 그는 마침내 대통령이 됐다. 군사독재에 맞선 민주화 운동의 대부, 사형 선고와 고문을 딛고 일어선 진정한 투사였다. 그러나 87년 6월 항쟁에 이은 대통령 선거에서 김영삼과 후보 단일화에 실패함으로써 노태우가 당선되도록 하기도 했다.

 그 때문에 군사독재 정권이 남긴 법적, 제도적 억압 장치는 '청산'되지 못한다. 그로 인해 사람들이 분열되기도, 합쳐지기도 했다. 김대중 대통령은 '국민의 정부'를 표방했다. 그러나 그 국민에 노동자는 포함되지 않았다.

 마침 IMF 경제 위기가 닥쳤고, 자본은 모든 책임을 노동자에게 전가하기 시작한다. 김대중 대통령은 "이자 부담이 없는 외자를 적극 유치하기 위해서는 정리 해고제가 불가피하다."고 했고, 이에 대해 민주노총은 총파업을 준비하면서, 98년 1월까지 교섭과 투쟁을 병행한다는 방침으로 '노사정위원회'에 들어간다.

 그러나 2월 6일 정리 해고제를 받아들이는 어처구니없는 합의를 한다. 이어 열린 2월 9일 대의원대회는 이 합의를 부결시키고, 이에 따라 민주노총 지도부가 총사퇴하는 등 파행이 일어난다. 이런 혼란은 3월 30일 새로운 집행부가 선출될 때까지 계속된다.

한편으로는 '고통 분담'이라는 명분 아래 일방적으로 희생을 강요하는 정부에 맞서 싸움을 하면서 조직 안의 혼란을 극복해야 했고, 다른 한편으로는 대통령 선거가 남긴 성과와 한계를 극복해야 하는 어려운 시절이었다.

"겨울의 한복판에서 봄을 생각한다고 봄이 되는 것은 아니다. 겨울은 겨울대로 극복해야지, 따뜻함을 그린다고 해결되는 것은 아니다." 당시 가장 많이 한 혼잣말이었다.

2기 민주노총 위원장 후보로 양경규 전문노련 위원장이 거론된다. 그만큼 열심히 투쟁했기 때문에 당연했다. 울산 현대자동차 위원장 출신인 윤성근 위원장과 한 팀으로 출마하기로 한다. 그런데 느닷없이 같이 선거대책본부에서 논의도 하던 고영주 전문노련 수석부위원장이 현대중공업 이갑용 위원장과 함께 출마한다는 통보를 받는다. 고민에 빠진다. 조합원이 2만5,000여 명밖에 안 되는 조직에서 임원들이 서로 엇갈려 출마하는 것에 대한 부담이 생긴다. 미리 얘기라도 했으면 조금 나았을 텐데 그러지도 않았다. 양경규 위원장과 나는 구파발 근처의 음식점으로 가서 휴대폰을 꺼버린다. 출마를 포기한 것이다. 역사를 거꾸로 돌릴 수는 없는 일이지만 만일 그때 양경규 위원장이 출마해서 민주노총 위원장을 했으면 역사와 내 삶은 또 어떻게 달라졌을까? 나는 우리의 조직인 연맹을 먼저 생각해서 출마를 포기하라고 양 위원장에게 말했다. 이 때문에 나는 이후 사람들에게 많이 시달리고, 양 위원장에 대한 부채감도 가지게 된다.

회비자동인출제도 CMS

'국민승리21'은 점차 다가오는 지방자치단체 선거 대응, 실업자 대책 마련, 그리고 회원 확보 사업 등 3가지를 중심으로 활동한다. 지방선거 대응을 위해서는 '지자체 선거대책위원회'를 만들고 최규엽 정책위원장이 책임을 맡았다. 당시 대략 50~60명 정도가 출마할 것으로 파악되었다.

나는 실업대책본부를 만들고 상황실장이 됐다. 실업정책위원회는 장상환 교수가, 실업통계조사위원회는 노중기 교수가 맡아주기도 했다. 목표는 IMF로 인해 마구 거리로 내몰리는 사람들을 중심으로 '전국실업자동맹'을 만드는 것이었다.

제일 중요한 사업은 회원 모집 사업이었다. 우리는 98년 안에 회원 1만 명을 확보하여 '회원이 운영하는 진보 정당'의 기틀을 마련한다는 취지 아래 회원 모집에 들어간다.

전국교직원노조에서 파견 나와 총무 업무를 담당하고 있던 최철호를 중심으로 한 번 가입하면 은행에서 자동으로 돈이 매월 출금되는 CMS를 구상하고, 앞서도 말한 '미스 전문노련' 김영수가 그 프로그램을 만들었다. 지금은 많은 단체에서 사용하고 있지만 당시 처음 도입한 것이었을 뿐 아니라, 재정을 안정시키는 데 획기적인 것이었다. 누구는 "CMS는 혁명이다."라고까지 말했다.

상근하고 있던 사람들이 먼저 회원 가입을 하고, 실험적으로 등록을 했다. 그리고 그 등록 순서는 나중에 민주노동당 당원 번호가 된다. 1번 최철호, 2번 나, 3번 오현아 그런 식이었다. 때문에 1번부터 대략 1,000번 정도가 삼선동 시절부터의 당원인 셈이다.

인터뷰 **김영수 당시 조흥시스템노조 수석부위원장**

CMS(Cash Management Service)란 은행의 컴퓨터와 거래처의 컴퓨터나 단말기를 통신 회선으로 연결하여 거래처에 금융 거래 정보 제공, 자금의 효율적 관리, 자금 대체 등의 서비스를 행하는 것을 말한다. 쉽게 말해 예금 계좌를 은행에 등록하면 이를 통해 자동으로 돈이 인출되는 제도다. 당시 CMS프로그램을 처음 만들었던 김영수는 이렇게 회고한다.

"어느 날 최철호 선생님이 스웨덴 진보 정당 가입 원서에는 CMS라는 게 있다면서 만들 수 있겠냐고 물어보더라고요. 당시에는 금융결제원에서 돈을 뿌려주는 기능은 있었는데 돈을 빼달라고 요청하는 기능은 없었고, 사용하려면 요청하고 싶은 기관에서 알아서 만들어야 했어요. 누구 계좌에서 매달 얼마를 빼는 걸 요청하고 승인받는 프로그램을 그때 국내에서는 처음으로 만들었던 거죠."

지금 CMS 인출은 거의 모든 단체의 회비 납부 시스템으로 보편화돼 있다. 얼마를 보수로 받았냐는 질문에 웃으며 답한다.

"받기는요, 돈을 내면서 했죠. 내가 만드는 프로그램이라는 게 사실상 인력을 줄이는 개발인 셈이긴 한데, 그때 그 작업이 프로그래머로 일하고 살면서 가장 보람 있는 작업이었어요."

시간이 흘러 당원 번호가 10만 번까지 갔을 때 10만 번 당원과 1번 당원의 인터뷰 기사가 언론에 실리기도 했다. "억울하다. 나를 먼저 입력할 걸." 당시 이런 농담들이 오갔다.

정치 조직으로의 전환

'국민승리21'은 성균관대 앞에 있는 유림회관에서 1998년 2월 21일 중앙위원회를 열고 "제15대 대선 운동의 성과를 계승하여 정치 조직으로 전환한다. 국민승리21은 폭넓은 진보 세력과 함께 진보 정당을 건설하기 위하여 적극 노력한다."는 내용을 결의한다. 약 290여 명의 중앙위원 중에서 48명 정도가 내가 소속된 전문노련, 아니 그 당시 이름을 바꾼 공익노련 사람들이었다.

국민승리21이 정치 조직으로 발전하는 것에 대해 반대하는 사람들도 있었다. 대통령 선거 때 가장 늦게 합류했던 정치연대(준)는 5월 3일 새로운 정치적·계급적 주체의 형성을 위한 조직화를 결정함으로써 이후 완전히 서로 다른 길을 가게 된다. 그들 중 일부가 다음해인 99년 '노동자의 힘'이라는 준비 모임을 만들어 활동한다.

국민승리21은 회원 1만 명을 확보하겠다는 계획은 세웠지만 현실은 그렇게 간단하지 않았다. 내부 홍역을 치른 민주노총에서는 "대선 평가가 제대로 안되었다.", "투쟁이 곧 정치 세력화다."라는 등 다양한 의견들이 내부에서 나오기 시작한다. 심지어 4월 중앙위원회에는 "민주노총에서 파견한 사람들을 복귀시켜야 한다."는 상임집행위원회의 입장이 제출되기도 했다. 이후 대의원대회에서 "국민승리21과의 관계를 종합적으로 판단한 후에 결정한다."고 하여 유보되기는 했지만 선거를 끝낸 민주노총마저 진보 정당 운동에 적극적이지 않았다.

나는 다음과 같은 내용으로 민주노총을 비판했다.

"노동자 정치 세력화의 경로, 방향, 이념, 정치 형태 등에 대해 많은 토론과 공유가 있어야 한다는 것은 잘 알지만 그래도 그것을 논의할 수 있는 기본 토대는 살려두어야 하는 것 아닌가? 권영길이라는 한 인간의 정치 생명의 문제가 아니라 대의원대회에서 노동자 정치 세력화가 중요하다는 판단을 했으면 그것을 어떻게 이어갈지, 그 불씨를 어떻게 살려야 할지를 고민해야지 이제 와서 원론적인 얘기만 뱅뱅 돌려서 하면 어떡하자는 거냐? 정히 국민승리21의 계급성이 문제라면 노동자가 더 많이 들어와서 계급의 중심을 잡아야 하는 거 아닌가?"

사실 대통령 선거 당시에도 약 25명의 상임집행위원 중 겨우 5명 정도만 민주노총 사람이었던 한계를 가지고 있었다. 4월 중순이 되었지만 가입한 회원은 겨우 200명을 넘겼을 뿐이었다.

전국실업자동맹을 만들자

그즈음 '밥'을 준다고 하면 실업자들이 지하철 역내를 가득 메우는 충격적인 사진이 실려 있는 신문을 심심찮게 볼 수 있었다. "여럿의 윤리적인 무관심으로 해서 정의가 밟히는 일이 있어서는 안 될 거야. 걸인 한 사람이 이 겨울에 얼어 죽어도 그것은 우리의 탓이어야 한다." 소설가 황석영의 <아우를 위하여>라는 단편소설에 나오는 구절이다. 경제 위기가 심각했다. 정부 설명에 따르더라도 하루에 1만 명이나 되는 엄청난 실업자가 발생하고 있었다.

> 오늘 서울역에 갔지요. 잠깐 들렀지요. 그 잠깐 사이에 서울역에 새까맣게 모인 노숙자들을 봤습니다. 화장실 옆 텔레비전 앞에 의자가 몇 줄 있잖아요. 그 의자에 빈틈없이 모여 앉은 사람들은 겉은 멀쩡했는데, 텔레비전 앞에 모여 앉아서 텔레비전은 안 보고 목을 외로 꼬고 병든 닭처럼 앉아서 자고 있더군요. 태반이. 갈 곳이 없어 12시가 다 되어가는 시간에 서울역 의자

에서 불편한 잠을 자는 사람들이 어찌 그리 많은지요. 날씨가 따뜻한 것이 다행인지, 기차 시간 기다릴 것도 없는 사람들 한 무더기가 여기 저기, 무리로 모여서 말하지 않아도 다 속내를 아는 고통의 함성을 지르고 있더군요.

_1998년 4월 8일 심재옥이 CUG에 올린 글

우리는 당시에 사회적 현안이 되고 있는 실업자 문제를 정면으로 제기하기로 한다. 4월 23일 1차 실업자대회를 서울역에서 열기로 하고, 유인물을 뿌리고 거금 100만 원을 들여 <한겨레신문>에 의견 광고도 냈다. 전국실업자동맹(준)을 만들기로 하고 전화도 새로 하나 마련한다. 알기 쉽게 '747 비행기보다 빨리(82) 일자리를 구하자(19)'는 뜻에서 747-8219라는 번호를 땄다. 유인물도 뿌린다.

실업자 여러분! IMF 사태와 현재의 실업 문제는 실업자 여러분의 잘못이 결코 아닙니다. 함께 모여 고통을 나누고, 희망을 찾아 나갑시다. 실업자 스스로 '전국실업자동맹'을 결성해 실업자의 권리와 생존권을 찾읍시다. 실업자 여러분! 4월 23일(목) 12시 서울역 광장에서 첫 번째 실업자대회가 열립니다. 실업자 여러분의 생생한 목소리를 들려줍시다. 국민승리21은 실업자 운동을 지원하고 있습니다.

돈이 없던 우리는 서울지하철노조를 통해 무대를 만들 수 있는 작은 판들을 구하고, 현수막을 걸 수 있는 구조물을 직접 세운다. 기대 이상의 반응이 나왔다. 기자들도 많이 왔다. <경향신문>은 다음날 "국민승리21 실업자대회, 생계 보장 정부 대책 촉구"라는 제목으로 사회면 한복판에 사진과 함께 기사를 실었다. 다른 신문들도 마찬가지였다.

98년 4월 23일 서울역 광장에서 열린 제1차 실업자대회. (사진=민주노총 ⓒ)

    탄력을 받은 우리는 서울역에서 40시간 노동쟁취와 실업 급여 기금 10조 원 조성을 위한 서명운동을 하기도 하고, 5월 16일 2차 실업자대회로 이어갔다. 다양한 방송에서 인터뷰 요청이 밀려오고, 인천방송에서는 40분 가량의 다큐멘터리로 우리의 활동을 방영하기도 했다.

    나와 당시 상근자들의 젊은 날의 활동이 고스란히 담겨 있는 영상인데 민주노동당이 분당되는 바람에 어디로 갔는지 모르겠다. 어쨌든 실업대책본부 활동을 통해 우리는 국민승리21이 살아 있다는 것을 대중적으로 보여줄 수 있었다.

    실업대책본부 활동을 하면서 찾아오는 실업자들을 만날 수 있었다. 그 중에는 아주 높은 토익 점수를 받고도 취업이 안 되는 대학생들도 있었다. 그 즈음 만났던 사람들 중에 조일영이라는 젊은 친구가 기억에 남는다. 서울역에서 노숙을 하던 그는 당시 29살이었다. 내가 공장 생활을 했던 반월공단 노동자였다. 거의 상근을 하면서 실업자대회 등을 도와주었다. 우리는 그에게 멀쩡한 사람이 노숙자가 되어가는 과정을 생생하게 들을 수 있었다.

"공장에서 잘리고 처음에는 여관에서 지내면서 취직 자리를 알아봤어요. 그러다가 점점 돈이 떨어져 여인숙으로 옮겼지요. 근데 그 돈도 다 떨어지는 거예요. 마땅한 자리는 안 나타나고. 그래서 서울역으로 왔어요. 사람들이 서울역으로 모이는 이유는 가장 많은 정보가 있기 때문이에요."

"야, 근데 아침에 노가다라도 나가면서 생활할 수도 있는 거 아냐?"

"물론 나가죠. 새벽에 남대문 시장 근처에 인력시장이 열려요. 몇 번 갔죠. 근데 일이 많은 게 아니에요. 그리고 노가다 하면서 가볼 만한 직장을 알아보는 게 쉽지 않아요. 대부분 낮에 면접을 보잖아요. 당일치기 일자리도 없으면 하루 종일 할 일이 없는 거죠. 그러면 삼삼오오 술을 먹어요. 술을 먹다 보면 신세 한탄이 나오고, 그러다가 술이 취하면 다음날 인력시장에 못 가고. 그런 자기가 한심해서 또 술을 마시고 하다보면 알코올 중독이 돼요. 멀쩡한 사람이 그렇게 되는 데 한 달도 안 걸려요."

"그럼 정부에서 하는 농촌 일자리에 가서 돈을 좀 모았다가 그 돈을 가지고 생활하면서 직장을 알아보면 어때?"

"그래도 제대로 된 직장을 알아봐야 하잖아요. 점점 나이는 먹어가는데 아무 직장이나 선뜻 들어갈 수도 없고. 시골로 갈수록 정보가 적어요."

김대중 정부에 대한 노동자들의 기대는 분노로 바뀌고 있었다. 98년 메이데이 집회는 종묘에서 열린다. 우리는 실업 문제를 들고 그 대회에 참석했다. 나는 6시 30분경에 마산 MBC와 생방송 인터뷰가 있어서 사무실로 들어왔는데 그 사이에 최루탄이 터지고, 경찰들의 폭력으로 많은 사람들이 다친다.

명동성당 앞 백병원으로 달려갔을 때 그 병원에만 7명이 있을 정도였다. 그 사건으로 인해 같이 국민승리21 조직부장으로 일하던 박용진이 잡혀갔다가 며칠 후 영장 실질 심사를 통해 석방되기도 했다. 그는 성균관대 총학생회장 출신으로 지금은 통합민주당의 대변인이다.

1998년 6월 4일 지방선거가 치러졌다. 공익노련은 다시 대전 유성구에서 3명의 구의회 의원을 당선시켰다. 국민승리21과 민주노총 후보 중에서는 울산 북구청장 조승수, 울산 동구청장 김창현, 남해군수 김두관이 당선되어 3명의 기초단체장과 광역의원 2명, 기초의원 18명이 확보됐다. 전체 49명이 출마하여 23명이 당선된 셈이었다. 어려운 시절이었지만 그나마 희망의 끈을 이어갈 수 있었다.

 국민승리21은 6월 26일 정치 1번지인 여의도로 다시 이사했다. 장맛비가 많이 내려 이사를 포기하려다 그냥 했다. 짐은 뚜껑이 달린 탑차를 이용했지만 정작 우리는 비를 많이 맞아야 했다. 지금의 여의도 렉싱턴호텔과 가까운 곳에 있는 동우빌딩이라는 곳이었다.

 나는 이사 후인 6월 30일 권영길 위원장과 커피 한 잔을 하면서 이후 진로를 얘기한 것을 마지막으로 국민승리21 파견을 끝내고 연맹으로 돌아왔다. "뼈를 묻겠다."는 약속을 지키지 못한 셈이다. 그러나 연맹의 정치 사업을 잘해야 정치 활동의 길이 열릴 수 있는 그런 조건이었다.

신길수 위원장의 죽음

국민승리21 파견 이후 거의 1년 만에 연맹으로 출근을 시작했다. 곳곳에서 투쟁이 전개되고 있었다. 연맹에 복귀하면서 나는 정치국장의 임무와 동시에 동아엔지니어링 투쟁을 맡았다. 연맹에 근무할 때 동생처럼 잘 챙겨 주던 동아엔지니어링 신길수 위원장이 동아그룹의 강제 퇴출에 항의해 스스로 목숨을 끊는다. 신길수 전 위원장과의 인연을 생각하면 투쟁을 맡는 것이 당연했다.

"8개월 후에는 당신의 큰아들이 대학생이 된답니다. 초등학교 입학식 때도 떠나 계시더니, 설마 대학교 입학식 때도 떠나 계시지는 않겠지요? 유서를 미리 써놓은 것을 보고 당신을 찾아 헤매다 울면서 돌아온 나를 안아주면서, "미안해, 안 그럴게, 그냥 한번 써봤어. 내가 잘못했어, 다시는 안 그럴게." 하면서 내 마음을 안심시켜놓고 이럴 수가 있단 말입니까? …… 우린 다시 태어나도 서로를 선택할 것이라고 입버릇처럼 말하면서, 나는 이 세상에서 제일 행복한 사람이라고 자부하면서 정말 행복하게 살았어요. IMF가 오기 전까지는!"

고 신길수 형님의 부인이 고인에게 쓴 편지다. 98년 5월 27일 조합원들의 생존권 사수와 고용안정을 요구하는 유서를 남기고 동아엔지니어링 노조의 전위원장인 신길수는 그렇게 떠났다. 당시 마흔 세 살이었고, 지윤이와 지현이라는 두 아들이 있었다.

★ 두 아들을 남기고 떠난 아빠, 신길수

"우리 같은 전문 직업인은 직장을 옮기는 것이 쉽지 않습니다. 어느 직장이나 같겠지만 특히 전문직은 다른 직장에 적응한다는 것이 불가능할 수도 있습니다. 또한 우리 노동자가 어디 한 번 회사 경영에 참여하여 본 적이 있습니까? 항상 노사 공동의 책임이라 하면서 실제 책임을 질만한 권리를 가져 본 적이 없었습니다. 퇴직금과 고용 보존은 남은 생의 생존권이 달린 문제니까 어떠한 일이 있어도 대주주 회사가 책임을 져야 할 것입니다. 남는 나의 식구 그리고 회사 동료들의 생존 문제를 너무 가벼이 다루지 말아 주십시오. 전임 위원장으로서 목숨을 던져 우리의 요구를 관철하려 합니다."

98년 5월 27일 조합원들의 생존권 사수와 고용 안정을 요구하는 유서를 남기고 동아엔지니어링노조의 전 위원장인 신길수는 떠났다. 당시 마흔세 살이었고, 지윤이와 지현이라는 두 아들이 있었다.

신길수 전 위원장은 동아엔지니어링에 입사해 8년 동안 노조 위원장을 지내며 공익노련 부위원장을 역임하기도 했다. 동아그룹 계열사였던 동아엔지니어링은 부채 문제로 경영 위기가 계속 되다가 IMF 이후에는 상여금을 삭감하고 임금도 체불했다. 급기야 98년 5월 9일 부도가 났고 이로 인해 퇴직금조차 받기 어려운 상태가 되어, 직원들의 생계는 나날이 어려워졌다. 신 전 위원장은 생존권 사수를 위한 투쟁을 전개하다 5월 25일에 집을 나간 후 5월 27일 새벽, 집 근처 야산에서 스스로 목숨을 끊었다.

마지막으로 98년 5월 23일 종묘집회에서 만났을 때 "밥은 먹고 다니냐?"며 걱정해 주더니, 바로 이틀 뒤 집을 나가서 싸늘한 시신으로 돌아왔다. 7년 동안 노조 위원장을 하면서 따뜻하고, 겸손하게 연맹 사업에 주도적으로 참여해 주었던 사람이었다. 물론 97년 대선 기간 중에는 출퇴근 가두 선전전도 열성적으로 했다.

'끈끈한 의리와 넉넉한 웃음 그리고 칼날 같은 노동자의 원칙과 따뜻한 동지애'. 우리 모두는 그를 그렇게 기억한다. 너도 가 본 적이 있는 문경 땅은 그 정신을 이어 받은 '신길수 추모사업회'에서 장차 노동자 연수원을 지을 계획으로 사 둔 곳이기도 하다.

"지나보면 투쟁을 했던 시기가 가장 아름다웠다. 그때만큼 인간에 대해 신뢰하고, 인간에 대한 관심을 가진 때가 없었다."

네 엄마가 추석 때 당시 명동성당에서 천막 농성하고 있던 조흥시스템노조와 본사 마당에서 천막 농성을 하던 동아엔지니어링노조를 방문하면서 한 말이다. 아빠는 이 말을 투쟁하고 있는 사업장을 만날 때마다 즐겨 하곤 한다. 그러나 투쟁 과정은 매우 힘들다.

동아엔지니어링노조는 모든 투쟁을 다 할 수밖에 없었다. 남대문 근처에 있는 본사 마당에 천막을 치고, 각종 연대 투쟁에 결합하고, 할 수 있는 모든 곳에서 집회를 하고, 가족들이 참여하는 행사를 하기도 했다. 결국에는 윤강욱 위원장의 단식투쟁에 이어 간부들의 릴레이 단식까지 진행했다.

투쟁은 쉽지 않았다. 과천에 있는 정부종합청사 앞에서 집회를 할 때에는 장맛비가 엄청 와서 빗물에 김밥을 말아 먹기도 했다. 그런 와중에 나는 연맹에 속한 연예인 노조와 얘기를 해서 기존 가수들이 함께하는 '퇴출 노동자와 실업자를 위한 98 희망음악제'를 열 수 있었다. 9월 25일 종묘에서였다.

너는 잘 모르겠지만 지금도 나이 먹은 사람들은 잘 아는 유명 가수인 김수

가수 김수희 씨가 퇴출 노동자 희망음악제에서 노래를 부르는 모습.

희, 이용, 안치환, 이애숙(코리아나), 임주리 등이 출연했다. 일각에서는 "이 투쟁의 시기에 한가하게 음악회를 하냐? 차라리 퇴출 노동자에게 돈을 줘라"라는 비난도 있었다. 그러나 유명 가수인 김수희가 실업자에 대한 고통에 대해 마음으로부터 공감을 주는 말과 노래를 해주었을 때 큰 힘을 받았던 기억이 있다. 그때부터 나는 김수희의 열렬 팬이 되었다.

잊을 수 없는 얼굴이 있습니다. 경제 위기 상황에서 동료 노동자들의 괴로움을 한 몸에 안고 산화해 가신 신길수 형. 대학원을 다니면서, 논문을 쓰면서 극한 상황까지 몰렸을 때 '나는 사람이 아니다. 논문 읽는 기계다.'라고 이를 갈면서 자신을 채찍질할 때 생각나는 사람이 형이었습니다. 지금도 눈물이 앞을 가립니다.

당시 함께 일했던 유병홍이 <기업별 노조의 산별 노조 전환에 영향을 미

치는 요인에 관한 연구>라는 제목으로 고려대학교 대학원 경영학과 박사 학위를 받은 논문 뒤에 쓴 헌사다. 너는 여전히 이해하기 힘들겠지만 1998년 IMF가 노동자들에게 준 아픔과 그것에 맞서 싸운 노동운동에 대해 말하고 싶다.

5월부터 시작된 투쟁은 1998년 10월 30일에 끝났다. 144일이 훌쩍 지났다. 마무리를 앞두고 몇 차례 동아건설노조와 충돌이 있었다. 그 충돌은 2009년 평택 쌍용자동차 앞에서 조합원과 회사 측 직원 사이에 벌어졌던 갈등과 매우 닮았다.

"회사 앞에 천막이 있고 집회를 하면 노조가 파업하는 줄 알고 일거리가 안 들어온다. 동아엔지니어링 투쟁을 그동안 말 없이 봐 왔는데 이제는 침묵할 수 없다. 동아엔지니어링 투쟁 때문에 동아건설 수주가 안 된다. 우리들의 고용도 불안한데 동아엔지니어링이 고용 승계를 요구하는 것은 정말로 말도 안 된다.", "회사 측이 찬성해도 우리가 반대한다." 동아건설 노조 부위원장의 말이었다.

마지막 교섭을 앞두고 10월 28일부터 같은 민주노총 산하 동아건설 조합원들이 회사를 옹호하며 나섰다. 빨간색 투쟁 조끼까지 입고 '생존권 사수'라고 적혀 있는 머리띠를 매고. "외부 세력 물러가라, 불순 세력 물러가라."고 외치며 지원 방문 온 연맹 사람들을 밀어내기 시작했다. 그들은 쇠파이프를 들고 우리를 위협했다. 천막을 철거하려 했고, 실제로 로비에서 단식 중이던 텐트를 철거해서 밖으로 내버렸다.

"민주노총이 우리 밥 먹여 줬냐. 꺼져라."

동아건설노조와 우리 사이에 경찰이 막아서서 보호하는 진풍경이 벌어지기도 했다. 그 와중에 심재옥 국장은 동아건설노조 조합원들이 밀쳐 뒤로 넘어지면서 머리를 바닥에 심하게 부딪쳐 병원에 실려가기도 했다. 교섭을 담당했던 이승원 사무처장이 들려나오기도 했다. 민주노총 산하 조합원끼리 싸워야 하는 처참한 현실이었다.

동아엔지니어링노조의 깃발은 그렇게 역사 속에서 사라졌다. 그 후 10년 넘게 만나고 있는 그들 중 일부는 여전히 엔지니어링 업계에서 일을 하고 있고, 누구는 자동차 운전 학원의 강사로, 누구는 문방구에 물품을 대주는 일을 하면서 산다. 다행히 당시 위원장과 사무국장은 건축 회사를 운영하고 있다.

연맹에서 돈을 조금씩 모으고, 나중에 노조에서 기금을 만들어서 대학 졸업까지 후원을 받은 신길수 위원장의 두 아들은 모두 커서 지금은 1년에 한 번 어려운 노동자 자녀들에게 장학 기금을 주는 '신길수 추모사업회'에 기금을 내고 있다. 자랑스러운 아버지로 기억하면서 말이다. 얼마 전에는 큰 아들 지윤이 아들의 돌잔치도 했다. 할아버지 없이.

노동법 개정 투쟁이 한창이던 1997년 1월 1일 눈 내리는 명동성당에서 전문노련 깃발을 들고 있는 고 신길수 위원장.

은지야. 누가 내게 왜 아직도 이 "노동판에 남아 있느냐?"라고 물을 때마다 "좋은 사람들, 순수한 열정이 있는 사람들을 가장 쉽게 만날 수 있어서."라고 대답하곤 한다. 세상은 고단했으나 그런 사람들을 가장 많이 만났던 시기인 것 같기도 한다.

너와의 재밌는 얘기

너에겐 너무 힘든 얘기만 했으니까 마지막은 좀 재미있는 이야기로 맺자. 98년 11월 23일의 기억이다. 오랜만에 일찍 집에 들어갔다. 일찍 들어간 게 오후 9시 30분 정도. 지금도 그렇지만, 당시 여섯 살이었던 너는 골뱅이를 좋아했다. 엄마를 기다리다 너와 함께 맥주를 마시기로 했다. 물론 너는 안주만 먹고, 아빠에게 맥주를 따라 주었다. 골뱅이를 썰고, 파를 넣고, 고춧가루를 풀어 안주 삼아 맥주를 한 잔 했다.

"아빠는 죽지 않겠다." 갑자기 술을 따르면서 네가 나에게 한 말이다.
"왜?"
"이순신 장군처럼 되지 않을 테니까."
"그게 무슨 얘기야!"
"술 따라 주어야 할 부하가 없잖아."

그러고 보니 언젠가 술을 마시면서 "이순신 장군이 한산섬 달 밝은 밤에 수루에 홀로 앉아 부하랑 술을 마시다가 부하에게 술을 안 따라 주어서 맞아 죽었다"는 세간의 우스갯소리를 한 기억이 났다. 너는 그 말을 기억하고 있었다.

땅만 보고 걷는 개미핥기를 예전에 그렸던 적이 있었다.
구부러진 허리와 애처로운 두 눈이 가엾다.

공포와 분노의 시대

신길수 전 위원장이 떠나기 바로 직전인 1998년 2월 13일에는 대우조선 노동자 최대림이 분신으로 사망했다.

바로 다음 날인 5월 29일에는 기아자동차 노동자 송인도가 분신했다. 그는 다행히 목숨은 건졌지만 일산에서 살 때 가끔 보았는데 온몸이 분신의 후유증으로 망가져 있었다.

경제 위기는 그렇게 노동자들에게 다가왔다. 자본주의에서 영원하고, 안정적인 것은 없다. 이윤을 찾아 하이에나처럼 헤매는 자본의 탐욕 앞에 저항하지 않는 노동자는 '밥'일 뿐이다. 곳곳에서 거리로 쫓겨나는 노동자들이 생겼다. 우리가 살고 있는 자본의 사회, 약육강식의 사회는 '고통 분담'을 말하지만 자본가는 자신의 이윤을 줄이는 분담을 하지는 않는다. 그걸 적나라하게 보여준 것이 98년의 역사다. 파견 근로자가 22만5,000명으로 5년 사이에 8.3배가 증가했다는 통계가 무엇을 의미하는지는 알겠지?

98년 내내 정리 해고와 인원 감축에 대항하는 노동자들의 투쟁이 전국에서 벌어졌다. 김대중 정부는 금융, 기업, 노동, 공공 부문 개혁을 4대 과제로 설정했다. 특히 자본과 노동 측의 반발이 예상되는 다른 세 부문을 선도하기 위해 구조조정의 모범을 보이려고 19개 공기업에서만 일률적으로 20%의 고용 감축이 결정되어 3만 명에 가까운 사람들이 일자리를 떠났다.

6월 18일 55개 퇴출 기업 발표, 6월 29일 5개 퇴출 은행 발표, 6월 30일 현대자동차 정리 해고 신고, 7월 3일 11개 공기업 민영화 계획안 발표 등 김대중 정부는 숨 막히게 노동자들의 목을 조여 왔다.

이제 우리는 죽어가고 있다

며칠 전에 우리 애가 병원에 입원했습니다. 30여 일 동안 너무 힘들게 농성하다보니까 애가 병이 들었습니다. 의사 선생님이 대체 어떻게 했기에 애가 이 모양이 되었냐고까지 했습니다. 그래도 저는 투쟁을 계속하고 있습니다. 저는 이번 투쟁을 하기 전에는 운동이라는 것에 대해서는 알지 못하는 평범

★ 98년 상황
- 조흥시스템 7월 25일 일방적인 청산 발표. 명동성당 농성, 단식, 삭발 투쟁.(99년 3월 4일 투쟁 종료)
- 현대자동차 6월 30일 4,830명 정리 해고 신고. 7월 20일 현대자동차 조합원들 무기한 천막 농성과 파업. 8월 24일까지 36일 파업. 전체 사원 4만5,000명 중 1만117명 퇴직.(희망퇴직 8,171명, 무급 휴직 1,669명, 정리 해고 식당아주머니 177명 포함 277명)
- 만도 7월 23일 1,163명 정리 해고 통보. 8월 17일 전면 파업. 9월 3일 폭력 경찰 침탈. 익산, 아산, 대전, 청주 등 전국 7개 지부에서 조합원 수백 명씩 연행.
- 아남반도체 9월 9일 사측의 부당 해고 맞서 전면 파업 10일째 경찰 투입. 조합원 39명 연행.
- 대림엔지니어링 9월 14일 일방적 구조조정 및 인원 감축 기도에 대항 파업.
- 과학기술노조 9월 28일 정부의 정부 출연연구기관 구조조정 안에 반대 단식 농성.
- 유신코퍼레이션노조 10월 9일 77일간의 파업 투쟁.
- 한국전력기술 11월 초 사측 111명에 대한 대기 발령 통보. 97년 300억 순이익 기록한 회사임에도 무조건 30%(650명) 정리 해고. 12월 8일 이광영 위원장 단식 돌입. 99년 1월 4일 종료.
- 소비자보호원 12월 31일 40여 일 동안 해 온 부당 해고 철회 투쟁 종료. 박용석 지부장 단식 11일 진행.

한 아내였습니다. 그러나 이제 저는 정리 해고만큼은 막아내야 한다고 생각합니다.
_현대자동차 식당 아줌마 조합원

우리는 지금까지 처절한 투쟁을 벌여왔다. 지금 우리는 서너 살 된 어린 자식들과 함께 투쟁을 벌이고 있다. 언론에서는 어린 아이들을 볼모로 투쟁을 하고 있다고 하는데, 내 자식 새끼와 내 남편이 길거리로 내몰리게 되었는데 투쟁하지 않을 부인이 어디 있겠는가? 공권력, 우리는 전혀 두렵지 않다. 공권력 들어올 테면 들어와라. 들어와서 만삭이 된 임산부를 짓밟고, 우리 어린 자식들을 짓밟으려면 짓밟아라. 우리는 정리 해고가 철회되지 않는 한, 한 발자국도 물러설 수 없다.
_현대자동차노조 가족대책위원회

한평생을 몸담아 청춘을 불사르고 이제 백발이 성성한데 우리는 거리로 내쫓겨야 하는가? IMF라 했던가? 누가 왜 불렀는가? 우리가 무엇을 잘못했단 말인가? 열심히 일한 죄밖에 더 있는가? 방만한 경영이라고, 고비용 저효율이라고, 투자에 대한 성과가 없다고, 정말 그러한가? 정말 거리로 내쫓길 만큼 우리가 잘못한 것인가? 우리가 거리로 내쫓기면 우리의 처자식은 어떻게 되는가? 불안한 하루, 불안한 4월. 날만 새면 구조조정, 인력 감축, 연봉제, 정년 단축, 퇴직금 지급 기준 하향 조정 기타 등등, 정부의 계속적인 가이드라인이 내려온다. 감축 대상 인원에 대해서는 즉시 대기 발령을 하고 명예퇴직 또는 자진 사퇴를 유도하고. 연구직 5%, 지원 인력 15%, 책임급은 60세, 선임급은 58세. 어지럽다. 이렇게 해야만 생산성이 높아지고 효율이 올라가는가? 정말 밥맛없는 소리만 들린다. 이것이 과학 입국인가? 이것이 과학기술 발전 계획인가? 이렇게 해야만 생산성이 높아지고 효율이 올라가는가?
_원자력안전기술원 조합원

나는 밤마다 불안과 공포에 시달리느라 잠을 못 이룬다. 오늘 밤엔 굳게 닫혔던 무거운 철문이 열리고 저들이 내 번호를 부를까봐 불안하다. 한 번 끌려가면 영원히 못 올 길을 아무도 몰래 떠나게 될까봐 무섭다. 아침에 일어나면 그나마 의지가 되던 동료들이 하나씩 둘씩 줄어든다. 나도 어느 날 아침 이들 속에 끼지 못하고 영영 사라져 버릴까봐 밤마다 불안과 공포에 시달린다. 벌써 식사 배급량이 눈에 띄게 줄었다. 그래 곧 죽을 놈들이 먹는 것이니 아깝기도 하겠지. 전기 고문보다도 두렵고 고춧가루 물을 코에 들이붓는 것보다 더 두렵다.
_한국원자력연구소 조합원

하느님은 뭐하시나? 국민의 정부 지옥에나 데려가질 않고. 국민의 정부, 국민이 없는 국민의 정부는 IMF가 무슨 도깨비방망이라도 되는 것처럼 정책을 수행하고, 독재정권과 하나도 다름없이 강권만을 휘두르고 있다. 흔히 얘기하는 우리는 넥타이 노동자들인데, 이제 투쟁밖에 모르는 투사가 되어가고 있다. 노동자들의 피눈물을 우습게 봤다면 이젠 큰 코 다칠 것이다. 광주에서의 교훈을 잊지 말라.
_한국전력기술노조 조합원

솔제니친은 『암병동』이라는 책에서 그 곳은 "아흔아홉 사람이 슬프고 괴로워할 때 한사람이 웃고 즐기는 곳"이라고 표현했는데 당시 한국 사회는 바로 암병동과 다를 바 없었다.

"잘못은 지도층들이 저질러 놓고 고통은 죄 없는 국민이 당하는 것을 생각할 때 한없는 아픔과 울분을 금할 수 없습니다." 김대중 대통령이 98년 2월 25일 대통령 취임사에서 한 말이다. 그러나 김대중 정부의 '민주적 시장경제'가 내세운 경제 위기 극복을 위한 고통 분담 논의는 결국 노동자에게 모든 고통을 떠넘기기 위한 수순에 불과한 것임이 드러난다.

IMF의 고통은 고스란히 노동자들의 몫이었다. (사진=민주노총 ⓒ)

지금 너희들과 수많은 비정규직 노동자들의 아픔을 가중시키고 있는 근로자 파견법이 통과된 것도 그때였다. 국민대통합의 선결 조건으로 약속했던, 부당노동행위 근절, 구속자 석방, 해고 노동자 원직 복직도 실종되었다. '철학'이 있다는 대통령이 왜 그랬을까?

외환 위기를 극복하기 위해 온 국민이 나서서 금 모으기 운동을 했던 기억이 새롭다. 당시 외화 부채가 약 304억 달러 정도였다. 자발적으로 금 모으기에 나선 국민들은 약 340만 명이 참여하여 225톤의 금을 모았다.

금액으로는 21억7,000만 달러(당시 환율을 1,300원으로 할 때 3조 원에 달한다) 정도였다. 98년 2월 수출이 21% 급증하여 무역 흑자가 32억 달러였는데, 그 가운데 금 수출액이 10억5,000만 달러였다고 한다. 어마어마한 일이었다.

결혼반지도 없던 우리는 유일한 금붙이였던 네 돌잔치에 들어온 금을 모두 가져다 주었다. 지금 생각해보면 정말 순진했다. 그 와중에 재벌은 더욱 몸집을 불렸고, 초국적 자본은 구조조정에 따라 빚을 원활하게 돌려받음과 동시에 싼 값으로 금융기관, 공기업, 그리고 알짜 기업 인수를 확대하여 한국 경제에 대한 지배력을 강화한다. 결국 위기를 맞아 자본은 몸의 '때'를 벗긴 정도에 그친 반면 노동자는 '뼈'를 깎는 아픔을 겪어야 했다.

전국에서 벌어지는 정리 해고라는 자본의 횡포에 맞서 98년 12월 9일에는 민주노총 이갑용 위원장이, 그리고 크리스마스 이브인 24일부터는 각 산별 연맹 위원장들이 단식투쟁에 들어가 12월 31일에야 중단한다. 그러면서 제대로 된 다음 투쟁을 기약했다. 1997년 대통령 선거를 하면서 우리는 "보수 정당을 찍는 당신의 한 표는 정리 해고의 칼바람이 되어 노동자의 목을 칠 것입니다."라고 목이 쉬도록 외쳤는데 그게 현실이 되고 있었다. 통탄할 일이었다.

99년 서울지하철노조 파업

공익노련은 3월 10일에 해산 대회를 열어 공식적으로 해산된다. 1989년 연구전문노동조합협의회를 거쳐 전문노련, 공익노련으로 이어진 10년의 역사를 마감하고 새롭게 공공연맹으로 발전한다.

그리고 이어 1999년 3월 13일 한국통신, 조폐공사, 사회보험 노조 등이 포함된 전국공공노동조합연맹, 서울 및 부산 지하철 노조 등이 포함된 전국민주철도지하철노동조합연맹 등과 통합한 '전국공공운수사회서비스노동조합연맹'이 탄생한다.

3개 연맹이 하나로 되어 106개 노조 10만 명의 조합원을 포괄하는 대규모 연맹이 새로 만들어진 것이다. 우리에게는 하나의 역사인데 너희에게는 단순하지 않은, 읽기도 외우기도 복잡한 이름만 남겠다. 다만 이런 복잡한 명칭의 변화는 끊임없이 단결의 폭을 확대해 나가는 과정이라고 이해하면 되겠다. 브라질에서 돌아오니 나는 조직팀장이 되어 있었다. 사무실도 잠실 석촌호수 옆에서 뚝섬역으로 옮겼다.

> 캄캄한 설움의 세월을 찢어버리고 / 메마른 착취의 지축을 흔들며 / 땅 속을 달린다 새벽의 투사가 되어 / 해방역에 닿을 때까지 우리는 노동자 / 독재의 쇠창살 우리의 함성 막을 텐가 / 지랄탄 불도저 우리의 전진 막을 텐가 / 압제의 터널 속에서 멈출 수는 없다 / 천만 노동자 기관차되어 달리자 지하철 노조여 / 우리의 사랑이여

서울지하철노동조합의 노래다. 서울지하철노조는 조합원이 1만 명에 가까운 큰 사업장이었고, 전노협의 핵심 노조 중의 하나였을 만큼 민주노조의 한 상징이었다. 1989년 3월 16일, 1994년 6월 24일에 파업이 있었다. 누군가는 농담으로 "우리는 5년마다 파업한다."고 했는데 실제 그랬다. 2004년에도 파업을 했으니까.

98년 10월 8일 발표된 서울시의 지하철 구조조정 안은 정원의 30%에 달하는 3,447명 감원, 임금 삭감, 복리후생비 폐지와 축소 등을 핵심 내용으로 하고 있었다. 99년 들어 일방적으로 명예퇴직, 대기 발령, 정년 단축을 감행했다. 계속 밀릴 수는 없었다.

서울지하철노조는 일방적 구조조정 저지, 노동시간 단축을 통한 고용 안정 및 창출, 지하철 개혁의 요구를 걸었다. 노조는 4월 19일 새벽 4시 조합원

약 6,500여 명이 참가한 가운데 파업에 돌입한다.

하지만 노동 악법에 의해 불법 파업이었다. 따라서 파업 첫날 열차를 운행하는 승무 지부 1,169명은 명동성당으로, 나머지는 오후 6시경부터 서울대에 진입을 시도하여 2,500여 명이 성공적으로 학교에 들어갔다.

사전에 준비한 암호대로 하면 '김밥 배달'이 무사히 완료된 셈이었다. 4월 19일 서울역 광장에서 열린 집회에 연맹에서 8,189명이 참가한 것을 시작으로 파업이 끝나는 4월 27일까지 우리는 매일 집회를 해야 했다.

서울지하철노조 파업을 선언하는 연맹과 노조 지도부들.

연맹이 통합되자마자 처음 벌이는 큰 싸움이어서 나는 양경규, 석치순 연맹 공동위원장과 서울지하철 임성규 사무국장 등이 농성하고 있는 명동성당 천막에서 같이 생활했다. 너도 만난 적이 있는 임성규 형은 그 후 연맹 위원장을 거쳐, 민주노총 위원장이 된다. 우리는 서로가 판단을 공유해야 했다.

서울대에는 연맹 조직팀 사람들이 함께 들어가 있었다. 어느 날인가는 경찰이 서울대학교에 병력을 투입한다는 정보가 입수되었다. 경찰 헬기가 뜨고, 교문을 사이에 두고 최루탄과 화염병이 몇 차례 오고간 다음이었다. 연맹과 서울지하철노조의 판단이 달랐다.

우리는 위협을 가하는 정도라고 보았는데 현장에서는 진짜 투입하는 줄 알고 한밤중에 관악산을 넘어가다 다리가 부러진 사람이 생기기도 했다. 그럴수록 상황을 공유하고, 같이 판단하는 것이 중요했다. 경찰은 파업에 들어가자마자 새벽 5시 10분에 지하철 군자 기지에 병력을 투입하고, 노조 간부 19명에 대해 체포영장을 발부할 만큼 신속하게 움직였기 때문이었다. 네가 이해하기 쉽게 당시 상황을 생생하게 묘사한 신문 기사를 그대로 옮긴다.

4·19 총파업을 하루 앞둔 18일 저녁 8시. 야간 총회가 열리기로 예정된 군자 기지에는 차량 지부 조합원들이 속속 집결하고 있었다. 3,000명에 이르는 조합원들은 자신들의 깃발을 앞세우며 노조 사무실 앞 3·16 광장으로 모였다.
같은 시각. 창동 기지와 신정 기지에는 역무 지부와 기술 지부 조합원들이 총파업 비상 대기 상태에 돌입해 있었다. 투쟁의 주력, 승무 지부 기관사들은 명동으로 향했다.
밤 11시. 군자 기지 주변에 경찰 병력이 배치되고 기지 내로 들어오는 모든 출입구가 봉쇄됐다. 팽팽한 긴장감이 밤공기를 휘감았다. 경찰들이 기지 안으로 투입될지도 모른다는 정보 보고가 지도부에 긴급히 전달됐다.
권력과 공안 세력들은 초동에 무력 진압할 것이라는 협박을 했던 터다. 각 지회별로 인원 점검이 시작됐다. 지도부의 이동 지침이 떨어졌다. 기지 내에 대기 중이던 빈 전동차에 3,000여 조합원들이 올라탔다. 그때가 밤 11시 20분.
성수역에서 내려서 2호선을 갈아탔다. 달리던 차내에 김용진 차량 지부장의 목소리가 방송을 통해 흘러나왔다. "조합원 여러분들, 건대역에서 모두 내려주십시오." 건대 앞에는 조합원의 이동 경로를 알아낸 경찰들이 정문을 봉쇄하고 있었다. 대오는 긴급히 세종대로 이동했다. 총파업의 날이 밝아오고 있었다.

19일 새벽 4시. "지금부터 총파업에 돌입한다." 석치순 위원장이 파업을 선언했다. 전날 야간 총회를 마치고 석 위원장과 임성규 사무국장 등 주요 지도부들은 명동성당으로 이동을 마친 상태였다.

파업 첫날 4곳으로 흩어져있던 조합원들이 전날 밤 모두 성공적으로 야간 총회를 치렀다는 소식들이 전해져왔다. 세종대와 창동 기지, 신정 기지에 모여 있던 조합원들은 지도부의 '지침'에 따라 새벽 4시경부터 5~10명으로 짜여진 조별로 흩어졌다. 그들은 오후 2시 민주노총 총력 투쟁 결의대회가 열리는 서울역에 집결하라는 지침을 '비선'을 통해 받은 상태였다.

한편 이날 서울지하철을 비롯해 데이콤 등 17개 노조 2만1,000여 명이 공공연맹 방침에 따라 총파업에 돌입했다. 밤 10시, 명동성당에 있는 지하철 노조 상황실에 기술 역무 차량 3개 지부 6,000여 명의 조합원들이 경찰의 봉쇄를 뚫고 서울대로 무사히 들어갔다는 보고가 올라왔다. 조합원들이 또 해냈다. '길고 긴장된 파업 첫날'은 그렇게 지나갔다.

_<진보정치> 창간준비 1호에서

박지원 청와대 대변인 "오늘은 기쁜 날"

"타협 여지 없다, 경찰 투입하겠다, 무더기 징계 착수, 귀가 전쟁, 끝내 사고 3명 부상, 불법 파업 강력 대응, 여론에 밀렸다, 파업 후유증 심각……" 당시

TV 뉴스 제목이 말해 주는 것처럼 언론은 농성자 이탈을 실제보다 과장하여 확대 보도했다. 심지어 파업이 정점을 향해 치닫고 있던 4월 22일 군인 신분으로 대체 투입된 기관사가 누적된 피로로 열차를 정차시키지 못해 당산역 차막이를 들이받은 사고가 발생했는데, 파업 참가자들이 열차를 정지시키기 위해 물리력을 행사한 것처럼 왜곡 보도하기도 했다.

노동시간을 단축해 1,000명이 넘는 인원을 증원하는 '일자리 나누기' 방안을 요구한 노조의 요구는 전혀 다뤄지지 않았다. 우리는 언론의 왜곡 보도에 대해 <조선일보> 앞에서 항의 투쟁을 전개하기도 했다. 이런 어려움을 겪고 8일간 투쟁을 벌이다 결국 4월 26일 저녁 8시 파업을 풀고 현장에 복귀해야 했다.

연일 계속되는 김대중 정권의 협박과 보수 언론이 일제히 퍼부어대는 대규모 함포 사격에 맞서 '당당하게' 싸워나갔던 노동자들은 8일간의 투쟁을 끝으로 피눈물을 흘리며 파업을 정리했다. 다음날 아침. 청와대 기자실에 나타난 박지원 대변인의 첫말은 "오늘은 기쁜 날"이었다고 한다. 이 말은 "김대중 대통령님께서 매우 기뻐하셨다."는 뜻이다. 그렇게 노동자들을 짓밟았다.

너희는 왜 그토록 무수히 많은 희생자를 낳으면서 투쟁하느냐고 물을 수도 있겠다. 사람들은 공기업을 보고 '신이 내린 직장' 운운하는데 왜 그런 안정된 회사에 다니는 사람들이 투쟁을 하는 것일까? 너희와 비슷한 나이의 아이들을 둔 한 가정의 가장인 사람들 수천 명이 노숙을 마다않고, 연행과 구속 심지어는 해고를 두려워하지 않으며 싸우는 이유가 무엇일까? 언젠가 길게 얘기할 기회가 있겠지만 이쯤 돼서는 너희들도 한번 생각해 볼만한 주제겠다.

또 다시 갈라서는 진보 정당 운동

한편, 여의도로 사무실을 옮긴 국민승리21은 98년 말에 이르러 매달 회비를 꼬박꼬박 내는 회원이 2,000명을 넘어서서 재정의 90%를 충당하고 있었다. 서울 경기 지역과 울산, 구미, 마산, 창원, 남해, 거제, 대전 등 전국 30곳에 지구당이 만들어지고, 25곳에 지구당 준비 모임이 구성되고 있었다. 실업대책본부 활동도 발전하여 99년 1월 22일에는 전국의 17개 실업운동 단체들이 모여 '전국실업자동맹 준비위원회'(가칭)가 결성됐다.

그러나 패배를 딛고 노동자가 중심이 된 진보 정당을 만드는 길은 순탄치 않았다. "국민승리21이 유럽 사회민주주의 노선을 걷고 있다.", "자본주의의 폐해를 극복하지 못한 유럽 사민주의는 우리 사회의 대안이 아니다."라며 98년 11월 29일 청년진보당이 만들어진다. 청년진보당은 후에 사회당이 되고 지금은 진보신당과 합쳤다. 97년 대통령 선거 때 함께했던 세력 중의 일부다.

다른 한편에선 김대중 정부와 명확한 분리의 선을 긋기보다는 "현 정권이 개혁을 최우선 과제로 내세우고 있으나 개혁 주체와 토대가 허약하다."며 98년 11월 30일 '민주개혁국민연합' 준비위원회가 결성되기도 했다. 그 조직의 공동대표인 이창복은 97년 대통령 선거 때 국민승리21의 공동대표이기도 했다. 나중에 김대중이 만든 정당의 국회의원을 한다. 불과 2년도 채 안되어 다시 좌우로 갈라선 셈이다.

그럼에도 불구하고 국민승리21을 중심으로 99년 1월 25일 진보 정당 창당을 제안하는 원탁회의가 열린다. '진보 정당 창당 제안 원탁회의'는 권영길 등 200여 명이 참가한 가운데 열려 "노동자, 민중이 앞장서 진보 정당을 중심으로 단결하고, 정치적 독립을 쟁취하는 일은 더 이상 미룰 수 없는 당면 과제로 대두되고 있다."라는 내용의 제안문을 채택하고, 99년 안으로 진보 정당을 창당할 수 있도록 힘을 모으기로 한다.

이런 흐름은 더 발전하여 4월 18일 열린 '진보 정당 창당 추진위원회' 결성 대회를 시작으로 창당은 본격적인 궤도에 들어서기 시작했다. 마침내 99년 8월 29일 대통령 선거 패배 이후 2년여 동안의 준비 끝에 발기인 6,215명으로 (가칭)민주노동당 창당준비위원회의 깃발을 올린다. 당시 약 1만 명 가까운 당원과 35개 지역에 창당추진위(준비위)를 갖고 있었으며, 2000년 1월 30일 창당 대회를 가지기로 한다.

가정보다 조직이 우선인 팔자

새롭게 시작하려는 노동자 정치 활동에 대해 우려와 걱정도 많았다. 현장의 활동가들과 노동자들 사이에서 참으로 많은 이야기들이 나왔다.

"국민승리21 사업이 민주노총 내에서조차 뿌리를 쉽게 내리지 못한 데 대한 궁금증과 우려가 있다. 정치 사업에 대한 무수한 지뢰밭과 걸림돌을 경시하고 돌격 앞으로만 할 수는 없는 것 아닌가? 왜 노동자의 정치 세력화가 필요한가에 대한 정확한 인식을 심어 주는 것이 필요하다. 대중 속으로 파고들지 못하는 정치 세력화는 한낱 허구일 뿐이다."

"현 단계 명실상부한 노동자 중심의 진보 정당이 건설되려면 10년의 민주노조운동 과정에서 단련되고 검증된 지도력이 중앙당이나 지구당에서 핵심적 역할을 해야 한다. 아직은 민주노총 내에 그럴만한 세력이 조직화되어 있지 않은 한계가 있다. 톡 까놓고 얘기해서 현재의 우리 수준은 진보 정당에 돈 대고 이름 대는 수준을 크게 벗어나지 못하고 있다."

"현재의 진보 정당 건설은 당원의 조직 및 재정의 문제라는 차원에서 보면 민주노총의 당이라고 지칭할 정도로 노조 의존도가 높으나, 민주노총 내부는 전업적으로 정치 활동을 하려고 하는 세력이 구축되어 있지 않은 게 문제다."

"민주노총은 당분간 진보 정당이 자립할 때까지, 돈 대주고 몸 대주는 역할을 해야 한다. 이 부분도 대단히 중요한 것으로 재정과 당원이라고 하는 하부 기반이 튼튼해야 명망 인사를 영입하거나, 노조 내부에도 직업으로서 정치를 하겠다고 결단하는 인사가 배출될 수 있기 때문이다."

이처럼 여러 가지 걱정과 우려도 있었지만 "어쨌든 현실적으로 민주노총이 핵심적 기반이 되어 진보 정당은 건설되고 있다. 이제 우리는 진보 정당 건설이 객관적 현실임을 받아들이고 우리가 갖고 있는 물리적 한계는 인정하되, 선거 한 번으로 무너지지 않는 정당, 노동자의 입장을 대변할 정당을 만들기 위하여 적극적인 노력을 기울여야 한다."는 데 뜻을 같이 하는 사람들이 서서히 모이기 시작한다.

1999년 그해 11월 네 동생 은수가 태어났다. 너랑 일곱 살 차이다. 사실 처음 운동을 시작할 때 나와 네 엄마는 아이를 가질 생각을 못했다. 당시에는 군사정권을 몰아내는 것이 삶의 목표였고, 아이를 나서 기르는 것을 '욕심' 혹은 '사치'로 생각했던 때였다.

한 치 앞도 내다보기 힘든 상황이었다. 만약에 감옥이라도 가게 되면 더 어려워질 게 뻔했다. 책임지지도 못하면서 아이를 낳겠다는 생각을 하기가 어려웠다. 다행히도 너와 은수를 낳아도 될 정도로 한국 사회가 바뀌어서 고맙기도 하다.

얼마 전 네 고등학교 졸업식 앨범을 보면서 유난히 '민주'라는 이름을 가진 아이들이 많다는 사실을 새삼 알았다. 차민주, 박민주, 김민주 등등. 새날 언니 이름도 그렇다. 그 시대를 살았던 사람들 모두가 자신들의 염원을 아이들의 이름에 담은 걸로 이해한다.

내가 만난 어떤 사람은 성이 백 씨인데 하나는 '두산'이고, 작은 놈은 '록담'이다. 백두산과 백록담이 하나로 되는 통일 세상을 바라는 마음이었겠다. 모르긴 몰라도 그들 중에는 우리 부부와 같은 고민을 했던 사람도 있었을 것이다.

정말 미안한 얘기지만 둘째 은수가 태어날 때도 나는 집에 없었다. 마침 민주노총 수련회가 충북에 있는 산골짜기에서 열리는 바람에 휴대폰이 터지지 않았다. 산을 내려와서 집으로 향하는 길에 휴대폰이 연속으로 들어오기 시작했다. "은지 아빠, 통증이 오기 시작했어. 빨리 연락 줘."로부터 시작된 문자는 마지막에 "왜 이렇게 연락이 안 돼. 낳았어."라는 원망으로 끝났.

괴산에서부터 일산으로 가는 길은 지금도 멀다. 내 대신 외할아버지가 은수를 받았다. 병원에 도착한 나는 차마 네 엄마는 물론 외할아버지를 쳐다볼 수도 없었다. 하필이면 그때 휴대폰도 안 터지는 그런 곳에서 수련회를 했을까? 두고두고 네 엄마와 은수에게 미안한 일이다. 네 엄마가 명리학을 공부하면서 나더러 가정보다는 조직이 우선인 팔자라고 했는데 정말 그런가 보다.

둘째 딸 은수와 함께 집회에 참석한 저자.

신문을 만들다, 〈진보정치〉

은수를 생각하면 주간 〈진보정치〉가 생각난다. 99년 봄에 인사동 작은 술집에 스무 명 남짓한 사람들이 모인다. 그리고 기존의 신문이 아닌 우리 언론 매체에 대한 얘기들을 나누었다. 세상을 바꾸려면 여론을 바꾸어야 했다.

이에 앞서 민주노총에서 함께 일하던 김태현, 신언직, 오동진, 박점규 등은 국민승리21 이후 노동자 정치 세력화라는 과제를 노조에서 적극적으로 수행하지 못하고 있다고 판단하고, 현장 노동자들을 위한 '전국적인 정치신문'을 만들자고 사전 논의를 한다.

지금도 민주노총에 있는 김태현 선배가 마침 일본을 다녀올 기회가 있어서 일본 공산당의 기관지인 〈적기〉(赤旗, あかはた) 편집국장도 만나서 얘기

를 들어보고, 신문도 가져온다. 비록 일본공산당이 실패해서 소수당이 되었지만 공산당 기관지는 일간지 경우 수십만 부, 일요판은 수백만 부가 팔린다고 했다. "우리도 그런 신문을 한번 만들어 보자."고 모인 사람들이 의기투합했다. 스무 명도 안 되는 사람들이었지만 거기서부터 일이 시작된다.

무언가를 하려면 항상 문제가 되는 것은 '돈과 사람'이다. 사람은 있었다. 현재 <레디앙>에 있는 이광호 선배는 일요신문과 민주일보의 노조 위원장을 거쳐, 전노협 준비위 사무처장, 언론연맹 정책실장, <미디어오늘> 창간 편집국장, 민주노총의 기관지인 <노동과 세계> 창간 편집국장을 지냈는데, 마침 당시 민주노총 집행부와 기관지에 대한 생각이 달라 민주노총을 그만둔 상황이었다.

돈은 거기 모인 사람들이 책임지고 만들기로 한다. 말처럼 쉬운 길은 아니었다. 그러나 '뜻이 있는 곳에 길은 열리는 것'이다. 좋은 기자들이 모여 든다. 지금은 다 뿔뿔이 헤어졌지만 쥐꼬리만 한 급여를 받으면서도 발로 뛰는 신념을 가진 젊은 기자들이 함께한다.

마포 민중의 집을 만든 정경섭, 얼마 전 마포구 의원이 된 진보정의당 오진아, 최근 진보정의당으로 간 윤재설, 이지안 진보신당 전 부대변인 등의 열정이 신문다운 신문을 만든다. 지금은 일간 신문 기자를 하고 있는 고동우, 통합진보당의 <진보정치> 편집위원장을 맡았던 김동원도 초기에 고생을 같이 했다.

활기차고 헌신적인 젊은 후배들을 중심으로 당시 마포 가든호텔 뒤의 조그만 공간에서 이후 민주노동당 기관지가 되는 <진보정치>를 발간하기 시작한다. 우리는 진보 정당의 기관지로 자리매김 되더라도 당과 독립적으로 운영되고, 설령 당이 어려움에 봉착하더라도 독자적인 목소리를 내는 신문, 그리고 이후 신문의 질이 확보되면 거리에서 판매되는 신문을 꿈꿨다.

그 결과 민주노동당이 만들어지기도 전에 우리는 당 기관지를 만들었다. 당을 창당할 즈음에는 5,000명에 가까운 정기 구독자를 확보했다. 수많은 사람들이 자발적으로 혹은 강제적으로 <진보정치>의 후원자가 됐다.

은수와 같이 나이를 먹어가고 있는 <진보정치>는 지금도 나오기는 한다. 그러나 중간에 당내 문제로 기관지 책임자가 바뀌면서, 수년간 발행해오던 대중적 가치는 버려졌고 민주노동당의 '당 선전물' 수준으로 변질된다. 나는 지금도 그게 제일 아쉽다. 월간으로 발행되던 당 기관지인 <이론과 실천>을 거의 혼자서 만들던, 울산에서 같이 운동한 최영민이 쫓겨난 것도 그즈음이다.

이후 크게 문제가 되는 민주노동당 안의 정파 문제는 그때부터 싹트기 시작했다. 설마하고 사람을 믿었던 순진했던 우리의 문제였다. 지금도 나는 <진보정치>를 그렇게 만든 당시 주역을 아주 많이 미워한다. 울산에서 같이 운동했지만 크게 변절해 새누리당으로 간 신지호만큼이나 싫어한다.

"<진보정치>는 반드시 '위대한 시작'으로 역사에 새겨져야 한다. 정치와 언론의 두 줄기에서 이제 진보는 모험이거나 실험으로만 끝날 수 없는 역사의 필연이기 때문이다."라고 창간 때 격려의 말씀을 해 주신 유명한 언론인인 김중배 선생님의 말씀을 다시 읽으며 새삼 부끄럽다. '인간에 의한 인간의 지배나 억압, 착취와 차별이 모두 사라진 해방의 세상'의 실현을 지향했던 신문 <진보정치>는 지금은 다른 모습을 지니고 있다.

교회를 오래 다닌 나는 "네 시작은 미약하였으나 그 끝은 창대하리라.(욥기 8장 7절)"라는 구절을 좋아했다. 지금도 간혹 음식점에 가면 걸려 있는 구절이다. 그러나 이제는 그 구절을 별로 믿지 않는다. 네 엄마는 <진보정치>가 변질되기 시작했을 때 "당신들은 왜 만날 회의하고 열심히 한 다음에 항상 죽 쒀서 개를 주냐?"고 힐책했었다. 거의 10년에 걸친 노력 끝에 이제는 진보적인 대중 매체로 갈 수 있었을 <진보정치>는 그렇게 무대 뒤로 사라졌다.

민주노총 조직실장으로 파견

수많은 투쟁이 일정한 성과를 거두지 못하고 있던 1999년 9월 민주노총 위원장 선거가 있었다. 그리고 전노협 위원장 출신이면서 노동운동의 상징과도 같았던 단병호 위원장이 선출된다. 은수가 양경규 위원장을 "빼빼로 아저씨"라고 부르면서 "더 빼빼로 아저씨"라고 불렀던 그 아저씨다.

전노협 당시 두 번이나 구속됐었고, 98년에도 감옥에 있다가 99년에 광복절 특별사면으로 나와 있었을 때다. 같이 활동한 적은 한 번도 없었으나 자주 뵙기는 했었다. "14~15년 동안 집에 들어간 게 1년 남짓하고, 가족들과 식사를 함께한 건 불과 한 달 남짓하다."고 언젠가 연맹 간부 수련회에서 한 얘기가 떠오른다. 5번에 걸친 구속과 수배가 말해 주듯 평생을 노동운동에 앞장선 지도자다. 그 당시 새로 선출된 단 위원장은 나에게 민주노총 조직실장을 제안했고, 연맹은 파견 결정을 내려 주었다. 그리고 4월 19일 진행된 서울지하철 파업과 관련되었던 양경규 위원장은 불구속으로 풀려나 민주노총 부위원장이 된다.

직접 가르침을 받지는 않았지만 학교 은사인 이수호 선생님이 사무총장이었다. 연맹 생활을 시작한 이래 참으로 여러 군데를 돌아다닌 셈이다. 민주노총 추진위를 거쳐 준비위, 그리고 국민승리21, 이어 민주노총까지 경험하게 된 독특한 경우겠다.

연맹에서 일한 시간보다 파견 기간이 더 길었다. 그 긴 기간 동안 여전히 연맹의 많은 사람들이 큰 힘을 주었음은 물론이다. 프린터를 사준 사람도 있고, 가맹 노조에서 불만이 나오지 않도록 빈 공백을 메워주기 위해 두 배로 일한 사무처의 많은 동지들이 있었다.

민주노총에서 일하자고 했을 때 사실 겁부터 났다는 고백을 해야겠다. 나보다 훨씬 치열하게 살아 온 사람들, 더 많은 경험을 가지고 민주노총을 지켜 온 사람들이 있는 곳이었다. 내가 민주노총을 그만두고 연맹으로 돌아온 이후 당시 조직국장이나 부장이었던 사람들이 모두 조직실장을 했을 만큼 대단한 역량을 가진 사람들이었다.

네가 아는 주협이 아빠 신언직도 그때 같이 일했다. 돌아보니 그런 사람들과 함께 일할 수 있었던 것은 큰 행운이었다. 가기 전에 전노협과 민주노총, 연맹의 수년에 걸친 조직실 사업 계획과 평가서를 모두 복사하여 공부했던 기억이 새롭다.

여의도 농성장에서 맞이한 2000년

밀레니엄이라고, 새로운 천년을 맞이한다고 분위기가 들떠 있었지만 노동자를 둘러싼 상황은 조금도 달라지지 않았다. 민주노총은 정리 해고를 막고, 주 5일 근무제를 쟁취하기 위해 여의도 국회 앞 농성을 결정한다.

우리는 국회 앞에 천막 대신 컨테이너를 설치하기로 한다. 그리고 12월 6일 새벽 5시 전격적인 '작전'을 통해 성공적으로 컨테이너를 내린다. 내 기억으로는 처음으로 시도한 컨테이너 농성이다. 작전이 성공적으로 끝난 것에 안도한 우리는 오후에 중앙위원회 회의를 하러 모두 자리를 비웠다. 장소에는 조직실 김정근 국장 등 두 명과 이수호 사무총장만 있었다.

우리가 떠난 것을 본 경찰은 바로 쳐들어와서 지게차를 동원해서 컨테이너를 가져가 버렸다. 그 와중에 이수호 사무총장은 다리를 다쳤다. 경찰을 만만하게 본 우리의 과오다. 그렇게 시작된 여의도 농성은 25일 동안 진행되었다.

그리고 새 천년이 온다는 12월 31일 자정, 많은 사람들이 모인 가운데 단

여의도 농성장 민주노총 새천년맞이 문화제에서 2000년이 되는 순간 쏘아 올린 불꽃. (사진=민주노총 노동과 세계 ⓒ)

병호 위원장이 새로운 천년을 맞으며 연설을 했다. "2000년을 20대 80의 불평등한 현실을 개혁하고, 나눔과 평등 연대가 물결치는 공동체 사회를 만드는 출발점으로 삼자."

우리의 2000년은 그렇게 춥게 다가왔다.

30년 만에 걸려온 전화 한 통

또 그렇게 10년이 순식간에 지나갔다. 80년대를 광주 항쟁이 열었다면 90년대는 노동운동이 열었다. 뒤에 쓰겠지만 2000년은 민주노동당의 결성으로 시작된다. 나는 역사란 우리 모두가 온몸으로 써가는 것이라고 했다. 그 시기를 살았던 모두의 힘으로 새로운 역사를 써 온 셈이다. 네가 대학생이 된 2011년은 뒤돌아보면 또 어떤 역사가 되어 있을까? 그러고 보면 우리가 살아가는 '오늘이 바로 역사'인 셈이다.

노동운동의 급속한 성장

90년대를 맞이한 노동운동은 더 이상 80년대의 그것이 아니었다. 학생운동을 넘어선 힘과 조직력을 가지게 되었다. 사업장별로 만들어진 노동조합은 전노협과 업종회의 등을 거쳐 마침내 민주노총이라는 하나의 조직으로 뭉친다.

해방 이후 이승만과 박정희, 전두환을 거쳐 모든 대통령이 그토록 막고자 했던 노동자들의 자주적이고 민주적인 전국 조직을 노동자 스스로 만든다. 무수한 탄압과 그에 맞선 저항들이 있었다. 민주노총은 그런 탄압을 뚫고 만든 지 5년이 지나서야 비로소 합법적인 조직으로 인정받게 된다.

노동운동의 역사는 온전히 '연대'의 역사다. 90년 1월 전노협이 출범한 이래 사무직을 중심으로 한 업종회의, 대공장을 중심으로 한 대기업 연대회의, 그룹별 조직의 출범 등 민주노조 진영조차도 대공장, 중소기업, 사무직 등으로 나뉜 채 발전해 왔다. 그러나 노동자들은 끈질기게 연대를 실천했다. 전국노동법개정투쟁본부(88.8), 지역 업종별 노동조합 전국회의(88.12), ILO 공동대책위원회(91.10), 전국노동조합대표자회의(93.6), 민주노총 준비위(94.11.13) 등의 역사가 바로 그것이다.

오늘도 50미터가 넘는 높은 곳에서 농성 투쟁을 하고 있는 사람들, 거리에서 찬바람을 맞으며 천막 농성을 하고 있는 수많은 노동자들과의 연대는 또 다른 역사를 만들고야 말 것이라고 나는 믿는다.

그 사이 두 번의 대통령 선거가 있었고 마침내 군인 출신 대통령은 무대에서 사라진다. 그러나 민주화 투사였던 김영삼, 김대중 두 명의 대통령 모두 보수 세력과 손을 잡아야만 대통령이 될 수 있었다. 딱 그만큼 역사는 후퇴했다. 과거는 청산되지 않았다. 잃어버린 10년이라고 이명박 대통령을 추종하는 사람들이 말한다. 그들은 김대중 대통령과 노무현 대통령이 집권한 10년이 좌파의 정치였다고 선동을 해댄다. 과연 그럴까?

87년 6월 항쟁과 이어진 노동자들의 7~9월 투쟁이 남긴 민주화 정신으로 본다면 나는 오히려 '잃어버린 30년'이라는 생각이 든다. 그들은 정치권력은 잡았을지 모르지만 사회경제적인 권력은 여전히 소수의 손에 있었다.

김대중 대통령은 집권 초기 국민과의 대화를 통해 "아랫목이 따뜻해지면 점차 윗목도 따뜻해 질 것"이라고 말했다. 그러나 그즈음 내가 만난 실업자들은 "지금 가정이 무너지고 있다. 가정이 무너진 다음 경제가 살아서 뭐하나?", "실업자는 무엇으로 사는가? 실업자가 먹을 것은 분노요, 실업자가 사는 길은 투쟁뿐이다."라고 절규하고 있었다. 현재 한국 사회를 보아도 윗목이 따뜻해질 가능성은 별로 없는 것 같다. 오히려 아랫목과 윗목 사이에 차단벽만 높아지고 있다. 양극화 사회라는 건 바로 이런 현상을 말하는 것이다.

이명박 대통령과 한나라당의 집권에는 김대중, 노무현 대통령의 실패가 자리 잡고 있다. 이런 세상을 바꾸기 위해 1990년대 내내 노동자, 민중의 정치 세력화를 위한 독자적인 노력이 있었다. 참으로 어렵고도 험난한 길이었다. 고군분투라는 단어가 딱 맞다. 그나마 대통령 선거의 좌절을 딛고도 조직을 유지 발전시켜 온 노력들이 이후 2000년대 진보 정치의 싹을 보게 만든 원동력이었다.

한 통의 문자, 그리고 긴 역사

돌아보면 무수히 많은 싸움에서 패배했던 것 같다. 아니 이겨 본 기억이 별로 없다. 무수히 많은 투쟁을 했고, 이기기보다는 더 많이 졌다. 동학혁명의 전봉준도, 3월 1일의 류관순도, 광주 항쟁의 윤상원도 당장의 싸움에서는 졌는지 모른다. 오늘도 수많은 비정규 노동자들이 또 싸움에서 밀려날지도 모른다. 도대체 투쟁은 무엇을 남기는 거지?

친구야 잘 있지. 오늘 좀 전에 30년 만에 정말 봐야만 하는 80학번 친구와 통화가 이뤄져서 무척 흥분되고 기쁘다. 1982년 봄 3학년 2학기인 9월에 난 <웨스트 사이드 스토리> 연출을 맡아 힘든 싸움 중이었어. 너무 큰 대작을 아무 겁 없이 맡았다가 그 무게에 짓눌림 당하던 시절이었지.

공연을 3일 남겨놓고 예술대학 좌측 문을 나와 학생회관 루이스 홀을 향해 걸어가고 있었는데 좌측 흰색 타일 건물 문리대 3층서 한 학생이 유리창을 깨고 나와 밧줄에 매달려 공중에서 유인물을 뿌리며 크게 외치고 있었어. "군부독재 물러가라."고 민주화를 외쳐대던 그 학생.

좀 전에 통화했던 문예창작학과의 이근원이라는 그 학생이 밧줄에 매달려 그 숨 막히는 교정서 큰 소리의 울림을 토해내고 있었지. 난 그의 힘찬 음성을 들으며 두 달 넘게 연습하며 나의 예술적 한계를 끊임없이 느꼈던 그 루이스 홀로 연출자인 나를 기다리는 배우와 스태프들을 향해 발걸음을 재촉했지.

루이스 홀 11층의 정문을 들어가려는 순간 '아악'하고 들리는 친구의 외마디 음성. 반사적으로 몸을 돌려 문리대 쪽으로 뛰쳐나와 올려다 본 그곳엔 사복 경찰과 백골단에게 가차 없이 뭇매를 맞으며 끌려 내려오는 내 친구가 있었다. 난 극장으로 뒤돌아 갈 수도 없었고 그렇다고 그 수많은 경찰에 끌려가는 친구에게 달려가지 못하고 그 자리에 한참을 서 있었다. 그 82년 9월의 흑석동 중앙대 교정 속에 난 그렇게 서 있었다.

그로부터 30년 시간이 흘렀다. 그 긴 시간 동안 내 가슴 속 한 구석에서는 나의 회색 인간처럼 굳어진 비겁함이 끊임없이 자라고 있었다. 그 부끄러움이 들 때면, 친구가 그렇게 매 맞으며 끌려갈 때 단 한 마디, 단 한 주먹의 울부짖음도 행동하지 못한 그 부끄러움이 들 때면, 가끔 한숨 토해 놓으며 미안해했던 내 가슴 속의 친구. 오늘 그 친구와 통화를 했단다.

대전서 민주노총 산하 기관서 일하고 있다고. 조만간 만나 회포 풀기로 했어. 그래서 그 동안의 그리움과 미안함이 뒤섞여 내 마음 속 감정도 많이 소용돌이 치고 있네, 50 넘어서라도 만나니, 이렇게 통화라도 하며 나의 그 무거웠던 솔직한 심경을 얘기하니 얼마나 다행인지 모르지. 70 넘어 만났으면 어쩔 뻔했어. 오늘이 그런 오후야 친구야.

2011년 1월 26일 대전으로 내려가는 중에 전화 한 통을 받았다. 전화기 속 목소리는 조심스런 존댓말로 정말 내가 맞는지를 물었다. 그는 연극영화학과에 다니던 강정수라는 친구였다. 그리곤 얼마 지나지 않아 위와 같은 문자가 나한테 왔다. 한마디가 더 덧붙여졌다.

근원아, 위 글은 우리 중대 80학번 친구에게 통화 후 보낸 글이다. 내가 이 대한민국서 그 무참했던 20대를 거쳐 살아낸 30년 동안 부단히 넌 내 가슴 속 한 곳에서 끊임없이 나의 비겁함과 불의에 항거해 준 횃불이었고 생명력이었음을 오늘 난 이 글을 통해 고백하며 그동안의 마음의 미안함과 함께 용서를 구한다.

마지막에 "용서를 구한다."고 했지만 문자를 받은 내가 더 가슴이 먹먹해졌다. 그 폭압의 시기를 살았던 역사 속에서 누가, 누구를 용서한단 말이지? 무려 30년이 넘는 세월 동안 가슴에 묻어 둔 미안함을 안고 살아가고 있었다는 말에 오히려 내가 더 감동했다. 역사를 짧게 봐서는 안 된다는 교훈을 새삼 그 친구를 통해 배운다.
은지야, 어떤 투쟁도 그냥 사라지는 법은 없다. 촛불 집회를 할 때 나는 내 또래의 사람들과 그들의 아이들을 보았다. 너와 네 친구들과 함께 시청 주변을 걸으면서 다시 역사를 생각했다. 언젠가 너희도 촛불을 말하면서 더 거대한 힘으로 또 다시 역사를 바꿔 나갈 것으로 믿는다.

신자유주의라는 괴물

2000년대를 쓰기 전에 하나만 더 기억하고 넘어가자. 1999년에 들어서면서 새로운 천년에 대한 환상을 불러일으키는 이데올로기 공세는 어느 때보다 극성스러웠다. '희망의 천년'이라고 말하기도 했다. 지난 천년을 돌아보면서 그 시절을 관통해 온 기나긴 고통이 사라지기를 누구나 바랬다.

그러나 IMF 이후 우리 사회 전체가 바뀌고 있었다. 누구는 87년 체제가 정치체제를 민주화시켰다면, 97년에는 경제체제가 신자유주의 체제로 전환됐다고도 했다. 그렇게 '신자유주의'라는 괴물은 우리 곁으로 다가왔다.

자본과 정권은 항상 '언어 장난'을 한다. '새로운 자유'는 듣기 좋은 말이다. 하지만 신자유주의라는 말은 그 뒤에 숨어 있는 잔혹한 착취를 감춘다. 고용의 '유연화'란 곧 비정규직 양산이고, 구조를 조정한다는 말은 정리 해고를 말한다. 시장에서의 자유로운 경쟁을 통해 최선의 결과를 낳을 수 있다는 논리에 바탕을 둔 신자유주의 역시 정리 해고, 사유화, 자본에 대한 규제 완화, 노조 활동 억제, 시장 개방, 노동시장 유연화, 다자간 무역협정, 자유무역협정, 금융 세계화 등을 감춘 말이었다. 다소 어렵게 들리겠지만 네가 기억하고 있는 2009년 용산 참사는 이런 신자유주의적 정책의 일부인 도시 재개발과 경찰들의 폭력적 진압에 대한 민중들의 저항이었다. 그리고 2009년 쌍용자동차 평택 투쟁은 자본의 신자유주의적 정리 해고에 대한 생산 현장에서의 저항이었다.

현재를 지배하는 많은 부분은 사실 1990년대 말에 시행된 정책의 연장선에 있다. 쉽게 말하면 자본의 위기를 노동자, 민중에게 뒤집어씌우는 과정이 계속 진행 중이다. 노동자들은 농성과 단식, 심지어는 파업을 통해 김대중 대통령이 가진 정책 기조를 변화시키려고 했다.

그러나 "IMF가 낸 협상안을 받아들이면 다 죽는다."며 재협상을 요구하겠다던 대통령은 공권력 투입으로 답했다. "국민회의 김대중 후보에게 국가 파산 위기를 몰고 올 IMF 재협상 주장을 철회할 것을 요구한다."던 당시 이회창 한나라당 대통령 후보와 같은 길을 간 셈이다. 더 열심히 싸워 세상을 바꾸지 못한 채 이런 사회를 맞도록 한 우리의 잘못이 크다.

네가 어렸을 때부터 엄마와 내가 많이 한 말이 있다. 엄마는 유난히 '밥'을 강조했다. 밥도 제대로 먹지 못했던 운동의 기억 때문인지, 돈 때문에 맘이 상한 일이 많아서 그런지는 잘 모르겠다. 반면 나는 유독 '기다림'을 많이 말했다. "은지야, 인생은 반은 밥이고, 반은 기다림이다."라고 아직 한참 어린 네게 말하곤 했었다. 네가 무슨 뜻인지 알아들었을까? 아님 지금이라도 그 뜻을 알까?

뚜렷한 근거는 없지만 '역사는 앞으로 전진한다.'고 나는 여전히 믿는다. 많은 시련과 어려움이 있지만 수많은 사람들의 노력에 의해 조금씩 나아지는 게 역사라고 믿는다. 대학 1학년 때 눈동자 하나만 크게 그려놓고 "자유를 바라는 이 눈은 언제나 자유를 보게 될까요?"라고 일기장에 썼던 기억이 있다. 언젠가 지금보다 나은 날들이 올 거라고 믿으며, 그 날을 기다려 보자. 그냥 기다리는 게 아니라 좋은 결과를 맺기 위해 오늘도 최선을 다하면서.

연민과 동정과도 같은 무언가의 감정. 그리고 죽음에 대한 알 수 없는 느낌…

3부 혼돈
2000년대

아, 민주노동당

새 세상을 꿈꾸는 자만이 새 세상의 주인이 된다 / 자유로운 민중의 나라 노동자 해방을 위해 / 오늘의 절망을 넘어 희망의 역사를 열어라 / 아 민주노동당이여, 이제는 전진이다 / 인간이 인간답게 사회가 평등하게 / 노동이 아름답게 민중이 주인되게 / 평등과 통일의 길에 어떠한 시련도 마다 않겠다 / 아 민주노동당이여 이제는 전진이다.

_민주노동당가 <평등, 통일의 새 세상을 향하여>- 김문영 글 박향미 곡

우리는 여의도 국회 앞 아스팔트 위에서 새로운 천년을 맞이했다고 했다. 돌아보면 그만큼 험난한 길이 우리 앞에 기다리고 있었음을 상징하는 것이었는지도 모른다. 2000년대는 결코 희망으로 다가오지 않았다.

90년대가 전노협으로 상징되는 노동운동의 시대였다면 2000년대는 1월 30일 민주노동당의 창당과 함께 진보 정당 운동이 본격화된 시대다. 얼마나 많은 사람들의 피와 땀과 눈물이 그 뒤에 있었는지는 이미 말했다. 나는 아직도 민주노동당 당가를 들으면 전율을 느낀다. 비록 지금은 아니지만 이후 진보 정당이 제대로 서는 그날이 오면 이 노래를 당가로 했으면 하는 바람도

가지고 있다. 민주노동당은 전국 40여 개의 지부와 1만3,000여 명의 당원으로 창당했다.

분당을 예고한 당명 결정 과정

그 과정은 매우 힘든 것이었다. 당시 제출된 당명만도 30여 개에 이른다. 결국 4차에 걸친 표결 끝에 통일민주진보당을 제치고 '민주노동당'으로 확정했다. 의견이 분분했다기보다 그만큼 사람들이 새로 만들어지는 진보 정당에 자기의 정열을 쏟았다는 사실의 보여주는 것이었다. 창당 때 제출됐던 당명들을 적어 본다.

> 사회민주당, 민주사회당, 사회당, (한국)민주노동당, 통일민주진보당, 진보(정)당, 한국노동당, 진보노동당, 노동(자)당, 민주진보연대(진보민주연대), 진보민주당, 민주진보당, 혁명준비당, 빛나는 길, 노동자 새 세상, 공산당, 노동해방당, 민주승리당, 국민과 함께하는 당, 전진당, 경제민주당, 민족민주당, 진보민중당, 신진민주당, 한국복지당, 민주복지당, 통일복지당. 일민(一民)당, 인간과 사회 연합, 민족회의, 참정치 회복 국민연대(약칭 참정련), 정치 회복 국민연대(약칭 국민연대), 진보연합당

우리는 창당할 진보 정당의 성격을 무엇으로 할 것인지에 대한 깊이 있는 고민과 토론을 거쳤다. 민주노동당 창당 전인 99년 4월 18일에 열린 '진보 정당 창당추진위원회' 결성대회에서 제기된 "진보 정당이 계급정당으로 갈 것인지, 국민정당으로 갈 것인지, 대회준비위원회가 입장을 밝혀 달라."는 요구

는 토론의 핵심 쟁점이 무엇이었는지를 얘기해 준다. 이 회의에서 1시간 가까이 계속된 토론은 합의에 이르지 못했고, 표결까지 간 끝에 '노동자가 앞장서는 민중 중심'의 정당으로 한다고 결정했다. 추진위원 235명 가운데 찬성은 125명, 53.2% 찬성률이었다.

새로운 진보 정당의 당명은 1999년 8월 29일 열린 창당준비위원회 발족식에서 결정됐다. 1,700여 명의 참석자 전원이 참가하는 표결을 통해 민주노동당으로 결정됐다. 당의 중심이 노동자이며 노동자 대중의 참여와 주도성을 제고해야 한다는 주장이 노동자 당으로 할 경우 지지 기반을 확대하기 어렵다는 주장보다 더 많은 지지를 얻은 결과였다. 그러나 당명의 결정에도 불구하고 이 쟁점은 당 내부의 지속적인 논쟁거리였다. 당 이름을 둘러싼 논쟁이 8년 뒤 민주노동당의 분당을 예고했던 셈이다.

우리는 왜 새로운 정당을 만들려고 했을까? 나는 민중당, 한국사회주의노동당, 한국노동당을 거쳐 네 번째 당을 경험하게 됐다. 앞서도 말했지만 노동운동이 본격화된 1987년 이후 우리는 두 가지 목표를 세웠다.

하나는 기업별로 조직된 노동조합을 넘어선 산업별 노동조합의 건설이다. 같은 일을 하는 노동자이면서도 '너와 나'로 구분되는 경계를 넘어야 한다. 같은 공장에서 같은 볼트를 조이면서 어떤 사람은 정규직으로, 다른 사람은 비정규직으로 구분돼 차별받고 있다. 이걸 넘지 않는 한 결코 노동자는 하나가 될 수 없다. 동일한 노동을 하면 동일한 임금을 받는 세상을 만들어야 한다. 이런 일은 회사별 노조에서는 할 수 없다. 동종의 전 산업에 종사하는 노동자들이 조합원이 되는 산업별 노조라야 이런 일을 해낼 수 있다.

다른 하나는 '노동자 정치 세력화'라고 불렀다. 임금 인상과 같은 경제적 이해를 넘어서 정치체제 전체를 바꾸지 않는 한 노동자의 처지는 항상 그대로일 뿐이다. 오히려 국회 등을 통해 노동자의 권리를 제한하는 다양한 제도가 만들어진다. 이를 넘어서 자본의 세상이 아닌 노동자와 민중의 새로운 세상을 만들어야 한다.

이 길은 결국 정치권력을 잡는 것이고, 따라서 정치운동이 필연적으로 필요하다. 기존의 보수 여당과 야당이 이런 일을 수행할 수 없다는 사실을 역사 속에서 충분히 배웠기 때문에 우리는 노동자가 중심에 선 진보 정당 운동을 시작하게 된 것이다.

여성 할당제 격론, 반여성주의자로 찍히다

민주노동당은 두 차례에 걸친 진보 정당 창당 원탁회의를 개최해 노동, 농민, 빈민, 지식인, 여성, 청년, 학생 등 각 부문 진보 진영의 참여를 추진하고, 각 지역과 민주노총 소속 노동조합에서 창당 발기인을 모으면서 창당을 준비했다. 원탁회의부터 창당준비위 결성 때까지 여러 가지 쟁점이 있었는데 그 중의 하나가 '여성 할당제'였다.

1999년 3월 14일 일요일 2차 원탁회의가 세종문화회관 대회의실에서 열렸다. 이날 회의에 참석한 여성들이 중심이 돼 향후 건설될 당의 중요한 의사 결정 기구인 운영위원회 위원에 여성이 최소 30%가 돼야 한다는 안건을, 사전 예고 없이 현장에서 발의했다. '여성 할당 30%' 안건이다. 솔직히 당황스러웠다. 물론 앞서 말한 브라질 노동자당이 그렇게 한다는 건 알고 있었지만 이제 막 만들어지고 있는 당이 초기부터 30% 여성 할당제를 도입하는 것은 무리라고 생각했다. 치열한 논쟁이 벌어졌다. 나는 반대했고, 10년이 지난 지금도 그것 때문에 '반여성주의자'로 찍혀 놀림을 받곤 한다. 나름 진보적이라고 생각하는 사람도 모든 면에서 그런 것은 아니다. 나 역시 그런 한계를 가졌다. 격론을 벌였고 결정은 만장일치로 통과됐다.

진보 정당의 여성 할당제는 당연한 일이 아니냐고 의아해 할 사람도 있겠지만, 그게 그리 당연한 일이 아닌 게 이 땅의 현실이다. 노동조합 내 22.5%의 조합원 비중에도 못 미치는 낮은 여성 노조간부 비율, 4.4%의 여성 노조위원장, 게다가 산별노조 대표자는 민주노총, 한국노총 모두 한 명의 여성 대표자가 없다. 계급의 역사보다 더 오래된 성의 질곡을 깨뜨리는 데 앞장서는 정당이 되어야 한다. 30% 이상 여성 할당제는 모든 계급과 계층, 부문의 여성을 진보 정당으로 조직하기 위한 잠정적 우대 조치이다.

★ 창당 원탁회의 '여성 30% 할당' 논쟁
- 김진선(민주노총 여성국장) : 7조 ①항에 여성 운영위원은 전체 운영위원회의 30% 이상이 되도록 하며, 각 단위도 이 기준을 적용한다는 내용을 삽입할 것을 제안한다.
- 이상범(울산시 의원) : 여성 30%로 할당한다고 했는데 현재 전체 추진위원 중 여성의 수가 몇 명인지 알고 싶다.
- 김진선 : 30%를 활동에 근거한, 즉 전체 추진위원 수에 비례해서 한다는 것은 곤란하다. 인구를 따지면 50% 배정해야 마땅하지만 30%라는 것은 운영위원회 내에서 견제할 수 있는 가장 적절한 수다.
- 이상범 : 근본 취지 자체를 반대하는 건 아니다. 이 자리에 모인 사람들은 의무 조항으로 넣지 않아도 여성에게 동등한 자격과 기회를 인정하는 사람들이다. 규약에 명시하는 것은 우리 자신도 여성 차별에 대한 생각을 가지고 있다는 걸 반증한다.
- 이재기(국민승리21 회원) : 현실적으로 여성들의 정치 참여와 사회 참여가 제도적으로 보장 받지 못하고 있다. 진보적인 생각을 갖고 있는 단체라고 현실에서 그렇게 지켜지고 있냐고 반문하고 싶다.
- 진한걸(울산시 북구 의원) : 이렇게 중대한 자리에 왜 여성들은 많이 오지 않나. 중요한 역할을 해나갈 운영위원을 이런 식으로 배정하는 것은 많은 부작용과 능률 저하를 낳는다. 어떻게 검증되지 않은 사람을 획일적으로 30%를 선출하나.
- 차유미(매일노동뉴스 기자) : 잠정적 우대 조치임을 분명히 말한다. 그동안 여성들이 많이 일해 왔지만, 이런 자리에 올 수 없던 조건들이 있다. 여성도 능력이 있으면 오라는 식이 아니라 여성이 적극적으로 참여할 분위기를 만들어야 한다. (10분간 정회 후 속개)
- 권영길 : 이것이 사실상 진보 정당의 성격을 규정짓는 갈림길이라서 고민했다. 원칙적으로 안 될 때는 현실적 측면을 감안하자. 규약에 여성 운영위원 할당 30% 제안을 받아 결정하되, 실천의 문제에서 각 조직의 특성을 감안하자. 이의가 없는가?
- 전체: 예.

김유미 당시 보건의료산업노조 부위원장의 발언이다. 하지만 솔직히 나는 그때까지만 해도 그 정도까지는 이해하지 못했다. 민주노동당은 여성 할당제와 함께 노동 부문에 대한 할당도 시행했다. 대의원과 중앙위원의 28%를 민주노총에 할당하도록 규정하게 된다.

그렇게 충분한 준비를 마친 민주노동당은 마침내 2000년 1월 30일 올림픽공원 역도경기장에서 "20의 사회를 80의 사회로"라는 구호 아래 5,000여 명이 모인 가운데 힘차게 출발했다. 창당 대회를 치르던 그날의 감격은 여전히 짜릿하게 가슴 속에 남아 있다. 윤도현 밴드가 축하 공연을 해 주기도 했다. 그러나 무대 뒤에서 행사 진행을 해야 했던 우리는 공연의 기억보다는 현수막을 달고, 철제로 된 4단 비계를 아슬아슬하게 탔던 일이 더 잊히지 않는다.

2000년 1월 30일 올림픽공원 역도 경기장에서 열린 민주노동당 창당대회.

민주노동당의 첫 총선

우리는 창당 후 2개월 만에 국회의원 선거라는 첫 시험을 치렀다. 우리는 최악의 조건에서 2개월이란 짧은 준비 속에 선거를 해야 했다. "공부도 못하고, 시험 준비도 제대로 못한 학생에게 왜 이리 시험은 자주 오는 거지?" 당시 내가 즐겨 쓰던 표현이다.

2000년 4월 선거에서 민주노동당은 전국 227곳의 선거구 중 21곳에 후보를 출마시켰다. 21명의 후보 중 민주노총 출신은 10명이었다. 그 중 내가 속해 있던 공공연맹에서만 3명이 출마했다. 현재 공공연구노조 위원장을 하고 있는 과학기술노조의 이성우는 조합원 3,600여 명이 투표에 참여해 83.8%의 지지를 얻어 후보로 최종 확정되고, 조합원들은 1인당 1만 원의 정치 기금도 결의했다. 노동자들이 정치에 본격적으로 나서기 시작한 것이다. 그들은 당선이 안 되리라는 것을 잘 알고 있었다. 그럼에도 민주노동당을 알리고, 당원을 늘리기 위해 출마하고 열심히 뛰어다녔다. 하루 종일 선거 유세를 해야 했던 수많은 사람들을 기억해야 한다. 돈 한 푼 받기는커녕 거꾸로 돈을 내면서, 선거 투개표 참관인으로 참가해서 받은 돈도 모두 당에 냈던 사람들이다.

선거 결과 민주노동당은 1.2%의 득표율을 기록하면서 의석을 확보하는 데 실패했다. 그러나 민주노동당 후보들은 출마 지역에서 평균 13.1%를 득표했다. 특히 민주노동당은 울산, 창원 등 노동자가 밀집해 있고 노동운동이 활발한 공업지역에서 40%에 가까운 득표율을 기록했다. 이는 1992년 민중당 후보 득표율의 2배가 되는 것으로서 한국에서 진보 정당의 가능성을 확인했다는 평가를 받았다. 그렇게 새로운 2000년이 시작되고 있었다.

그러나 지난 2012년 총선 결과는 전혀 달랐다는 점도 기억하고 넘어가자.

2008년 민주노동당이 분당된 이후 노동자 밀집 지역에서 통합진보당과 진보신당 후보는 모두 떨어졌다. 2004년 민주노동당이 받았던 지지율과 분당 후 2012년 통합진보당의 지지도를 보면 잘 알 수 있다. 울산에서는 2004년의 정당지지율 21.89%에서 2012년 16.3%로, 창원에서는 24.25%에서 18%대로 떨어졌다. 인천도 15.32%에서 9.71%, 거제에서도 26.19%에서 9.93%로 곤두박질쳤다. 노동 정치의 실종을 보여주는 가슴 아픈 얘기들이다. 뒤에 민주노동당의 분당 사태를 보면서 다시 한 번 말하겠지만 그 사이 도대체 무슨 일이 민주노동당 안에서 진행되고 있었을까?

2000년 대전시 유성구에서 출마한 과기노조 이성우 후보의 유세 모습.

4년의 당기위원 생활

나는 민주노동당 중앙당 당기위원회 위원을 4년 가까이 했다. 당기위원회는 당의 규율을 유지해 나가기 위한 징계위원회 같은 것이라고 보면 된다. 정당 활동을 처음 하게 되고, 그것도 대중적인 정치 활동을 하다 보니 그에 맞는 질서가 필요했다.

특히 서로 다른 생각으로 모인 사람들이 많다 보니 자기중심적으로, 자신이 속한 조직의 생각을 중심으로 활동하는 사람들이 많았다. 당원 간의 취중 폭행, 성희롱과 폭력, 상호 비방도 발생했다. 당기위원들은 무엇이 당원으로서의 품위나 민주노동당의 가치에 반하는 행위인지에 대한 판단을 해야 했다. 심지어 재향군인회에 가입한 것이 당규 위반이라든지, '영세 공장 살리기 운동'이라는 표현을 노동자의 요구를 분명히 살리기 위해 '영세 업체 노동자 살리기 운동'으로 하기로 대의원대회에서 통과되었는데 후보가 그렇게 쓰지 않았다고 당기위에 제소된 사건도 있었다. 민주노동당의 정체성을 당기위원회를 통해 확인하고자 했던 것이다.

그러나 무엇보다 심각한 것은 민주노동당의 지역 조직을 장악하기 위한 조직적 불법 행위들이었다. "이거 조선일보가 알면 완전 특종감이다."라고 농담처럼 말했지만 정말 진보 정당으로서의 모습과는 거리가 먼 사건들도 많았다.

나는 당기위원을 하면서 아래와 같은 글을 썼다. 내가 바라는 희망 사항이었다. 그러나 나중에 겪은 통합진보당의 비례대표 선거 부정 사태를 보면 그런 희망은 부질없는 것이었을 뿐이다.

민주노동당 안에는 많은 논쟁 지점이 있습니다. 이에 따라 정파도 존재하며, 다양한 의견 그룹도 존재합니다. 이들 사이의 경쟁과 협력, 그리고 갈등과 화해는 결코 우려할 만한 일이 아니며 거꾸로 민주노동당의 발전을 가져올 촉매제가 될 것입니다. 문제는 모두가 정파와 의견 그룹의 차이를 넘어 '당'을 중심으로 사고하고, 판단하고 있는가 하는 점입니다. 권력에 가까워질수록 내부의 경쟁은 더욱 치열해질 것입니다. 그만큼 많은 상처도 생길 것입니다. 그러나 현실에 존재하는 이 모두를 부정한다고 해서 민주노동당이 발전하는 것은 아닐 것입니다. 오히려 이를 인정하되 모두가 동의하는 '객관적인 룰-당내 대의적 민주주의'를 어떻게 형성 발전시켜 나갈 것인가가 우리의 과제가 될 것입니다. 권력을 잡는 것이 문제가 아닙니다. 민주적인 권력 쟁취의 과정을 통해 '노동자 민중의 민주주의'에 대해 당원으로서 충분히 훈련되고 해방 세상을 열어갈 지적·도덕적인 능력을 마련하지 못한다면, 우리는 결국 기존의 보수 정당과 별반 다를 바 없는 모양새로 전락할 것입니다. 결국, 민주노동당 안에서의 '노동자 민중의 민주적 활동'을 통해 우리 스스로 단련되고, 그로부터 한국 사회 전체를 바꾸는 원동력을 배양해야 하는 그런 과제가 우리에게 있습니다.

민주노동당이 안정되면서 당기위원회도 모습을 갖춰나갔다. 각 광역시도당 당기위원회가 1심을 하고, 중앙당기위원회가 최종심을 맡았다. 중앙당기위원회의 권한은 막강한 것이어서 최고위원, 심지어는 국회의원의 활동도 중단시킬 수 있었다. 그만큼 판단이 신중해야 했다. 최고위원 중 한 명을 석 달 동안 직권 정지시킨 일도 있었다. 지금 통합진보당의 국회의원을 하는 사람인데 아버지가 호남 출신인 점을 이용, 선거 과정에서 보수 정당의 위세를 동원한 것이 문제가 되었다.

나는 지금도 판사나 검사의 지위를 가진 사람들이 그 어려운 일을 어떻게 할 수 있을까 하는 의문을 가질 때가 있다. 인간이 인간을 심판한다는 것은 정말 어려웠다. 이 사람 얘기를 들으면 이게 맞는 것 같고, 저 사람 얘기를 들으면 또 심정적으로 거기에 동감이 가기도 했다.

나는 당기위원회를 할 때마다 최소한의 당규를 주장했다. 상식에 맞는 당 운영을 얘기했지만 워낙 복잡한 사건이 많아지자 점차 규율이 강화된다. "이러다간 치약을 몇 밀리미터로 짜고, 좌우로 몇 회씩 닦아야 한다는 규정까지 만들어야겠다."라고 농담을 했던 기억도 난다. 그러나 너도 알겠지만 규율이 강해지면 그것을 피하는 방법도 더 세련되는 법이다.

가짜 당원, 대리 투표, 위장 전입

민주노동당이 성장하면서 성장의 과실을 자기가 속한 조직에 유리하게 가져가기 위한 조직적인 해당 행위가 발생하기 시작했다. 용산이나 인천 등 곳곳에서 지구당 위원장 선거에 자신이 미는 사람을 당선시키기 위해 당원을 위장으로 전입시키고, 당비도 대납하고, 심지어는 대리 투표를 하는 사태가 발생했다. 주로 대학생 등을 신입 당원으로 가입시켰다.

당사자들은 "입당 자체가 내 의사가 아니었으며, 입당 원서를 작성한 적이 없고 당비를 납부한 적도 없다."고 말했다. 그런가 하면 투표한 적도 없는 사람이 투표한 것으로 나타나기도 했다.

2006년 당 대표 선거 과정에서는 이런 일들이 전국적인 차원에서 자행됐다. 2006년 2월 18일 2기 1차 중앙위원회는 만장일치로 '당 대표 결선투표 불법 부정선거 의혹 진상조사위원회' 구성을 결정한다. 당의 모든 기관을 넘어서는 '초법적인' 기구였다. 나를 포함해서 이민종 변호사 등 7명이 위원이었다. 민주노동당 대표를 선출하는 과정에서 부정 선거가 있었다는 것을 인정한 것이다. 당시 조승수 후보와 문성현 후보가 결선투표에서 맞붙었다. 이 과정에서 드러난 부정 선거의 양태는 다양했다.

"정부에서 당원 자격을 인정하지 않으니, 대표 자격도 없으며 따라서 조승

당 대표로 당선된 문성현 후보가 최고위원들과 인사를 하고 있다.

수 후보가 당선되면 민주노동당은 법외 정당이 되고 지방선거 시기 후보들은 무소속으로 출마해야 한다."는 내용의 허위 사실이 유포됐다. 또 투표가 시작되었음에도 불구하고 선거운동을 계속 하는가 하면, "지방선거 시 동일기호 배정 불가, 정당 교부금 수급 불가" 등의 허위 사실 문자 메시지가 발송됐다. 선거법에서도 금지하고 있는 후보자 비방에 해당되는 행위들이었다.

특히 조사를 해보니 부산 남부와 경남 창원 등 일부 지역에서 결선투표 개시일 하루 이틀 전에 이런 일들이 조직적으로 활발하게 이루어졌다는 것이 밝혀져 충격을 받았다. 문자 발송 전화가 부산의 대중 단체 사무실 것이라는 게 확인되었으나 당사자들은 진술을 거부 혹은 부인했고, 통화 내역을 제출하지 않는 등 진상 조사에 매우 불성실하고 비협조적이었다.

더욱이 전화가 이미 해지된 상태여서 개설자와 통화자가 누구인지, 통화 내역이 무엇인지를 조사할 수 없었다. 진상조사위원회는 오랜 논의를 거쳐 허위 사실 유포에 동원됐다고 확인된 5개 해지 전화에 대해서 검찰 고발이 필요하다고 보고, 중앙위원회에 결의를 요청한다. 당사자들의 비협조로 인해 조사가 진척될 수 없었기 때문이었다. 내가 문제가 심각하다고 느낀 것은 보수 정당이나 할 선거 부정행위가 민주노동당 안에서도 이루어졌다는 사실이었다. 이승만 정권은 3·15 부정 선거가 원인이 되어 촉발된 4·19 혁명에 의해 결국 쫓겨났다. 87년 대통령 선거에서 발생한 구로구청 부정 투표함 투쟁으로 인해 양원태라는 당시 학생이 반신불구가 되기도 했다. 그만큼 선거 과정의 투명성은 매우 중요하다.

진상조사위원회 보고서의 마지막 문장이다. "향후 민주노동당의 선거에서 이와 같은 불법 부정행위가 결코 용납되지 않으며, 불법 부정행위를 저지른 사람에 대해서는 반드시 그에 상당하는 당의 철저한 응징이 이루어진다는 사실이 각인되어, 불법 부정 선거 행위가 발본색원되고, 진보 정당다운 당내 '대의제 민주주의'가 정착되는 계기가 된다면, 진상조사위원회는 더 이상의 바람이 없을 것입니다."

그러나 6년 뒤 진보 정당을 자임하는 통합진보당에서 다시 이런 일이 발생하게 된다.

정치적 성숙함의 부족

1992년 대통령 선거를 할 당시 나는 울산에서 백기완 민중 후보 선거운동을 했었다고 앞서 말했다. 그 당시 김대중 후보를 '비판적으로 지지'했던 사람들이 2000년 민주노동당에 결합했다. 노동자 민중의 독자적인 정치 세력화를 추진했던 사람과 보수 정당에 대한 지지를 통해 정치권력을 잡아야 한다고 생각했던 사람들이 하나의 정당으로 모인 것이고, 민주노동당이 어떤 전략을 가질 것인지에 대한 생각의 차이가 비교적 뚜렷한 사람들이 모인 셈이었다. 그리고 그것이 당 안에서 조정되지 못하고 나중에 민주노동당은 통합진보당과 진보신당으로 갈라지게 된다. 그 얘기는 다음에 하자.

결국 우리는 여러 가지 생각들을 하나로 모으는 데 실패했고, 지금도 그렇다.

부르주아계급의 지배를 전복시키기 위해서는 노동계급은 그들의 적보다 조직적·지적·도덕적 우위를 점해야 한다. 그것은 정치 투쟁과 노동조합 투쟁에서, 그리고 우리가 어렵게 건설한 협동조합운동에서 끊임없는 노력과 훈련을 통해 얻을 수 있는 모든 역량과 자기희생, 지적 능력, 지식 그리고 성숙함을 손아귀에 움켜쥘 때 가능한 것이다.

_『사회민주주의의 새로운 모색』 중에서. 이병천·김주현 엮음

★ 051-637-81XX 번호로 전화를 받는 한 당원이 밝힌 통화 사례

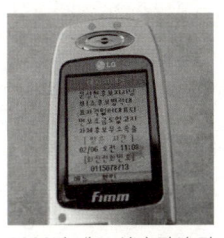

2006년 대표 선거 당시 당권파들이 조승수 후보에 대한 허위 사실을 문자로 보냈다.

상대 : 문성현 후보 선대본입니다. 이번 대표 결선투표를 아시나요? 두 후보에 대하여 어떻게 생각하십니까?

나 : 네, 두 분 다 훌륭하신 분들이라 생각합니다.

상대 : 누구를 선택할지는 결정하셨습니까?

나 : 글쎄요.

상대 : 문성현 후보는 통합…

나 : 원내외 통합력과 당으로서 정치적 지도력은 조승수 씨도 괜찮겠다 싶은데요?

상대 : 그렇지 않습니다. 조승수 후보는 피선거권이 박탈되어 당선이 되면 지방선거 때 동일 기호를 받지 못하게 됩니다.

나 : 어떻게 그런 사람이 출마할 수 있습니까? 그게 사실이라면 지금 당장 선거를 중단해야 하지 않습니까? 당장 당기위에 회부하고 ○○○ 후보도 이번 선거를 파행으로 규정하고 선거를 중단해야 될 일 아닙니까? 그런데 이런 상황에 그렇게 하지 않고 선거운동을 계속하고 있는 이유는 무엇입니까? 위 사실과 관련된 근거를 구체적으로 알려 주십시오. 나도 당기위에 제소를 하겠습니다.

상대 : 네, 구체적인 사실에 근거해 있습니다. 하지만 시간이 오래 지체되므로 이만 끊도록 하겠습니다."

1890년대 스웨덴에서 진보 정당을 만드는 과정에서 나온 논쟁 중에 브란팅이라는 사람이 했다는 말이다. 나는 이 말이 좋았다. 민주노동당 활동을 하면서도 무엇보다 내가, 노동자들이, 우리 당원들이 그럴 수 있기를 희망했다. 그러나 현실은 그렇지 않았다.

2012년 통합진보당의 비례대표 선거 부정 사태를 보면서 무엇보다 먼저 이 말이 떠올랐다. 우리는 과연 보수 정당보다 더 나은 지적, 도덕적 우위를 점하고 있는가? 당을 통한 끊임없는 훈련과 노력을 통해 새로운 세상을 만들고 유지해 나갈 진보적인 지적 능력, 성숙함을 만들고 있는가? 답답함이 대답에 앞선다.

★ 룰라가 밝힌 브라질 노동자당 성공 요인

이근원은 민주노동당을 만드는 과정에 함께하면서 노동자들이 중심이 되어 만든 정당, 우리보다 약 10년을 앞서 가고 있었던 브라질 노동자당(PT)을 많이 참고했다. 1999년 국민승리21 시절 브라질 노총(CUT)과 브라질 노동자당(PT)의 초청으로 국민승리21 회원 및 민주노총 조합원으로 구성된 브라질 연수단 12명을 파견 했었는데 이근원도 포함되어 있었다. 나중에 대통령이 되는 룰라(Lula)는 금속 노동자 출신으로 프레스 기계에 손가락이 잘리기도 한 사람이다. 룰라는 2002년 대통령 선거에 당선되고, 2006년 선거에서 재선된다. 룰라 대통령은 8년의 임기를 마치고 2010년 12월 31일 퇴임했으며, 임기 마지막 날까지 지지율 87%를 기록했다. 놀라운 지지율이다. 룰라는 PT의 성공과 성장 요인을 이렇게 말했다.

"PT에서 중요한 것은 여러 가지 생각들을 하나로 모으는 것이었다. PT 안에는 기독교도가 있는가 하면 무신론자도 있다. 가톨릭도 있다. 심지어 무장투쟁을 했던 사람도 있다. 여러 가지 생각을 가진 사람들이 모두 모여 있다. 무엇보다 어려웠던 것은 노동조합 활동에서 정치 활동으로 옮겨가는 과정이었다. 노동자들은 한 번에 우리를 지지하지 않는다. 이것은 매우 중요하다. 노동조합에서 같이 활동했던 사람들도 투표에서는 우리를 찍지 않는 정치적 혼란이 있었다. 정치적 훈련이, 교육이 필요하다. 또한 노동조합처럼 닫혀져 있는 것이 아니라 사회 전체에 열려져 있는 정당이 되어야 한다. 노동운동의 프로젝트를 정치 프로젝트와 혼동하면 안 된다. 예를 들면 노동조합을 하기 위해선 노동자들의 얘기만 들으면 된다. 그러나 정치 프로그램에는 많은 다른 영역의 제안을 들어야 한다. 실업자, 학생, 여성, 중소기업가, 농민 등 각기 다른 영역에 속한 사람들을 정치로 모아내는 것에 대해 우리는 함께 노력해야 한다.

우리는 다른 당의 설립과 반대의 경로를 걸었다. 그들은 먼저 중심을 만들었지만 우리는 밑으로부터의 조직을 가지고 PT를 그 중심에 세웠다. 이것이 PT 성장의 요인이다."

우리나라가 싫었다

2000년 6월 29일. 새벽부터 전화가 울려대기 시작했다. 예감이 맞았다. 민주노총 조직쟁의실장이던 나는 급하게 옷을 걸치고 명동으로 향했다. 을지로 입구 롯데호텔. 얼마 전 너와 그 곳을 지나가면서 말했는데 기억할까? 서울의 한복판이고 가장 번화한 곳이다. 바로 전날 자정을 넘기면서 경찰 투입에 대한 대책을 논의하다 설마하고 집으로 돌아온 게 잘못이었다.

롯데호텔노조가 민주노총에 가입한 것은 1999년 12월 22일의 일이었다. 90%가 넘는 민주노총 가입 찬성에도 불구하고 노동부의 방해 공작으로 두 달여 동안 홍역을 치르기도 했다. 그만큼 집요한 탄압을 받고 탄생될 만큼 정권과 자본의 압박이 강했다. 김대중 대통령은 국민의 정부라고 했지만 <노래를 찾는 사람들>이 부른 노래 가사처럼 "저들이 말하는 국민 중에 너와 나는 간 데 없고, 저들의 계획 속에 우리들의 미래는 없"었다.

헐레벌떡 도착한 롯데호텔 앞은 이미 경찰들로 꽉 차 있는 상태였다. 롯데백화점 옥상에서 롯데호텔로 이어지는 통로를 통해 36층과 37층으로 경찰특공대가 투입되고 있었다. 2층에 있던 조합원들이 호텔 맨 위 층으로 신속하게 이동한 모양이었다. 당시 민주노총 서울본부에서 일하는 김진억이 조합원과 함께 있으면서 경찰 투입에 대한 준비를 미리 해 둔 것 같았다.

경찰이 계엄군으로 장악한 롯데호텔

섬광탄이 터지고, 연막탄을 터뜨렸는지 연기도 나기 시작했다. 하나 둘 모인 우리도 가만히 지켜볼 수만은 없었다. 지금은 세상을 떠난 민주노총 서울본부의 후배 박상윤이 도착하자마자 대성통곡을 하던 기억이 새롭다. "폭력 경찰 물러가라!"는 구호가 자연스레 터져 나왔다. 그러자 곧바로 강제 연행돼 모두 경찰 버스에 실렸다. 버스 안에서도 저항을 하자 이곳저곳에서 폭력이 시작됐다. 그때였다. 당시 금속연맹의 조직실장이었던 한석호가 "그만들 안 해, 이 개새끼들아!" 하면서 머리로 창문을 박았다. 너는 잘 모르겠지만 경찰 버스의 창문은 잘 안 깨진다. 그런데 창문이 박살이 났다. 나중에 한석호의 머리를 보니 아무렇지도 않을 걸 보고 놀란 기억도 난다. 그런 덕분인지 더 이상 폭력은 진행되지 않았다. 아무튼 우리는 양천경찰서로 끌려갔다가 바로 풀려났다. 풀려나자마자 다시 롯데호텔로 가서 이미 조합원들이 모두 강제로 연행된 자리에서 항의 집회를 가졌다.

경찰은 이날 오전 4시 20분께 1,100여 명의 노조원이 농성하고 있는 롯데호텔 2층 크리스탈 볼룸과 파업 지도부가 농성 중이던 37층 연회장에 경찰 34개 중대 3,000여 명을 투입, 지도부에 대한 체포 영장 집행에 나섰다. 7시가 넘어서야 작전이 끝났다. 이후 당시 투입된 경찰의 대테러 진압 특수 부대인 솔개부대원들이 호텔 안에 있던 양주를 마시고 작전을 했던 것이 밝혀져 물의를 빚기도 했다. 김대중 정권은 노동자들을 테러범으로 간주했던 모양이다. 당시 현장에 있던 한 조합원의 글을 읽으면 더 생생하겠다.

경찰은 농성 중이던 롯데호텔 조합원들을 무자비하게 진압했다.

고개 숙이고 있던 우리들은 인간이 아니었다. 지나가는 벌레만도 못하다는 생각이 들었다. 그때의 모멸감, 치욕감이란 그 상황에 없었던 사람은 절대 느끼지 못하리라. 이들이 진정 우리와 같은 국민인가? 이들에게 누가 민주 경찰이며 민중의 지팡이라고 했던가? 치욕과 혼돈밖에 기억나지 않는다. TV에서나 봤던 광주 사태가 떠올랐다. 지금은 2000년이지만 그날의 상황은 80년대 그대로였다. 우리는 진짜 방어할 만한 몽둥이도 없었고 모두들 얇은 옷을 입고 있었을 뿐이었다. 순간 이 상황이 싫은 것보다, 롯데가 싫은 것보다, 우리나라가 싫었다. 그리고 5·18 광주를 거친 김대중 대통령이, 공권력에 맞아 아직도 다리를 절뚝거리며 걷는 김대중이 이렇게까지 할 수 있나 정말 알 수 없었고 분하기만 했다. 너무 맞아 머리가 찢어져 피가 줄줄 나는 사람, 최루탄 파편에 다리를 찔려 피가 흐르는 사람, 등과 허리를 쇠파이프로 맞아 자국이 선명하게 나 있는 사람, 장애인 등록증을 보이며 때리지 말라고 애원했음에도 무자비하게 맞아 호흡조차 곤란해 하던 아저씨, 머리에 주먹만한 혹이 난 아저씨. 너무너무 무서운 광경이었고, 붉은 피들이 얼굴에서 다리에서 팔에서 줄줄 흐르고 있었다. 아비규환이었다. 그들은 꿈쩍도 하지 않았다. 목석처럼 가만히 서서 피 흘리며 고통스러워하는 우리를 그냥 응시하고 있었다.

롯데호텔의 경우 여성 조합원이 다수였는데 임신 중인 여성과 장애인 카드를 보여 준 조합원까지 무차별 연행하고 곤봉과 방패로 가격해 70여 명이나 부상을 당했다. 1,100여 명의 조합원들이 오리걸음을 하면서 연행됐다. 기가 막힌 일이 아닐 수 없었다.

의사한테 뺨 맞고, 노동자들에게 분풀이

정신이 하나도 없이 하루가 흘렀다. 집회와 대책회의 등을 마치고 집으로 가려는 데 이번에는 마포에 있는 건강보험공단에 다시 경찰이 투입될 것 같다는 소식이 들렸다. 정말 피곤했다. 누우면 바로 잠이 들 정도로 기진맥진했고, 설마 연이어 경찰을 투입할까 하는 생각이 들었던 것도 사실이다.

현장에 도착했다. 이미 경찰들은 모든 준비를 마친 상태였다. 고가 사다리차를 동원해 15층 노조 사무실로 경찰이 투입됐다. 다시 또 조합원들이 연행되기 시작했다. 조합원 1,606명이 연행됐다. 7월 1일 새벽 1시 30분경의 일이었다. 김대중 정부 시절 산업자원부 장관을 지냈던 박태영이라는 사람이 공단 이사장으로 와서 노조 요구에 콧방귀를 뀌면서 노사 갈등이 심해졌다. "장관 출신이 어떻게 일개 노조위원장을 만나느냐. 내가 이래 봬도 국회의원에다 청와대 특보를 지낸 몸이야." 그가 한 말이다.

뒷날 일이지만 그는 2년 뒤 전라남도 도지사로 당선된다. 그러다가 건강보험공단 이사장으로 있을 때 벌어진 부하들의 비리 연루 혐의로 검찰 조사가 진행 중이던 2004년 4월 반포대교에서 투신자살했다.

아무튼 이 모든 일이 한때 민주화 투사였고, 독재정권에 의해 사형 선고까지 받았던 김대중 정권 시절에 벌어진 일이었다. 당시 민주노총 신문의 머리기사 제목은 "김대중 정권, 노동자에 전쟁 선포"였다. 정말 그랬다.

왜 그랬을까? 민주노총은 2000년 5월 31일 총파업을 했다. 주5일제 근무와 비정규직 문제 해결, IMF 피해 원상회복 등이 주요 요구였다. 자본의 입장에서 보면 눈엣가시 같은 요구였다.

당시 의약분업 문제로 인해 의사들이 폐업을 하는 등 어수선했다. 우리는 정부가 "의사한테 뺨 맞고 노동자에게 분풀이 한다."고 했다. 경찰 투입 전인 6월 27일 김대중 대통령은 노동자들을 향해 법질서를 엄중히 지키도록 하는 조치가 있어야 한다고 말했다. 가장 만만한 노동자들에게 곤봉과 방패를 휘두르면서 국면 전환을 꾀했던 셈이다. 그렇기 때문에 주요 사회 현안도 아닌 사업장 안의 임금 인상과 단체교섭에까지 경찰 폭력을 동원한 것이다. 정부가 노동자 편이 아니라 자본의 편임을 분명히 보여준 사태였다.

좀 더 생각해보자. IMF 외환 위기를 가져온 것은 노동자들이 아니었다. 노동자들이 책임질 일이 아니다. 그러나 정리 해고 요건 완화 등 모든 책임은 노동자들에게 전가됐다. 김대중 정부는 포항제철과 한국중공업 등의 민영화, 공공 부문에 대한 구조조정, 비정규직 확산 등 신자유주의 정책을 본격적으로 도입했다.

"강성 노조가 힘을 잃고 있으니 안심하고 투자해 달라." 김대중 대통령이 그해 9월 22일 일본에 가서 한 말이다. 그 전에도 이미 만도기계에 대한 파업 진압, 조폐공사에 대한 파업 유도 사건 등 직접적인 탄압은 물론 공공 부문

노조의 힘을 약화시키기 위해 감사원 감사 등을 동원하고 있었다.

    정권은 바뀌었지만 노동자들의 처지는 달라질 수 없다는 것을 잘 보여준 셈이다. 이런 정부의 방침에 맞게 롯데호텔의 신격호 회장은 민주노총에 대해 58억 손해배상을 청구하기도 했다.

김대중, 노동자에 전쟁 선포

민주노총은 즉각적으로 '공안 탄압'에 대한 대응을 시작했다. 정부와의 모든 관계를 끊고 7월 3일부터 명동성당에서 지도부 농성을 시작한다. 단병호 위원장 등 지도부의 삭발에 이어 7월 27일부터는 서울역에서 노숙 단식투쟁에 돌입했다.

    서울역만이 아니라 전국적으로 동시 투쟁이 시작됐다. 그때부터 '뜨거운 여름'이 시작됐다. 7월 내내 전국적으로 100회 이상 집회에 10만 명이 넘는 조합원이 참가했다.

    그 과정에서 안타까운 일도 있었다. 국민건강보험공단 사회보험노조 최진욱 경인지역본부 총무부장이 공단 앞 해방광장 집회 참석을 위해 화서역에서 전철을 기다리던 중 전철 고압선에 감전 사고를 당했다. 보통 깃대로 쓰이는 낚싯대가 고압선에 닿아 전신 60%의 화상을 입고 결국 사망했다. 지금은 전태일 열사가 묻혀 있는 마석 모란공원에 잠들어 있다. 장례식 날 고인에게 아주 어린 아이들이 있다는 걸 알게 되었다. 지금 생각해도 가슴 아픈 일이다.

    단병호 위원장의 무기한 단식투쟁은 롯데호텔노조의 투쟁이 끝날 때까지 27일간 지속되었다. 땡볕에 하는 단식은 더 힘이 든다. 그로부터 8년이 지난 후 그 자리에서 KTX 여승무원들이 민세원 지부장을 시작으로 단식투쟁을 했었다. 시간은 흐르고 정권이 바뀌어도 노동자의 처지는 별반 달라지지 않았다는 이야기다.

롯데호텔노조는 8월 21일 교섭을 타결한다. 그 결과 입사 후 3년이 지난 비정규직은 정규직으로 전환됐다. 113명이다. 그리고 노동조합을 탄압하기 위해 만들어진 일방 중재 조항은 2년 뒤 자동 삭제하기로 했다. 임금도 10% 인상하고, 파업 기간 중 무노동 무임금을 보존하기 위해 연말에 상여금을 지급하기로도 했다. 완벽하지는 않지만 민주노총을 중심으로 전체 노동자들이 단결하여 이룬 성과였다. 거대한 재벌과 정부에 맞서 싸운 지 54일이 지난 시점이었다. 힘든 투쟁이었지만 돌아보면 행복했던 시간들이었던 것 같다. 하나로 모인 노동자들의 힘은 정말 대단했다.

이런 투쟁이 있었기에 95년 민주노총을 만들 당시 862개 노조 41만8,154명이었던 조합원은 2000년 9월 당시 1,341개 노조 58만6,809명으로 16만 명이나 증가할 수 있었다. 그러나 거기서 멈출 수는 없었다. 김대중 정부의 정책 노선을 바꾸기 위해서는 보다 강력한 투쟁이 필요했다. 사유화도 막아내고, 구조조정을 통해 노동자들을 거리로 내모는 정책을 바꾸고, 주5일제를 쟁취하기 위해서 할 수 있는 모든 것을 다해야 했다. 특히 반복되고 있는 경찰 폭력에 대해서는 뭔가 단호한 조치가 필요했다.

당시 민주노총 조직쟁의실에는 내로라하는 다부진 활동가들이 많았다. 특히 민주노총의 양대 산맥인 금속노조에는 한석호가, 내가 소속된 공공연맹에는 김철운이 조직실장을 맡고 있었다. 어느 날인가 경찰 폭력에 대한 규탄 집회를 마치고 행진하는 중에 경찰이 치고 들어와서 당시 민주노총 조직부장이었던 심동진이 크게 부상을 당한 일이 있었다. 그 날이 아들 돌인지, 백일인지 해서 대구로 내려가기 전 집회에 참석했었는데 심한 부상을 입었다.

경찰 중에는 우리가 '일빵빵 부대'라고 불렀던 100으로 시작되는 특수부대가 있었다. 보통 사람들보다 머리 하나는 더 큰 부대원들은 시위 진압을 전문으로 하는 경찰들이다. 그들은 롯데호텔 투쟁 내내 시위대를 위협하거나 무자비한 폭력을 일삼았다. 전두환 정권 시절의 백골단이 진화한 셈이다.

나는 폭력을 좋아하지 않는다. 나만이 아니라 모든 노동자들은 웬만하면 대화를 통해 문제를 해결하고 싶어 한다. 그러나 힘을 가진 사람들은 약해 보이는 사람에겐 더한 폭력을 가한다. 그에 대항하지 않으면 언제까지나 굴종하면서 살 수밖에 없다. 뭔가 준비를 해야 했다. 투쟁을 통해 자신감을 가지고, 야만적인 폭력에 주눅이 들지 않게 할 수 있는 방안이 필요했다.

투쟁 선봉대를 조직하다

2000년 11월 12일. 전태일 열사 분신 30주기를 맞아 전국노동자대회가 대학로에서 열렸다. 노동자 2만여 명이 참가한 이날 집회에서 우리는 구조조정 중단, 월차 생리휴가 폐지 등 제2의 노동법 개악 음모 중단, 노동 조건 후퇴 없는 주5일 근무제 도입, 비정규직 정규직화와 차별 철폐 등을 요구했다.

집회를 앞두고 민주노총 안팎에서는 김대중 정권에게 분명한 선을 긋는 게 필요하고, 이를 위해 무기력한 집회보다 위력적인 가두 투쟁이 필요하다는 의견이 많았다.

당시 나와 민주노총 조직쟁의실은 계속 경찰에게 맞고 깨지기만 하고, 투쟁을 위한 조직된 대열이 없는 현실을 바꿔야 한다는 의견을 가지고 있었다. 지금까지 학생들에게 의존해왔지만 이제 '선봉대'를 꾸려서라도 노동자 스스

2000년 노동자대회. 부활하는 전태일 선봉대의 투쟁. (사진=진보정치 ⓒ)

로 이 일을 해내야 한다고 생각했다. 그래서 만들어진 것이 노동자 1,000여 명으로 구성된 '부활하는 전태일 선봉대'였다. 그들을 위해 "때리지 마"라는 글씨가 쓰인 공사용 모자도 특별히 만들었다. 경찰이 던진 돌에 머리를 깨지고 다치는 경우가 많았기 때문이다.

지금이야 많이 달라졌다고 하지만 이전의 가두 행진은 경찰의 폭력 앞에 좌절되기 일쑤였다. 경찰들은 이런저런 핑계를 대고 거리 행진을 막거나, 지하도로 들어가게 하거나, 참가자가 많음에도 불구하고 인도로만 행진하게 해서 시민들을 불편하게 만들기도 했다.

심지어는 집회가 열릴 만한 도심 곳곳의 공원에 나무를 많이 심는 등의 방법으로 장소를 원천 봉쇄했다. 대표적인 곳이 종묘공원이다. 과거엔 그곳에서 집회를 많이 했지만 지금은 할 수가 없다. 물론 시민들의 휴식처도 중요하지만 사람들이 자유롭게 자신들의 의견을 개진할 수 있는 공간도 중요하다.

<뉴욕에서 온 남자, 파리에서 온 여자>라는 제목의 프랑스 영화 한 장면을 소개하는 신문 칼럼을 읽은 적이 있다. 막 집에 돌아온 딸이 엄마에게 "데모 때문에 차가 막히고 난리가 났어요."라고 하자 엄마가 딸에게 "불쌍한 간호사들이 파업도 못하냐? 여긴 미국이 아냐!"라고 꾸짖는다. 그런 대답이 상식이 되는 날이 언제나 올까? 요즘도 경찰은 집회가 열리면 경찰 버스로 도로를 가득 메운다. 통행에 불편을 끼치는 것은 집회 탓도 있지만 거리 곳곳을 메운 경찰 차량 때문이기도 하다.

내가 사람을 잘못 보았나?

이런 일도 있었다. 두 남자가 집회 무대 옆에 세워둔 트럭을 유심히 살피고 있었다. 번호판을 외우는 것 같았다. 암만 보아도 사복 경찰이 틀림없었다. 마침 옆에 있던 당시 민주노총 서울지역본부 박상윤 조직부장에게 눈짓을 했다.

한 번에 알아차린 상윤이는 동료들과 함께 그들을 에워쌌다. 그리고 신분증을 보여 달라고 했다. 그들은 신분을 증명할 아무 것도 가지고 있지 않았다. 지갑도 없었다. 틀림없었다. 상윤이는 들고 있던 핸드폰으로 도망가려던 사람의 머리를 쳤다. 피가 나고, 주변이 소란스러워졌다. 어느 정도 정리가 된 후에 눈짓으로 보내주라고 했다. 그런데 막 집회 사회를 보려고 준비하는데 그 둘 중의 하나가 윗옷을 훌렁 벗고 무대 계단 밑에서 소리소리 지르는 거였다.

"민주노총이면 다냐? 왜 무고한 시민에게 폭력을 행사하나?"

"당신 직업이 뭐냐?"

"연대 앞에서 복사 가게를 한다."

"연락처 좀 줘봐라. 확인하자."

"오늘은 다 노는 날이다. 일요일 아니냐? 여기 내 친구도 있다. 지나가는 길에 구경하는데 다짜고짜로 사람을 때리는 게 민주노총이냐?"

순간 멈칫했다. '내가 사람을 잘못 보았나?' 하는 생각이 들었다. 수십 년을 노동운동을 하다 보니 경찰도 우리를 알아보고, 우리도 경찰을 단박에 알아볼 수 있다. 만약 잘못 판단한 것이라면 큰일이겠다 싶어 바로 근처 서울대병원으로 데려가 다친 머리를 꿰매주고, 명함을 주었다. 찜찜했지만 말이다.

그날 집회를 마치고 집에 가는 길에 그 사람의 전화를 받았다. 마구 쌍욕을 해댔다. 나는 다음날 보자고 했다. 만일 후유증이 있다면 치료비도 준다고 했지만 내심 경찰이 확실하다고 판단하고 있었다. 그들은 나타나지 않았다. 내가 당한 셈이다. 그처럼 용감한(?) 사복 경찰도 있었다. 그날 한 번에 사복 경찰들을 제압한 박상윤도 지금은 전태일 열사가 묻혀 있는 마석 모란공원에 있다.

집회는 처음부터 전투였다. 우리들도 그날은 모두 작심을 하고 있던 터였다. 경찰은 대학로 입구를 완전 봉쇄하고, 일체의 집회 물품 반입을 저지했다. 우리는 집회 전부터 곳곳에서 뽑은 가로수 받침목과 깃대를 가지고 크고 작은 싸움을 벌였다. 짧은 집회를 마치고 행진이 시작되었다. 이날 경찰은 1만여 명이나 동원되었다. 노동자 200여 명이 부상당하고, 25명에게 체포 영장이 떨어졌다. 경찰들은 심지어 방송 차량의 유리창을 깨고 차 안에 있는 사람에게도 폭력을 행사했다. 방송 차량 10대 이상이 파손될 정도로 격한 충돌이 계속됐다.

공안대책협의회의 부활

나와 신언직 조직국장은 전체 대열 선두에 있었다. 방송 차량에 올라타서 한참 방송을 하다가 탑골공원 근처에서 행진을 막는 경찰들과 대치를 하게 되었다. 우리가 대열을 정비하는데 갑자기 경찰들이 치고 들어왔다. 대열은 뒤로 빠졌다. 방송 차량은 경찰에 완벽하게 포위됐다. 우리 주위는 모두 시꺼멓게 무장한 경찰들뿐이었다. 온몸에 소름이 쫙 퍼졌다. 다행히 그들은 우리 방송 차량을 지나 그냥 뛰어갔다.

방송 차량은 완전히 경찰 병력 한 가운데 서 있었다. 언제 마음이 변해 두들겨 맞을지도 모르는 시간이 지나갔다. 그 장소에서 경찰이 던진 벽돌에 머리를 맞아 당시 민주노총 부위원장이었던 김영대가 병원으로 실려 가기도 했다. 거의 머리 전체를 들어내는 수술을 받아야 할 정도로 큰 부상을 입었다. 내가 속한 연맹 방송차도 경찰에 의해 파손되고, 운전하던 현광훈 교육국장이 코뼈에 금이 가는 부상을 입기도 했다.

심지어 대회에 참가한 일본의 철도노조 중 하나인 JR동노조의 사또 선전부장도 경찰이 던진 돌에 맞아 다치기도 했다. 우리는 현장에서 바로 경찰의 과잉 폭력 진압을 규탄하는 기자회견을 개최했다.

집회 이후 검찰은 98년 6월 조폐공사 파업 유도 취중 폭로 사건 이후 중단됐던 '공안대책협의회'라는 걸 부활시키고, 사진 판독으로 신원이 드러난 시위 참가 노동자에 대해 연행에 나서기 시작했다.

이런 경찰과 검찰의 탄압에도 불구하고 우리 내부의 평가는 좋았다. "그동안 억눌리고 쌓여왔던 분노가 폭발한 것이다. 우리는 민주노조운동의 침체와 판에 박힌 투쟁에 경종을 울리고 새로운 미래를 열어나가는 획기적인 가두투쟁을 해냈다.", "민주노총의 전투력 복원에 큰 의미가 있었다.", "비정규직 노동자의 분노가 우리가 상상하는 것 이상이었다."라는 의견들이 있었다.

여기서 우리가 왜 경찰과 싸우는지 잠시 얘기하자. 우리가 흔히 공권력이라고 말하지만 대부분의 경우 경찰들은 지배 권력의 이익을 위해 봉사하는 도구다. 특히 우리나라의 경우 친일 잔재가 청산되지 않는 과정에서 경찰 역시 '민중의 지팡이'가 아니라 '민중의 몽둥이'가 되곤 했다.

순수한 마음으로 경찰에 들어간 대부분의 사람들로서는 억울하겠지만 결국 민중들의 손에 권력이 쥐어지지 않는 한 경찰은 공공의 이익보다 자본의 이익을 지킨다. 시키면 시키는 대로 한다. 네가 읽은 한나 아렌트의 책을 생각하면 더 쉽겠다. 그들 역시 예루살렘의 아이히만처럼 평범한 사람들이다. 고 김근태 형이 당한 경찰 고문 내용을 담은 영화 <남영동 1985>는 그 과거에 대한 기록이다. 아프지만 기억할 내용들이 너무 많다.

새로운 천년이 시작된 2000년에 대한 기억을 마치기 전에 하나만 더 남겨두자. 그해 6월 15일 평양을 방문한 김대중 대통령은 북한 김정일 국방위원장을 만나 역사적인 '6·15 남북 공동선언'을 발표한다. 우리 민족끼리 통일을 자주적으로 해결한다는 내용이 중심된 것으로 남북 간의 갈등을 푸는 중요한 전기를 만든 것으로 평가된다.

그럼에도 불구하고 김대중 대통령은 영하의 추위 속에서 명동성당 들머리에서 국가보안법 폐지를 외치며 맨땅 단식 농성을 했던 수많은 사람들의 염원을 저버렸다. 일제시대 치안유지법에서 시작되어 수많은 사람들의 영혼과 육신을 구속한 국가보안법은 지금도 시퍼렇게 살아 있다.

터널은 오직 혼자서만 어두웠다.
저 곳은, 어렸을 때부터 생각해 왔던
죽은 모든 사람이 가는 곳이다.

명동성당에 진입하라

 노동자대회를 끝으로 나는 2001년 3월 민주노총을 떠나 공공연맹으로 복귀한다. 바로 그 직전인 1월 18일 열린 민주노총 위원장 선거에는 단병호, 유덕상, 강승규 등 3개 팀이 출마하여 3파전으로 치러졌다.
 민주노총 안의 정파 조직을 흔히 '중앙파', '국민파', '현장파'로 구분하는데 바로 그 첫 모습이 드러난 셈이다. 중앙파는 주로 연맹이나 산별연맹의 주요 직책을 맡고 있는 사람들이 많아서, 국민파는 민주노총을 만들 때 '국민과 함께하는 노동운동'을 주장했다고 해서, 현장파는 주로 현장 노동자들의 투쟁을 중심으로 활동한다고 해서 붙여진 듯하다. 이 선거 이후로 본격적으로 구분되기 시작한 걸로 기억된다.
 1차 투표에서 국민파인 강승규는 42%, 중앙파인 단병호는 31%밖에 받지 못했으나 결선에서 25%를 얻었던 현장파 유덕상의 표가 단병호에게 몰리면서 역전했다. 옆에서 지켜보던 나는 냉탕에서 온탕으로 마구 옮겨 다닌 기분이었다.
 선거가 끝나고 단병호 위원장은 내게 계속 민주노총에서 일하자고 했지만 나는 연맹으로 돌아갔다. 민주노총 활동도 재미있고 의미가 있었지만 주로 상대하는 것이 산별연맹 위원장들이나 실무자들뿐이었다. 나는 현장의 노동자들을 더 만나고 싶었다. 공공연맹으로 돌아온 나는 교육선전실장을 맡았다.

단병호 위원장과 민주노총에서 일하면서, 그리고 복귀해 공공연맹에서 양경규 위원장과 일하면서 나는 어느새 중앙파가 되었다. 아니라고 말할 새도 없이 중앙파가 되고, 무슨 행동을 하든 중앙파로 규정됐다. 원하든 원하지 않든 그건 자연스런 흐름이었다.

2010년 대전 지역으로 옮겨 활동할 때 누군가 내게 "중앙파의 괴수가 여기는 웬일이냐?"고 농담할 정도였다. 그 꼬리표는 아마도 내가 죽을 때까지 따라 다닐 것이다.

권력이 된 노동운동과 내부 경쟁

앞서 말한 사회보험노조 조합원 최진욱 동지의 영안실을 방문, 사회보험노조의 소위 1세대 활동가들과 얘기를 나눈 적이 있었다.

"우리는 동지 이전에 형제였다. 그런데 언제부터 우리가 무슨 파, 무슨 파로 나뉘게 되었냐? 도대체 니들은 무슨 파냐?" 술에 취했음직한 나이가 든 노동자가 큰 소리로 후배들을 꾸짖고 있었다. 신발을 집어 던지기도 했다.

보통의 대규모 사업장엔 각종 파벌은 물론 집행부 기수에 따라 각종 모임이 구성되기도 한다. 주로 선거를 중심으로 이합집산하고, 때로는 격렬한 갈등이 표출되기도 했다. 노동운동을 한다고 울산에 내려가 있던 90년대 초, 현대자동차노조엔 4~5개의 조직이 있었던 것으로 기억한다. 그런데 그게 줄어들기는커녕 계속 늘어났다.

"파로 나눠지는 게 문제가 아니다. 예전처럼 노조 집행부가 되는 게 구속을 각오하고, 희생을 감수하는 시기가 아니다. 노동조합은 권력이 되었다. 이 권력을 누가 잡느냐에 따라 노조의 미래는 물론 사회를 바꾸는 방법이 달라진다. 따라서 이 권력을 둘러싼 치열한 경쟁이 있는 건 당연하다. 문제는 룰을 만드는 거다. 때론 경쟁하고, 대결하고, 협력하면서 그 권력이 노동자 전체를 위해 쓰이도록 만드는 룰을 만드는 게 무엇보다 중요하다." 내 나름대로 정파에 대한 의견을 열심히 말했지만 내 말에 그다지 동의하지 않는 분위기를 느낄 수 있었다.

누군가는 정파를 '악의 축'이라고도 했다. 선거 때 아예 정파 청산을 공약으로 내건 후보도 있을 정도였다. 이해가 되는 측면이 많다. 노동 현장은 갈가리 찢겨지고, 공통의 이익보다는 정파의 이익을 앞세운 활동으로 인해 진보 정당도 망가졌다. 민주노총도 마찬가지다.

따라서 모든 원망과 비난이 정파로 돌아가는 게 자연스럽다. 대중적으로 볼 때 큰 차이도 없는 조직이 '현장'을 앞세우고, 오로지 권력을 잡기 위해 혈안이 될 때 조합원의 마음은 그로부터 멀어진다. 당과 총연맹의 성장보다는 자기 정파의 이익을 우선할 때 많은 무리가 생기고, 그로 인해 상처받은 사람들이 생길 때 정파는 악의 축이 되고 만다. 그러나 그렇기 때문에 정파를 모두 없앤다고 문제가 해결될 수 있을까? 아니 없어지기나 할까? 각 정파에 대한 얘기는 나중에 다시 한 번 하기로 하자.

한국통신 투쟁, 정규직과 비정규직

연맹으로 돌아오기 전에도 많은 투쟁이 있었다. 특히 기억에 남는 것은 2000년 말에 있었던 한국통신의 4박 5일 명동성당 총파업이었다. 정부와 사측이

3,000명 이상을 정리 해고하는 등 구조조정에 나서자 조합원 7,000여 명이 총파업에 돌입, 2000년 12월 18일 저녁 8시부터 명동성당으로 집결했다. 노조는 '강제 명예퇴직과 일방적 구조조정 중단, 완전 민영화 반대'를 내걸었다.

경찰은 명동성당을 완전히 포위하고 난방용 천막은 물론 간이 화장실조차 들여보내 주지 않았다. 그 많은 사람들이 한 겨울 추위에 비닐 한 장에 의지하며 싸워야 했다. 특히 여성 조합원들은 생리 현상 해결을 위해 1~2시간씩 줄을 서야 하는 상황에서 한시라도 빨리 간이 화장실이 반입될 수 있도록 도와달라며 눈물로 호소했지만, 그들은 철저히 외면했다.

한편 이즈음 한국통신 계약직노조도 투쟁에 돌입했다. 한국통신은 구조조정을 조속한 시일 내에 마무리한다며 전화국에 근무하는 계약직 노동자 6,000여 명을 대상으로 계약 해지를 통보했다.

비정규직 투쟁의 본격적인 서막을 연 이 싸움은 전국 각지에서 해고 통보를 받은 조합원 2,000여 명이 12월 4일 오전 신설동 서울 번호 안내국 앞에서 집회를 하고 동대문 전화국까지 가두 행진을 하는 것으로 시작됐다. 그 이후부터 517일간의 기나긴 투쟁이 시작된다. 말이 517일이지 1년하고도 반을 싸운 것이다. 한국통신노조가 명동성당 파업에 들어가자 비정규직 노동자들도 연대하기 위해 찾았지만 정규직 노동자들이 이를 거부하기도 했었다. 정규직 노동자들이 연대를 거부한 셈이다. 나중에 비정규직 노조 홍준표 위원장은 이때의 기억이 가장 큰 아픔이었다고 회고했다.

한국통신 계약직 노동자들의 투쟁은 처절했다. 마침 16년 만에 엄습한 살인적인 추위 속에서 본사 앞 노숙 투쟁을 하던 대전충남본부 이동구 조합원이 추위에 쓰러져 오른팔과 다리 등 반신 마비 증세를 보여 후송되기도 했다. 한강대교 5미터 난간 위를 올라가서 현수막을 펼치기도 했고, 새벽 3시 조합원 180여 명이 목동 전화국을 점거해 농성하기도 했고, 한강 철교 부근

겨울 한파 속에 진행된 한국통신 계약직 노동자들의 투쟁. 517일 동안이나 싸워야 했다.

데이콤 용산지부 앞에서 8차선을 횡단하는 광케이블에 매달려 구조조정 반대 구호가 적힌 현수막을 내리고 목숨을 건 고공 시위를 전개하기도 했다. 심지어는 본회의가 진행 중이던 국회 방청석에서 "한국통신 계약직노조 현안 문제, 정부는 즉각 해결하라."는 내용의 현수막을 걸고 1층 본회의장으로 뛰어내리기도 했다.

투쟁 과정에서 언어장애가 발생한 사람도 있고, 돌아가신 분도 있다. 이 투쟁은 2002년 5월 4일 회사 측의 보상액 지급, 도급 업체 취업, 3년간 고용 보장 등을 합의하면서 끝난다. 이후 2007년 철도노조가 비정규직인 KTX 승무원들을 조합원으로 받아들이고 함께 투쟁을 한 데 비해 한국통신 정규직 노동자들은 그러지 않았다. 결국 한국통신은 KT로 이름을 바꾸고 민영화된다.

장기 투쟁을 두고 무엇이 이긴 것이고, 무엇이 진 것인지를 얘기하긴 어렵다. 다만 10년이 지났음에도 불구하고 오늘도 여전히 그렇게 투쟁할 수밖에 없는 수많은 비정규직 노동자들이 있다는 것을 잊지 않았으면 좋겠다. 혹은 투쟁이 승리하고 있다면 앞서 투쟁한 수많은 선배 노동자들의 투쟁이 있었다는 것도 기억하기 바란다. 네가 만약 비정규직이 되었을 때 조그만 권리라도 주어진 게 있다면 누군가 앞서 간 사람이 있었기 때문이다.

주5일 근무제 요구 투쟁

우리도 이제 노동 일은 않을 테야 / 일해 봐도 보람도 없는 그런 일은 않을 테야 / 겨우 연명할 만큼 주면서 생각할 틈조차 안 주다니 / 진절머리가 난다네 / 우리도 햇빛을 보고 싶다네 / 꽃냄새도 맡아 보고 싶다네 / 하느님이 내려주신 축복인데 / 우린들 아니 볼 수 없다네 / 우리는 여덟 시간만 일하려네 / 조선소에서, 공장에서, 그리고 점포에서 / 우리는 힘을 길러 왔다네 / 이제 우리 여덟 시간만 일하세 / 여덟 시간은 휴식하고 / 남은 여덟 시간으로 하고 싶은 일을 해 보세

_1886년 5월 1일 미국 노동자들이 8시간 노동제를 요구하며 부른 노래 중에서

지금 사람들이 당연하게 생각하고 있는 수많은 제도와 관행들은 사실 선배들의 투쟁이 있었기 때문에 가능했던 것들이다. 8시간 노동제 쟁취를 위해 수많은 노동자가 사형까지 당해야 했다. 지금 우리가 지키고 있는 5월 1일 노동절, 즉 메이데이는 이를 기념하는 날이다.

오랜만에 연극영화과 후배인 이은 감독이 만든 <파업전야>라는 영화를 다시 본 적이 있었다. 영화 속에서는 노동청이 노조를 만든 사람들의 명단을 회사에 알려주는 장면이 나온다. 이들은 잇따라 해고된다. 80년대에는 조합원 30명 이상이 있어야 노조를 만들 수 있었다. 지금은 2명 이상이면 되고, 혼자라도 산별노조에 가입할 수 있다. 모두 선배들의 지난한 노동법 개정 투

쟁의 결과다. 노동운동의 역사는 곧 노동시간 단축 투쟁의 역사라고 하는 사람도 있다. 지금 시행되고 있는 주 40시간의 노동도 역시 기나긴 투쟁의 성과다.

민주노총은 2000년 5월 31일 총파업 투쟁을 시작으로 '근로 조건 저하 없는 주5일 근무제' 투쟁을 본격화한다. 이 투쟁의 결과로 주 5일 근무제는 2004년 7월 마침내 1,000명 이상 사업장부터 시행됐고, 2011년 20인 미만까지 확대 적용됐다. 물론 이 과정에서 수많은 노동자들이 구속되고 수배됐다. 이 투쟁은 2001년 들어서 더 격렬하게 진행되는데 그 얘기를 해 보자.

경찰이야 조폭이야?

"김대중 정부 4년이 노동자에게 준 것은 오직 고통밖에 없습니다." 2001년 6월 12일 공공연맹의 총파업을 앞두고 내가 쓴 기자회견문의 첫 문장이다. 과거 민주 투사였고, 노벨평화상까지 받은 대통령이 어쩌면 이렇게까지 했나 싶을 정도로 노동자에 대한 탄압이 심했다.

김영삼 정부는 1993년부터 1997년까지 5년 동안 노동자 투쟁과 관련 총 507명을 구속하여 1년에 100여 명꼴로 감옥에 보냈다. 반면 김대중 정부는 1998년부터 2001년 6월 22일까지 3년 6개월 동안 총 575명을 구속, 1년에 160여 명꼴로 노동자들을 감옥으로 보냈다. 내가 민주노총을 떠난 직후 조직쟁의실장을 이어 맡은 신언직도 감옥을 피할 수 없었다.

"국민의 정부 들어서 합법화되고 권리를 보장받은 노조가 가장 강력하게 비합법적 투쟁을 하면서 사회가 어떻게 되든 상관없이 사회를 불안하게 하고 있다. 크게 보면 건전한 방향으로 가고 있는 노동운동 방향을 따라가지 못하는 극렬 세력이 파업을 하고 있다." 김대중 당시 대통령의 발언이다. 정부의 일방적인 구조조정 정책으로 공공 부문에서만 13만 명이 거리로 쫓겨났는데도 말이다. 노동자들의 저항에 대해서는 탄압이 이어졌다. 대표적인 것이 대우자동차에서 벌어진 경찰의 살인적인 폭력이었다. 영화 <부러진 화살>에 그 장면이 삽입돼 화제가 되기도 했다. 영화에선 당시 금속연맹 소속이었던 박훈 변호사가 받았던 깊은 충격을 보여준다. 경찰은 정리 해고에 맞서 투쟁하던 노동자 1,750명을 폭력으로 짓이겼다. 평화적 시위를 하겠다는 의사표시로 윗옷을 벗은 채 앉거나 누워 있던 대우자동차 70여 명의 노동자들을 경찰은 말 그대로 무지막지하게 두들겨 팼다. 4월 10일의 일이다. "경찰인가, 조폭인가?"라는 기사 제목이 등장할 정도였다.

하지만 경찰은 이를 숨기려 했다. 한 조합원이 동영상을 촬영해 이 사실을 세상에 널리 알릴 수 있게 된 건 정말 다행이었다. 이 충격적인 영상은 인터넷에 올려져 사흘간 접속 수가 284만회를 기록했다. 다시 보아도 끔찍하다. 이 사건으로 인천경찰청장과 부평경찰서장이 직위 해제되고, 김대중 대통령이 나서서 사과를 하지만 뒤이어 울산 효성 공장에서도, 여의도 건설 일용 노동자들에 대한 경찰의 진압 작전에서도 경찰 폭력은 계속됐다.

결국 민주노총은 '김대중 정권 퇴진'을 내걸고 투쟁하기로 방침을 정한다. 운동권 일각에서 '비판적으로 지지'했고, 한때 군사독재 정권을 물리치기 위해 함께 싸웠던 사람이 노동자들을 그렇게 대접했다. 당시 집회 현장에서 노래를 부르던 혼성 5인조 댄스 그룹인 젠(ZEN)은 <그날 그 자리에서>라는 노래를 만들기도 했다.

"4월 10일 화창한 봄날에 미친개가 사람을 물었어… 몇년을 못 물었대. 참고 또 참았대. 노벨상 받겠다고 꾹꾹꾹 참았대… 명령하는 그놈들은 너희가 미쳤대…." 그런 세상이었다.

당시 신선한 충격을 주었던 혼성 5인조 댄스그룹 젠(ZEN)의 공연 모습.

명동성당 진입 작전

결국 얼마 지나지 않은 2001년 6월 민주노총 단병호 위원장, 이홍우 사무총장에 이어 공공연맹의 양경규 위원장까지 수배가 됐다. 양경규 위원장은 공공 부문에 대한 무분별한 구조조정에 맞서 대한항공 조종사노조를 포함하여 19개 사업장 2만207명이 파업에 돌입하도록 조직했다는 혐의였다.

내가 전에도 87년 6월 항쟁을 말하면서 명동성당을 얘기했었지. 명동성당은 일종의 치외법권 지대로 경찰이 함부로 진입하지 못하는 곳이었다. 따라서 수배당한 지도부가 들어가기에는 제일 좋은 곳이었다. 언제까지 도망만 다닐 처지도 아니고, 공개적인 장소에서 투쟁을 지휘해야 하는 민주노총으로서는 당연히 제1순위 장소였다.

경찰도 그걸 알고 있어서 경비가 삼엄해지기 시작했다. 그러나 경찰에 프로가 있다면 우리 역시 그런 일에는 이골이 난 사람들이 많았다. 제일 먼저 명동성당에 들어간 사람은 이홍우 사무총장이었다. 무사히 들어가기는 했는데 이후 경찰들의 경비가 더 강화됐다. 경찰은 아예 일렬횡대로 늘어서서 들어가는 모든 사람들을 검문할 정도였다.

그런데 단병호 위원장은 키도 크고, TV 등 언론에 많이 노출돼 사람들이 많이 알고 있었기 때문에 더 위험했다. 특히 다른 사람과 확연히 구분되는 외모 때문에 명동성당으로 진입하기가 만만치 않았다. 진입 방법에 대해 머리를 짜고 또 짜낸 뒤에야 무사히 명동성당에 들여 보낼 수 있었다. 만약 실패했으면 우리들은 노동운동의 지도자를 경찰에 잡히게 만들었다는 죄책감에 많이 괴로워했을 게 틀림없다. 007작전에 버금갈 만큼 다양한 변수에 대해 철저히 준비하고, 확실하게 사전 답사를 했다. '열 포졸 도둑 하나 못 잡는다'는 속담이 있다. 경찰이 아무리 눈에 불을 켠 채 지키고 있어도 틈은 있었다.

경찰은 잔뜩 열을 받은 상태였다. 물샐틈없는 경계를 뚫고 '거물 수배자'들이 명동성당 진입에 성공을 했기 때문이다. 이제 양경규 위원장이 남았다. 우리는 이번에도 보기 좋게 경찰의 삼엄한 경계를 따돌리고 그를 명동성당에 들여보내는 데 성공했다.

우리는 양경규 위원장이 명동성당에 무사히 들어온 직후 회의를 열고 다음날 이를 공개하기로 결정했다. 수배자들이 성당에 들어온 시간을 경찰에서 알게 되면 그 시간에 현장을 지키고 있던 경찰들이 문책을 당할 수도 있고, 혹시나 진입 방법을 알아낼 수도 있을 것이라는 점을 감안한 결정이었다. 따라서 소수의 사람들만 알고 비밀로 했다. 그런데 문제가 생기고 말았다. 명동성당에 무사히 들어온 뒤 성당 뒷마당에서 서성대고 있는 양경규 위원장을 성당 안에 있던 사복 경찰이 알아본 것이다.

마침 너도 아는 민길숙 공공연맹 조직부장이 단병호 위원장을 만나러 명동성당에 도착했다. 양경규 위원장이 진입했다는 사실을 알게 된 경찰의 검문검색이 유달리 까다로워졌고, 영문을 모르던 민길숙 부장은 이런 상황을 이해할 수 없었다. 당연히 실랑이가 벌어졌다. 차를 몰고 들어가던 중 경찰이 검문하자 신분증을 보여주고, 절차를 밟아 통과하게 됐다. 출발을 위해 1단 기어를 밟았는데 그 과정에서 뒷바퀴 쪽에 검문하면서 시비중이던 경찰 2명이 부딪쳐서 무릎 등에 타박상을 입었다는 것이다.

결국 민길숙 부장은 곧바로 현장에서 현행범으로 체포돼 2시간 동안 형사과 벤치에 수갑에 차인 채로 가혹 행위를 당하고, '특수 공무집행 방해' 혐의로 구속된다. 이후 재판 과정에서 그는 집행유예로 나왔다가 최종적으로 무죄 판결을 받았다. 그는 석 달여를 감옥에서 보내고 무죄로 석방되면서 500여만 원의 보상금을 받은 것으로 안다. 명동성당 진입에 대해서는 주변의 많은 사람들이 어떻게 살벌한 포위망을 뚫을 수 있었는지 궁금해 한다. 그러나 그 방법에 대해서는 10년 이상 세월이 지나갔지만 아직까지는 비밀로 해야 될 것 같다. 언제 또 그런 방법을 쓸 수밖에 없는 날이 올지 모르니 말이다. 은지야, 세상은 아직 충분히 좋아지지 않았단다.

그렇게 힘들여 명동성당에 들어갔지만 언제까지 피신만 할 수는 없었다. 언젠가는 이런 상황을 정리하고 공개적으로 활동할 수 있어야 했다. 그해 8월 단병호 위원장, 이홍우 사무총장, 양경규 위원장 등은 경찰청에 자진 출두한다.

1999년 서울지하철 석치순 위원장이 명동성당에서 스스로 경찰 손에 넘어갈 때도 그랬지만 함께 싸우던 사람을 감옥으로 보내는 마음은 항상 아프다. 단병호 위원장은 형 집행정지 취소로 감옥에 끌려가고, 양경규 위원장도 대한항공 파업 등과 관련돼 구속된다. 양 위원장은 이후 자신이 소속한 사업장인 서울상공회의소에서도 해고된다.

사자성어 포스터

교육선전실장이라는 직책은 조합원 교육, 포스터 등 각종 홍보물 제작, 기자회견문 작성이나 언론의 악의적 기사 대응 등 언론 관련 일을 주로 하는 자리였다.

공공연맹이 파업에 돌입한 2001년 6월 12일을 전후하여 마침 가뭄이 심했다. 보수 언론들은 기다렸다는 듯이 '엎친 가뭄에 덮치는 파업'(중앙), '가뭄 속에 명분 약한 연대파업'(조선), '가뭄에 연대파업 겹쳐 경제 상반기 최대 고비'(동아) 등 가뭄과 파업을 억지로 짜 맞추면서 악의적 선동을 일삼았다.

특히 노골적으로 악성 기사를 쏟아낸 <조선일보>에 대한 불매운동이 그때부터 시작되기도 했다. 보수 언론의 날조 기사를 낱낱이 분석해서 언론중재위에 제소하기도 했다. 그러나 들인 노력에 비해 성과는 매우 적었다.

사자성어로 된 포스터 시리즈를 낸 것도 기억에 남는다. '건곤일척(乾坤一擲), 임전무퇴(臨戰無退), 파죽지세(破竹之勢)' 등 3종의 선전물을 잇달아 내서 당시 화제가 되기도 했다. 노동조합에서 만든 홍보물로는 유례가 없는 시도였다. 사람들은 우스갯소리로 각종 사자성어 선전물을 제안하기도 했다. 밥을 먹으면서도 '우왕좌왕, 이판사판, 좌충우돌' 등 사자성어 만들기 농담을 하곤 했다.

사자성어로 된 포스터.

봄날은 간다

연분홍 치마가 봄바람에 휘날리더라 / 오늘도 옷고름 씹어 가며 / 산제비 넘나드는 성황당 길에 / 꽃이 피면 같이 웃고 꽃이 지면 같이 울던 / 알뜰한 그 맹세에 봄날은 간다 // 새파란 풀잎이 물에 떠서 흘러가더라 / 오늘도 꽃 편지 내던지며 / 청노새 짤랑대는 역마차 길에 / 별이 뜨면 서로 웃고 별이 지면 서로 울던 / 실없는 그 기약에 봄날은 간다 // 열아홉 시절은 황혼 속에 슬퍼지더라 / 오늘도 앙가슴 두드리며 / 뜬구름 흘러가는 신작로 길에 / 새가 날면 따라 웃고, 새가 울면 따라 울던 / 얄궂은 그 노래에 봄날은 간다

_가요 <봄날은 간다> 가사 전문

<봄날은 간다>라는 노래가 있다. 민주노총 초대 위원장 출신으로 3번에 걸쳐 대통령 선거에 출마도 하고, 국회의원도 두 차례 했던 권영길 위원장이 즐겨 부르는 노래다. 내게는 2002년 발전노조의 38일 파업을 준비했던 작전 이름으로 기억된다. 누군들 봄날이 가는 것을 좋아하겠냐마는 특히 내가 별로 안 좋아하는 이유다.

2002년 초부터 38일 동안 진행된 발전노조의 파업은 전력 산업의 민영화

를 막기 위한 투쟁이었다. 민영화란 국가가 경영하던 국영기업체 또는 공법인(公法人)을 민간 기업에 파는 것이다. 영어로 하면 privatization이다. 엄밀히 얘기하자면 국민의 소유가 아니므로 '민영화'가 아니라 '사유화'라고 할 수 있다. 이 역시 언어로 국민을 기만하는 대표적인 사례다. 따라서 이제부터는 '사유화'라고 쓰고 싶다.

IMF를 핑계로 구조조정과 정리 해고를 일삼아 노동자들에게 고통을 전담시키던 김대중 정부는 주요 기간산업에 대해서 사유화를 시도했다. '가스산업 구조개편법'과 '철도 산업 구조개혁법' 등을 입법화하여 민간 부문에 팔아치우고자 했다. 전력은 워낙 덩어리가 크니까 4개 발전 회사를 별도로 만들어 사유화하려고 했다. 이에 맞서 싸울 수 있는 것은 노동조합밖에 없었다.

전국철도공사노조, 가스공사노조, 한국발전산업노조, 지역난방공사노조, 한국전력기술노조, 한국고속철도건설공단노조 등 6개 노조는 2001년 10월 31일 '국가 기간산업 민영화(사유화) 저지를 위한 공동투쟁본부'라는 긴 이

명동성당에서 파업을 선언하는 당시 지도부.

름의 조직을 만들었다. 그리고 이어 11월 25일 청량리역에서 1만5,000여 명이 모인 가운데 사유화 방침 즉각 철회, 공공 부문 인력 감축 중단 및 인력 충원, 노동조건 개선, 국가 기간산업의 합리적 운영을 위한 합의 기구 설치 등을 요구했다. 또 정부가 사유화를 강행할 경우 총파업에 돌입할 것을 결의했다.

특히 김대중 정부는 발전소에 대해 2002년 상반기 중에 하나를 매각하고, 하반기에 하나를 추가로 매각한다는 방침을 가지고 있었다. 그만큼 발전노조가 가진 위기감이 더 컸다.

2.25 공공 3사 공동 파업

발전산업노조가 공공연맹에 가입한 것은 2001년 8월 14일이다. 그해 3월 주주총회는 한국전력공사의 사유화를 위해 발전 부문을 네 개의 발전 회사로 분할하는 안건을 통과시켰다.

발전산업노조는 한국노총 전력노조 소속에서 분리된 노조로 조합원 투표를 통해 한국노총을 탈퇴하고 민주노총을 선택한 것이다. 그즈음 나는 다시 연맹 조직쟁의실장을 맡고 있었다. 연맹과 발전노조는 비공개로 전술팀을 구성했다. 이 팀은 '봄날은 간다'라는 이름의 작전을 세운다. 여기서 파업을 준비하고, 역할 분담을 한다.

공공 부문의 파업은 직권중재 등 법적 장애가 많아 불법이 되는 경우가 대부분이었다. 따라서 파업 후 조합원들이 모일 곳으로는 대학교 등 경찰 투입이 어려운 곳을 선택해야 했다. 게다가 2002년에 3사 공동 파업을 할 때만

공공 부문 사유화 반대를 외치며 집회 중인 조합원들.

해도 철도공사노조와 가스공사노조는 한국노총 산하였다.

우리 연맹은 철도노조와 가스노조 민주화를 위해 수년에 걸친 노력을 하고 있었다. 먼저 규모가 크고 한국노총의 골간이라 할 수 있는 철도노조의 민주화 추진을 위해서는 무엇보다도 조합원이 대의원을 뽑고, 그 대의원이 위원장을 뽑는 기존의 3중 간선제를 바꿔야 했다. 87년 6월 항쟁을 통해 대통령을 직선으로 뽑게 되었듯이 위원장을 조합원의 손으로 직접 뽑는 것이 중요했다. 마침내 조합원 직선제를 쟁취한 이후 연맹은 철도노조 민주화를 위해 사업장당 10만 원 이상의 모금 운동을 통해 이를 지원하고, '철도노조 선거 공정 감시단'을 공동으로 조직하기도 했다. 이런 과정을 통해 철도노조는 민주화에 성공한다.

가스공사에도 박정규 등 서울지하철 해고자들이 결합했다. 이런 준비 과정을 거쳐 투쟁 분위기가 서서히 무르익고 있었다. 연맹은 발전노조는 물론 철도와 가스노조에도 사람을 파견했으며, 대학교 진입 등에 대비해 별도로 전술을 만들었다.

보통 이런 파업을 하게 되면 핸드폰을 따로 만든다. 우리는 경찰이나 소위 관계 기관에서 우리가 쓰고 있는 핸드폰을 일상적으로 도청하고 있다고 파악했다. 특히 대규모 사업장의 파업을 앞두곤 더 심했다. 핸드폰은 연맹 조직실 간 통화용, 해당 노조 통화용, 지도부 통화용 등 모두 별도로 관리했다. 그 범위를 넘는 통화는 제한했다.

따라서 어떤 때는 핸드폰을 4~5개씩 가지고 다녀야 했다. 철저하게 그 용도로만 통화해야 하는데 간혹 어떤 사람이 잘못해서 비선 전화기로 일반적인 통화를 한 경우 수십 개의 핸드폰을 모두 폐기하고 다시 만들어야 했다. 우리는 이를 '감염됐다'라고 표현했다. 발전노조 투쟁과 관련해서는 TRS(주파수 공용 통신)라고 핸드폰처럼 통화도 되는 무전기를 특별히 구입하기도 했다. 긴급한 연락이 많을 때를 대비한 것이다.

매번 해본 일이지만 단위노조와 연맹이 함께하는 사업은 어려움이 많았다. 특히 대학교에 진입한 경우 경찰이 투입될지 여부에 대한 정확한 판단이 필요했다. 아무리 오랜 기간 노조를 했더라도 전체를 보기 어려운 경우가 많다. 따라서 해당 분야 전문가들이 필요했다.

다행히 당시 연맹에는 숱한 투쟁의 경험을 한 조직실 멤버들이 있었다. 철도노조 해고자였던 남진우, 김명환은 물론 이상훈, 정용재 등 공공 부문 파업 투쟁을 진행해 본 경험자가 많았다. 각자 역할에 따라 발전노조, 가스노조는 서울대로 보내고, 철도노조는 건국대로 진입시켰다. 이후 투쟁이 본격적으로 시작된다.

이번에는 빨간 모자다

민주노총은 2002년 2월 24일 여의도에서 조합원 3만여 명이 모인 가운데 전국노동자대회를 열었다. 주요 요구는 '노동법 개악 저지, 주5일 근무제 도입, 국가 기간산업 민영화 저지, 단병호 위원장 석방'이었다. 본격적인 투쟁이 시작된 것이다.

> 전국노동자대회가 끝나가는 4시 무렵부터 철도 노동자와 발전 노동자들이 움직였다. 행진 물결을 뒤로 하고 '빨간 모자'를 뒤따랐다.
> "어디로 가는 걸까?"
> '빨간 모자'가 가는 곳은 파업 선언을 지켜보며 대기할 수 있는 집결지다. 목적지가 어딘지 모른 채 지하철을 탔다. 다들 빨간 모자만 바라봤다. 혹시 낙오하지 않을까. 오후 5시 무렵 낙성대역에 내렸다. '서울대였구나!' 학생들이 도로 양쪽을 막아 차량을 통제했다.
> _『가자! 총파업 투쟁으로-한국발전산업노동조합 발전소매각 저지투쟁 백서』 중에서

빨간 모자를 쓴 채 노동자들을 안내했던 사람들은 당시 투쟁 중이던 한국통신 계약직 노동자들이었다. 대학교 진입 투쟁은 과거 전국노동자대회 경험에서 나온 것이었다. 만에 하나 사전에 정보가 노출되어 소수의 경찰이라도 검문을 하게 되면 조합원들은 쭈뼛거리고, 감히 들어갈 엄두도 못내는 경우가 대부분이었다. 해서 보안을 철저히 유지하고, 만약에 대비하여 화염병 같은 것도 준비해 두어야 했다.

다행히 큰 마찰 없이 조합원들은 서울대학교에 무사히 들어갔고, 비슷한 시각 지도부는 명동성당에 자리를 잡았다. 발전노조 전체 5,600여 조합원 중

밤 10시까지 모인 인원은 4,700여 명. 전국 각지에서 모인 것을 감안하면 대단한 결속력이었다.

한 조합원은 이렇게 말했다. "발전소 정문을 바리케이드로 막아 아예 폐쇄했어요. 특공대를 조직해서 한쪽으로 경찰과 간부들을 유인한 다음에 담을 넘어서 나왔어요." 그렇게 조합원들이 속속 모여들었다. 가스노조 조합원 1,900여 명도 같이 하고 있었다. 전국적으로는 3개 사업장의 조합원 1만 4,950명이 명동성당, 서울대, 건국대, 부산대, 충남대, 순천대, 영주 철도운동장 등 7개 거점에서 파업 전야제를 가졌다. 특히 사회보험노조는 전국에서 5,000여 명이 상경해 집회를 마친 후 마포의 건강보험공단에서 1,000여 명이 비상 대기하고 있기도 했다.

이날 저녁 명동성당 근처 호텔에서 방용석 노동부 장관이 참석한 가운데 막판 교섭이 진행됐다. 정부가 사유화 철회는 교섭 대상이 아니라는 입장을 고집해, 교섭은 결렬됐다. 방용석 노동부 장관은 70년대 말 80년대 초 원풍모방이라는 민주노조의 귀감이 된 노조 지부장 출신이었다. 한때 같이 싸웠던 노동운동의 선배가 이제는 옳고 그름을 따지는 것이 아니라 정부 방침만을 강변하는 처지가 된 셈이다. 방용석 노동부 장관은 뒷날 사태 해결은 고사하고 호소문이라는 것을 통해 "노동운동 선배" 운운하며 파업 중단과 현장 복귀를 종용해 욕을 먹기도 한다.

안개처럼 사라진다, 산개 투쟁

교섭이 결렬됨에 따라 다음날인 2월 25일 오전 4시 철도, 발전, 가스노조의 공동 파업 선언문이 낭독됨으로써 역사적인 파업이 시작됐다.

정부는 철도노조 15명, 발전노조 12명, 가스노조 10명에게 체포 영장을 발부하는 것으로 답한다. 가스노조는 파업 선언 후 8시간 만인 낮 12시 단체협약 잠정 합의와 노정합의문을 채택하고 파업을 종료한다. 타결 내용에 대해 조합원들이 반발해서 결국 노조 집행부는 책임지고 사퇴한다. 철도노조도 한국노총에 교섭을 위임해 2월 27일 오전에 합의한다. 결국 민주노총 소속 발전노조만 남게 된다. 뒤의 얘기지만 두 노조는 이 투쟁 이후에 민주노총 공공연맹에 가입해 오늘에 이르게 된다.

같은 시기 민주노총은 26일 103개 사업장 13만여 명이 참가한 연대 총파업을 진행한다. 특히 금속산업연맹은 공공연맹의 요구와 파업을 지지한다는 입장을 발표하면서 현대자동차, 기아자동차, 쌍용자동차, 현대중공업, 대우조선, 현대미포조선, 모비스, 아폴로산업, 한라공조 노조 등이 참여한 가운데 오후 1시부터 4시간 경고 파업에 돌입하기도 했다.

누구도 발전노조의 파업이 그토록 장기간 진행될 것이란 예상을 하지 못했다. 솔직히 나는 투쟁을 시작하면서 "길어야 1주일이면 정부가 손들 것"이라는 노조의 이야기를 믿었다. 전력 공급 중단은 상상 이상의 파국을 몰고 오기 때문이었다. 한 번 생각해 봐라. 전기가 끊기면 국민들의 불편은 물론 공장과 심지어 주식시장도 마비된다. 그러나 전기를 상대적으로 덜 쓰는 봄이 오고 있었다. 게다가 우리 조합원들이 착해도 너무 착했다. "파업 전에 비상 상황에서 대처하는 비상 매뉴얼도, 응급조치 요령도 다 가르쳐 줬어요." 국내외 관련 회사의 스카우트 대상이 될 정도의 기술력을 가진 조합원이 투쟁 이후에 이렇게 고백하기도 했다. 이런 경우는 매우 많다. 노동자들은 회사를, 나라를 지나치게 생각한다. 돈이 안 되면 매몰차게 공장을 팔아버리고, 노동자들을 해고하는 자본가들과 다른 점이다. 전기가 차질 없이 공급되는 가운데 투쟁은 길어져 갔다.

연맹 인원의 대부분은 서울대학교와 명동성당 등 현장에 배치됐다. 나는 주로 연맹 사무실에서 상황을 종합했다. 38일 동안 집에 들른 날은 2~3일 정도였으니 태어난 지 얼마 안 되는 네 동생 은수를 혼자 돌보는 일은 오로지 네 엄마의 몫이었다.

파업 돌입 첫날 새벽부터 서울대에 들어간 현장 지도부와 마찰이 생겼다. 원래 계획은 경찰이 침탈하면 소극적으로 저항하다가 제2거점으로 이동하여 다시 모이는 것이었다. 하지만 현장 지도부는 경찰이 들어오면 학생회 건물 등을 점거하고 전원 연행을 불사한 투쟁을 하겠다고 강하게 주장했다. 새벽 4시경 비선 전화로 의견을 조정했지만 잘 안됐다. 특히 명동성당에 있는 이호동 위원장 등의 지도부, 서울대에 있는 현장 활동가 사이 3자 의견 조율을 해야 하는 어려움이 있었다. 이는 투쟁 내내 반복된 문제이기도 했다. 결국 조합원들의 분임 토론에서 '산개 투쟁'이라는 새로운 전술이 채택됐다.

"우리 생각에는 3일 동안 서울대에서 춥고 배고픈 걸 겪어서 산개가 좋았거든요. 조합원 대부분도 그걸 원했어요."

"공권력에 대한 두려움도 있었어요."

"우리 조합원 정서로는 이길 수 있는 싸움이었어요. 회사로 안 들어가면 발전소가 트립(TRIP, 전기가 차단되는 것)될 줄 알았거든요."

흩어져서 싸우기로 결정한 조합원들의 속내였다. 1주일 정도 복귀하지 않으면 승리할 가능성이 높다는 판단도 있었다. 굳이 연행되고 풀려나 다시 집결 투쟁할 필요도 없고, 옥쇄 투쟁으로 장렬하게 산화하지 않아도 쉽게 승리할 수 있을 것이라는 판단도 있었다.

이런 조합원의 정서를 반영해 명동성당에 있던 발전노조 이호동 위원장은 서울대에서 농성 중이던 5,000여 조합원들에게 산개 투쟁 지침을 내린다. 당시 공공연맹 홈페이지에는 "연맹이 투쟁을 하기 싫고, 자신이 없으니까 조합원을 산개시켰다."라는 비난성 글이 올라오기도 했다. 그만큼 우리로서도 처음 해보는 투쟁 전술이었다.

처음으로 시도한 산개 투쟁은 무수히 많은 뒷이야기들을 남겼다. 아래 인용되는 말들은 이후 내가 교육선전실장을 할 때 공공연맹 기관지의 고정란인 <술 한잔 걸치며>에 실린 글들이다. 말 그대로 진짜로 술을 한잔하며 여러 가지 사안에 대해 솔직하게 얘기하는 자리였다. 투쟁 이후 2002년 8월 발전노조 조합원들을 만났고, '38일 간의 파업 투쟁, 이름 없는 투사들을 찾아서'라는 제목으로 실린다.

> 가장 중요한 것은 오지에 있으면 안 된다는 거죠. 시골은 기지국에서 위치를 추적해 쉽게 잡아가더라고요. 산개 파업을 하면 무조건 도시에 있어야 추적이 안 된다는 경험을 했어요. 저희는 강화도 민박집에서 자다가 추적당해 잡혔거든요.
>
> _정택주, 인천화력지부

> 사람마다 특색이 있어요. 취미가 같은 사람들끼리 모아달라는 얘기가 많았어요. 3명은 성향이 맞는데 1명이 나이 먹은 사람인 경우 맞추기 힘들어 했어요. 젊은 사람들이 밤에는 PC방에 가고 아침에 자고 하니까 나이 드신 분은 혼자 밥 먹고. 제발 바꿔 달라고 하기도 한 거죠.
>
> _김일, 서인천지부

> 저는 그런 경우는 없었지만 제일 어려운 것은 부인 문제였던 것 같아요. 그 전날 아주 괜찮았는데 아침부터 수심이 가득하단 말이에요. 물어보니까 어제 밤에 집사람하고 통화를 했는데 '안 들어오면 가방 싸겠다. 지금 대학 다니는 애들이 한둘이 아닌데 어떻게 책임지려고 이러느냐?'라는 전화를 받고 나면 후유증이 며칠을 가더라고요.
>
> _신현규, 인천화력지부

모든 장기 투쟁에는 희로애락이 있는 법이다. 특히 안정된 직장에 다니고 있던 사람들이 처음으로 파업을 하고, 회사와 정부가 압박을 가하고 있는 상황이었다. 우리나라에 전기가 들어온 지 105년 만에 처음으로 진행한 파업이었다. 산개 투쟁을 시작하자 정부의 공세도 강해졌다.

신국환 산자부 장관은 기자간담회를 통해 "이미 법으로 통과된 정책 철회를 요구하면서 파업하는 사람들은 국민이 아니다. 발전소 가동에 문제가 없으면 2,000명이든 3,000명이든 해고할 것이다."라고 말했다. 3월 4일까지 24명이 수배되고 47명이 해임됐다. 수배자들에게는 500만 원의 포상금까지 걸렸다.

<조선일보>는 레이건 대통령 때 항공사 파업에 대해 48시간 만에 1만 1,350명을 해고한 것을 인용하기도 했다. 경찰은 3월 5일 오전 5시부터 2시간 동안 서울, 수도권, 강원 지역 등 숙박업소 1만204곳에 경찰관 1만352명을 동원해 일제 검색에 나서기도 했다. 경찰에 잡힌 조합원들이 업무 복귀 자술서 작성을 거부하면 업무방해 혐의로 체포되기도 했다.

그러나 연맹과 민주노총이 나서서 조합원들에게 거처를 제공해줘 체포된 조합원이 많지는 않았다. 성창일 사회보험노조 서인천지부 지부장처럼 부인이 아기를 낳은 상태에서 함께 산후조리원으로 가고, 자기 집에 7명의 발전노조 조합원을 2주 동안 머물게 하는 경우도 있을 정도였다. 민주노총이 없었더라면 산개 투쟁은 성공하지 못했을 것이다. 조합원들이 숨어 있지만은 않았다. 투쟁 중간 중간에 번개 집회를 열고 다시 흩어지는 등 동력을 지속적으로 확인하며 투쟁했다. 가족들도 가족대책위를 구성하여 적극적으로 함께했다. 시민사회단체도 범국민대책위원회를 구성해 지원했다. 바야흐로 사유화 반대에 대한 전국적인 투쟁이 전개되고 있었다.

3월 24일 연세대에서의 혼선

"3월 25일 오전 9시까지 복귀하지 않을 경우 전원 해임하겠다."
3월 20일. 정부와 발전회사가 최후통첩을 보내왔다. 이때까지 모두 763명을 업무방해와 노조법 위반으로 고소한 상태였다. 조합원 3,900여 명을 대상으로 148억 원의 가압류도 신청했다. 이런 상황에서 노조는 3월 24일 연세대학교에 조합원을 집결시키기로 한다.

> 3월 25일 즈음 회사 측의 대대적인 공세가 시작됐잖아요. 복귀하지 않으면 전 조합원을 해고시키겠다고… 생각을 깊게 한 조합원들은 '어떻게 4,000명, 5,000명을 짜르겠느냐'고 안 흔들렸지만 사람마다 다 같진 않잖아요. 특히 제일 흔들린 사람들은 나이 든 조합원, 5직급 과정이었죠. 이 사람들에게 전화 접촉을 많이 했어요. 전국적으로, 사업소별로 '5직급은 일단 월급이 많다. 고참들이니까. 이 기회에 너희만 짤린다. 쓸 만한 젊은 조합원들은 안 짜른다. 너희는 앞뒤 안 보고 짜른다.' 이렇게 되니까 3월 25일을 전후로 고참들이 전국적으로 짐 싸들고 그냥…
> _공공연맹 기관지 <술 한잔 걸치며>
> '38일 간의 파업 투쟁, 이름 없는 투사들을 찾아서' 중에서

파업이 진행되는 동안 몇 차례 크고 작은 판단 차이를 겪은 나는 몇 번이고 방침을 확인했다. 모인 후에 다시 산개하는 것인지, 아니면 전원 연행될 것인지를 결정해야 전술을 마련할 수 있었다.

몇 번이고 다시 확인한 끝에 전원 연행 전술이라는 점을 분명히 했다. 전교조가 그랬던 것처럼 한꺼번에 수천 명이 누워서 끌려가는 모습을 TV 등을 통해 보이면서 일단 투쟁을 마감하자고 했다. 사측의 공세와 이로 인해 흔들

리는 조합원들을 보면서 투쟁을 전면적으로 전환할 필요성이 있다는 판단을 한 셈이다.

따라서 산개 전술이라면 당연히 준비해야 할 퇴로를 준비하지 않았다. 우리를 도와주는 학생들과 연세대에 나가 있던 조직실 성원들에게도 그렇게 전달했다. 3월 24일 오후 6시 50분부터 연세대 진입이 시작되었다.

이후 화염병을 던진 혐의로 학생 5명이 구속됐다. 미리 화염병까지 준비했었다는 말이다. 그러나 결과적으로 보면 현장 지도부의 생각은 달랐다. 조합원들이 모인 가운데 찬반 투표를 통해 복귀 시한에 대한 조합원의 의사를 수렴하려 했다. 투표용지까지 준비했다. 그러나 그럴 시간이 주어지지 않았다. 결국 혼란이 벌어졌고, 투쟁 이후 처음으로 381명이라는 대규모 검거 사태를 빚었다.

마침 연세대에서는 무슨 인기 그룹의 음악회가 있었다. 산개 방침이 조금이라도 먼저 나왔더라면 그들과 함께 섞여 나오는 방법 등을 통해 조합원들이 덜 연행됐을 것이다. 아니 미리 그런 방침이 있었다면 학생들과 함께 도망갈 수 있는 퇴로를 확보했을 것이다.

발전노조 평가서에는 이렇게 쓰여 있다. "현장 지도부는 경찰 병력이 투입될 것 같다는 보고를 받고 조합원 산개 명령을 내렸다. 그러나 명동성당 지도부와 혼란을 빚어 다시 집결하도록 했다." 아쉬운 지점이다. 이후 개인적인 평가이기는 하지만 마치 연맹이 경찰 동향에 대한 보고를 잘못해서 혼란이 생긴 것으로 쓴 사람도 있다. 더 아쉬운 부분이다.

> 혼선의 이유는 명동성당에 보고하는 보고 담당자들의 정세 판단의 오류에 기인했다. 공공연맹이 맡고 있었던 보고 담당자들은 경찰 정보망의 말만 믿고 침탈이 없을 것이라고 확신에 찬 보고를 명동성당에 보낸 것이었다. 명동

성당 지도부는 현장 지도부의 의견을 따랐어야 했다. 지도부의 혼선으로 인해 300여 명의 조합원들이 연행되었고 이중 상당수가 복귀해버렸다.

이와는 다른 조합원들의 판단도 함께 기록으로 남겨둔다. 투쟁의 과정에서 잘못된 결정을 하면 결과적으로 조합원들이 피해를 입게 되는 것은 물론 이후 전개 과정에도 큰 영향을 미친다는 것을 잘 보여준 사례다.

3월 25일 잘못된 판단으로 다 무너져버렸어요. 거기만은 옥쇄 파업을 했다면 이렇게 무너지지는 않았을 거예요.

3월 25일 연세대에서 했으면 사실 파업 파괴자나 이런 부분이 적어질 확률이 컸었거든요. 저는 연대에 못 들어가고 있었는데 이 사람은 자기가 열 받아서 옥쇄인줄 알고 들어갔는데 또 산개하라고 하니까 우리들이 그랬을 것이라는 생각은 안하고 '민주노총에서 산개하라고 했다. 그래가지고 이 파업을 자기네 멋대로 조종한다.' 이러는 거지.

조합원들의 의식은 뭐냐면 결정적으로 그날로 거기서 옥쇄하면서 마무리한다고 생각했기 때문에 일차 산개하고도 또 들어온 거예요. 대부분 조합원들은 그렇게 생각하고 들어간 거고, 또 1주일을 끌고 가다보니까 굉장한 혼란이 생겼어요.

투쟁이 끝난 후 조합원들이 들려준 얘기다.

회사의 압박과 민주노총의 대응

25일이 지나자 발전 회사는 "오후 2시 현재 조합원 5,591명 중에 33.5%인 1,875명이 업무에 복귀했다."고 발표한다. 물론 사실과 다른 점이 있지만 동요가 생긴 것은 분명했다.

회사는 이날 발표에서 해고 조치된 197명, 해고 절차 진행 중인 404명, 오전 9시 미복귀자 3,912명에 대해서도 예외 없이 해고 절차에 착수할 것이라는 입장을 밝혔다. 회사는 29일 3차 징계 대상 노조원 233명 중 미복귀자 150명을 해임한다.

민주노총은 26일 임시 대의원대회를 열고 2월 26일에 이어 두 번째로 4월 2일 전면 총파업을 결의한다. 검찰은 4월 1일 민주노총 연대 파업 시 양경규 위원장을 포함하여 연맹 간부 7명에 대해 체포 영장을 발부받아 검거에 나서겠다고 발표한다.

회사와 정부의 최후통첩과 민주노총의 총파업. 바야흐로 두 번째 전면 대결이 임박한 시점이었다. 나도 그 대상에 포함되어 있었다. 처음으로 수배가 되는 셈이었다. 사실 나는 한 번도 수배를 당한 적은 없었다. 바로바로 잡혀서 구속됐으니까. 따라서 수배 생활 동안 어떻게 지낼 것인지를 준비해 두었다.

4월 2일 총파업을 앞두고 공공연맹은 전 조합원의 예외 없는 참여를 다짐하는 위원장 담화문을 발표하고, 조직에 만전을 가했다. 3월 25일부터 산하 56개 노조위원장들이 정부의 강경 대응을 돌파하기 위해 단식투쟁에 돌입했다. 이런 노력의 결과로 4월 2일 오후 1시를 기해 연맹 산하 164개 사업장 조합원 2만7,097명이 파업에 들어갈 예정이었다. 전날 열린 6차 중앙집행위원회에서는 총파업 돌입과 함께 연맹을 총파업 투쟁본부로 전환하기로 했었다. 민주노총도 산하 6개 산별연맹 416개 사업장 18만5,026명이 파업을 결의했다.

드디어 4월 2일. 종묘에서 열리는 민주노총 결의 대회가 끝나면 양경규 위원장을 빼돌릴 사람들을 배치하고, 나도 일단 피할 준비를 했다. 그걸 우리는 "잠수 탄다."고 한다. 양 위원장은 마지막으로 오전에 여의도에 있는 지적공사노조와 간담회를 진행하고 있었다. 차를 한 대 빌려두고, 묵을 숙소도 알아두었다. 물론 비상시 연락할 수 있는 핸드폰은 소수만 알 수 있게 해두었다. 모든 준비는 끝난 셈이었다.

갑작스런 합의 타결 소식과 혼돈

오후 1시 파업을 10분 앞두고 갑자기 타결됐다는 소식을 들었다. 연맹 서형석 사무처장이 다소 들뜬 목소리로 전화를 했다. 당시 연맹은 교섭 권한을 민주노총에 넘겼고, 따라서 민주노총이 직접 교섭을 하고 있었다.

나는 대개의 경우 장기 투쟁이 끝나면 합의 내용에는 그다지 큰 관심을 두지 않는 편이다. 투쟁 전술에 전문가가 있는 것처럼 교섭에도 전문가들이 있고, 그들을 믿기 때문이다. 그러나 타결 내용을 받아 적으면서 이상하다는 생각이 들었다. "노사화합을 바탕으로…", "발전소 민영화에 대한 교섭은 논의 대상에서 제외한다." 등의 문구가 있었기 때문이다. 결과적으로 보면 정부와 교섭에 매몰돼 전체적인 투쟁 흐름을 놓친 셈이었다. 그렇게 투쟁은 끝이 났다. 이후 민주노총 임원 전체와 연맹위원장이 책임을 지고 총사퇴했다.

민주노총은 "총파업 돌입을 앞두고 교섭 중단의 최종 시한을 고수하지 못한 집행상의 오류가 있었고, 잠정 합의가 된 시점에서의 파업 유보 결정은 이미 많은 현장에서 파업에 돌입한 상태라는 현장 조건을 감안하지 못한 것", "조합원 동지들의 투쟁을 민주노총의 자랑스러운 투쟁으로 받아 안지 못한 과오에 대해 다시 한 번 진심으로 사과"한다는 내용이 포함된 성명서를 발표하고 임원 전체가 책임을 지고 사퇴한다.

연맹 양경규 위원장도 "4월 2일의 노정 합의는 민주노조운동의 전통을 훼손하고 현장에서 끊임없이 실천하는 동지들의 가슴에 커다란 상처를 남긴 잘못이었음을 먼저 고백하고, 조직의 책임자로서 동지 여러분의 어떠한 질책도 달게 받겠다."며 사퇴한다. 38일간의 치열한 투쟁은 마지막 순간의 오류로 인해 깊은 상처를 남기고 말았다.

당시 감옥에 있었던 단병호 위원장은 2002년 3월 특별 서신을 보냈다.

이번 투쟁은 나아가 한국 노동운동의 중대한 시험대가 될 것이다. 민주노총은 그동안 발전 투쟁에 모든 책임을 다하려 애썼다. 이는 발전 투쟁에 도움은 물론이고, 전체 노동자들의 신뢰를 얻는 계기가 됐다. 민주노총은 이제 발전 투쟁을 끝까지 책임지고 승리로 이끌어냄으로써 명실공히 한국 노동자의 대표 조직으로 확고히 자리 잡아야 한다. 이는 한국에 민주노조운동이 전면화하는 계기가 될 것이고, 전태일 열사 이후 면면히 이어져 오다 87년 노동자 대투쟁을 통해 대중적 운동으로 발전해 온 민주노조운동의 승리를 뜻한다. 즉 노사협조주의, 개량주의, 어용적 노조운동에 사형선고를 내리는 것이다. …… 만약 이 같은 운동 에너지를 현실로 만들어 내지 못한다면 우리는 비싼 대가를 치르게 될 것이다. 질적으로 발전할 수 있는 기회를 잡고도 이를 현실화시키지 못하면 우리 운동은 엄청난 대가를 치르며 되레 위기에 빠진다는 것을 역사는 가르치고 있다.

그리고 불행하게도 그것은 현실이 되고 말았다. 심지어는 민주노총이 돈을 받았다는 얘기도 있었다고 한다.

> 인천에서 이번에 '민주노총이 이사를 가는 데 지원이 많이 간다'라는 얘기를 들었어요. …… 민주노총 고위직에서 일했었다는 사람이 이번 합의문이 20억 짜리래요.

물론 전혀 사실이 아니다. 이처럼 참으로 허무하게도 2002년 봄날은 그렇게 갔다.

남동발전소 매각 저지와 그 이후

발전 회사는 파업 기간 중 3차에 걸쳐 348명을 해고했다. 업무방해 혐의로 894명을 고소했고, 노조와 조합원 3,172명을 상대로 469억 원의 손해배상을 청구하고 급여를 가압류했다. 조합원들은 A, B, C 등급으로 분류되고, 개별 감사를 당하고, "이번 파업에 대해 깊이 반성하며, 다시는 파업에 참가하지 않겠습니다."라는 내용의 반성문도 강요받았다.

그러나 한 번 투쟁을 겪은 노동자들은 그들 표현대로 "확실히 달라져" 있었다. 전국 곳곳에서 현장 투쟁을 통해 모든 방해 책동을 막아낸 것은 물론 투쟁 직후 산업자원부가 7월에 발표한 남동발전소 매각 방침을 실사 저지 투쟁 등을 통해 막아낸다. 2003년 3월 28일 산업자원부는 공식적으로 매각 절차 중단 선언을 한다. 비록 당장의 투쟁은 실패로 끝났지만 투쟁으로 사유화를 저지한 것이다.

당시의 발전소 매각 반대 민주노총 포스터와 2012년 공공운수연맹 사유화 반대 포스터.

　전두환이 정권을 탈취하던 1980년 정부는 석유공사를 SK(당시 선경)에 넘겨주면서 사유화했다. 보안사령관이었던 노태우가 정부에 압력을 가하면서, 장관의 반대도 무시하고 사돈 회사인 SK에 넘겨줬다. 유공을 사유화함으로써 SK, GS, 현대 등 주로 재벌 소유의 정유사들이 막대한 이익을 올리고 있다. 기름 값은 원유가가 오르면 즉각 인상되지만, 원유가 하락에는 반응하지 않는다.

　공기업인 한국통신이 사유화되면서 KT로 이름이 바뀐 후 통신비 부담이 더 늘어났다. 게다가 막대한 수익금은 배당을 통해 주주의 지갑으로 들어간다. KT의 경우 평균 15%였던 배당성향이 사유화 이후 연평균 51%로 급증했다는 통계도 있다. 배당성향이란 기업의 당기 순익 가운데 주주에게 돌아가는 현금 배당의 비율을 말한다. 이익의 대부분이 주주에게 돌아간다는 것은 노동자들에게 돌아갈 몫이나 사회적 기여 또는 투자를 그만큼 적게 한다는 의미로 공기업일 때와 크게 비교가 될 수밖에 없다. 2011년 연간 가계 동향 조사 결과를 보면, 월평균 통신비는 무려 14만2,900원에 달한다. 만약에 주주들에게 돌아가는 배당금을 기술 투자 등에 쏟으면 통신비를 절감할 수도 있을 것이다.

특히 KT의 과도한 배당의 이면에는 노동자들의 고통이 있다는 점을 눈여겨봐야 한다. 한때 6만5,000명이 넘던 KT의 정규직 노동자는 이제 3만1,000명에 불과하다. 사유화 직전 KT에서 근무하던 비정규직 노동자 7,000여 명이 해고되기도 했다. 해고되고 비정규직화 되면서 흘리는 노동자들의 눈물은 사유화가 만들어낸 반사회적이고 반노동적인 결과인 것은 분명하다.

이명박 대통령은 2008년 촛불 집회로 확인된 국민의 사유화 반대 여론에 놀라서 공공 부문을 민영화하는 일은 없을 것이라고 약속했었다. 그러나 임기 말에 KTX 사유화를 위한 관제권 환수, 인천 공항 면세점, 청주 공항, 의료 및 물, 가스 등의 사유화를 추진했다. 이제 박근혜 대통령 시대가 되었으니 공공 부문 사유화에 가속도가 붙을까 그게 걱정이다.

내가 상상한 것은 거대한 숲이다.
아주 키가 큰 나무들이 끝도 없이 늘어져 있고 그 안은 매우 어둡고 무섭다.
하지만 어딘가 포근한 느낌도 든다.
그런 숲이 죽음에 대한 생각과 가장 가깝다고 생각했다.

붉은 악마와 노무현 시대

모든 사람이 교육·의료·주거·통신·교통 등 삶을 영위하는 데 필요한 여건을 평등하게 누려, 저마다 하고자 하는 바를 마음껏 펼칠 수 있는 세상을 만드는 것이 민주노동당의 목표이다. 이윤을 목적으로 하는 사적 소유권을 제한하고 생산수단을 사회화함으로써 삶에 필수적인 재화와 서비스는 공공의 목적에 따라 생산되도록 한다. …… 민주노동당은 국가사회주의의 오류와 사회민주주의의 한계를 극복하는 한편, 인류의 오랜 지혜와 다양한 진보적 사회운동의 성과를 수용함으로써, 인류사에 면면히 이어져 온 사회주의적 이상과 원칙을 계승 발전시켜, 새로운 해방 공동체를 구현할 것이다. …… 민주노동당의 길은 민주와 평등과 해방의 길이다.

_민주노동당 강령 중에서

투쟁만을 말했지만 사실 2002년은 월드컵과 대통령 선거가 있었던 해다. 사람이란 게 워낙 다양해서 하나만을 하지는 않는다. 노동자라고 매일 투쟁만 하는 것도 아니다. 일본과 역사상 처음으로 공동 개최한 제17회 월드컵이 2002년 5월 31일부터 6월 30일까지 열린다.

시청 앞의 월드컵 응원 열기

전두환이 본격적으로 조성한 스포츠 열기가 국민들 속에 자리를 잡기 시작한다. 특히 우리나라가 월드컵 4강까지 진출하면서 붉은 악마들이 시청 광장을 가득 메운다. "대~한~민~국"을 외치는 소리가 전국을 강타한다. 붉은 악마로 대표되는 특유의 길거리 응원 문화가 정착되는 시발점이 된다.

붉은 악마의 가장 큰 공헌은 빨갱이 소동을 조금이나마 잠재웠다는 점이다. 당시 붉은 악마가 붉은 색을 입었다고 '빨갱이' 시비를 걸던 보수층이 십년 뒤 박근혜 대통령 선거운동에서 붉은 색을 선택한 것도 지나고 보니 코미디다. 당시에는 노동자들이 사용하는 붉은 머리띠조차 시비의 대상이었다. 대놓고 색깔을 바꾸라는 사람도 있었다.

그때 시청 광장에 모였던 많은 젊은이들은 그 장소가 87년 6월 이한열 열사의 장례식이 열렸던 곳이라는 것을 몰랐을 것이다. 너처럼 말이다. 그 곳은 이후 2008년 촛불 광장으로 변한다.

배타적 지지 방침과 정당 명부 비례대표제

민주노총은 발전노조 파업 후유증을 깊게 앓아야 했다. 진통 끝에 결국 한 달이 넘은 5월 6일에야 금속노조 출신의 백순환 위원장을 중심으로 간신히 비상대책위원회를 구성한다.

월드컵의 열기가 막 뜨거워지기 시작할 무렵 6.13 지방선거가 치러진다. 조직적으로는 어려움이 있었지만 민주노총에서만 120명이 출마할 정도로 '준비된 선거'였다. 위원장 사퇴와 그로 인한 조직 내부의 아픔이 아주 많았지만 공공연맹도 22명을 출마시킨다. 민주노동당 차원에서 총 218명이 출마해서 133만 표를 얻는 비약적인 성장을 한다. 처음으로 실시된 정당명부 비례대표제 덕분으로 8.3%를 득표하고, 울산에서 기초단체장 2명, 광역의원 11명이 당선됨으로서 제3당으로 급속하게 부상한다.

이런 성장의 배경에는 민주노동당에 대한 '배타적 지지 방침'이라는 것이 있었다. 다른 당으로도 출마는 할 수 있었지만 오직 "민주노동당으로 출마해야만 민주노총 후보가 될 수 있다."는 내용이다.

'사회당'이나 '노동자의 힘' 같은 정치 조직들이 반발했지만 민주노총이 자신의 진보 정당을 가지기 위해 선택한 방침이었다. 훗날 민주노동당이 분당된 이후에 이 배타적 지지 방침에 대한 많은 논란이 다시 불거졌다.

성장의 또다른 배경은 한 사람이 한 표만 찍는 것이 아니라 '1인 2투표제'인 정당 명부 비례대표제 때문이었다. 유권자는 한 표는 후보에게 다른 한 표는 정당에 투표할 수 있었다. 따라서 후보자가 비록 당선권에서 벗어나 있더라도 정당은 미래지향적인 당에 투표할 수 있었다.

당시 민주노동당은 "1표는 현재를 위해, 다른 1표는 미래를 위해"라는 구호를 정하고, 선거운동을 전개한다. 민주노동당은 민주노총의 배타적 지지방침과 1인 2표 정당명부 비례대표제라는 새로운 선거 방식의 도입으로 인해 비약적인 성장을 할 수 있었다.

선거 이후 한길리서치라는 곳에 의뢰해 조합원 1,000명을 조사해 보니 72.2%가 민주노동당에 정당 투표를 한 것으로 나타날 정도였다. 이를 통해 2004년까지 국고보조금 25억 원을 확보하게 된다. "민주노동당, 지옥에서 천당으로", "진보 정치 날개 달았다"라고 민주노총 기관지인 <노동과 세계>가 쓴 그대로였다.

민주노동당에 대한 기웃거림과 애정

노동자 정치가 가능성을 보이자 한때 기존 정치 세력에 속했던 사람들도 민주노동당 후보로 출마한다. 울산시장으로 출마한 송철호 변호사와 같은 사람이다. 그는 92년에는 무소속으로 출마했었고, 2012년에는 민주통합당으로 출마한다. 경력을 보면 알 수 있듯이 보수 야당에 어울릴 사람이었다. 그런 사람조차 민주노동당의 이름을 가지고 울산시장에 출마해야 할 정도로 울산에선 노동자들의 결속력이 강했다.

노동자들이 갓 만들어진 민주노동당을 얼마나 지지했는지 보여 주는 다른 사례도 있다. 세진컴퓨터랜드라는 회사가 있었다. 지금의 삼성, 삼보, LG 등과 당당히 경쟁할 정도로 전국에 매장을 둔 컴퓨터 전문 회사였다. 엄청난 속도로 사세를 확장하며 승승장구하던 세진은 97년 부도로 대우통신에 인수됐다가 2000년에 파산한다. 그 세진컴퓨터랜드노조가 우리 연맹 소속이었다.

그 기나긴 투쟁을 하고 남은 돈을 잘 보관하고 있다가 민주노동당에 전액을 후원한다. 4,837만5,970원으로 정말 '피 같은 돈'이었다. 김득현 위원장과 이금곤 사무국장이 의논하여 민주노동당에 주자

삭발하는 김득현 세진컴퓨터랜드노조 위원장.

고 한다. "우리처럼 강제 청산되어 피해를 보는 노동자들이 더 이상 없길 바란다."라는 말과 함께 당시 민주노동당 노회찬 사무총장에게 전달했던 기억이 난다.

그렇게 노동자에게 희망과 꿈을 준 민주노동당이 역사의 뒤안길로 사라질 줄은 정말 몰랐다.

심재옥 여성국장의 당선

공공연맹 소속 출마자들 가운데 광역 의원 1명, 기초 의원 4명이 당선됐다. 광역 의원은 서울시 의원으로, 연맹에서 오랜 기간 함께 일해 온 심재옥 여성국장이었다. 심재옥 국장은 103명의 서울시의회 의원 중 단 한 명의 진보정당 의원으로서 정말 열심히 활동했고 이후 진보신당 부대표를 맡기도 한다.

그런데 비례대표이기 때문에 당선 가능성이 높아지자 일부에서 연맹 임원이나 단위노조에서 출마해야지 왜 상근자에게 그런 권한을 주냐며 시비를 건 사람도 있었다. 조금이라도 권력에 가까운 길이 보이면 승냥이처럼 달려드는 사람들이 있다. 반면 평생을 묵묵히 뒷바라지를 하는 사람도 있다. 심재옥 국장은 거꾸로 노동조합만 하다가 졸지에 정치판에 뛰어드는 것에 대한 걱정을 많이 했다.

그런 논란은 양경규 위원장이 "채용된 상근자들도 노동운동가들이다. 왜 못하느냐?"며 단칼에 정리해 버렸고, 심재옥 국장은 이후 연맹을 떠나 진보정치인의 길로 들어서게 된다.

이번 6월 13일 지방선거에도 내가 속한 연맹에서 22명의 후보를 출마시켰다. 연맹 상근자인 여성국장도 서울시 광역 비례대표로 출마시켰다. 우리는 광역 비례대표 선거는 돈이 별로 안 들어가는 줄 알았다. 그러나 막상 뚜껑을 열고 보니 서울시는 인구가 대단히 많고, 각 가정에 들어가는 선거 공보물 제작 비용만 해도 만만치 않았다. 민주노총 서울지역본부에서 조합원 1인당 2,000원의 모금을 결의했지만 경험으로 미뤄볼 때 돈이 부족할 것은 뻔했다. 또 돈을 모아야 했다. '서울시 광역 비례대표와 함께하는 노동자 100인 선언'이라는 그럴듯한 내용을 준비했다. 1인당 10만 원씩 내라는 얘기다. 수소문을 시작하고, 심지어는 캐나다에 이민 간 전 노조 위원장에게도 계좌번호가 적힌 이메일을 보냈다. 그리고 목표한 천만 원이 넘는 돈을 모을 수 있었다. 이런 노력의 결과 당당하게 서울시의회 의원으로 당선시켰다. 지구당이 어렵다면 특별 당비를, 선거에 들어가면 특별 선거 비용을 내야 하는 당원들. 그 힘으로 민주노동당은 유지되고, 발전하고 있다.

_이근원 <창작과 비평> 2002년 가을호
"한국사회에서 진보 정당 당원으로 산다는 것" 중에서

이렇게 민주노동당은 노동자들의 헌신으로 성장하기 시작했다. 그즈음 내가 교육을 하면서 자주 한 얘기가 있다. "길게 보자. 50년 이상을 유지해 온 보수 정치가 한 번에 바뀌질 수는 없다. 10년만 해 보자."

그리고 온 국민을 열광시킨 월드컵 4강 신화가 달성된 이후에는 말하기가 더욱 편해졌다. "봐라. 한국 축구가 4강에 들어가는 데도 48년이라는 시간이 걸렸다. 한국전쟁과 군사독재를 거치면서 이념을 내세운 정치는 이 사회에 뿌리내릴 수 없었다. 이제 시작이고, 대단히 오랜 시간이 걸릴 것이다. 그러나 한 번 해보자. 축구도 되는 데 정치라고 안 되겠나?"

다시 민주노동당으로 파견

그해 3월 16일 권영길 위원장은 서울지하철노조 위원장 출신인 정윤광 선배와의 경선을 통해 민주노동당의 대통령 후보로 선출된다. 진보 진영의 선거가 매번 그렇듯이 또 수많은 논의를 거친 후에 7월 16일 전국연합, 한총련 등 8개 단체가 대선 승리를 위한 공동기획단을 구성하기고 하고, 8월 9일 권영길 후보가 출마 선언을 한다. 민주노동당 후보를 넘어 각 단체로부터 인정된 범 민중 후보가 된 셈이다. 그리고 선거를 얼마 남겨 두지 않은 11월 22일 민주노총과 민주노동당, 전국연합 등이 공동선거대책본부를 발족시킨다.

민주노총은 공공연맹, 사무금융연맹, 전교조 등에서 각 1명을 집행위원으로 파견하여 노동자 계급 투표 실현을 목표로 하기로 한다. 이 방침에 따라 연맹은 11월 31일 중앙위원회의 인준을 통해 나를 선거대책본부에 파견한다. 나는 짧은 기간이지만 선거대책본부의 조직위원장으로 선거운동을 하게 된다.

파견을 나가기 직전인 10월 19일 오랫동안 준비했던 공공연맹의 가족문화 한마당이 올림픽공원에서 열렸다. 최은아 선전부장은 은지 네가 대여섯 살 정도 되었을 때 그린 그림으로 포스터를 만들었다. 그러고 보면 너는 그때부터 그림에 소질이 있었던 것 같다.

저자의 딸 은지가 그린 그림으로 만든 포스터.

노동 현장 중심의 선거운동

이번 선거의 역사적 의미는 좌익 정당, 진보 정당 세력이 국가 최고 권력인 대통령이 되고자 헌법에 따라 등장했다는 점입니다. 이것은 엄청나게 중요합니다. 민주노동당 후보가 선전해서 많은 표를 얻은 것도 그렇습니다. 사회당 같은 사회주의 정당에서 대통령 후보를 낸 것도 해방 이후 57년만의 일입니다. _고 리영희 교수, 민주노동당 기관지 <진보정치>와 인터뷰 중에서

선거를 불과 한 달도 남겨 두지 않고 파견되었기 때문에 할 수 있는 일이 그리 많지는 않았다. 2년여 동안 민주노동당은 빠르게 성장하고 있었다. 조직위원장으로 임명된 나는 주로 후보가 현장을 방문할 수 있도록 일정을 노동조합과 협의해 조정하고, 가능하면 전국을 빼놓지 않고 노동 현장 중심으로 돌 수 있도록 배치했다. 가능하면 더 많은 사업장을 방문하도록 동선을 짰다.

또 노동 현장을 조직하기 위해서 <10년의 선택, 노동자에게 달려 있다>라는 제목의 작은 책자를 민주노총 선전국장이었던 황혜원 등과 만들었다. 우리는 그 책에서 노동자들이 민주노동당을 선택해야 하는 이유를 충실하게 설명했다. 5만 부를 인쇄해 배포했다. 자랑 같지만 지금 돌아봐도 잘 만들었다는 생각이다. 우리 후보는 노동자들이 밀집한 지역에서 상대적으로 표를 많이 받을 수 있었다.

그런데 우리 연맹의 전 위원장이었던 박태주, 김호선 등이 '개혁과 통합을 위한 노동연대'라는 것을 만들어 노무현 대통령 지지 선언을 하는 일이 발생했다. 2007년에도 2012년에도 그런 사람들은 반복하여 나타나곤 한다. 말로는 노동자의 정치 세력화를 얘기하다가 결정적인 시기에 보수 야당을 지지

하는 선언을 한다. 노동 현장을 뛰어다니는 한편 그런 움직임에도 대응해야 했다. 그들이 현장에 어느 정도 영향을 미치기 때문이다. 이를 비판하기 위해 나는 <매일노동뉴스>에 글을 투고했다. 내용의 일부를 소개한다.

노무현이 대안이라고 얘기하는 사람들은 노무현 개인을 말한다. 그러나 우리는 다르게 얘기한다. '당'이 필요하다고. 잘난 '개인'이 아니라 당적 구조를 가진 '조직'이 필요하다고. 나는 개혁을 못한 이유가 진보 세력을 궤멸시키고 반세기를 넘게 자리를 지켜 온 지배 세력을 제어하지 못했기 때문이라고 본다.

노무현을 지지하는 노동연대는 말한다. '험난한 가시밭길이 예고된 정치적 홀로서기를 하지 마라. 노무현이라는 뗏목을 타고 이 강을 건너자.' 노무현을 지지하는 사람과 우리가 다른 이유 중 가장 큰 하나는 그들의 '바람' 대신에 우리는 '조직'을 만들어 가고 있다는 점이다.

그리고 그 조직이야말로 한국 사회의 정치를 바꿀 수 있는 힘이라 믿고 있다. 때문에 민주노동당이 현재 있는 당 중에서 가장 당원이 많은 현대적 의미에서 유일한 정당이 되고 있는 것이다. 노무현이라는 나무는 좋을 수도 있겠지만, 그 뗏목이 믿을 수 있는 제품이라는 증거가 어디에도 없다. 구걸하는 정치를 계속할 수는 없다.

솔직히 노동연대에 있는 지도자급 사람들은 민주노총에 있었을 때 모두 '노동자의 정치 세력화', 그리고 97년 대선에 권영길 위원장 출마를 음으로 양으로 지지했던 사람들이거나 설령 반대했더라도 지도자적 지위에 있는 사람들이었다. 지도적 지위에 있다는 것은 그만큼 많은 책임과 의무가 있다는 것을 말한다. 지난 4월 2일 발전노조 파업 때문에 많은 지도자들이 자진 사퇴한 것도 바로 이런 이유 때문이었다.

나는 노동조합의 원칙 중에 하나가 '자기가 말한 것에 대해 책임을 진다.'는 것이라고 본다. 386을 얘기하던 김민석이 정몽준에게 가고, '민중의 정치 세력화'라는 말로 나를 꼬시던 김문수가 한나라당에 있어도, 자기가 말했던 것에 대해 책임을 지려고 이 자리를 지키고 있는 사람들이 있다. 책임을 못 지겠으면 그 자리를 떠나면 된다. 대신 조용히.

우리는 가시밭길을 걸을 것이다. 왜? 어렵고 힘들겠지만 그 길이 옳기 때문이다.

박태주 위원장은 노무현 대통령 당선 이후에 대통령 비서실 노사 개혁 태스크 포스팀 팀장을 한다. 그리고 민간인이 타서는 안 되는 공무용 헬기에 부인과 함께 탄 사실이 드러나서 보수 언론의 집중 공격을 받고 시작도 하기 전에 낙마한다.

노무현 시대의 개막

2002년 대통령 선거는 12월 19일에 치러졌다. 유권자 총 3,499만1,529명 중에 70.8%가 투표해서 그 중 48.9%를 얻은 노무현 후보가 당선됐다. 민주노동당의 권영길 후보는 3.9%인 95만7,148표를 얻어 3위를 차지했다. 백만 표의 벽을 이번에도 넘지 못했지만 모두 민주노동당의 선전에 놀랐다.

권영길 후보는 TV 토론을 통해 몇 가지 유행어를 남겼다. "국민 여러분 살림살이 좀 나아지셨습니까?"라는 말은 개그맨들이 방송에서 활용하기도 했다. "한나라당은 부패원조당, 민주당은 부패 신장개업당"이라고 신랄하게 보수 정치권의 동질성과 부도덕성을 폭로하기도 했다. TV 토론의 가장 큰 수

2002년 대선 벽보.

혜자가 민주노동당이라는 평가가 나올 정도였다.

"노무현의 승리를 예상하고 권영길에게 표를 주려고 했던 사람들이 대거 노무현으로 돌아설 것입니다. 이 사태로 인해 권 후보 득표율은 여론조사 지지도의 절반으로 빠지게 될 것입니다." 유시민이 12월 19일 0시 50분에 인터넷을 통해 유포한 말이다. 선거 뒤에 민주노동당의 영향력이 별것 아니었다고 딴소리를 해서 탈이긴 하지만 개혁적 국민정당을 추구하고 있던 유시민의 말은 맞았다.

심지어 민주노동당 당원 중에도 노무현을 찍었다고 고백하는 사람들도 있었다. 전주에 사는 민주노동당 당원인 J씨는 이름난 노동운동가이고, 한때 혁명을 꿈꾸는 조직의 일원이기도 했다. 그는 12월 18일 밤 10시 정몽준이 노무현과의 결별을 선언했다는 소식을 듣고 밤새 잠을 설쳤다. 결국 그는 부인과 함께 투표장에서 노무현을 선택했다. 그리곤 민주노동당에서 재정 마련을 위해 조직한 선거 참관인을 했다. 이 하나의 장면이 2002년 대선을 상징적으로 표현했다. 뒷날 조사해 보니 민주노총 조합원 중에서 36.8%가 권영길을, 47.4%가 노무현을 찍은 것으로 나타나기도 했다.

왜 소위 386세대들은 이번 대통령 선거를 앞두고 밤잠을 설쳤는가? 왜 심지어 민주노동당 당원조차도 이회창이 당선될까 노심초사하고, 차선의 선택을 할 수밖에 없었는가? 그것은 '군부독재의 잔존 세력'에 빌미를 주어서는 안 된다는 판단 때문이었을 것이다. 지난 15년 동안 87년에 해결되었어야 할 '민주와 개혁의 문제'가 남아 있었기에, 전라도의 몰표와 소위 민주화를 경험한 세대의 표가 노무현으로 집중되었다.

'계급'에 방점을 두고 있는 사람들에게는 누가 되든 조금씩 전진하고 있는 민주화의 물결의 차이는 작은 것으로 인식되었지만, '민주'에 초점을 두고 있는 사람들에게는 매우 중요한 문제로, 혹은 부채로 남아 있었던 것이다.

노무현의 당선은 비록 15년이란 세월이 걸렸지만 이제야 한 시대가 종식되었음을 의미한다. 노무현의 당선으로 번갈아 가며 정권을 잡은, 그리고 똑같이 아들들을 감옥에 보낸 양김 씨는 역사의 무대 뒤로 사라지고 있다. 마찬가지로 기네스북에 올려도 될 만큼의 끈질긴 생명력을 자랑한 김종필도 이제 코미디를 끝낼 수밖에 없다. 3김 정치는 이제 역사의 박물관으로 보내지고 있다. 노무현의 당선이 가지는 의미는 그만큼 크다.

여기까지 오는 데 짧게 보면 5년, 길게 보면 해방 이후 50여 년의 시간이 흘렀다. 100만 표에 가까운 대중적 지지를 통해 앞으로 발전할 토대를 만들었다는 데 이번 2002년 대선의 가장 큰 의미가 있다. 지배 세력이 항상 추구하는 보수 양당 구조를 허물고, 진보와 보수가 경쟁하고, 대립하는 정치 구조를 형성했다는 데 가장 큰 성과가 있다. 우리의 입장에서 본다면 공화당·민주당으로 보수 양당화된 미국과 같은 정치 형태가 아니라 노동자 정치의 가능성을 여는 희망의 씨앗을 남겼다는 데 의미가 있다.

선거 이후 연구전문노조 노보에 실었던 글이다. 그러나 2012년 박근혜와 문재인이 격돌한 대통령 선거에서도 같은 논리가 되풀이되는 것을 보면 여전히 역사는 반복되는 것 같기도 하다.

몇 가지 에피소드

전에도 말했듯이 민주노동당은 이전 보수 야당에 대한 비판적 지지 세력과 노동자 민중의 독자적 정치 세력화 집단의 연합이었다. 선거 막바지에 노무현 후보가 밀리는 기세가 보이자 중앙선거대책위원이었던 이천재 서울연합 의장, 윤경희 한총련 의장, 당 고문이었던 신창균 씨가 "이회창 후보의 당선을 막아야 한다."며 노무현 지지를 선언한다. 그들 중 일부는 선거 기간 내내 반한나라당, 이회창 낙선을 주장하며 실질적으로 노무현 후보를 지지하기도 했다. 정말 황당한 일이 아닐 수 없었다. 그들의 독자적인 정치 세력화는 '민주 정부 구성이 위협받지 않는 범위' 안에서만 가능한 것이었다.

여중생인 신효순, 심미선이 경기도 양주에서 미2사단 소속 54톤 궤도 차량에 깔려 그 자리에서 숨지는 사고가 발생한다. 6월 13일의 일이었다. 이후 지속적으로 범국민대회 등이 열리고 나중에는 촛불 집회로 발전한다. 한창 선거 기간 중이었는데 민주노동당의 분당 이후 '경기동부연합'으로 유명해진 사람들이 그 문제를 가지고 미국 백악관에 항의 엽서를 보내는 운동을 하자고 제안했다. 엽서에 글을 쓰면 그걸 수거해 미국으로 보내는 운동이었다. 그럴 수 있다고 생각했다. 문제는 그 내용이었다. 그들은 참혹하게 죽은 여중생들의 사진을 싣고 있었다. "아니 정말 이 엽서를 내가 딸에게도 보여 주고 동의를 받을 수 있다고 생각합니까?" 그들은 미국의 잔혹성을 폭로하는 데 집중하는 바람에 대중적인 동의를 얻는 것은 무시하고 있었다. 결국 이미 인쇄

되어 있다는 10만 장을 전량 폐기 처분하고 다시 만들었다. 물론 선거운동본부의 돈이었다.

유세위원장은 마찬가지로 경기동부연합의 핵심으로 알려진 사람이었다. 후보가 방문할 장소를 노동 현장으로 잡는 조직위원장과 후보의 유세를 담당한 유세위원장은 긴밀한 대화가 필요했다. 그런데 별로 그렇지가 못했다. 권영길 후보의 마지막 유세는 광화문 미국 대사관 앞에서 열기로 했다. 두 여중생의 죽음에 대한 항의를 포함한 것이었다. 그리고 회의를 통해 그 사회는 조직위원장인 내가 보기로 했다. 아는 사람은 알지만 나는 사회를 보는 것을 싫어하는 편이다. 그래서 싫다고 했지만 아무튼 결정이 그렇게 되었다.

마무리 집회인 만큼 미리 원고를 준비하고, 연습도 했다. 그런데 정작 마지막 유세 장소에서 유세팀이 내게 마이크를 넘기지 않는 것이었다. 아마도 미국에 대한 항의를 하는 데는 자신들이 사회를 보는 게 더 낫다고 판단한 듯하다. 황당했다. 심지어 항상 유세의 마지막엔 민주노동당가로 마무리해야 하는 데 당가 CD조차 없었다. 부랴부랴 다른 방송차에서 가져온 다음에야 끝낼 수 있었다. 아무래도 이런 태도들이 2008년 민주노동당의 분당을 가져온 배경이 되었을 것이다. 그래도 급하게 몇 명을 조직해 수고하신 권영길 후보를 헹가래치는 것으로 마지막 유세를 마쳤다.

대선 기간 중에 한국노총이 독자적으로 정당을 창당하려던 움직임도 있었다. 그들은 DJ에 대해 비판적 지지를 한 것을 반성하면서 독자적인 정치 세력화의 길을 걷겠다고 선언했다. 한국노총의 성격을 잘 아는 민주노총은 그들의 독자 창당 입장을 환영했지만, 창당의 목표가 단지 대선 전 합당을 위한 협상 정당으로, 몸값을 높이기 위한 것이 아닌가 하는 의구심을 갖고 있었다. 결국 한국노총은 녹색사민당을 창당했으나 오래가지 못했다. 온실 속에서 자란 꽃은 야생에선 크지 못하는 법이다. 그리고 2003년 노무현 대통령 시대가 시작됐다.

민주노총을 방문한 대통령 노무현

노무현 대통령 당선자는 취임식도 하기 전에 민주노총 사무실을 방문한다. 전무후무한 일이다. 당시 영등포에 있던 사무실을 직접 방문하여 "민주노총이 합리적으로 대화하고, 협상할 수 있는 상대가 되었으면 한다."라고 말한다.

노동 정책에 있어 뭔가 달라질 수도 있다는 기대감을 줄 정도로 노무현 대통령의 행보는 파격적이었다. 1995년 만들어졌으나 무려 4년이 지나 1999년 11월 23일에야 법적으로 인정될 정도로 정부의 탄압을 받던 민주노총을 대통령이 직접 방문했다는 그 자체가 파격이었다.

사실 노무현 대통령의 당선 자체가 획기적인 것이었다. 우리나라처럼 학벌 위주의 사회에서 대학교도 못 다닌 상업고등학교 출신이 대통령이 되었다는 것 하나만으로도 놀랄만한 일이다. 막노동판을 전전하다 사법고시에 붙어 변호사가 되고, 대통령이 된다. 청소년들이 열광할 만하다.

노무현 대통령은 1988년 TV로 생중계된 국회 제5공화국 비리 특별조사위원회에서의 활약으로 '청문회 스타'가 되어 일약 국민적 영웅이 된다. 정치적으로는 몇 번의 아픔을 겪은 후에 2002년 민주당이 '국민 참여 경선제'라는 새로운 방식을 택함에 따라 당 후보가 되고, 결국 한나라당의 이회창을 물리치고 극적으로 대통령이 된다.

7만 명에 이르는 노사모('노무현을 사랑하는 사람들의 모임')의 자원봉사, 미디어와 인터넷을 이용한 선거운동, 희망돼지 저금통으로 표상되는 국민의 자발적 후원금 등 그가 선보인 선거운동 자체도 새로운 것이었다. 희망돼지는 민주노동당의 것을 베낀 것이지만 말이다. 주로 젊은 층으로 구성된 '노사모'의 열광적인 활동은 전혀 새로운 정치운동으로 나타난다. 2012년 안철수를 지지하던 젊은이들보다 훨씬 열광적이고, 조직적이었다.

무엇보다 그는 노동자들의 아픔을 잘 아는 인권변호사로 알려져 있었다. 1987년 8월 이한열이 죽은 지 얼마 안 되어 멀리 거제 대우조선의 노동자 이석규가 경찰이 쏜 최루탄에 맞아 사망하는 사건이 생긴다. 그러자 그는 직접 거제에 내려가서 투쟁에 결합한다. 그리고 이 때문에 '장례식 방해'와 '노동쟁의조정법상 3자 개입 위반' 혐의로 구속, 부산구치소에 수감된다. 이후 변호사 업무 정지 처분과 벌금 100만 원을 선고받는다.

"이 사망은 공권력이 국민을 적으로 보는 전투적 행위에서 빚어진 살육", "구사대의 폭력에 대하여는 수수방관하던 공권력이 노동자의 폭력에 대하여는 구속으로 나서는 편파적 개입의 연장선상에서 저질러진 노동자에 대한 적대 행위"라던 그가 대통령이 됐다. 그런데 왜 불과 열 달 후에 그의 입에서 "민주노총은 더 이상 노동운동 하는 단체가 아니다."라는 극언이 나오게 될까?

노무현 대통령은 2월 25일 취임사를 통해 "노사 화합과 협력의 문화를 이루도록 노사 여러분과 함께 최선을 다하겠습니다. 노약자를 비롯한 소외받는 사람들에게 더 많은 관심을 기울이는 따뜻한 사회를 만들어야 합니다. 모든 종류의 불합리한 차별을 없애 나가겠습니다."라고 말했다. 과연 그랬을까?

열사, 열사, 또 열사

대통령 선거가 끝나고 얼마 안 된 2003년 1월 9일 나이 오십을 넘긴 두산중공업 노동자 배달호가 분신했다. 당시 나보다 여섯 살이나 많은 이가 그런 극단적 선택을 한 것에 대해 나는 매우 놀랐다. 또 10월 26일에는 우리 연맹의 이용석이라는 서른두 살의 젊은 노동자가 분신했다. 금속 사업장의 나이 먹은 정규직 노동자와 공공 부문 사업장의 젊은 비정규직 노동자가 스스로 목숨을 끊은 것이다. 우리나라 모든 노동자가 같은 처지에 있다는 것을 상징이라도 하는 걸까? 2003년은 '열사 정국'이라고 할 만큼 많은 노동자들의 죽음이 계속 이어졌다. 마치 2012년 박근혜 대통령이 당선되자마자 5명의 노동자가 죽은 것처럼 말이다.

열사(烈士)가 무슨 뜻인지는 알지? 열사란 "나라와 민족을 위하여 저항하다가 의롭게 죽은 사람 혹은 강력한 항의의 뜻을 자결로서 굳은 의지를 드러낸 사람"을 뜻한다. 대표적으로는 고종의 밀사로 헤이그에서 열린 만국평화회의에서 일제의 침략 시도인 을사조약의 부당성과 불법성, 그리고 일제의 침략성을 알리는 활동을 하다 돌아가신 이준 열사를 얘기한다.

저항은 해야 하겠는데 뾰족한 수단은 없고, 막바지 벼랑으로 몰릴 때 사람들은 극단적인 선택을 한다. 우리나라는 자살률이 OECD 국가 중 1위이며, 세계보건기구가 2010년에 발표한 자료에 따르면 전 세계 국가 가운데에는 리투아니아에 이어 2위를 기록했다. 오죽했으면 사랑하는 모든 것을 두고, 죽음을 선택할 수밖에 없었는지를 생각해 봐야 한다. 물론 나는 분신 자살 같은 방식에는 동의하지 않는다. 살아서 끈질기게 싸워야 한다.

훗날 노동자 이병렬이 분신 사망한 데 대해 투쟁을 할 때 나는 기획위원장을 한 적이 있다. 그때 세계적으로 널리 알려진 아랍 카타르의 '알자지라 방송'과 인터뷰를 했다. 기자가 내게 질문했다. "한국의 노동운동은 분신이 하나의 전통입니까?" 깜짝 놀랐다. 아니라고 얘기했지만 외국에선 그렇게 볼 수도 있겠다고 생각했다. 더 이상 스스로 목숨을 끊는 노동자가 없으면 정말 좋겠다.

배달호, 자본의 노동자에 대한 압박

배달호는 유시민의 역사의식의 경계 밖에 있다. 유시민에게서 1987년 6월의 요구는 자신이 모든 것을 바쳐서라도 완성해야 할 과제로 받아들이지만 1987년의 7~9월의 요구는 남의 일, 예컨대 권영길이나 민주노동당이 풀어야 할 일에 지나지 않는다. 여기서 그가 말하는 시민의 국민화(국민 통합)는 한계를 드러내며 설득력을 잃는다. 그의 민주주의는 상대화된다. …… 하지만 6월 항쟁의 이 혁명적 국민 통합이 이러한 상대성 속에서, 7~9월에 대한 배제 속에서 이루어질 수밖에 없다면 그것은 또 다른 혁명을 필요로 하게 될 불구적 혁명으로 남게 될 것이다. 배달호의 죽음이 시사하는 것은 바로 이 점이다. ＿조정환 <노무현의 승리와 배달호의 죽음 속에서 생각하는 유시민의 참여민주주의> 중에서

김대중 대통령은 공기업 개혁이라는 명분 속에 한국중공업을 두산그룹에 헐값으로 팔아치웠고, 두산그룹의 박용성 회장은 한 늙은 노동자를 죽음으로 몰아갔다. 당시 두산중공업은 노조 간부들을 상대로 65억 원의 손해배상을 청구하고, 조합원들의 재산과 임금을 가압류했다.

두산이 해도 너무한다. 해고자 18명, 징계자 90명 정도. 재산 가압류, 급여 가압류, 노동조합 말살, 악랄한 정책에 우리가 여기서 밀려난다면 전 사원의 고용은 보장받지 못할 것이다. …… 동지들이여, 끝까지 투쟁해서 승리해 주기 바란다. 불쌍한 해고자들 꼭 복직 바란다. 나는 항상 우리 민주광장에서 지켜 볼 것이다. 내가 없더라도 우리 가족 보살펴 주기 바란다. 미안합니다.

21년 동안 회사 생활을 한 그가 마지막으로 남긴 유서다. 유서에 쓴 것처럼 노동자 배달호는 파업에 따른 손해배상 소송으로 임금과 재산을 가압류당한 것 때문에 큰 고통을 당하고 있었다. 노조 투쟁으로 구속되고, 석방된 뒤에도 3개월 정직의 징계를 받았다. 이후 현장에 복귀했지만 월급 50%와 퇴직금, 집이 가압류된다. 경제적, 정신적으로 엄청난 압박을 받았을 것이다.

통계를 보면 2003년 10월 31일 기준 전체 노동자들에 대한 손해배상 청구액은 574억9,971만6,897원이고, 가압류 금액은 781억6,266만6,416원이라는 천문학적인 액수였다.

우리나라 헌법은 노동 3권을 보장하고 있다. 이 가운데 단체행동권(파업권)을 보장해준 것은, 힘센 자본가에 비해 힘이 약한 노동자들이 자기 목소리를 낼 수 있으려면 단체행동을 통해 생산을 정지할 수 있는 힘이 뒷받침돼야 한다는 현실을 반영한 것이다. 그런데 사용자가 손해배상을 청구해 노동자들의 기본권을 침해한다는 게 말이 되는 얘기일까? 임금 및 재산 가압류는 대단히 두려운 것이다. 웬만한 노동자들은 위축되지 않을 수 없고 파업 참가를 꺼리게 된다.

이전에도 파업이 발생하면 사용자들이 임금 가압류 카드를 끄집어냈다.

★ **두산중공업의 노조 탄압**

두산자본은 김대중 정부의 완전한 특혜 조치 속에서 2000년 12월 공기업인 한국중공업을 3,057억 원에 인수하고 이름을 두산중공업으로 변경함. 인수 3개월 만에 종업원의 약 14%에 해당하는 1,124명이 명예퇴직의 형식으로 퇴사하는 혹독한 구조조정을 함. 2002년 발전노조 파업에 연대하기 위한 민주노총의 방침에 따른 4시간 파업에 대해 정직 1월, 출근정지 2주 6명, 견책 29명, 경고 165명 등 201명을 대량으로 징계함. 5월에는 단체협약을 일방적으로 해지함. 이에 노조가 47일간 파업을 벌이게 됨. 이에 대해 노조간부 89명 징계해고, 167명 고소고발, 22명 체포영장 발부, 총 65억 원의 손배 청구 및 가압류 신청 등 탄압을 가함. (두중지회 속보 7호, 2003) 고 배달호동지 분신사망 대책위는 2003년 2월 12일 기자회견을 통해 두산 자본이 2002년부터 2004년까지 노조무력화 3단계 전략을 수립했다고 폭로함.

두산중공업 배달호 열사 투쟁. (사진=금속노조)

그러나 대부분 위협 수준에 그쳤고, 투쟁이 끝나면서 파업 과정에서 발생된 문제에 대해서는 민형사상의 책임을 묻지 않는다는 조항을 넣으면서 유야무야되곤 했다. 그러나 발전노조 파업 때부터 정부가 앞장서서 조합원으로까지 손해배상, 가압류를 확대했다. 파업이 끝나도 이를 해제하지 않았고, 그 후 일반 기업에까지 이런 현상이 일반화된다.

박근혜 대통령이 당선되자 스스로 목숨을 끊은 한진중공업 노동자 최강서 열사의 경우 회사가 청구한 손해배상 액수는 무려 158억 원이었다. 2012년에 파업한 MBC에 195억 원, 현대자동차 179억 원, 쌍용자동차 237억 원의 손해배상 금액이 노조에 청구되었다.

당시 두산중공업의 회장은 박용성이라는 사람이다. 그는 대한상공회의소 회장 시절에는 양경규 위원장을, 두산인프라코어 회장 시절에는 전재환 금속노조 위원장을 해고시킨다. 민주노총의 골간이라 할 양대 연맹의 위원장을 사업장에서 해고한 셈이다. 그만큼 노동조합에 대해 악랄하게 탄압했다.

형제끼리 돈을 가지고 싸워서 유명해진 '형제의 난'을 통해 그의 수많은 범죄 행위가 폭로되었지만 자본에 관대한 한국 사회의 관례에 따라 불구속 기소된다. 두산중공업의 노조 탄압과 손해배상 청구와 가압류는 대충만 봐도 소름이 끼칠 정도였다.

이후 민주노총을 중심으로 두산 제품 불매운동도 하고, 무수히 많은 집회와 투쟁을 전개한다. 결국 62일 만에 손해배상, 가압류 등을 철회시키고 싸움을 끝냈다. 동대문 운동장 근처에 있는 두산타워 앞에서 관을 불태우면서 싸웠던 기억이 새롭다. 2013년 1월 9일 배달호 열사의 10주기 추모식이 있었다. 보다 자세한 내용을 알고 싶으면 김순천이 쓴 『인간의 꿈―두산중공업 노동자 배달호 평전』을 권한다.

인터뷰 **홍지욱 금속노조 부위원장**

배달호 열사 투쟁 과정에서 두산중공업 용역 경비 50여 명이 배달호 열사 분신사망 대책위(이하 분신대책위) 간부를 집단 폭행해 의식불명 상태로까지 몰고 가는 일이 발생한다. 그리고 이 사건이 소강 상태였던 투쟁에 다시 불을 붙인다. 노동자들을 벼랑 끝으로 내모는 자본에 맞서 목숨을 바치고, 또 그 열사 정신을 지켜내기 위해 얼마나 많은 노동자들이 피 흘리며 싸웠는지를 보여준다. 당사자인 홍지욱 당시 금속노조 경남1지부 조직부장의 얘기를 들어봤다.

배달호 열사가 분신할 당시의 상황은 어떤 것이었나?
한국중공업을 인수한 두산 자본은 대규모 정리 해고를 진행하며 그간의 노사 관계를 부정했고, 이에 저항하는 노조에 대해 징계 해고, 정직, 손배가압류 등으로 탄압했다. 2002년 말까지 밀리고 밀리면서, 노조 간부들의 피해는 커져 갔고 현장 조합원들은 위축되고 있었다. 돌파구를 찾지 못하는 상황을 보다 못한 배달호 동지가

2003년 1월 9일 분신으로 항거하게 된다. 이날 새벽 6시에 두산중공업 현장에 있던 해고자 강웅표 동지로부터 전화가 걸려왔다. 택시를 타고 두산중공업으로 달려가 보니 이미 배달호 동지는 새까맣게 타버려서 알아볼 수도 없는 상태로 공장 안 바닥에 누워 있었다. 머릿속이 텅 비는 것 같았다. 곧이어 경찰과 감식반이 달려와 현장을 장악하려 했지만, 나를 포함한 해고자들은 격렬한 몸싸움 끝에 경찰로부터 주검과 분신 현장을 지킬 수 있었다.

폭행은 어디서 어떻게 당했나?
회사는 용역 깡패들을 대규모로 채용해 공장 각문에 배치하고 노조 출입을 통제하기 시작했다. 초반에는 거의 매일 분신 현장에서 규탄 집회가 열렸고, 정문 출입을 통제하던 용역들과 몸싸움이 벌어지는 상황이었다. 이 과정에서 열사 투쟁을 시작한 지 10여 일 만에 나에게는 체포영장이 발부됐다. 열사 투쟁이 두 달을 넘긴 2월 25일, 공장 주변에 설치했던 현수막을 다시 달기 위해 해고 동지 서너 명과 차량으로 이동하던 중이었다. 두산중공업 중문으로 가는 길목에 도착하자 50여 명의 용역 경비들이 내가 탄 차를 막고 강제로 차에서 끌어내렸고, 자신들이 가져온 차에 나를 태우려고 했다. 순간적으로 현수막 설치를 방해할 목적이 아니라 나를 잡아가기 위한 행동임을 직감했다. 격렬한 몸싸움이 벌어졌고, 용역들을 피해 노조 사무실 방향으로 30여 미터를 달려가면서 저항했지만 집단 폭행에 정신을 잃고 말았다. 의식을 잃은 상태에서 회사 측 구급차와 간호사가 현장에서 나를 후송하려했다고 한다. 하지만 나한테 체포영장이 발부된 상태였기 때문에, 분신대책위 동지들이 나를 노조 사무실로 옮겼고 의사를 공장 안으로 불러 응급처치를 받았다. 당시 의사 소견은 당장 병원으로 후송하여 검사와 치료를 해야 한다는 것이었으나 그럴 수 있는 상황이 아니었다.

표적 폭행이었던 걸로 보이는데 왜 찍어서 폭행한 건가?
나는 배달호 열사 분신 소식을 듣고 두산중공업에 들어가서 그때부터 붙박이로 상황실을 운영했다. 주요 역할은 투쟁 기획, 조직, 집행 등을 맡았다. 두산중공업 내 현장 투쟁을 조직하고 안팎의 집회기획과 상황을 직접 진행하는 역할이다 보니 회사 측이나 경찰에서는 처음부터 표적으로 삼았던 것 같다. 당시 용역들은 나를 잡아서 경찰에 인계하려는 목적이었던 것 같았고, 격렬하게 저항하는 과정에서 집단 폭행이 벌어진 것이다.

폭력 사건 이후의 열사 투쟁은 어떻게 전개됐나?

열사 투쟁 두 달을 넘기면서 상황은 소강 상태였다. 회사 측은 교섭을 거부했고, 노조도 돌파구를 찾기 어려운 상황이었다. 투쟁이 장기화되면서 지역 연대도 힘 있게 전개되지 못했다. 하지만, 용역 경비들의 집단 폭행으로 대책위 간부가 실신하는 상황이 발생하면서 상황이 달라진다. 초반부터 정문을 사이에 두고 충돌이 빈번했고, 이 과정에서 용역들의 폭력은 심각한 수준이었다. 급기야 집단 폭행 건이 알려지면서 지역이 움직이기 시작한다. 당일 저녁 6시에 두산 정문에 집결하라는 긴급 지침이 떨어지고 순식간에 400여 명이 넘는 인원이 모여들었다. 용역 경비들을 내몰고 정문을 뚫어 공장 안으로 들어올 수 있었고 1차적으로 이렇게 상황이 종료되나 싶었는데, 밤 11시경 공장 안 집회를 마치고 돌아가는 지역 간부들을 용역 경비들이 또 다시 폭행하는 상황이 벌어졌다. 이에 더 이상 비무장 비폭력으로는 안 된다는 판단을 하게 되고, 쇠파이프를 든 지역 간부들의 분노는 하늘을 찔렀다. 정문 밖에 대기하고 있던 경찰도 충돌 상황이 워낙 격렬해지니까 개입하지 못할 정도였다. 급기야 금속노조는 비상 중앙집행위 회의를 소집하고 1,000명 전국결사대를 조직해 두산중공업에 진격한다는 결정을 한다. 노무현 정부 취임 직후 벌어진 일이었다. 이때부터 정부는 신임 노동부 장관을 직접 분신 현장에 파견해 조문하고 바로 이어서 노사교섭을 중재하기 시작했다. 이때부터 실질적인 노사 협상이 진행됐다.

집단 폭행이 투쟁의 돌파구가 된 셈인데 후유증은 없었나?

노사 협상이 시작되고 나서 나는 치료를 받기 위해 밖의 병원으로 몰래 후송됐고, 입원 치료 중 열사 투쟁이 타결됐다. 타결 소식을 듣고 병원에서 나와 창원에서 전국노동자장을 치르고 양산 솥발산 묘역으로 가기 위해 이동 중 경찰에 체포, 구속돼 1년의 징역살이를 했다. 출감 후에는 폭행 후유증으로 목디스크 탈출증이 심해져 6개월 정도 출근하지 못하고 치료를 받았다.

이용석, 비정규직을 정규직화 하라

배달호 열사가 나이 먹은 정규직 금속 노동자였다면 이용석 열사는 공공연맹의 젊은 비정규직 노동자였다. 근로복지공단의 비정규직 노동자로서 노조의 광주전남 본부장이었던 그는 분신 당시 32세였다. 10월 26일 종묘에서 열린 '비정규직 차별 철폐·정규직화, 권리 보장 입법 쟁취를 위한 전국비정규 노동자대회'가 끝나갈 무렵인 오후 4시 10분경 분신했다. 그의 마지막 외침은 "비정규직 차별 철폐하라."였다.

근로복지공단은 노동부의 산하 기관이었지만 앞장서서 비정규직을 양산하고, 차별을 조장해 왔다. 공단은 교섭의 당사자가 아니라고 버티다가 중앙노동위원회에서 사용자로 결정되자 이번에는 불성실한 태도로 교섭에 임했다.

이용석은 "일생 동안 우리 공부방 어린 학생들이, 어려운 환경 속에서 희망을 잃지 않은 그들이 내 삶의 스승이자 등대였습니다. 내 어두운 미래와

생전의 이용석 열사.

긴 터널 속에서 나를 빛으로 깨치게 한 나의 동반자였습니다."라며 공부방 학생들에 대해 애정을 가졌던 '아름다운 청년'이었다. "자주 흐르는 눈물을 주체할 수는 없지만 이를 악물고 울지 않을 것입니다."라고 다짐하던 그가 스스로 목숨을 끊으며 생각한 것은 무엇일까?

결국 40일을 투쟁한 끝에 비정규직 정규직화와 노조 인정 등에 합의하고 장례식을 치른다. 첫 눈이 무척이나 많이 내리던 날이었다. 이후 그의 뜻을 기리기 위해 '이용석 가요제'를 2009년부터 매년 개최하고 있다. 마찬가지로 이인휘가 쓴 책『이용석 노동열사 평전 – 날개달린 물고기』를 권한다.

노무현 대통령은 노동자들이 분신이 잇따르자 이렇게 말했다. "분신을 투쟁 수단으로 삼는 시대는 지났다. …… 지금과 같이 민주화된 시대에 노동자들의 분신이 목적을 달성하기 위한 투쟁 수단으로 사용되어서는 안 되며, 자살로 인해 목적이 달성되는 일은 없어야 한다."

죽음이 무엇 때문에 일어났는지에 대해서는 한 마디 말도 없었다. 노동자들의 삶에 대한 애정이 없어진 셈이다. 그러나 역설적이게도 훗날 그 역시 스스로 목숨을 끊는다.

2009년 5월 23일이다. 경남 김해 봉하마을에 있는 사저 뒷산의 부엉이바위에서 투신하여 스스로 목숨을 끊는다. 2008년 대통령 임기를 마치고 귀향해 오리 농사 등 평범한 전원생활을 하던 참이었다.

새로 당선된 이명박 정부는 노무현 대통령이 재임하던 때의 기록물 복사본을 가지고 귀향한 것과 관련하여 '국가 기록물 무단 유출'이라고 수사를 시작했다. 뒤이어 검찰에 의해 측근과 친형, 부인, 아들, 딸 등이 비리에 연루되었다는 의혹이 연이어 불거지자 "나로 말미암아 여러 사람이 받은 고통이 너무 크다."는 유서를 남기고 세상을 등진다. 엄청난 충격이었다.

무엇이 그를 죽음으로 몰아갔을까? 노동자들의 죽음에 대해 모진 말을 하

노무현 대통령의 장례식에 모인 사람들.

던 그는 왜 같은 길을 선택할 수밖에 없었을까? "죽음으로 항거하는 시대는 끝났다."던 그는 죽음으로 무엇에 저항한 것일까? 엄마와 나는 영결식장을 찾았다. 은지 너도 친구들이랑 왔다. 또 다시 시청 광장이었다. 이한열 열사의 장례를 치른 곳, 붉은 악마의 함성이 메아리치던 곳, 촛불이 환하게 민주주의를 염원하던 바로 그 곳이었다.

특히 노무현 대통령은 너희 또래가 많이 좋아했다. 권위적이지 않아 '바보 노무현', '노짱'이라는 별칭으로 불렸고, 말을 돌려하지 않아 "이제 막가자는 거지요?" 하는 등의 어록도 남겼다. 무엇보다 동네 아저씨처럼 친근했다. 역대 대통령 중에서 처음으로 시골로 귀향해서 자전거도 타고, 구멍가게에 앉아 막걸리도 한 잔 할 수 있는 그런 사람이었다. 학벌 위주의 사회에서 고등학교 밖에 나오지 않은 사람으로서 쟁쟁한 정치인들의 패거리주의를 넘어 국민과의 소통을 시도했던 대통령은 그렇게 생을 마감한다. 역사의 비극이고, 안타까운 일이다.

노무현 대통령의 죽음으로 한 시대는 비극적으로 끝난다. 87년 6월 항쟁의 후광을 얻어 쟁취한 민주화 투쟁 세대의 정치는 수많은 오점을 남겨둔 채 결국 새누리당으로 정권을 넘긴다.

지금 펼쳐지고 있는 정치는 순전히 김대중과 노무현이라는 두 대통령의 오류에 바탕을 둔 정치다. 조금만 더 국민 대중과 노동자 대중의 마음을 잡는 정치를 했다면 이명박, 박근혜로 이어지는 보수 정치를 낳지는 않았을 것이다. 좌회전 깜박이를 넣었던 방향 그대로 개혁을 시도하고, 수많은 비민주적인 요소들을 제거했다면 오늘의 정치는 달랐을 것이다. 그 후 보다 노골적으로 '기업하기 좋은 나라'라는 구호가 등장하고, 더 많은 노동자들이 거리로 쫓겨난다. 애석한 일이다.

17대 총선과 전진

민주노동당은 대통령 선거 이후 성장세에 있었다. 2003년 2월 기준으로 민주노동당은 227개 지역구 중 105개 지역에 지구당이 있었으며, 대통령 선거를 거치면서 30여 개 이상의 선거구에서 지구당 창당 사업이 진행됐다. 2003년 6월 현재 민주노동당 당원은 3만여 명이었다. 그 중 민주노총 조합원은 1만3,550명으로 43%를 차지하고 있었다. 그리고 그 중에서 3,000명 이상이 공공연맹 조합원이었다.

그러나 한편에서 이러한 당 조직의 양적인 성장에도 불구하고, 보완되어야 할 여러 가지 점들에 대한 지적이 있었다. 민주노동당은 자체 분석을 통해 당원들의 참여 부족, 당원 교육 시스템의 부재, 재정 구조의 취약 등 질적인 측면에서 보완해야 될 부분이 많이 있다고 평가했다.

0.5점 차이로 탈락한 연맹 후보

처음 경험해 보는 진보 정당의 길은 매우 힘들었다. 이상했다. 평소엔 노동자

정치에 대한 신념으로 똘똘 뭉친 것처럼 보이는 사람도 공직에 당선되면 달라지는 경우가 종종 생겼다. 내가 모르는 숱한 유혹의 손길이 정치에는 있는 걸까?

대덕 연구 단지에는 우리 연맹 산하 전국과학기술노조가 있었다. 지금은 공공연구노조로 명칭을 바꾼 조합원들이 모두 유성이라는 한정된 장소에 모여 살고 있다. 과학기술노조는 1995년부터 지방의회에 후보를 내 당선을 시켜왔다. 그즈음 유성구 의회 의원은 8명이었는데 항상 3명은 우리 조합원이었다. 그러나 이후 과정에서 당선된 4명 중 3명을 우리 손으로 제거해야 했다. 다음 당선을 위해 당시 그 지역에서 유력한 정당이었던 자유민주연합이라는 당을 기웃거리거나, 구의회 의장이 되기 위해 민주노동당을 탈당하거나, 뇌물 등 비리에 연관되거나 가지각색의 사람들이 나왔다. 선거 때마다 내려가서 한 달 이상씩 자취까지 하면서 선거운동을 지원했던 나로서는 허탈한 일이었다. 그런 일이 발생할 때마다 진보 정당 운동은 다시 절벽에서 굴러 떨어졌다. "그 놈이 그 놈"이라는 냉소만큼 무서운 건 없기 때문이다. 결국 이런 일이 반복되다 보니 지금은 유성구 의원 중에 조합원은 한 명도 없는 처지가 되고 말았다.

이런 경험은 후보를 선출할 때 신중한 선택을 해야 한다는 교훈을 주었다. 물론 사람 속을 다 알 수 있는 것은 아니지만 후보 발굴부터 추천까지 그 사람이 자신의 명예욕과 권력욕이 아니라 정말 노동자 정치를 위해 헌신할 사람인지를 심사했다. 2004년 총선을 앞두고는 더 신중해졌다.

당시 연맹위원장은 이승원 위원장이었다. 은지 네가 기억을 할 수도 있겠다. 지금은 '한내'라는 노동자 역사를 기록하고 각종 사료를 정리하는 사업을 주로 하고 있다. 정치위원장은 이영원 위원장이 맡았다. 우연히도 이름의 가운데 글자만 달랐다. 단위노조 위원장 중엔 이기원도 있었고, 이광원도 있었다. 사람들이 나를 포함해서 '이ㅇ원'이 다 해먹는다고 우스갯소리도 했다.

공공연맹 정치위원회는 그보다 1년 전인 2003년 1월부터 본격적인 총선 준비에 착수한다. 대통령 선거 평가와 동시에 총선 기획단을 준비한다. 이영원 정치위원장의 장점은 친화력이 매우 강하다는 것이었다. 정치위원회는 회의 참석률도 높고 잘 굴러갔다. 나는 정치국장이었다. 우리 임무는 연맹 정치위원회를 중심으로 출마할 연맹 후보를 발굴하고, 이들을 심사할 후보 추천위원회를 구성하고, 민주노동당과 함께 국회의원 선거를 치르는 것이었다.

연맹 총선 후보에 대한 심사 기준은 각종 의결 기구를 거쳐 각 항목에 대한 평가를 통해 평균 80점 이상을 받아야 했다. 평가 항목은 노동조합 활동 전체, 민주노동당 활동 전체, 선거 종합 계획, 후보 자질 등 크게 4가지로 구분하되 구체적이고 세밀하게 점수를 매길 수 있도록 했다. 심사위원들에게는 미리 논의를 통해 정해진 질문지를 전달했다. 내용은 아주 구체적인 것이었다.

- 민주노동당은 이번에 국회에 들어갈 것이 확실시되는데 민주노동당의 국회의원은 무엇에 중점을 두고, 어떻게 활동해야 한다고 보는지? 또 당직과 공직을 분리하자, 비례대표의 연임을 금지하자는 등의 말들이 나오는 데 이에 대한 생각은?
- 조합원 당원들이 당 활동에 적극 결합하는 데 한계가 있는 게 현실인데 이를 극복할 수 있는 길은 무엇이라고 보는지? 노동자들은 당 활동을 어떻게 해야 하는지?
- 노동자가 추구해야 할 현 시기의 이념적 지향점은 무엇이라고 보는지? 이를 위해 이번 총선에서 무엇을 가장 크게 부각시켜야 한다고 생각하는지?
- 과거에도 연맹 후보 혹은 진보 정당의 후보였다가 배신하는 경우가 있는데 이에 대한 조직적인 대안은?

2004년 당시 공공연맹 내부 국회의원 후보 공청회 후.

- 노무현 정권의 등장에 대해 어떻게 평가하는지? 등장 배경은?
- 비정규직 노동자가 확대되고 있는데 이에 대한 대안과 이번 총선에서는 어떻게 이를 쟁점화시킬 수 있다고 보는지?

질문은 20여 개 조항이나 됐다. 후보자들은 답변을 하느라 진땀깨나 빼야 했다. 이런 과정을 통해 최종적으로 연맹 후보를 선출했다. 총 13명이 심사를 받았는데 그 중 한 명의 평균 점수가 79.5로 나왔다. 논란이 있었지만 80점 이상이라는 기준에 미달했기 때문에 탈락시켰다. 그 사람에게 두고두고 원망을 받았음은 물론이다.

정치위원회는 <2004년 17대 총선 투쟁 종합 지침서- 총선의 모든 것, A에서 Z까지>라는 500쪽이 넘는 책자를 준비했다. 교안과 선전물 내용, 현수막 문구, 참고할 만한 만화까지 넣었다. 선거운동의 의미와 출마자 명단, 민주노동당 공약도 모두 포함시켰다. 그 책자만 보면 단위 노조에서 모든 것을 알고, 따라 할 수 있게 한 셈이다. 또 총선을 위해 단위 노조의 파견을 받고, 조합원 교육과 당원 가입운동을 시작했다.

우리 후보와 민주노동당을 지원하기 위한 모금 운동도 시작했다. 2004년 4월 2일 기준으로 1억4,200만 원 이상이 모아졌다. 1인당 5,000원씩 냈다고 보면 무려 2만8,000명이 넘는 조합원들이 동참한 셈이다. 이것은 연맹에 낸 것이기 때문에 실제 단위 노조와 지역에서 활동한 것까지 포함시키면 금액은 훨씬 더 늘어날 것이다.

이 돈으로 우리 후보에 대한 선거 기탁금 일부를 지원하고, 민주노동당에도 일부를 줄 수 있었다. 선거 후 각 단위 노조 차원에서의 총선 실천 사항에 대한 보고를 받았다. 노조의 규모를 불문하고 모든 사람들이 정말 열심히 했다는 것을 알았다. 그 결과 민주노동당은 헌정사상 처음으로 17대 국회에 10명의 국회의원을 입성시킬 수 있었다. 당선된 사람들도 물론 많은 노력을 했을 것이다. 그러나 잊지 말아야 할 것은 오로지 노동자 정치에 대한 염원 하나만을 가지고 묵묵히 최선을 다한 수천, 수만 명의 사람들이다. 민주노동당이 역사의 뒤안길로 사라진 지금 그 열정들이 새삼 그립다. 지금은 그 열 명 중 단 한 명도 노동자 정치의 길에 남아 있지 않다. 역사란 그런 걸까?

안식년, 북경까지 따라온 공안기관원

"너 꼴통이지?"

"나 꼴통 아냐. 그지 엄마?" 거꾸로 묻는다.

"넌 엄마 닮아서 꼴통이야."

"아냐. 아빠가 꼴통이야."

"왜?"

"아빠 맨날 술 마시잖아. 술 마시면 꼴통이야" 졌다.

밤 11시 뉴스를 보는데 네 동생 은수가 왔다.

"교육방송 볼래!"
"안 돼. 텔레비전 많이 보면 바보 되잖아."
언니인 너를 겨냥해서 항상 자기 입으로 하는 얘기다.
"아냐. 천사 돼."
"천사가 아니라 그땐 천재라고 하는 거야."
"천재 아냐. 천사야." 계속 우긴다.
"천사는 하늘에 살아."
"아냐! 천사는 천사 집에 살아!" 다시 졌다.

당시 다섯 살이 된 네 동생 은수와 나눈 얘기들이다. 너는 초등학교 5학년이었지. 내가 연맹에 들어간 지 꼭 10년 됐다. 감옥에 들어간 때부터 따지면 20년 만에 운동과 일정 정도 거리를 뒀다. 안식년이라고 아니? 교수나 목사들에게만 있는 안식년이 우리 연맹에도 있었다. 7년을 일하면 6개월을 쉴 수 있었으니 '안식월'이라고 해야 정확하겠다. 대부분의 제도는 처음 도입할 때 수많은 반대에 부딪친다. 여성 할당제를 도입할 때 그랬던 것처럼 안식년 역시 많은 반대에 부딪쳤다.

"현장에서 20년을 일한 조합원들도 그런 게 없는데 민주노총에서 그런 걸 두면 말 나온다.", "내가 노가다 생활 20년을 넘게 한 건설 노동자다. 내가 이해를 못하는 데 조합원들이 이해하겠냐?", "꾁해야 10년 일한 경우 1주일 정도의 휴가를 주는 사업장이 있긴 하다. 1년은 너무 길다."

2000년인가 종로성당으로 기억된다. 민주노총 중앙집행위원회 수련회를 하면서 밤늦게까지 토론했지만 결론이 나지 않았다. 민주노총 사업을 하면서 수많은 후배와 동료들이 떠나는 것을 보면서 제안했던 것이 난항에 부딪혔다. 사실 우리와 같은 상근 실무자들은 뒤를 돌아볼 여유가 별로 없었다. 감옥에 갇히거나 아파야 겨우 쉴 수 있었다. 주로 저녁에 퇴근한 사람들을 만나야 하고, 주말에는 집회가 많았다. 또 조금이라도 일이 잘못되면 비난이 쏟아졌다.

그러나 찬성한 사람들도 많았다. "맨날 조합원 핑계를 댈 거면 월급을 그만큼 주든지, 아니면 조합원들이 받고 있는 복지 혜택을 주든지 하자.", "상근자들이 결국 우리 조직을 지키는 사람들 아니냐? 기업들도 사람들에게 투자를 하는데 그 정도도 못하냐?"라는 얘기도 나왔다. 사실 우리 연맹만 하더라도 2012년까지 8년 동안 임금이 동결됐다. 여러 가지 상황을 종합해 2000년 11월 공공연맹 발전 특별위원회는 교육 휴가와 안식년 도입을 제안하는 활동 보고서를 채택한다. 처음에는 10년 일하면 1년의 안식년을 주기로 했던 것을 7년에 6개월로 수정했다. 이런 과정을 거쳐 지금은 민주노총 등 몇몇 조직에서 시행하고 있다. 물론 지금도 말이 많은 제도다. 우리 연맹에서도 다시 없애자는 얘기가 나오기도 했다. 특히 비정규직 노동자가 많아지면서 그들과 비교하는 경우가 많다.

사실 채용된 상근자들이 받는 처우는 조직마다 달랐다. 시대와 상황이 부른다면 자신의 이득에 상관없이 일을 하는 그런 사람들이었지만 그걸 인정하는 조직은 적었다. 집행부가 바뀌면 자기 마음에 안 드는 사람들을 전원 해고하기도 했다. 사무금융연맹에서 2004년 8월 김금숙 여성국장 등 3명을 해고한 경우가 대표적이다. 그 이전 대학노조에서도 그랬었다. 건설연맹에서는 채용된 상근자에게는 국장이라는 지위를 주지 않기도 했다. 더 보수적인 조직에서는 복사나 커피 등 잔심부름을 하는 사람 정도로 대하기도 했다. 그런 조건에서 선뜻 안식년을 만들고 이를 관철한 사람들이 있었다.

아무튼 이 제도 덕분에 운동을 시작하고 처음으로 너희들과 함께하는 시간을 가질 수 있었다. 동네 사람들과도 만나고, 집에 와 계셨던 어머니 간호도 하고, 네 엄마와도 이런저런 얘기를 나눌 수 있었다. 전북 남원에 있는 민주노동당 연수원에도 함께 가서 며칠을 보내기도 했다. 마루에다 텐트를 치니 너희들이 무척이나 좋아했던 기억이 새롭다.

휴가 막바지에 3박 4일로 북경 가족 여행을 다녀왔다. 처음으로 비행기를 타는 네 엄마, 내가 공장에 다니는 중에 결혼하는 바람에 1박 2일 수안보 온천으로 신혼여행 다녀온 것이 전부인 우리가 처음으로 여행다운 여행을 한 셈이다. 여행은 좋았다. 현지 가이드가 한 말처럼 중국이 너무 큰 나라여서 관광이 아니라 '발광'이랄 정도로 많이 걸었지만 말이다.

함께 간 여행객 중에 젊은 친구가 둘 있었다. 식품 회사에 다니는데 여름휴가를 못가서 사장님이 보내 줬다고 했다. 함께 간단하게 술을 마셨다. 다리가 아프고, 은수를 안고 다녔더니 팔도 아파서 파스를 붙이고 잠을 잤다. 나는 잠을 자다가 갑자기 벌떡 일어났다. 그 친구들이 이상했다. 한번 이상하게 보니 계속 수상쩍은 생각이 들었다. 둘은 우리 가족 주변을 거의 벗어나지 않았다. 내가 이것저것 물어보니 그 친구들 대답이 앞뒤가 안 맞는 게 많았다. 한번은 내가 전날 몇 시에 들어왔는지 묻기도 했다. 첨엔 그냥 못들은 척했더니 다시 물어보았다.

네 엄마와 얘기를 나눈 이후에 우리는 그들이 공안 기관 요원이라는 결론을 내렸다. 그들도 우리를 한 번에 알아보지만 우리 역시 그들을 알아본다. 그럴 수도 있었겠다. 국가보안법으로 걸린 과거가 있는 사람이 온 가족을 데리고 나왔으니 혹시 우리가 북한 등으로 탈출할 수도 있겠다는 우려를 해 볼 수도 있었겠지. 현실은 영화보다 더 재미있을 때가 많다. 그들은 우리에 대해 어떤 보고를 했을까?

　아무튼 그렇게 오랜만에 주어진 휴식을 보냈다. 나는 이 기간 동안 운동 전체를 '떨어져서' 볼 수 있었다. 항상 투쟁의 한가운데 있다가 방관자로, 구경꾼으로 바라볼 수 있었다. 휴가를 끝내면서 "아무리 바빠도 '여유'를 잃지 말자."고 스스로에게 주문을 걸었다. 물론 그 주문의 효력은 별로 없었지만.

10명의 국회의원을 만들다

"자고 나니 유명해졌다." 영국 시인 바이런의 말이다. 민주노동당이 그랬다. 민주노동당은 2004년 4월 15일 치러진 17대 국회의원 선거에서 권영길, 조승수가 노동자가 밀집 지역인 창원과 울산에서 당선됐다. 동시에 정당 명부 투표에서 13.1%라는 놀라운 득표율을 기록하면서 비례대표 8명이 당선된다. 단병호, 심상정, 천영세, 최순영 등 노동계 인사, 강기갑과 현애자 등 농민 출신, 노회찬과 이영순 등 진보 정치인들이 두루 망라되었다.

　언론에 단 한 줄이라도 실리기 위해 온갖 퍼포먼스를 하고, 장미꽃을 들고 기자들을 찾아다니던 것은 과거가 되고, 각 언론사가 아예 민주노동당 사무실에 상주하기 시작했다. 우리가 얼마나 기뻐했는지 네가 상상할 수나 있을까? 내 평생 꿈이 제대로 된 진보 정당 하나를 너희 세대에게 남겨주는 것이었다. 그게 이루어지는 듯했다. 97년 '국민승리21' 대통령 후보에 출마해 불과 30여만 표(1.2%)라는 저조한 출발을 할 때만 하더라도 아무도 이런 '감격'의 날이 올 것이란 상상을 못했다. 2000년 민주노동당을 만들 때 '민주노총이 낳은 기형아'라며 비아냥거리는 사람도 있었다. 그런데 마침내 그날이 온 것이다.

　진보 정당답게 민주노동당은 비례대표 후보 중 절반을 여성으로 하고, 당

17대 총선에서 당선된 10명의 민주노동당 국회의원들.(민주노동당 남원연수원에서)

원 총투표로 선출했다. 모두가 쟁쟁한 사람들이었고, 진보 정치의 중요한 자산이었음은 분명했다. 그러나 선거를 치르면서 나는 앞다투어 당선 가능성이 높은 비례대표로 출마한 사람들에 대한 불만이 있었다. 그 중에는 노동자 정치보다 국회의원이 되는 것에 더 관심이 많은 사람들도 있었기 때문이었다. 내가 당시 민주노동당 홈페이지에 올린 글이다.

> 비례후보로서 전국을 돌면서 유세를 지원할 수 있는 얼굴 마담은 아마도 단병호 위원장 정도일 겁니다. 5%가 안 나올 수도 있는 지역에 출마해서 '피'를 토하는 지역 출마 후보들의 전쟁 앞에서 전리품을 먼저 챙기는 듯해서 조금 찜찜합니다. '이 분은 왜 지역에 출마하지 않을까?'라는 의문이 드는 분도 많이 있습니다. 비례후보가 몇 명이 당선되더라도 동지의 시체(너무 끔찍한가요?)를 딛고 선 국회의원이라는 것을 항상 기억하길, 그만큼의 치열함으로 투쟁하시길 부디 바랍니다. …… 아예 다음 선거의 비례대표 후보 자

격 요건으로 이번에 지역에 출마한 사람으로 한정하는 것은 어떤가요?

어디나 제사보다 젯밥에 관심이 더 많은 사람들이 있는 법이다. 비례대표 후보를 정하기 위한 세부적인 고민이 없었고, 그냥 투표를 통해 정했다. 경선 방식은 논의했지만, 후보의 자격에 대해서는 한 번도 논의된 적이 없었다. 여성 후보가 모자라는 바람에 덩달아 남성 후보가 자동으로 강제 사퇴되기도 하고, 이를 막기 위해 막판에 이름만 올린 여성들도 생겼다. 당선 가능성도 없는 지역구 후보로 나가면 고생만 하는데 비례대표 후보는 쉽게 국회의원이 될 수 있다는 사고가 퍼졌으며, 당의 최고위원이 되면 비례대표 후보가 될 수 있다는 생각에 내부 경쟁이 치열해졌다. 이후 보완되어야 할 지점이었지만, 본격적인 논의도 못해보고 2008년 총선을 앞두고 민주노동당은 갈라진다.

우아하게 연못에 떠 있는 백조는 겉모습과는 달리 물밑의 발은 분주하게 움직여야만 한다. 마찬가지로 민주노동당 성공의 수면 아래에는 모든 것을 바쳐 헌신한 수많은 사람들의 분주함과 수고스러움이 있었다. 10명의 당선자 이전에 지역에서 출마해 낙선한 121명의 사람들을 기억해야 한다. 그 중 52명이 민주노총 출신이었다. 우리 연맹만 하더라도 뚝섬역 앞에 아예 방송차를 대놓고 출퇴근 선전을 매일 했다. 눈에 보이지는 않지만 전국 각지에서 헌신을 다한 사람들 덕분에 10명의 국회의원을 가진 민주노동당이 생겨난 것이다. 선거를 위한 특별 당비를 내고, 휴가를 내서 선거운동하고, 자기 지갑을 털어 후보와 선거 운동원들에게 밥을 사먹이던 사람들 말이다. 지역구 후보들은 자신의 당선보다 비례대표 후보를 한 명이라도 더 당선시키기 위해 노력했다. 두 표를 가진 유권자에게 한 표는 설령 자신을 찍지 않고 다른 당의 후보를 찍더라도, 비례대표는 반드시 민주노동당을 선택해 달라는 식의 선거운동을 했다.

민주노동당의 정당 기호는 12번이었다. 얼핏 보더라도 열 손가락을 다 써도 모자란 12번은 사실 난감한 숫자다. 97년 대통령 선거 때도 앞자리 번호를 받기 위해 '건설 국민승리21'이라는 이름으로 정당을 등록하기도 했다. 국회의원이 없는 정당은 가나다순으로 기호를 정하기 때문이다. 다시 그런 편법을 쓰자는 의견도 있었지만 그냥 민주노동당을 쓰기로 했다. 대신 기호 12번을 홍보할 수 있는 슬로건을 공모했다. 무려 100여 개의 아이디어들이 쏟아졌다. 중앙선대위의 토론을 거쳐 확정된 구호는 "1번과 2번이 망친 나라, 12번이 살리겠습니다."였다. 1번과 2번은 지금의 새누리당과 민주당을 의미한다. 그 외에도 "1년 12달 행복한 나라 12번 민주노동당", "12번을 찍으면 12달이 편합니다." 등 다양한 아이디어들이 쏟아졌다.

노회찬 선거대책본부장이 TV 토론을 통해 유행시킨 '판갈이'론도 대박을 쳤다. 아예 정치판을 근본부터 갈아야 한다는 얘기였다. "삼겹살 불판이 까매졌습니다. 이제 판을 갈 때가 됐습니다." 진보 대 보수의 구도를 너무 쉽게, 대중적으로 상징화한 말이었다. 민주노동당이 3% 이상을 득표하면서 구시대 정치인의 거물이라 할 수 있는 김종필을 낙선시킨 것도 큰 의미를 가진 것이었다. 김종필이 만든 자유민주연합은 비례대표 의석 배분 기준인 3%에 못 미치는 2.8% 득표에 그쳤고, 비례대표 1번인 김종필은 낙선했다. 박정희의 5·16 군사쿠데타 때부터 오랜 기간 한국 정치를 왜곡시킨 그는 그렇게 역사의 뒤안길로 사라졌다.

단병호 위원장과의 낚시터 대화

국회의원 총선이 있기 한 해 전인 2003년 여름이 끝나가던 어느 날, 나는 단병호 위원장과 집 근처에 있는 공릉 저수지를 찾았다. 너도 몇 번 가본 곳이다. 앞서 쓴 것처럼 단병호 위원장은 명동성당에서 농성하다가 자진 출두해 감옥에 갔다. 당시 김대중 정부가 조속한 석방을 약속했으나 결국 거짓말이었다. 단 위원장은 1년 8개월을 감옥에서 보내고 2003년 4월 3일에야 나왔다. 6번째 감옥 생활이었다.

서울역에서 27일 동안 단병호 위원장이 단식 농성을 하던 2000년, 나는 천막에서 틈만 나면 낚시 책을 들여다보곤 했다. 낚시가 내 취미인 거 알지? 나는 낚시를 하면서 기다림을 배웠다. 그 과정을 통해 결국 단 위원장은 나의 낚시 예찬론에 넘겼다. 노동운동을 하느라 가족들과 시간을 가질 틈이 없었던 단 위원장은 낚시터에 가서 아들딸과 오붓한 대화를 나눌 날을 상상했다. 그날 우리는 바로 남대문 근처 낚시 가게에서 도구 일체를 샀다. 그러나 함께 낚시하러 갈 틈도 없이 감옥에 가셨다. 결국 3년이 지나서야 낚시를 함께 한 셈이다.

"위원장님, 내년 4월 총선에서 어떻게 하실 거예요?"

"무슨 얘기야?"

"출마 안 하실 거냐고요."

"내가 감옥에 있으면서 편지를 1,000통 넘게 받았어. 그 편지 중에 기억에 남는 게 하나 있는데, '위원장님 제발 정치는 하지 마십시오.'라는 편지야. 그게 기억에 남더라고…."

"아니 왜 1,000통 넘는 편지 중에서 그 편지만 기억에 남아요? 거참 이상하시네. 아니 그럼 정치는 누가 하란 말입니까?"

사실 나는 단 위원장이 국회의원이 되기보다는 민주노동당의 대표가 되는 게 더 낫다고 내심 생각하고 있었다. 그러나 단 위원장은 수많은 사람들과 논의한 후에 국회의원의 길을 선택했다. 역사에는 가정이 없다지만 단 위원장이 민주노동당 대표로 있었어도 민주노동당이 쪼개졌을까 하는 부질없는 상상도 해 본다. 실력을 가진 많은 사람들이 국회로 들어간 반면 민주노동당은 새로 선출된 최고위원들이 꾸려가게 되고, 이후 많은 우여곡절이 생긴다.

아무튼 민주노동당은 6월 4일 본청 계단 앞에서 국회 '입성'을 기념하는 기자회견을 했다. 그 자리에서 국회의원 단병호는 소감을 묻는 기자들의 질문에 "고통 받는 현장의 노동자들이 그동안 우리를 대변할 의원들이 한두 명만 있었으면 좋겠다고 했다."고 말하다가 목이 메었다. 잠시 숨을 가다듬던 그는 "노동자, 농민, 서민을 대변하는 의원, 희망을 주는 의원이 되어야겠다는 각오밖에 없다."고 말했다. 지금도 그 동영상을 보면 가슴이 저릿하다. 민주노동당 국회의원들은 세비를 당에 반납하고 노동자 평균임금만 받겠다고 약속하기도 했다. 월 180만 원 수준이다. 글쎄다. 그게 꼭 맞는 것이었는지는 여전히 의문이다.

'끊임없는 돌아봄을 위하여.' 2004년 5월 7일 연맹 기관지에 쓴 글의 제목이다. 그러나 살면서 보면 돌아본다는 것만큼 어려운 것도 없는 것 같다.

299명 중에 10명에 불과한 국회의원이 모든 것을 바꿀 수 있다고 생각한다면 순진함의 극치일 뿐이다. 단지 기댈 곳이 하나도 없어 거리 투쟁을 중심으로 해 왔던 노동운동이 '의회 투쟁과 대중 투쟁을 결합할 수 있는 교두보'를 확보한 데 불과하다. 처음 우리가 진보 정당을 만들 때 생각을 돌아보아야 한다. 노동자 국회의원 몇 명을 만드는 것에 우리의 목표가 있지 않았다. '경쟁과 효율' 대신에 '연대와 평등'의 가치가 살아있는 사회, 민주노동당의 당가처럼 '노동이 아름다운 사회'를 만드는 게 우리의 꿈이었다. 그 꿈이 이제야 현실에 뿌리를 내리기 시작한 셈이다. 수많은 선배 노동자들의 죽음과 희생 위에서 우리는 새로운 운동을 전개할 수 있는 하나의 완성되지 않은 무기를 만들었을 뿐이다. 더 많은 조합원이 민주노동당의 당원으로 가입하여 당의 노동자 중심성을 강화하고, 진보 정당으로서 올바르게 자리 잡도록 해야 하는 것은 노동조합의 과제다. 마찬가지로 이런 노동자 당원의 확대에 힘입어 한국 사회 전체의 개조를 위한 풍부하고도 구체적인 프로그램을 만들어야 하는 것은 민주노동당의 과제다. 노동조합과 당의 올바른 결합과 역할 분담, 그리고 경쟁과 협력에 의한 새로운 투쟁이 필요한 시기에 우리는 접어들고 있다. 이제 국회의원 하나 없어 거리를 헤매던 과거는 끝났다. 그러나 보다 높은 과제를 안고 또 다시 대중 투쟁이 필요하다면 주저 없이 나가야 한다. 투쟁과 협상은 다른 것이 아니라 목표를 향해 가기 위한 한 방법의 양면일 뿐이다. 조직된 노동자의 힘이 오늘의 민주노동당을 만들었다. 그 힘으로 지금은 안주할 때가 아니라 전진할 때다.

그리고 앞으로 한 발 더 '전진'해 나가기 위해 조직을 만들기 시작했다.

'평등사회로 전진하는 활동가연대'의 시작

그즈음이었다. 노동조합운동과 당운동을 결합한 전국적인 조직을 만들기 시작했다. 한국 사회를 근본적으로 바꾸기 위해서는 그런 조직이 필요했다. 나를 비롯하여 노동운동을 하고 있던 사람들, 과거 진보 정당 추진위를 주도적으로 했던 사람들, 그리고 민주노동당 안에서 '화요모임'으로 불렸던 젊은 당 활동가들이 하나로 모이기 시작했다. 17인이 모여 논의했다고 17인 모임으로 불리기도 했지만 특별한 이름을 가지지는 않았다. 한 달에 한 번 정도 만나는 느슨한 모임을 통해 우리는 2003년 11월 임시 당 대회에서 "국가사회주의의 오류와 사회민주주의의 한계를 극복하고, 사회주의적 이상과 원칙을 계승 발전하자."는 민주노동당의 핵심적 가치를 지켜냈다. 당명과 강령을 바꾸려는 시도를 막아낸 셈이다. 그리고 이후 비례대표 국회의원 선출과 최고위원 선거에 공동으로 대응한다. 물론 수많은 뒷이야기들이 있을 정도로 생각이 같진 않았다. 당 활동가들이 단병호와 심상정은 선출되어야 할 비례후보로 인정했지만 노회찬에 대해서는 끝내 반대한 기억도 있다. 마지막 조율을 위해 구로역 부근에서 만났을 때 그토록 반대했던 사람들이 이후에 노회찬 의원과 같은 행보를 하기도 한다.

이와는 또 다르게 노동운동의 전국적인 조직도 만들기 시작한다. 5월경 지역과 업종 노동조합을 망라한 전국조직 추진위원회를 구성한다. 당시만 해도 단병호, 양경규, 그리고 그들과 뜻을 같이하는 사람들은 소위 '중앙파'라고 불렸다. 나도 거기에 포함된다. 그러나 운동에 대한 방향과 노선이 명확하지 않았고, 몇몇 노동운동 지도자를 중심으로 막연하게 무리를 지어 활동한다는 비판이 있었다. 정당한 비판이었다. 따라서 이런 방식을 반성하고, 일정한 목표와 규율을 중심으로 한 조직운동 방식으로 나아가야 한다는 생각들을 가지게 됐다. 정체성을 갖는 조직, 책임을 지는 운동으로 발전해야 한다는 문제의식이었다. 이 두 흐름은 2004년 12월 18일 1박 2일의 수련회를 통해 '평등사회로 전진하는 활동가연대 준비위원회'를 구성했다. '전진'이라고 불렸던 정파 조직이다.

> 우리 앞에 주어진 과제는 그간의 관성으로는 감당키 힘들 정도로 무거운 것이 사실이다. 그러나 그 과제를 던지고 있는 현실은 우리의 나태를 조금도 허용하지 않는다. 아니 우리가 한 발 앞서 내딛지 않는다면 우리는 당장에 바닥에 내동댕이쳐질 것이다. 일을 시작하려면 그 주체가 있어야 한다. 세상

을 바꾸는 운동을 다시 시작하고 이에 따라 당과 노동조합, 사회운동을 혁신하기 위한 주체를 형성해야 한다. 이에 우리는 당과 노동조합, 사회운동에 참여하며 노동해방 사상에 동의하는 활동적 성원들을 하나로 묶는 조직을 건설할 것을 제안한다. _2004년 11월 6일 '전국조직 준비위 제안서' 중에서

언젠가 네 외할아버지 제사를 치르는데 친척들이 내게 묻던 말을 너도 혹시 들었을지 모르겠다.

"자네 혹시 주사파는 아니지?"

"경기동부 애들은 왜 그래? 무섭더라고."

설령 들었더라도 십중팔구는 무슨 말인지 이해 못했겠지. 환갑을 넘기신 분들이 쉽게 이런 말을 할 수 있다는 것은 언론에 그만큼 많이 나왔기 때문일 거다. 더구나 보수 언론은 자기들 입맛에 맞는 것만 고르고, 선정적인 것만 골라서 왜곡 보도를 하는 경우가 많아서 운동 전체가 받는 타격은 크다. 네게는 지금부터 하려는 얘기가 조금 어렵겠지만 현재 진행되는 사태를 이해하기 위해서는 꼭 필요하다고 본다. 읽는 데는 약간의 인내심이 필요하겠지만 말이다.

정파는 악의 축이다?

사람들은 조직을 만든다. 모임이라고 해도 좋다. 뭔가를 하기 위해서다. 낚시를 좋아하면 낚시 동호회를, 축구를 좋아하면 조기 축구회를 만든다. 혼자서는 할 수 없기 때문이다. 너도 아마 몇 개인가의 모임에 속해 있을 것이다. 사회운동 역시 마찬가지다. 특히 세상을 바꾸고자 하는 사람들은 혼자서는 불

가능하기 때문에 끊임없이 조직에 가입하거나 새로 만들기도 한다. 하지만 그렇게 만들어진 조직들이 순기능만 있는 것은 아니다. 때로는 조직 이기주의에 빠지기도 한다.

정파(政派)라고 들어 보았을까? 정치운동에서 입장이나 노선이 같은 사람들이 만든 모임을 말한다. 특히 1980년 광주 민중 항쟁의 좌절 이후 한국 사회의 근본적인 변혁을 어떤 방식으로, 어떤 과정을 통해서 해야 하는지를 두고 입장과 노선이 달라지면서 많은 사건들이 발생한다. 아주 치열한 토론이 있었다. 이제 그 얘기를 하도록 하자. 왜냐하면 운동도 사람이 하는 것이고, 그 사람들이 모인 것이 정파이기 때문이다. 노동운동과 진보 정당 운동 안에서 발생하는 각종 의견 대립의 이유를 살펴보지 않으면 보수 언론의 질 낮은 여론 공세를 그냥 받아들이게 된다.

민주노동자 전국회의, 현장실천 노동자연대, 혁신연대, 혁신네트워크, 현노회, 공공현장, 현장실천 사회변혁 노동자전선, 변혁산별, 사회진보연대, 해방연대, 사회주의 노동자정당건설 공동실천위원회, 노동자정당 추진회의, 평등연대, 사이버 노동대학 등등. 이 모든 게 무엇일까? 현재 노동운동 안에 있는 각 조직 혹은 정파들의 이름이라고 한다. 이름도 어려운데다가 엄청 많지? 이들은 도대체 무슨 생각을 하고 있고, 그 차이는 무엇일까?

누군가는 현재 노동운동이 어려운 것은 '정파' 때문이라고 한다. 정파를 모두 해산해야 한다고도 한다. 심지어 정파가 '모든 악의 축'이라고까지 하는 사람도 있다. 그동안 보여 준 정파들의 모습 때문이겠다.

"정파 간 대립을 볼 때 희망을 잃게 된다."

"목표가 같다면 발목잡지 말고 같이 가야하는데 정파 때문에 안 된다."

"노동 철학이나 정책을 가진 정파는 없고, 선거 조직만 난무하니 조합원들이 정파 얘기만 하면 고개를 절레절레 흔든다."

"현재 정파로부터 아무런 희망도 발견할 수 없다. 하루빨리 해산하는 것이 도리에 맞는다."

많은 사람들의 얘기다. 실제로 정파가 자기 고유의 역할을 못하고, 사람들의 편을 가르게 하거나 선거 조직으로 변질되기도 했다. 그동안의 노동운동사 속에서 정파 운동은 긍정적 모습보다는 부정적 모습을 많이 보여 온 것도 부인할 수 없다. 그럼에도 왜 우리는 왜 '전진'이라는 정파를 만들었고, 결국 해산하게 되었을까? 그 성과와 한계가 무엇인지를 살펴보는 것이 과거와 현재의 정당운동과 노동운동을 아는 데 많은 도움이 될 것이다.

사실 '전진'을 만들기 전에 노동운동에는 '평등회의'라는 것이 있었다. 당시 민주노총 안에서 소위 '중앙파'라고 불리던 우리는 그동안의 인맥과 경향적 동질성을 넘어서는 조직을 만들고자 했다. 몇몇 노동운동의 지도자 등 인물을 중심으로 막연하게 무리를 지어 활동해온 방식을 반성하고, 일정한 조직의 목표와 규율을 중심으로 한 조직 운동 방식으로 나아가야 한다는 문제의식이 있었다. 쉽게 말해 패거리주의를 넘어서자는 취지였다.

운동에 책임 있게 다가서기 위해서 정체성을 갖는 조직 운동으로 전환, 발

'평등사회로 전진하는 활동가연대(준)' 2006년 정치대회.

전해야 한다는 것이 출발점이었다. 당시 중앙파에 대해선 권력에 집착하는 집단이며, 조직의 발전보다는 선거 중심의 활동을 한다는 비판이 있었다. 이걸 넘어서고자 하는 문제의식에도 불구하고 우리는 결국 하나의 '이념과 노선을 가진 조직'을 만들지 못한다.

당시 노동운동에는 크게 현장파, 중앙파, 국민파 세 개의 정파가 있었다. 딱 맞는 것은 아니지만 사람들이 그렇게 불렀다. 혹은 좌파, 우파, 중앙파로 부르기도 했다. 중앙파는 민주노동당을 중심으로 하는 정치 방침에 대해서는 국민파와 대체로 일치했으나, 노무현 정부가 만든 노사정위원회의 참여 문제에 대해서는 입장이 달랐다. 반면 현장파와는 노사정위원회에 들어가는 것에 반대하는 것은 같았지만, 정치 방침에 대해서는 달랐다.

민주노총 4기 임원 선거

2004년 1월 16일 민주노총의 4기 임원 선거가 실시된다. 중앙파는 좌파 연대를 위해 위원장 후보를 내지 않고 사무총장 후보만 냈다. '노동자의 힘'이라는 별도 조직을 만든 현장파에게 위원장 후보 기회를 주면서 연대한 것이다. 유덕상 위원장 후보와 전재환 사무총장 후보가 그 사람들이다. 하지만 이 팀은 국민파의 이수호-이석행 후보팀에 패했다. 이수호 후보는 전국교직원노조 출신으로 내가 민주노총에 있을 때 사무총장이었다. 내가 신일중학교에 다닐 때에는 그는 신일고등학교에서 학생들을 가르쳤다. 지금도 사람들이 이 위원장을 선생님으로 부르는 이유다. 2012년엔 서울시 교육감 후보로 출마도 했다. 민주노총 선거 때에는 나와는 다른 정파에 있었던 셈이다.

당시 나는 이른바 좌파 연대를 한다면 "향후 서로가 지켜야 할 공동의 과제에 합의해야 한다."고 주장했다. 별도로 발행하던 기관지를 통합한다거나, 지속적인 연대를 통해 정치 방침을 일치시키기 위한 노력을 하겠다는 서로 간의 약속이 필요하다고 말했다. 선거용 연대가 아니라 길게 보고 하나가 될 약속을 하자는 것이었다. 그러나 결국 안 되었고, 그렇게 나뉜 흐름은 지금도 진행형이다.

현장파는 2007년 4월 약칭 '노동전선'이라는 별도의 조직을 만든다. '현장실천 사회변혁 노동자전선'이라는 이름을 줄인 것이다. 그 조직을 만들 때도 모임의 핵심인 사람들을 만나 당시 존재했던 '전진'과 같이 논의할 것을 제안했다. '전진'을 배제하면 또 다른 갈등과 혼선이 생길 것 같아 그런 제안을 했으나 거부당했다. 네가 알듯이 2012년 대통령 선거에는 무려 4명이나 되는 사람들이 진보 정당 혹은 노동자 후보를 내세우며 출마했다. 언뜻 보면 이해하기 어려웠을 것이다. 다 이런 배경들이 있었기 때문이다.

'평등회의'는 선거 이후 정치 노선이 같았던 국민파와 갈라진 것에 대한 내부 이견, 금속노조의 중심이었던 단병호, 심상정의 국회의원 당선 등을 이유로 활동이 소강 상태에 이르다 결국 해산하고 '전진'으로 결합한다. 내 컴퓨터에는 2004년 7월경 쓰다 완성을 못 본 '평등회의 해산문'이라는 게 남아 있다. 완성하지 못해 발표하지 않았으므로 사람들은 그게 있었는지도 모를 수 있겠다. 네게는 매우 생소할 수밖에 없는 이런 얘기를 하는 게 계속 걸린다. 그러나 사회를 근본적으로 변화시키려는 조직이 어떻게 만들어지고 갈라지고 있는지에 대해서도 알 필요가 있다. 그래야 현재의 운동을 이해할 수 있기 때문이다.

예나 지금이나 나는 즐겨 이렇게 말한다. "문제의 핵심은 정파에 있지 않다. 오히려 정파가 아니라 권력의 향방만을 쫓고, 인맥과 친분에 끌려다니는 게 더 문제다. 이념적 지향과 전략을 가진 제대로의 정파를 만들고, 각 정파들이 대안과 정책을 중심으로 경쟁하고, 사람들이 평가하는 속에서 정파 간 건강한 경쟁과 협력이 있도록 하는 것이 중요하다." 그 때문에 우리는 '전진'을 함께 만들었다.

노조운동과 정당운동의 통합적 모색

'전진'은 처음부터 민주노동당과 민주노총의 혁신 방안을 중심에 두고 활동을 전개한다. 여기에는 노동운동을 주로 했던 사람들과 정당운동을 주로 했던 사람들이 같이 있었다. 그들은 각자가 자신의 운동 영역에서 이루어낸 성과를 바탕으로 한국 사회를 근본적으로 변혁하자는 취지에서 의기투합한다. 다른 한편으로는 민주노동당과 민주노총 안에서 점차 힘을 키워가는 우파들의 패권적 태도에 대한 위기의식도 있었다. 노동운동을 한 사람들의 경륜과 당 운동을 한 상대적으로 젊은 후배들의 패기가 어울어졌다. 우리는 "운동가의 삶이라는 것은 실패한 역사와 부정적 경험이 있더라도 성공할 때까지 끊임없이 시도하는 것이 아니던가? 모래사막에 씨앗을 트게 하듯 불굴의 의지로 현실을 변화시켜 내는 것, 바로 그것이 운동이다."라고 서로를 다독였다.

국회의원 10명을 가진 민주노동당을 진보 정당답게 강화하고, 민주노총을 혁신해야 했다. 십시일반으로 회비를 모아 마포 공덕동에 사무실을 구하고, 정기적인 토론회를 갖고, 잡지를 발행하고, 홈페이지를 운영하는 등 본격적인 활동을 시작했다.

2005년 8월 결의한 '전진 조직원의 자세와 태도'라는 활동 강령에는 이런 내용도 있었다.

우리는 활동가이기 전에 하나의 인간이다. 우리는 어떤 소설 속 멋진 주인공 같은 강철의 투사가 아니라, 고뇌하고 머뭇거리는 보편적 인간이다. 개인의 삶을 보다 안락하게 살고픈 욕구, 돈과 명예와 유희에 대한 욕망도 어느 한 구석엔가 지니고 있는 인간이다.

다른 정치 노선은 결코 타도 대상이 아니다. 그들도 운동 역량의 한 부분이다. 그들도 자신을 헌신하고 있는 소중한 자산이다. 정치 노선은 그 주체들에 의해 스스로 극복되는 것이다. 우리가 다른 정치 노선이나 활동가를 비판하는 것의 최종 목적은 그들을 견인하고 함께하기 위함이다.

그런 운동을 시작한 셈이다. 이렇게 만든 전진은 2008년 민주노동당 분당 사태를 겪은 후 해산하게 된다.

그 꽃들이 무더기로 있을 때, 그 광경이 나에게 확신을 준다.

비정규직들, 투쟁의 전면에 나서다

노동력의 가치를 제일 인정받을 때가 대학 졸업 전후인데 이때부터 살인적인 취업난 때문에 '비정규직이건 정규직이건 취업만 되었으면 좋겠다.'고 생각하고 있어요. 대학 졸업을 앞둔 사람들이 말이죠. 저희가 몰랐듯이 그것이 무엇을 의미하는지 모르고 있는 거죠. 대학생들을 더 많이 만나서 얘기 나누고 싶어요. 하루 20시간씩 공부하고 해외 연수를 다녀오고 어떤 노력을 해도 이미 이 사회 구조 속에서는 40% 정도의 인원만이 정규직이 될 수 있습니다. 생존권과 기본적인 권리조차 보장받을 수 없는 것이 개인의 능력의 문제가 아니라 사회의 구조적인 문제인데 공부만 한다고 될 문제가 아니죠. 어떤 것이든 잘못된 사회 문제를 푸는 데 동참해야 한다는 생각을 할 수 있어야 한다고 봐요.   _<레디앙> 2006년 11월 23일 민세원 KTX 지부장 인터뷰 내용 중에서

2013년 이 글을 쓰는 지금도 울산에는 현대자동차 비정규직 노동자들이, 평택에는 쌍용자동차 노동자들이, 혜화동 성당 종루에는 재능교육 학습지 노동자들이 고공 농성을 하고 있다. 하늘로, 하늘로 노동자들이 올라가고 있다. 땅에서는 두 발 붙이고 살 수가 없기 때문이다. 누군가 이들을 '하늘 사

람'이라 불렀다.

2005년 벽두부터 전해 12월 31일자로 계약 해지된 금속노조 하이닉스매그나칩 사내 하청 노동자 180명이 투쟁을 시작한다. 지금도 철탑에 올라가서 농성 중인 현대자동차 비정규직 노조는 그때도 파업 중이었다. 그들은 2004년 9월에 노동부로부터 불법 파견을 인정받았고, 2010년 대법원에서도 승소했지만 현대그룹이 정규직 발령을 내지 않아 지금까지 싸우고 있다. 도대체 몇 년이나 더 싸워야 하는 걸까? 높은 철탑에 올라간 노동자들이 요구하는 것은 다름 아닌 법을 지키라는 것이다. 이게 우리 사회의 현주소다.

87년 이후 노동자 역사에서 가장 먼저 고공 농성을 한 사람들은 현대중공업 노동자들이었다. 1990년 4월 28일 오전 6시 정각. 앞을 식별할 수 없을 정도로 최루탄이 쏟아지는 속에서 73개 중대 1만여 명의 경찰 병력이 불도저를 앞세워 현대중공업으로 진입해 들어왔다. 민주노조를 깨기 위해서였다.

하늘에서는 헬기가 선무 방송을 하고 바다에서는 군함을 통해 미포만으로 진입하는 '미포만 작전'이 실시되기 바로 전날, '외로운 늑대'들이 골리앗 크레인 위로 올라간다. 내가 울산에서 만났던 김형광, 허동욱 등 78명이었다. 그들은 높이 80미터 상공에서 13일 동안 투쟁했다.

이것은 1987년 이후를 얘기하는 것이고, 우리나라 노동운동사에서 고공 농성의 시초를 연 사람들은 여성 노동자였다. 일본 식민지 시대였다. 평양 평원고무공장에서 일방적인 임금 삭감을 반대하며, 여성 노동자 강주룡이 1931년 5월 29일 아침 평양 을밀대 지붕 위에서 농성을 했다는 기록이 있다. 이후에도 수많은 노동자들이 경찰의 탄압을 피해 '하늘 사람'이 된다.

노무현 정부가 공식 출범하던 날, 그동안 공언해 온 "동일노동, 동일임금 원칙"을 국정 과제에서 삭제한다. 비정규직 문제도 적극 시정 대상에서 제외하고 별도의 보호 조치를 만들겠다고 했다. 물론 그렇게 하지 않았다. 참으로 답답한 얘기다.

그러더니 2006년 말, 노무현 정부는 비정규직을 보호한다는 명분 아래 노동자들의 반발과 수차에 걸친 민주노총의 파업에도 불구하고 '비정규직 법'을 통과시킨다. 한겨울 열린우리당을 점거하기도 하고, 매서운 추위를 견디며 국회 도서관을 증축하기 위해 만들어 놓은 타워크레인에 오르기도 하고, 국회 앞에서 경찰에게 물대포를 맞으면서까지 "비정규직 철폐하라."는 그 소리를 외면했다. 한겨울 물대포를 맞으면 얼마나 추운지 네가 상상할 수 있을까? 그러면서도 노무현 대통령은 입만 열면 '대공장 노동자들의 이기주의'를 입에 달고 살았다. 마치 민주노총이 비정규직의 고통에는 무관한 집단인 것처럼 말이다.

왜 비정규직들이 그토록 반대하던 법을 노무현 정부는 통과시켰을까? 그 법이 정말 비정규직을 보호했다면 그 이후 비정규직이 축소되었어야 맞다. 과연 지금 너희가 그런 세상에 살고 있을까? 그 이후 비정규직 문제는 해결은커녕 더 악화되고 있기만 하다.

좌회전 신호를 하면서 계속 우회전

같이 운동을 해 온 또래들 중에 노무현 정부에 깊숙하게 들어가 있는 사람이 있었다. 한번은 웃으며 말한 적이 있다.

"대통령에게 말 좀 하지. 잘 좀 하시라고."

"왜? 잘하고 있잖아!" 그게 돌아온 대답이었다.

집권 초기부터 보수 언론들은 "정부가 노동자에게 밀리고 있다.", "정부가 노동자 편만 들고 있다.", "떼쓰면 뭐든지 얻는 세상, '목소리 크면 승리' 파업

만능 초래" 등등의 기사를 가지고 몰아붙였다. 그래서인지 노무현 대통령은 취임 후 100일도 안되어 "대통령 해먹기가 힘들다."는 말까지 했다. 그러나 돌아보면 사실 노동자 해먹기가 더 힘들었던 시절이다. 노무현 대통령은 "노조를 최대의 지원 그룹으로 생각했는데 이럴 수가 있느냐?"라고 서운해 한다. 글쎄 누가 더 서운해 해야 하는 것일까?

당시 어느 글엔가 "보수 언론의 장단에 춤추기 시작하면 정권이 끝날 때까지 피곤한 춤꾼이 될 수밖에 없을 것"이라고 썼는데 실제 그랬다. 보수 언론에 휘둘렸다. 노무현 대통령의 행보와 관련해서는 "좌측 깜빡이를 넣고 계속 우회전한다."는 우스갯소리가 딱 어울린다. 이라크 파병도, 새만금 사업도, 한미FTA도, 집회 및 시위에 관한 법률 개정도 그랬다. 심지어 2005년에는 전용철, 홍덕표라는 농민 2명이, 2006년에는 하중근이라는 건설 노동자가 집회 도중에 경찰에 의해 맞아서 죽기까지 한다.

특히 노동 문제에 대해서 더욱 우향우를 한다. 노무현 정부의 노동 정책은 '사회 통합적 노사 관계'라고 한다. 이에 따라 '노사 관계 선진화 방안'이라는 것을 추진했다. '노사 관계 로드맵'이라고도 한다. 말이 되게 어렵다. 일반적으로 뭔가를 속일 때 사람들은 말을 어렵게 한다. 말로는 선진화 방안이었지만 대부분 조항은 후진적인 것이었다.

노동법을 개악하여 공공 부문 노동자들의 파업의 자유를 제한한다. 파업을 하더라도 정부가 '필수적인 업무에 종사하는 사람'이라고 정하면 그 사람은 파업에 참가할 수 없게 만든다. 예를 들어 지하철노조가 파업하더라도 기관사의 일부는 파업을 하지 못하게 제한하는 식이다. 국제노동기구인 ILO에서 오랫동안 폐지를 권고해 온 직권중재라는 제도는 긴급조정으로 대체된다. 노동 기본권을 대폭 제한한 셈이다.

무엇보다 심각한 것은 비정규직 관련 법이다. 사용자의 반대가 있다고는 했지만 노무현 정권은 비정규직 노동자들의 고통을 외면한다. 합리적 이유가 없는 한 기간을 정해 비정규직 노동자를 채용하는 것을 금지하고, 만일 사용하더라도 1년으로 제한하며, 그 기간이 지나면 정규직으로 전환하는 등의 비정규직 대책이 필요하다고 말했지만 듣지 않는다. 학습지 교사, 화물 및 레미콘 운전자, 간병인, 퀵서비스 택배 기사, 골프장 캐디와 같은 특수고용노동자들의 노동 3권 요구도 외면한다.

기간을 두고 계약을 하는 노동자의 고용기간이 최대 2년으로 정해짐에 따라 사용자들은 2년이 되기 직전에 해고를 반복한다. 학교 비정규직의 경우 학기초만 되면 해고자가 마구 생긴다. 올해도 교육과학기술부 실태 조사에 따르면 3월 새 학기를 앞두고 전국에서 학교 비정규직 노동자 6,475명이 계약 해지된 것으로 나타난다. 더욱 심각한 것은 학교 비정규직만 해도 15만 명이 이런 상황 아래서 일을 하고 있다는 점이다.

또 있다. 2년 이상 고용한 사람을 정규직으로 하라고 하니까 사용자들은 별도의 직군을 만들어 저임금을 그대로 유지하기도 한다. 이 글을 쓰는 2013년 초 나는 부여에서 2011년 9월 11일부터 천막 농성을 하며 싸우고 있는 인삼공사 노동자들과 함께하고 있다. 인삼공사의 경우가 잘 보여준다. 생산직 사원들을 S급, M급이라는 별도 직군으로 편제하여 일반직과 차별을 둔다. S급 사원은 최저임금을 갓 넘긴 수준의 월급을 받는다.

내가 일하던 공공연맹은 각종 공공 부문 비정규직 노동자들의 집합소와 같았다. 이미 517일을 투쟁했던 한국통신 계약직 노동자들, 이용석 열사가 분신까지 한 근로복지공단 비정규직 노동자들, 66일 동안 파업 투쟁을 전개해야 했던 산업인력공단 비정규직노조 등 수많은 투쟁이 있었다. 여성들이 주로 싸운 상징적인 투쟁 몇 가지만 보면서 이 시대 비정규직 노동자들의 문제를 생각해 보자.

경찰청 고용직 노동자들의 투쟁

"형님, 아무래도 올려 보내야 할 듯합니다."
"알았어요. 아무튼 다치지만 않게 하자고요."
 직책 대신 형님이라 즐겨 부르는 곽노충 조직국장이 내게 말했다. 나는 그에게 투쟁 전술을 일임했다. 그의 얘기 한 마디에 나는 모든 상황을 파악할 수 있었다. 그만큼 곽노충 국장을 믿었다. 경찰의 허를 찌르는 전술도 많았다.
 혹시 너희가 기억을 할까? 3년 뒤 촛불 집회가 한창이던 때 경찰이 경찰 버스를 동원해 광화문 일대를 벽처럼 쌓은 적이 있다. 명박산성이라고 했다. 그때 시위대들이 일제히 사다리를 가지고 나타나 차벽을 넘었던 적이 있다. 이제야 말하지만 그것 역시 곽노충 국장의 작품이다.
 곽 국장이 내게 긴 알루미늄 사다리를 사야 한다고 말했을 때 난 그가 이미 고공 농성을 준비 중이라는 것을 알아챘다. 내 기억으로는 강주룡 이후 처음으로 여성들이 집단적으로 '하늘 사람'이 된 경우다. 그것도 두 번에 걸쳐서 말이다.
 2005년 3월 21일 오전 7시 30분 직권 면직 철회를 요구하며 96일째 민주노동당사에서 농성을 진행 중이던 경찰청 고용직 공무원 노동조합 소속 여성 조합원 3명은 서울 서대문 로터리에 위치한 높이 32미터 교통 관제탑으로 올라간다. 경찰은 수십 년을 일해 온 고용직 노동자들을 그 전해 연말에 일방적으로 직권 면직시켰다. 경찰청은 개별적으로 일용직으로 재임용할 수 있다는 입장을 보이다 공개 경쟁 시험을 통해 89명을 기능직으로 신규 채용하겠다는 말도 안 되는 소리를 해댔다.
 그래도 해결이 안 되자 이번에는 9월 6일 오전 6시 50분경 다시 노동자 5

경찰청 고용직 노동자들의 고공 농성을 경찰 특공대가 진입하면서 노동자들이 밑으로 떨어지는 모습.

명이 여의도 공원에 있는 20미터 높이의 교통 관제탑에 오른다. 사실 여성들이 고공 농성을 한다는 것은 정말로 쉬운 일이 아니다. 그러나 경찰서에서 일해서 그랬는지 정말 겁도 없이 잘들 올라갔다. 워낙 잘 싸워서 경찰을 만났을 때 내가 여경으로 특채하라는 농담을 할 정도였다.

"이 실장, 경찰을 투입할 수밖에 없어."

"심한 거 아냐? 자기 경찰서에서 10여 년간 업무를 보조해 주고, 심지어 양말까지 빨아 주면서 온갖 일을 다 한 사람들을 정규직으로 전환하지는 못할망정 이제 강제로 진압한다고? 그러니까 짭새라는 얘길 듣지!"

여의도 커피숍에서 만난 고위직 경찰과의 면담도 소용없었다. 3일째 되는 날 경찰로부터 특공대 투입에 대한 통보를 받았다. 2005년 9월 8일 오후 3시

20분경 소방차 3대와 500여 명의 경찰 병력은 관제탑을 에워싸고 헬기를 투입했다. 조합원들은 그 높은 곳에서 경찰과 몸싸움을 하다가 하나둘 에어매트 위로 떨어져서 연행되기 시작했다. 분명 특공대라고 했는데 하는 짓이 워낙 어설퍼서 위험했다.

결국 문정영 부위원장이 에어매트가 없는 땅으로 바로 직각으로 떨어졌다. 놀라서 뛰어갔다. 커다란 불상사를 예감했다. 그러나 그는 에어매트 옆 맨땅에 떨어지다가 다행히 현장에 있던 경찰과 부딪치는 바람에 생명을 건졌다. 늑골이 네 개가 부러졌다. 왜 경찰 하나가 그 밑에 있었는지는 지금도 모르겠다. 아무튼 그 덕분에 죽지 않았다. 만약 큰 사고가 났다면 나 역시 죽을 때까지 무거운 짐을 지고 살아야 했을 것이다. 경찰청 고용직 노동자들은 이처럼 1년 가까이 투쟁한 이후에야 부분적으로나마 정규직이 될 수 있었다.

아름다운 연대, KTX 비정규직 투쟁

혹시 오미선이라는 언니 기억나니? 네가 중학교 3학년 방학 때 엄마는 너희들을 위해 생협 강당에서 특강을 준비했지. 강의를 통해 당시 미군 기지 이전 반대 투쟁이 한창이던 평택 매향리 주민, 이주 노동자, 그리고 KTX 비정규직 노동자들의 얘기를 들었을 것이다. 그때 KTX 오미선 언니가 왔었지. 뒤에 지부장을 맡아 투쟁을 정리하고, 남자도 힘든 40미터 높이의 조명 철탑에 올라가 투쟁을 한 사람이다.

오늘 가만히 생각해 보니까 800일이 되었어요. 처음 3기와 4기 후배들이 일했던 시간보다 파업했던 시간이 더 많다고 했는데 이제 1기인 우리도 그렇게 되었어요. 2004년 4월에 입사해서 2006년 2월 28일까지 일하고 3월 1일부터 파업을 시작했어요. 결국 우리도 일했던 시간보다 투쟁했던 시간이 더 많아진 거죠. 오늘 문득 그 생각을 하는데 점점 KTX 승무원이라는 이름에서 멀어지고 있다는 생각이 들어서 씁쓸했어요.

2008년 메이데이가 열리던 날 나는 대학로에 있는 학림다방에서 오미선 지부장을 인터뷰했다. 언론에 싣기 위해서였다. 380명이 투쟁을 시작했지만 60여 명만 남은 시점이었다. 그러니까 그로부터 2년 전인 2006년 초부터 투쟁을 하고 있었던 셈이다.

2006년 11월, 나는 함께 투쟁을 하면서 친해진 당시 민세원 지부장을 인터뷰한 적이 있었다. 이미 그때 5번의 공권력 투입에 4번의 연행이 있었고, 출입 금지 가처분 신청, 간부에 대해 7,000만 원, 조합원 35명에 대해 3억 원 손해배상, 그리고 7명에 대한 체포영장이 발부됐다. 민세원 지부장 수배 시절 그는 내가 잘 아는 집에 숨어 있다가 민주노동당으로 위치를 옮겼다. 그때 내가 운전을 했다. 그렇게 처음 만났다. 그는 8개월 동안 수배 상태였다. 투쟁을 하면서 20대의 젊은 여성노동자들이 30대가 되어 버렸다. 도대체 왜 그런 일이 생겼을까?

KTX는 2004년 4월 1일 운행을 시작한다. 승무원인 그들은 선진국을 상징한다는 KTX와 함께 탄생했다. 땅 위의 스튜어디스로 불리며 사람들이 선망하는 직업이었다. 그러나 407명의 노동자 전원은 파견직에 계약직 노동자였다. 여성 승무원들은 한국철도유통이라는 회사에 소속되어 있으면서 철도공사에 파견되어 일하는 것이다. 입사 당시에는 1년 단위 고용이지만 정규직화를 약속했고, 정년 보장과 준공무원 대우를 주겠다고 말했다. 철도공사는 승무원 1인당 한 달에 248만5,000원을 지급했다.

몸에 쇠사슬을 묶고 투쟁 중인 KTX 노동자들. (사진=곽노충 ©)

그러나 승무원들에게 돌아가는 돈은 평균 150만 원이 안되었다. 그들에게 주 5일 근무는 물론 생리휴가도 남의 일이었고, 육아 휴직도 없었다. 결국 철도공사가 싼 맛에 부려 먹으려고 직접 고용이 아닌 불법적인 하청을 한 셈이다.

그들은 개통한 지 1년 반 만에 해고 통보를 받았다. KTX 승무원들이 적극적인 노동조합 활동을 펼치자 전체 승무원들을 대상으로 우편을 통해 선별 재계약과 해고를 통보했다. 2005년 9월의 일이다. 그렇게 투쟁은 시작되었다. 그들이 안 해 본 투쟁이 있을까? 국회헌정 기념관 농성과 전원 연행, 목에 사슬을 건 싸움, 단식투쟁, 청와대 진격 투쟁, 삭발 투쟁까지.

"언제 어디서든 먹는 즐거움을 큰 즐거움으로 알고 즐기던 우리들이었는데 맹물만 그리 들이키려니 몸이 거부한다고, 생각만 해도 넘어올 것 같다고, 하지만 그래도 마셔야 한다고… 뜨거운 천막 안에서 퀭한 눈으로 망사 창문을 통해 서울역을 오가는 수많은 사람들을 눈으로 보고 있는 모습이 자꾸 시

들어 없어져 버릴 것 같아 불안하고 마음이 아프더라." 투쟁 500일이 넘어 단식투쟁 하는 동료들을 보면서 조합원이 쓴 글이다.

결국 2008년 8월 27일 새벽 5시를 기해 오미선 지부장을 비롯한 5명의 여성들이 높이 40여 미터의 조명 철탑에 오른다.

이런 투쟁의 결과 서울고등법원은 철도공사가 실질적인 사용자라는 판결을 내린다. 이어 2008년 8월 26일 서울중앙지법 민사합의 41부는 철도공사 자회사인 철도유통에서 해고된 KTX 승무원들의 실질 사용자는 철도공사라고 판결했다. 아울러 본안 판결 확정에 이르기까지 매월 15일에 180만 원씩을 각각에게 임시로 지급하라는 결정도 내린다.

현대자동차 사내 하청이 불법 파견이라는 대법원 판결과 함께 아웃소싱, 사내 하청, 용역 업체 등 각종 편법을 동원한 비정규직화가 모두 불법이라는 내용의 중요한 판결이다. 오랜 투쟁의 결과였다. 그럼에도 불구하고 철도공사는 복직을 시키지 않은 채 매월 돈만 지급하고 있다. 지금도 말이다. 말이 되지 않는 짓이다.

그때 그렇게 격렬하게 싸웠던 젊은 그들은 지금 어디서 무엇이 되어 살아가고 있을까? 민세원은 지금 원하던 대로 천안에 있는 모 종교 단체에서 교육팀장을 하고 있다. 투쟁 기금 마련을 위해 '아름다운 연대' 양말을 같이 팔던 총무부장 이도경은 박물관에서 일하고, 오미선은 갓 낳은 아들을 키우며 산다. 오랜 시간 그들과 함께 투쟁 대책회의를 하고, 500일 되는 날에는 투쟁 문화제 사회도 봤다. 내 기억에는 그게 내 마지막 집회 사회였다. 그 인연으로 가끔은 연락을 주고받는다. 투쟁을 했던 모든 사람들이 보고 싶다.

KTX 비정규직 노동자들이 800일을 넘게 싸울 때 철도공사 사장은 이철이라는 사람이었다. 과거 박정희 대통령 때 민청학련 사건으로 사형선고까지 받았던 사람이다. 아빠의 사촌 형은 그때 같은 사건으로 무기징역을 받았다.

이철은 박정희 시대 민주화 투쟁의 상징적 인물이다.

그럼에도 그는 비정규직 문제에 끝내 눈을 감고 사장을 그만둔다. 이철 사장은 아주 힘들고 어렵게 만든 합의서를 다 써 놓고 조인하기로 했는데 "대통령 선거가 있으니까 지나고 하자."고 하더니 선거 후 돌연 사퇴해 버린다. 이철 사장의 말을 믿고 조합원들은 어느 역으로 갈지 조정하고, 연봉도 각 지부별로 팩스로 통보됐다. 방까지 얻은 경우도 있었지만 결국 원위치. 덕분에 KTX 승무원들은 지금도 복직하지 못하고 있다. 마지막까지 책임을 회피한 사람이다.

"이철 사장은 사람의 인권과 노동자의 인권이 다르다고 생각하고 있는 것 같습니다. 노동자에게는 인권이 없다고 생각하는 거 같아요." 민세원 지부장의 말이다.

그런 사람들이 의외로 많다. 마사회 회장으로 있던 이우재라는 사람도 그렇다. 과거 민중당 대표로 있던 사람이다. 그 역시 불법 파견으로 인정이 된 경마진흥회 간부들의 복직을 거부한다. 결국 긴 투쟁 후에야 마침내 이길 수 있었다. 노동자의 삶이 엉망진창이 된 후에 말이다. 진보적 가치를 가지고 산다는 것은 그리 쉬운 게 아닌 셈이다.

학교 비정규직 노동자의 음독

2007년 6월 22일. 학교 비정규직 여성 노동자가 수면제를 다량으로 먹어 위험하다는 소식을 듣고 한일병원으로 쫓아갔다. 다행히 미수에 그쳤다. 그는 말없이 눈물만 흘리고 있었다. 손을 내밀어 잡기는 했지만 무슨 말을 할 수 있을까?

1995년 성신여고 행정실에 입사해 12년간 별 탈 없이 계약을 이어가던 그에게 학교는 2007년 1월 해고를 통보한다. 그해 7월의 비정규직법 시행을 앞두고 근속 년수가 오래된 비정규직들은 그렇게 하나둘씩 계약 해지를 통보받았다. 그는 학교 측에 해고가 부당하다고 항의했고, 학교는 한 달 만에 해고를 철회했다.

　그러나 비정규직법 시행을 하루 앞두고 또다시 해고 통보를 받았다. 비정규직 보호법이라고 노무현 정부가 억지를 부리는 그 법 시행에 앞서 그 법 때문에 학교로부터 부당 해고를 당한 것이다.

　"그렇게 말 많던 대통령이 비정규법 때문에 비정규직들이 해고돼도 아무 말도 안 하고 있다. 비정규직을 내 자식에게 또 물려줄 수 없다는 간절한 어미의 마음으로 목숨을 다해 끝까지 싸우겠다. 원하는 것도 바라는 것도 아무것도 없다. 그저 내가 일했던 그 현장에서 일하게만 해달라는 것이다. 죽고 싶다. 그러나 다시 학교로 돌아갈 때까지 죽을 수 없다." 그는 결국 10월 투

학교 비정규직 성신여 공대위 투쟁 선포 기자회견.

쟁으로 복직된다. 그러나 성신여고는 계약 기간 2년이 되기 직전인 2009년 6월 15일 다시 해고한다. 학교 비정규직의 처지를 단적으로 보여준 대표적이고 흔한 경우다.

학교 비정규직 노조는 2004년 8월 21일 결성되었다. 비정규직을 보호하겠다는 노무현 정부의 공언을 비웃기라도 하듯 공공 부문에서 대량 해고 사태가 일어난다. 2년 이상의 장기근속 기간제 노동자에 대한 해고, 외주화 확대, 계약 기간 1년 미만 축소 등 온갖 편법이 난무했다. 특히 학교 비정규직의 경우가 대표적이었다.

경기도에 있는 한 초등학교에서는 조리 종사원 6명 중 1명을 잘라야 한다며 당사자들끼리 제비뽑기를 시키기도 했다. 심지어는 "신임 교장에 대한 예우로 차 접대에 필요한 아가씨를 채용해야 한다."는 이유로 2년 동안 지각 한 번 하지 않은 성실한 노동자와 계약을 일방적으로 해지하기도 했다. 중계동 상명여중 교무 보조로 일해 온 김경화 씨의 경우다. 그는 세 가족의 생계를 책임지고 있었다. 학교 비정규직 노동자에게 이런 경우는 비일비재했다. 그런 세상이다.

또 하나 여성 노동자들이 장장 510일 동안 투쟁했던 이랜드 비정규직 투쟁도 있었다. 2007년 여름 비정규법 시행에 즈음해서 시작, 2008년 가을까지 뜨겁게 싸웠던 투쟁에 대해서는 따로 보는 게 좋겠다. 유통업계 최초로 3차례나 행해졌던 매장 점거 투쟁과 전국적으로 수많은 사람들이 함께했던 기억이 새롭다.

★ 이 시기 정규직 노동자들의 투쟁(2004년 7월 궤도 노동자 공동투쟁)

비정규직 투쟁만 말했지만 정규직 중에서도 중요한 투쟁이 있었다. 2004년 지하철 노동자들의 공동 투쟁이 그것이다.

총선이 끝나고 몇 달 안된 2004년 7월 21일 전국의 4개 도시 5개 지하철(서울지하철, 서울도시철도, 부산지하철, 인천지하철, 대구지하철) 노동자가 새벽 4시를 기해 동시에 운행을 중단한다. 역사상 처음 이루어진 궤도 노동자들의 연대 파업이었다. 주된 요구는 인력 충원이었다. 지하철은 신규 인원을 거의 채용하지 않아 노동강도가 높아져만 가고 있었다. 5개 노조는 원만한 타결을 위해 당초 인력 30% 충원 요구에서 16% 수준으로 수정안을 제시했으나 사용자측은 전혀 진전된 안을 내놓지 않았다. 7월 21일 새벽 4시 당시 서울 지축 기지창에는 8,000여 명의 조합원들이, 부산대학교와 대구 월배 기지창에는 각각 1,800여 명과 800여 명의 조합원들이 모여 파업을 진행했다. 다음날 인천지하철은 회사와 합의해 싸움이 끝난다.

그런데 7월 23일 당시 서울지하철 노조 허섭 위원장이 갑자기 일방적으로 파업을 중단하면서 일대 혼란이 발생한다. 있을 수 없는 일이 터진 것이다. 연맹에서는 파업 종료를 선언하더라도 첫 차가 다닐 시간까지는 버텨줄 것을 요구했지만 이미 파업 대열은 무너지고 있었다. 지축 기지라는 외진 곳에서 서울지하철 조합원들만 다 빠져 나가면 계속 파업 중인 도시철도 조합원들만 고립될 수 있었다. 이미 경찰은 사방을 에워싸고 있었다. 다행히 대규모 연행 사태는 발생하지 않았다.

역사에서 한 번의 실수는 많은 시간이 걸려야 복원이 가능하다. 이후 서울지하철노조와 도시철도공사노조는 어용 집행부가 들어서고, 조합원 사이에 깊은 앙금을 남겨 두게 된다. 투쟁은 한 번을 하더라도 깊은 고민과 철저한 준비가 있어야 한다는 교훈을 남긴다.

민주노총과 민주노동당의 위기

민주노동당이라는 배를 만들어 100킬로미터쯤 가다가 우리는 그 배가 목적지를 달리 하고 있음을 보고 차가운 바다에 뛰어 들었다. 다행히 또 다른 배가 있어 그럭저럭 근처의 섬에 도착했다. 이제는 1만 킬로미터 정도 갈 수 있는 배를 만들어야 하는데, 이미 뒤처져 있으니까 그냥 그 배를 가지고 빨리 출발하잔다. 나는 그 배에 탈 수가 없다. 차가운 겨울 바다에 빠져 본 경험이 있는 나는 배를 새로 만들지 않으면 출발할 수가 없다.

나는 섬에 있는 사람들과 의논하고 싶다. 배의 나무는 어떤 재질로 해야 하는지, 어떻게 항로를 잡아야 하는지, 어떤 사람이 가장 노련한 선장인지, 배에 탈 사람들이 가져가야 할 것은 무엇인지 등 모든 것을 시간을 두고 논의하고 싶다. 그런데 그들은 배를 출발시키면서 섬에 있는 사람들 보고 얼른 올라타라고만 하는 것 같다.

_<레디앙> 2008년 5월 20일 '빨리 가서 뭘 어쩌자고?' 중에서

민주노동당이 분열되고 사람들이 진보신당이라는 새로운 당을 만들자고 할 때 쓴 글이다. 1997년 대통령 선거 후에 삽시도라는 섬에 들어가서 '딱 10년만

더하자.'고 맘먹으며 좌절을 극복하고 나온 얘기를 앞에 썼었다. 우연일까? 그로부터 꼭 10년이 지난 2007년 대통령 선거가 끝나자마자 민주노동당은 분열되고 만다. 다시 돌아보아도 안타까운 일이다. 민주노동당 얘기를 하기 전에 동전의 양면이라고 할 민주노총 얘기를 먼저 하는 게 상황을 이해하는 데 도움이 될 것 같다. 왜 위기는 동시에 오는 걸까? 감당하기 어렵게 말이다.

비리와 폭력으로 얼룩진 대의원대회

사실 관계를 떠나 실업의 고통에 처해 있는 비정규직 노동자들에게 지위의 우월적 신분을 활용해 고용을 담보로 노동조합 일부 간부가 부적절한 행위에 관여한 사실에 대하여 국민들에게 통렬히 자성을 표합니다.

2005년 1월 금속연맹이 발표한 성명서다. 기아자동차 광주 공장에서 노조 간부들이 생산직을 뽑는 과정에서 돈을 받고, 채용에 관여한 것이 드러났다. 엎친 데 덮친 격으로 5월에는 현대자동차에서도 같은 문제가 발생했다. 노조 간부들이 채용을 대가로 한 명당 수백만 원에서 수천만 원까지 돈을 받은 것이다. 도저히 있을 수 없는 일이 잇달아 발생했다. 노조 간부라는 지위를 이용하여 사회적으로 약한 사람의 등을 쳤다면 이건 보통 심각한 문제가 아니다. 운동의 기본을 망각한 행위다.

더 큰 문제는 노동운동의 기본을 잃은 행위가 관행의 이름으로 많은 노동조합에서 벌어지고 있었다는 점이다. 투쟁의 상징이 되어야 할 조끼가 권위의 상징으로 되었다는 비난도 심심찮게 들렸다. 급기야는 2005년 10월 민주노총 강승규 수석부위원장 금품 수수 사태가 발생한다. 그는 전국 택시 운송

사업조합 연합회로부터 수천만 원의 금품을 받은 혐의로 경찰에 긴급 체포됐다. 민주노총은 그야말로 쑥대밭이 되고 말았다. 도덕성과 정당성을 가지고 대중의 지지를 받아야 하는 노동운동은 절벽 아래로 굴러 떨어졌다.

점입가경이라더니 임원진의 총사퇴가 늦어지자 사무처 성원 13명이 집단으로 사표를 내며 항의하는 사태까지 발생한다. 그로부터 1주일 뒤에야 임원 총사퇴와 비상대책위원회가 구성된다. 스스로 곪아터진 상처를 치유할 수 있는 자정 능력까지 상실했음을 만천하에 공표한 셈이다.

하나 더 있다. 2005년 2월과 3월, 두 번에 걸쳐 충격적인 상황이 TV뉴스를 통해 전 국민에게 알려진다. 민주노총 대의원대회 회의장에서 폭력 사태가 발생한 것이다. 소화기와 시너까지 등장했다. '사회적 합의주의와 노사정 담합 분쇄를 위한 전국노동자 투쟁위원회'라는 임시 조직이 만들어지고, 노무현 정부가 제안한 노사정위원회 참가를 격렬하게 반대했다. 한 언론은 "동지는 간 데 없고, 그 자리에 온갖 욕설과 주먹이 대신했다."고 보도했다. 어쩌다가 민주노총이 이렇게까지 나락으로 굴러 떨어진 것일까?

민주노총 대의원대회에서의 단상 점거 모습.

진지한 토론보다는 표결 처리에 급급했습니다. 조직 내의 의결 과정에서 단상 점거라는 극단적인 사태가 발생하지 않도록 해야 합니다. 그러기 위해서는 노동운동의 중대한 사안에 대해서 동의될 수 있는 합의 지점을 찾아 나가는 노력이 필요합니다. 민주노조운동은 그동안 많은 이견에도 불구하고 서로를 이해하고 합의점을 찾으려는 노력을 가장 중요한 활동의 원칙으로 해왔습니다. 여기에서 가장 중요한 것은 이러한 통합을 가능하게 하는 지도부의 역할과 자세입니다. 그것이 지도력이라고 봅니다.

위와 같은 내용으로 양경규 위원장 등 중앙위원 41명이 '민주노총 위기 상황 해결을 위한 중앙위원 공동성명'을 발표했다. 그러나 지도력은 발휘되지 않았다. 왜 민주적으로 토론하고 결정을 내리는 것을 큰 자랑으로 여겨왔던 민주노총이 서로 간의 다름을 이유로 폭력을 행사할 정도로 불통이 되어 버렸을까?

노사정위원회 참여 문제

핵심은 정부가 만든 '노사정위원회'라는 기구에 참가할 것인지 말 것 인지에 있었다. 노사정위원회란 노동자와 사용자, 그리고 정부 쪽 사람들이 머리를 맞대고 의논을 하도록 만든 기구다. 겉으로 보면 좋은 목적을 가진 기구다. 박근혜 대통령도 노사정위원회를 사회적 대화 기구로 하겠다고 한 만큼 너희도 앞으로 신문에서 이 위원회 소식을 보게 될지도 모르겠다.

노동자와 자본가는 기본적으로 대립한다. 이윤을 목적으로 하는 자본가와 임금을 생존 조건으로 하는 노동자의 숙명이다. 이 같은 대립과 갈등을 풀기 위해 정부가 나서서 노사 간 타협을 종용하는 경우가 있다. 대표적으로는 스웨덴이 그랬다.

> 1938년 12월 20일 스웨덴 중앙노조(LO), 그리고 경영자총연합회(SAF)의 대표들이 2년 동안 끌어왔던 협상안에 서명하기 위해 마주 앉았다. 몇 차례나 협상이 깨질 듯한 위기를 넘기고 노동시장위원회, 임금 협상, 노동자 해고, 노동쟁의 등 4개 조항을 담은 협상문에 양쪽 대표가 서명했다. 이 극적인 타결이 스웨덴을 갈등 사회에서 고도 경제성장 복지국가로 재탄생시킨 기폭제가 되었다.   _<한겨레신문> 2013년 2월 18일 최연혁 교수 칼럼 중에서

노사 대타협으로 불리는 살트셰바덴 협약의 탄생 과정이다. 나도 스웨덴에 가서 그들이 가진 문제의식이 무엇인지를 들은 적이 있다. 우리나라의 삼성재벌이라고 할 수 있는 재벌 집단인 발렌베리 가문이 지은 그랜드호텔도 방문했다. 노사가 합의서에 서명한 장소로 역사적 상징이 된 건물이다.

대타협이 있기 몇 해 전 스웨덴 북쪽에서 노동자들의 대규모 파업이 있었고, 군대가 투입돼 노동자 5명이 죽는 사건이 발생한다. 이것이 스웨덴 사회에 엄청난 충격을 주었고, 결국 노사가 대타협에 이르게 된다. 그러나 주목해야 할 점은 당시 정부가 사회민주당 정권이었다는 점이다. 그냥 타협이 이루어진 게 아니라는 말이다.

사회적으로 힘이 약한 노동자의 편을 들어주는 정권이 아닌 한 사회적 교섭은 의미를 찾기 힘들다. 김영삼, 김대중, 노무현 정부 모두 노사정위원회를 통한 사회적 교섭을 얘기했지만 스웨덴 사회민주당과 같은 입장을 가지지 않았다. 눈에 흙이 들어가도 노동조합은 안 된다는 한국의 삼성과 스웨덴의 발렌베리 가문은 달라도 너무 다르다.

때문에 우리나라에선 무늬만 사회적 합의이고 대타협이지, 실상은 양보밖에 없다는 위기의식을 가진 사람들이 많다. 특히 1998년 사회적 합의를 하면서 전교조 합법성을 인정받는 대신에 정리 해고 방안을 수용하는 바람에 당시 집행부가 총사퇴해야 했다. 그때도 민주노총 대의원대회 장소에 쇠파이프를 들고 온 조합원들이 있었다. 물론 합리적인 방식으로 해결이 이루어져 충돌은 발생하지 않았다.

그런데 이번에는 달랐다. 민주노총은 그런 중요한 사안에 대해 합리적으로 찬반 토론을 하고, 민주적으로 해결하는 데 실패했다. 더구나 TV를 통해 폭력 사태가 국민들에게 전달되면서 민주노총은 엄청난 타격을 입는다. 잇달아 터진 이런 일들로 인해 민주노총만이 아니라 민주노동당 등 진보 세력 전체가 국민들로부터 멀어진다. 그런데 그와 똑같은 모습을 이번에는 민주노동당이 보여준다.

민주노동당의 위기

2007년 12월 19일 17대 대통령 선거가 치러진다. 언론들은 지지율 48.7%를 기록한 이명박 대통령의 당선 이유는 노무현 대통령의 실정 때문이라고 분석했다. 선거운동 내내 이명박 후보는 노무현 정권의 실정을 비판했다. 세 번째 대선에 출마한 민주노동당 권영길 후보는 3.0%인 71만2,121표를 얻는 데 그쳤다.

도대체 무슨 일이 있었기에 2002년 대통령 선거 때의 95만7,148표보다 훨씬 적은 표가 나왔을까? 무슨 일이 있었기에 민주노동당은 거꾸로 가게 되었을까? 그것도 국회의원이 10명이나 활약했는데도 말이다.

당 안팎에서 신망을 받던 사람들이 모두 국회의원이 된 이후 소위 '자주파'라는 사람들이 당내 권력을 모두 가지게 된다. 견제 장치가 없어졌다. 통합진보당 사태 이후 유명해진 자주파의 중심 '경기동부연합'이 2004년에 작성한 내부 문건에는 이렇게 쓰여 있다.

> 당은 중앙위원회에 자주민주통일 대오의 다수 진출을 실현하였고, 이 힘을 바탕으로 중앙위원회, 대의원대회를 통해 새로운 지도 체계의 안정화, 당 운영 시스템의 정비 과정을 거치고 있다.

2006년 10월 9일 북한이 처음으로 핵실험을 한다. 당연히 민주노동당으로서는 이에 대한 유감과 항의를 표하는 성명서를 채택하려 했다. 하지만 중앙위원회에서 무산된다. 거꾸로 당 정책의 총책임자였던 경기동부연합의 이용대 정책위 의장은 "북한 핵실험은 자위권 발동"이라는 요지의 말을 해 진보 진영을 발칵 뒤집어 놓는다. 분명히 당 강령에 핵을 반대하는 '비핵화'가 명문화되어 있는데도 말이다. 북한은 2013년 2월에도 3차 핵실험을 했다. 다른 모든 것은 몰라도 핵무기만큼은 한반도뿐 아니라 지구 전체에서 없어져야 한다. 그런데 진보 정당이라는 민주노동당이 수치스러운 발언을 한 것이다.

가장 문제가 되었던 것은 소위 '일심회' 사건으로 국가보안법과 관련된 사안이다. 사건의 요지는 민주노동당의 주요 당직자가 정부의 허락을 받지 않고 북한 정보원과 접촉했다는 것이다. 국가보안법은 사상의 자유를 누르는 악법이므로 없어져야 한다. 그러나 민주노동당으로서 심각했던 문제는 당시 사무부총장이었던 최기영이 당원 300여 명의 정보를 북한에 넘겼다는 것이다. 사람들을 11가지로 분류해 놓고, 각 인물의 장단점과 성격까지 써 놓은 자료라고 한다. 방북단의 성향을 '요주의 인물', '특별한 관리 필요' 등으로 분류하기도 했다. 하나의 예만 들어 너희들이 보기에는 어떤지 한 번 물어보고 싶다.

> ○○○ : 'O전투', '돈키호테', '빨간 펜'으로 통한다. O전투라 함은 전투적 노동운동을 주도하면서 생긴 것으로 주요 사항을 결정할 때 승부사적 기질을 보이고 강하게 패를 던지는 성격을 가졌다. 빨간 펜은 매우 실무적이고 꼼꼼하다는 뜻으로 정치 사업보다는 회의 자료를 중시하고 이를 기초로 사업을 전개한다는 뜻이다. 실제 수백 페이지 회의 자료를 그 전날 밤새 보고 마침표와 띄어쓰기에 빨간 펜 표시가 수차례 되어 있다. 본인의 성품을 잘 활용하여 예우를 극진히 하고 공손하며 예의바르게 감동을 주면 어떤 합의도 쉽게 결단을 내려 추진할 가능성이 크다. _재판 기록 중에서

당이 또 다시 발칵 뒤집힌 건 물론이다. 그럼에도 당권을 쥐고 있던 자주파는 그에게 국가보안법 피해자라 하여 생활비를 지급하고 있었다. 당비로 말이다. 당원들의 신상 정보는 다른 당에게 넘겨주어도 문제가 되는 중대 범죄행위다. 하물며 북한에 그걸 넘겨준다는 건 정말로 상상도 못할 일이었다.

이 사건의 변호를 맡았던 민주노동당 당 대회 의장인 이덕우 변호사조차 "도대체 네 나이가 몇이냐? 이렇게 어렵게 만든 공당의 사무부총장으로 진짜 반성해야 한다."고 말했다. 최기영은 1997년 대선 이후 삼선동 시절을 함께했던 후배다. 열길 물 속은 알아도 한 길 사람 속은 모르는 법이다. 그렇게 고생한 사람이 민주노동당이 분당되는 사태의 단초를 만들었으니 말이다.

이 문제는 이후 민주노동당을 쪼개느냐 마느냐를 다루는 핵심 쟁점의 하나가 된다. 2008년 2월 3일 열린 민주노동당 당 대회에서 최기영 전 사무부총장과 이정훈 전 중앙위원 등 '일심회 관계자 제명 안건' 등을 담은 당 혁신

2008년 2월 3일 당대회장에 걸린 일심회 관련자 징계를 반대하는 현수막.

안이 상정된다. 그러나 자주파 대의원들이 이 안건을 삭제하는 수정 동의안을 발의해 출석 대의원 862명 중 553명의 찬성으로 가결시켜 결국 제명 안건은 통과되지 않았다. 상식적인 판단조차도 사라져 버렸다.

민주노총은 대중 조직이어서 그 어려운 조건에서도 명맥을 이어가지만 정치 조직인 민주노동당은 2008년 당 대회를 마지막으로 분당의 길로 들어선다.

> 이제 며칠 남지 않은 2월 3일 민주노동당 대의원대회가 파국으로 끝난다면 다시는 돌이킬 수 없는 역사의 비극이 될 것입니다. 보수 집단은 세력이 확산되고 있는데 진보 운동은 거꾸로 사분오열되어 한국 사회의 보수화를 수수방관해야 하는 상황이 올지도 모릅니다. 지금은 아무도 보아주지 않는 투쟁을 하고 있는 비정규직 노동자들이 있습니다. 까딱하면 그들은 민주노동당이라는 10년이 걸려 만든 울타리마저 없는 상황에서 투쟁을 해야 합니다. 모든 민중에게 재앙이 될 한미FTA가 비준됩니다. 마찬가지입니다. ······

마지막으로 호소합니다. 정말 마지막 기회입니다. 만일 이번 대의원대회에서 분열된다면 그것은 진보적인 운동의 파국으로 귀결될 것입니다. 노동조합을 비롯한 대중 운동의 심각한 분열이 예견됩니다. 2월 3일 우리는 자신이 알든 모르든 역사적인 결단을 하게 됩니다. 모두가 수십 년을 헌신해 온 운동의 심각한 어려움을 맞이하게 될 것입니다.

_2008년 2월 1일, '민주노동당의 변화와 혁신을 위한 호소문' 중에서

임성규, 정용건, 이영원, 김창근, 전재환, 이재웅, 양경규, 박유기 등 전현직 산별연맹 위원장 명의로 발표한 호소문이다. 하지만 호소는 받아들여지지 않았고 예견은 현실이 됐다.

"탁구공이 둘 사이를 오간다. 순식간에 탁구공은 농구공이 되고, 대포알이 되어 당 전체를 부수고 있다."

누군가 민주노동당이 깨지는 모습을 이렇게 표현했다. 정말 그랬다. 처음에는 설마 했다. 2007년 12월. 대통령 선거 직후였다. 당시 나는 6,000명이 넘는 조합원이 민주노동당 당원인 공공운수연맹의 정치위원장이었다. 대통령 선거에 민주노동당 권영길 후보를 찍어야 하는 이유에 대해 소책자를 만들고, 교육을 하고, 선전을 했다.

선거가 참패로 끝난 후 처음 한 일은 조합원들에게 사과한 것이다. 조합원의 마음을 잡는 데 실패한 진보 정당 운동에 대한 반성이었다. 수십 년을 진보 정당 운동에 몸을 바쳤으나 남은 것은 "겨우 이게 우리 실력이었구나." 하는 좌절감이었다. 그런데 나도 모르는 거대한 지각변동이 대통령 선거 직후에 일어났다.

도대체 무슨 일이 생겼기에 모진 탄압을 받으면서도 함께했던 '동지'들이 갈가리 찢어졌을까? 지금도 그 생각을 하면 가슴이 아리다. 불면의 밤이 얼

마나 길었는지 모른다. 남몰래 흘린 눈물도 많다. 이제부터 어떤 과정을 통해 그렇게 되었는지 보자. 다시 돌아보아도 눈물이 앞을 가린다.

전진, 분당 논의 시작

분당을 주도한 사람 중에 하나인 한석호의 말에 의하면 한창 선거운동 중이던 2007년 11월 19일 민주노동당의 분당을 현실 문제로 고민하면서 '진보신당을 건설하자'는 제목의 글을 썼다고 한다. 선거운동을 하던 나로서는 까맣게 모르는 얘기였다. 당시에 내가 쓴 글이 있다.

> 나는 아직도 이해하지 못합니다. 정말로 민주노동당을 포기할 지경에 왔으면, 차라리 없애는 것이 진보 운동에 도움이 되는 것이라면 우리는 끊임없이 이에 대한 토론과 목적의식적인 준비를 해 왔어야 합니다. 본격화된 분당 논의 직전까지 '전진'의 총선 방침 회의가 세 차례 있었고, 바쁜데도 불구하고 참여하여 논의해 왔습니다. 1인 2표의 경우 '전진'이 각 한 명을 내야 하느냐, 모두 내야 하느냐 등 세부적인 내용도 있었습니다. 분명히 신당 창당 노선은 이전 전진이 유지해 온 '강령 중심의 당 운동, 노동계급 중심의 당 운동, 평당원 중심의 당 운동'이라는 전략 과제로부터 한참 떨어진 것이었습니다. 저는 도저히 왜 갑자기 이런 전략 변화를 가져오는지 이해할 수가 없습니다.

정말이지 이해할 수가 없는 상황의 연속이었다. 대통령 선거가 있던 날 마포 공덕동에 있는 전진 사무실에서 회의가 있다고 해서 갔다. '당의 미래를 모색하는 특별사업팀'이라는 거였고, 세 번째 회의였다. 나로서는 첫 회의였

민주노동당 분당의 전환점이 되었던 2008년 2월 3일 임시 당 대회.

지만 이미 전진은 대선 이후에 대한 고민을 하고 있었다. 당시 민주노동당 안의 문제를 보면서 두 가지 의견이 서로 대립하고 있었다.

"소모적 당내 경쟁은 무의미하기 때문에 신당 창당의 불가피성을 확인하고, 시기는 정세에 따라 판단하자."는 의견과 "신당 창당은 논리적으로 모순이고 현실적으로 불가능하며 명분이 취약하다. 창당 불가피성을 확인할 수 없다."는 의견이 대립된 채 끝까지 합의하지 못했다.

전진은 합의는 못한 채 두 견해를 봉합하여 12월 23일 개최한 임시 총회를 통해 일단 '당 강령 정신의 실현, 당 운영에서의 패권주의 평가, 종북주의 등 반진보적 노선에 대한 전면적 청산' 등을 다루는 임시 당 대회 소집을 요구하기로 한다. 아울러 제2창당 위원회의 결성, 당 지도부 사퇴와 비상대책위원회 구성을 요구하기로 했다. 당을 근본적으로 혁신하자는 취지였다. 당 혁신의 성공을 위해 전진은 비례대표 후보를 출마시키지 않기로 한다. 국회의원이 되려는 꼼수가 아니라는 것을 보여주고, 당 혁신을 위한 배수진을 친 셈이다.

흐름만으로 보면 '전진'의 뜻대로 된다. 2008년 1월 12일 중앙위원회에서 심상정 국회의원을 위원장으로 한 비상대책위원회를 구성하고, 2월 3일 임시 대의원대회를 개최하기로 했다. 그러나 결과적으로 민주노동당은 깨지고, 전진도 이후 해산한다.

논란의 시작, 종북주의

우리는 <조선일보>와 인터뷰를 하지 않는다. 워낙 왜곡을 많이 하는 대표적인 보수 신문이라서 모든 취재를 거부하기로 내부 방침을 세웠다. 그런데 민주노동당 부설 연구 기관인 진보정치연구소 조승수 소장이 그 신문과 전화 인터뷰를 했다. 그 자체로도 있을 수 없는 일이 생긴 것이다. 조승수는 나와 같이 울산에서 노동운동을 했고, 국회의원도 한 오랜 동지이자 후배다.

<조선일보>는 2007년 12월 27일 1면에 '친북 세력과 결별해야 민노당에 미래 있어'라는 제목으로 조승수의 인터뷰 기사를 실었고 6면에 "민노당 '친북 노선' 싸고 격돌"이라는 제목의 해설 기사를 싣는다. 보수 신문을 통해 내부 전쟁이 시작된 셈이다.

> 그동안 당을 주도해 온 NL세력은 북한 세력을 추종하고 북한식 사회주의로 통일하는 것을 지상 과제로 여기는 행태를 보여 왔다. 이번 기회에 민주노동당이 친북 세력과 결별해야 한다. 자주파들은 그동안 당을 의회정치의 핵심 기구, 즉 정당으로 생각하기보다는 남한 내 의회 투쟁의 전선 기구쯤으로 생각했다. 당내 다수파를 이루기 위해 어떤 지역에는 그곳에 살지도 않는 대학생들까지 전입시키고 대의원으로 선출하는 조직 장악 행태를 보였다. 예산

운영이나 집행도 운동권 단체 수준의 마구잡이였다.

_조승수 <조선일보> 2007년 12월 27일자

노무현 대통령 식으로 표현하자면 '막 가자는 얘기'를 한 셈이다. 그 후에 남은 것은 서로 치고받는 난타전이었다.

민주노동당이 친북 노선을 하고 있다는 것은 사실과 다르고 대선 결과가 친북 노선 때문이었다는 것은 아전인수식 주장에 불과하다. 사람마다 자기 생각에 따라 입장이 다를 수는 있다. 그러나 사실을 부풀리고 억지 논리를 만드는 것은 무책임한 자세다. 당내 일정 정치 세력을 친북파 혹은 종북파로 규정하고 그것을 인정하라고 압박하는 것이야말로 사상과 양심의 자유를 정면으로 거부하고, 파괴하는 중세식 마녀사냥이며, 1950년대 미국에서 펼쳐졌던 매카시즘 선풍의 재현이 아니고 무엇이란 말인가?

_김창현, 민주노동당 전 사무총장

당권을 잡고 있는 주체파의 환골탈태는 기대하기 어렵다고 본다. 토론이 가능해야 기대할 수 있는데 그렇지 않기 때문이다. 그들의 문화는 광신자 집단이나 사교 집단의 그것에 가깝다. 광신자들은 사람을 믿는 자와 믿지 않는 자로 가르고 믿지 않는 자는 대화의 상대로 인정조차 하지 않는다. 사교 집단은 교주에 대한 그 어떤 비판도 용납하지 않는다. 이런 점에서, 그리고 열성적이라는 점에서 그들은 광신자 집단이나 사교 집단과 비슷하다.

_홍세화, 전 진보신당 대표

당을 깨먹자고 터무니없는 흑색선전을 하고 있는 조승수, 한석호, 김형탁 등으로 대표되는 해당 행위자들은 출당 조치를 해야 한다고 본다. 그런 사람들까지 안고 갈 수는 없다. 이들은 자신의 가슴에 손을 얹고 생각해봐야 한다. 진짜 당을 살리자고 한 것인지, 당을 깨자고 한 것인지 말이다.

_김승교 변호사, 민주노동당 중앙당기위원

나침반이 고장 났는지를 보려면 떠는지 안 떠는지를 봐야 한다. 자주파의 나침반은 떨지를 않는다. 한 곳에 고정된 고장 난 나침반이다. 어떻게 그렇게 요지부동일까 싶다. 눈 덮인 겨울 산에 잘못 들어가면 얼어 죽는다. 길을 되짚어 오는 게 살길이다. 20~30%에 해당되는 조직된 자주파 당원들은 지금 겨울 산에서 잘못된 길로 들어섰다. 앞으로도 고집 세우고 그게 신념이라고 군중심리로 가다보면 얼어 죽을 수밖에 없다.

_이덕우 변호사, 민주노동당 당 대회 의장

친북주의 운운하는 자들은 반통일 냉전 수구세력이다. 이들 분파주의자들과 함께할 수 없다. 친북주의 운운하는 분당 세력은 당을 떠나라.

_이석행, 민주노총 위원장

도저히 같은 당에서 활동을 했다고 볼 수 없을 정도의 심한 얘기들이 오고간다. 이 과정에서 파국을 막기 위한 절절한 호소들도 이어진다.

쉰네 살이 되어 술도 안 마시고 맨 정신에 엉엉 울었습니다. 정말 눈물로 호소합니다. 조금씩 양보합시다. 이 당 깨면 무슨 파 무슨 파만 죽는 것이 아니라 우리가 그렇게도 짝사랑하는 비정규직과 노동자, 농민, 빈민, 무주택 서민까지 다 죽습니다.

_김용한, 민주노동당 경기도당 위원장

저는 현재 만 10년 3개월 동안 중앙당 상근자로 일해 오고 있습니다. 제가 민주노동당에 몸담은 이후, 지금과 같이 참담한 경우는 처음입니다. 며칠째 제 눈에는 눈물이 가득 고여 있습니다. 바람직한 당 변화와 혁신을 통해 당 내 자민통 그룹과 평등파 그룹의 기형적이고 불안한 동거 상황을 발전적으로 청산할 필요가 있습니다. 진짜 민주노동당파로 당 혁신특위를 구성, 상설화시켜 주십시오. _송태경, 민주노동당 경제민주화운동본부 정책실장

저희들이 관객이 아니라 주체로서 당의 문제를 해결해 나갈 수 있도록 저희에게 시간과 공간을 주십시오. _마포지역 민주노동당 평당원 24명

그러나 이미 화살은 시위를 떠나고 있었다. 나는 자주파가 일보 양보하여 난항 끝에 비대위가 구성된 다음에는 전진의 논의가 달라질 것으로 기대했다. 그러나 신당을 작심하고 준비하던 한석호, 조승수, 홍세화 등은 이를 비웃기라고 하듯 2008년 1월 15일 '새로운 진보 정당 운동 준비위원회'라는 조직을 만들고 추진위원 40명의 명단을 발표한다. 40명 중 24명이 전진 회원들이었다. 사람들은 이들을 선도탈당파라고 불렀다.

혹자는 민주노동당이 아무리 많은 과오를 저질렀다 하더라도 당 대회에서 해산을 결의하자는 것은 좀 너무한 것 아니냐는 반문을 할지도 모른다. 하지만 우리는 그런 분들에게 오히려 현재의 역사적 상황과 대중의 요구에 대해 너무 무지하거나 철면피한 것 아니냐고 반문하겠다. 모든 것을 지금 이 순간 대면하고 대결하자. 죽어서 다시 태어나자. 우리의 모든 것들을 용광로 안에 집어넣어 새로이 벼려내자. 우리는 결연히 과거의 시체 놀음을 집어치우고 새로운 생명의 길, 새로운 진보 정당의 길로 나아갈 것이다.

_2008년 1월 15일 '새로운 진보 정당 운동 준비위원회' 추진위원 일동 명의,
'비대위에 바란다' 중에서

2월 3일로 예정되어 있던 민주노동당 임시 당 대회 전에 이미 그들은 루비콘 강을 건너고 있었다.

소위 '선도탈당파'들이 주축이 되어 만들어진 새로운 진보 정당운동 발족식.

비대위의 무산과 탈당

분당 파동은 민주노총도 흔들었다. 당시 민주노동당 당원은 후원회원 등을 합쳐 10만355명이었다. 당원만 7만9,764명이었고, 민주노총 조합원 당원은 3만2,320명이었다. 민주노총만 중심을 잘 잡아도 문제를 해결할 수 있었다. 그러나 정파의 대립을 완화시켜야 할 민주노총 정치위원장이던 이영희조차

자주파의 편을 드는 마당에 제대로 된 토론이 될 수가 없었다. 민주노총 정치위원회에 가서 싸운 게 한두 번이 아니었다.

범자주파로 불리는 세력이 민주노총도 장악하고 있었다. "2월 3일 당 대회는 분열분파주의 세력을 준엄하게 심판하고, 당을 사수 혁신하기 위한 당 대의원 동지들의 결의의 장이 되어야 한다. 당 분열에 앞장섰던 조승수 등에 대해 전체 당원의 이름으로 출당할 것을 최우선적으로 결의하여야 한다." 민주노총 안의 '민주노동자 전국회의'라는 정파가 내린 지침이다.

이런 와중에도 나는 파국을 막기 위해 당시 다른 연맹의 정치위원장들과 공동으로 성명서를 발표한다. 금속노조 우병국, 사무금융연맹 이두헌, 서울본부 장현일 정치위원장 등이 함께했다. 비대위를 중심으로 당을 쇄신하자는 호소였다.

우리는 지난 17대 대통령 선거에서 노동자와 국민들이 따가운 회초리를 휘둘렀다고 생각합니다. 그러나 그 회초리는 애정과 기대를 담은 아픈 회초리입니다. 민중들과 국민들의 신뢰와 지지를 다시 회복하기 위해 처절하고 뼈아픈 자기반성과 자기혁신을 하라는 것이 지난 대통령 선거의 교훈입니다. 사람들은 민주노동당의 몰락을 바라지 않습니다. 다시 민주노동당이 일어나 노동자, 민중들의 희망이 되기를 바라고 있습니다. 아직 절망하고 실망하기에는 우리가 해야 할 일들이 너무 많습니다.

그러나 소용없었다. 파국을 향한 기차는 서로 죽일 듯이 마주보고 달려오고 있었다. 거기엔 더 이상 동지가 없었다. 마지막이 되어 버린 2월 3일 대의원대회 장소에 들어설 때부터 분위기가 살벌했다. 각자 자기가 주장하는 것을 피켓으로 들고 서 있었다.

심지어 민주노총 정치위원회의 간사 역할을 하던 상근자조차 자주파를 지지하는 현수막을 들고 있는 것을 보면서 이미 상황은 끝났음을 직감했다. 결국 자주파가 다수였던 대의원들은 비대위가 제출한 당 쇄신안을 압도적으로 부결시킨다. 쇄신안의 주요 내용은 일심회 사건에 연루된 두 당원 제명, 정파 등록제를 도입 등이었다.

혁신을 위한 다른 방안들도 마찬가지로 부결된다. 민주노동당이 파국으로 끝날 것을 우려하던 사람들과 달리 쇄신안을 부결시킨 그들은 박수를 치며 환호한다. 한바탕의 소동은 그렇게 끝났다. 비극이다.

그리고 이어 탈당이 이루어지기 시작한다. 더 이상 그런 민주노동당에 남아 있을 이유가 없어진 나도 탈당한다. 정치위원장 자리도 내려놓는다. 1997년 이후 10년 동안 민주노동당 당원 번호 2번을 자랑으로 알고 살았지만 이젠 과거의 일이 됐다.

당원 번호 1번 최철호도, 3번 오현아도 탈당한다. 97년 대통령 선거를 앞두고 권영길 위원장에게 진보 정당 운동에 앞장서 줄 것을 부탁하면서 "뼈를 묻겠다."고 말했다. 그러나 이제 그 뼈를 묻을 자리가 없어지고 만다. 많은 사람들이 청춘을 바친 민주노동당은 이제 역사에만 남아 있다. 물론 내 잘못도 결코 작지 않다.

이런 결과로 뒤이어 진행된 2008년 총선에서 민주노동당은 5명의 국회의원을 낸다. 2004년보다 5명 줄어든 수치다. 민주노동당의 정당 지지율은 2004년 총선의 13.1%의 반 토막도 안 되는 5.7%를 기록한다.

지난 분당 시기 과정에서 저희 문제의식이 지나쳐서 저의 날선 언어로 마음에 상처를 받으셨던 분들이 계신다면 오늘 이 자리를 빌어서 용서를 구합니다.   _조승수, 2011년 6월 18일 민주노동당 정책 당 대회 개막식에서 당내 정파 관계의 중재자였던 저 권영길은 2007년 대선 경선에 나서면서 중재자의 역할을 버렸습니다. 그 결과 당내 갈등은 더욱 심각해졌고, 그것이 분당으로 이르는 길목이 되었습니다.

_권영길, 2011년 6월 22일 기자회견문 중에서

시간이 약이라는 말이 맞는 걸까? 4년이 지나서야 문제를 일으킨 당사자들이 사과한다. 그러나 사과를 한다고 역사를 돌이킬 수 있는 것은 아니다.

2013년 상반기 기준으로 자신들이 진보 정당이라고 주장하는 당은 통합진보당, 진보정의당, 진보신당, 녹색당 등 무려 네 개다. 민주노동당이 분당되면서 이합집산한 결과다. 또 이 모두를 개량적이라 비판하는 '사회주의 노동자 정당 건설 공동추진위원회'(사노위)라는 계급정당 추진 세력도 있다.

나를 비롯한 사람들은 다시 노동자가 중심이 되는 진보 정당을 만들기 위해 2012년 11월 10일 '노동자 정당 추진회의'라는 것을 발족시켜, 활동 중이기도 하다. 이름이 비슷하여 나도 헷갈린다. 너희에게는 재미도 없고, 복잡한 얘기이겠지만 그래도 오늘 진보 정치의 현실이니까 그 과정을 보도록 하자.

오색 볼펜을 건네다

민주노동당 분당 파동이 가라앉은 후 당시 연맹이 있었던 뚝섬역 부근 한 술집에서 탈당파의 핵심인 한석호를 만났다. 그는 오랜 동지이자 후배였다. 정말이지 한 대 패고 싶을 정도로 야속했다. 가끔 나보고 '사무라이'라고 하는 사람들이 있다. 사무라이는 일본 무사를 칭하는 말로 좋은 별명은 아니다. 한 칼에 베고, 뒤돌아보지 않는 사람이라는 말이겠다.

나는 살아오면서 사람들에게 상처를 주면서 운동의 길을 달리한 사람이 있으면 바로 눈앞에 있어도 아는 척도 안 한다. 남들이 보면 모질다고 하겠지만 이상하게도 몸이 그렇게 움직인다. 그러나 한석호에게만은 그러지 못했다. 오랜 동안 동지로, 후배로 마음을 맞춰 온 과정이 있었고, 무엇보다 착했기 때문이다.

그는 분당을 추진한 이유로 "민주노동당 안에서는 공정한 노선 경쟁이 불가능하고, 그대로 놔두면 당이 변질되어 2012년에는 보수 야당과 선거연합 등을 추진할 것이기 때문"이라고 말했다. "도대체 내가 왜 운동을 하고 있는가, 내가 운동을 한 것이 이 꼴을 보려고 한 것인가. 고통에 고통이 얹어졌습니다."라고 힘겨운 얘기를 이메일로 보내기도 했다. 자주파의 패악질과 싸우다가 우리 역시 그들을 서로 닮아가고 있어 운동성이 사라지는 데 대한 우려도 있었다고 했다. 그러면서 그 동안의 행동과 발언에 용서를 구한다고 언론에 썼다. 그를 만난 자리에서 나는 오색 볼펜 한 자루를 건네주었다. 세상이 그리 단순한 것이 아니라는 의미였다. 긴 불면의 밤들과 고통스런 나날들이 그렇게 지나갔다. 당시 가장 마음에 와 닿은 것은 너희가 잘 아는 은우 아빠, 나상윤이 한 말이었다.

"당 활동가 당신들이 티코라면 대중 활동을 하고 있는 우리는 기차다. 티코는 언제든지 자유자재로 방향 전환이 가능하다. 기차는 길게 돌아야 한다. 그러나 시간이 조금만 지나면 누가 더 빠른지 알게 된다."

맞는 말이다. 티코처럼 순식간에 방향을 틀어 민주노동당을 깨버렸지만 돌아선 노동자들의 마음을 잡을 방법을 그들은 가지고 있지 않았다. 조금만 더 시간을 달라고 했지만 신당파는 그 시간을 주지 않았다. 기차는 티코와 달리 길게 돌아야 한다는 사실을 그들은 몰랐다.

전진을 탈퇴하다

그토록 긴 시간 동안 교육하고, 어렵게 조직한 조합원 당원들에게 민주노동당 분당을 납득시킬 수 있는 방법이 없었다. "이 추운 겨울에 당신들이 새로운 당을 만들어 제대로 된 대응을 할 때까지 또 기다리란 말이냐?" 조합원들의 이 같은 항변에 정말 할 말이 없었다. '종북주의'라는 처음 듣는 새로운 단어도 설명하기 힘들었다. 왜 당 안에서 서로 다른 생각들이 합리적으로 토론하고 결정하지 못하는 구조인지에 대해서도 마찬가지였다.

분당 과정이 대중과 함께 호흡하고, 대중의 동의를 전제로 하지 않았기 때문에 더욱 그랬다. 그 전 과정은 전진을 중심으로 한 상층 활동가들이 마구, 미친 듯이 몰아간 과정이었다. 전진의 중요 성원이라고 생각하고 있던 나도 모르게 말이다.

나는 지금도 자주파의 패권주의에는 문제가 있지만 그들의 사상 자체를 문제 삼은 것은 잘못됐다는 입장이다. 누군가 말했듯이 2000년 그들과 함께 당을 만들었을 때부터 우리는 그들이 어떤 사상을 가지고 있는지 분명히 알고 있었다. 물론 그들의 패권적 태도가 도를 넘어섰지만, 적어도 그들과 갈라서려면 전략적인 판단이 있어야 했다. 그리고 조합원 당원들을 설득할 명분과 시간이 필요했다. 그러나 그러질 못했다.

전진이 문제의 원인이었다. 한 회원은 "전진은 만신창이가 되었다. 브랜드 가치도 없고, 각 조직의 공적이 되었다. 분당 과정을 보면 어린아이들처럼 논두렁에 불을 지르고, 어찌할 줄 모르는 상황이다."라고 말했다. 노동운동과 정당운동의 결합을 위해 만들고, 그렇게 활동하고자 했던 정치 조직이 막상 중요한 시점에서는 정치적 태도를 결정하지 못했다.

민주노동당 안에서 권영길, 심상정, 노회찬이 대통령 후보 자리를 놓고 내부 경선을 할 때 '전진'은 어느 후보를 지지하는 것이 민주노동당의 발전을 위해 올바른 것인지를 정하지 못한다. 회원 각자가 알아서 후보를 지지하기로 한다. 그때부터 회원이 갈라진다. 분당 과정에서도 사람마다 생각이 다 달랐다. 누구는 분당을 주장했고, 누구는 당의 전면적 쇄신을 얘기했다. 서로 간에 날선 말로 상처를 주기도 했다.

내가 말했다. "이미 하나의 정치 조직으로서 생각의 차이가 있다는 것이 확인되고 있다. 이러다가는 우리가 대중 앞에서 서로 싸우겠다. 차라리 지금이라도 갈라서는 게 더 예쁜 모습 아닌가? 우리는 언젠가 다시 만날 사람들이다. 서로 상처를 더 깊게 주기 전에 해산하는 게 낫다." 돌아온 대답은 "왜 조직을 해산해야 하느냐? 당신이 나가면 되는 거 아니냐?" 두말 안 하고, 미련 없이 조직을 나왔다.

수년을 같이 해 온 동지들과도 그렇게 나뉘었다. 진보 정당과 함께하는 노동운동의 꿈은 그렇게 상처로 끝난다. 내가 운동을 한 기간 중에서 가장 힘들었던 시간이었다.

진보신당 창당

탈당이 이루어지기 시작한 2008년 2월 4일 이후 30여 명의 노동운동 활동가들이 대전에서 만난다. 그리고 이후 대안으로 '노동자 정당 건설 추진위원회'를 구성하자는 제안을 한다. 약칭으로 '노건추'라 했다. 이전에 그와 비슷한 이름이 많아서 구별하기 위해서 이름을 정하는 데 애를 먹었다. 중장기 전망을 가지고 아래로부터 새로 시작하자는 취지였다.

물론 쉽지 않았다. 마음이라는 게 오묘해서 한 번 무너지면 다시 추스르는

데 시간이 걸린다. 기나긴 토론 끝에 2008년 10월 18일 정식 출범한다. 양경규 위원장을 비롯하여 금속노조의 전재환 위원장, 전교조 장혜옥 선생님 등 3명을 공동대표로 한다.

> 우리는 지난 10여 년 간의 노동자 정치에 대한 노력이 실패로 끝났다는 사실을 참담한 심정으로 인정하면서 민주노동당을 탈당했지만, 허탈감과 좌절에 빠져 있는 노동 현장을 새로운 노동 정치로 묶어내지 못하고 있습니다. 그러나 노동자를 중심으로 한 노동자 정치에 대한 꿈과 희망을 버릴 수는 없습니다. 노동해방의 전망을 버리지 않는 한 노동자 정치는 반드시 꽃 피워야 할 우리의 시대적 과제이기 때문입니다. 무책임한 냉소는 결코 노동자의 것이 될 수 없습니다. 우리가 꿈꿔 온 세상을 만들기 위해 노동자 정치는 계속되어야 합니다. 대단히 혼란스럽고, 어려운 가시밭길이 되겠지만 동지들과 함께 새로운 노동 정치의 길을 열어가고자 합니다.
> _2008년 10월 18일, '노동자 진보 정당 건설 전국 추진위원회(준)' 제안문 중에서

긴 논의가 필요했던 것은 분당과 동시에 진보신당이 결성됐기 때문이다. 탈당파들이 중심이 되어 3월 2일 진보신당 창당을 위한 원탁회의를 했다. 나와 양경규 위원장이 노동 부문으로 배당되어 갔다. 효창동에 있는 백범기념관으로 기억된다. 사전 회의를 통해 정리된 대로 양경규 위원장은 이런 입장과 방향을 제출한다.

오늘의 원탁회의는 새로운 진보 정당 운동의 첫발이며 이를 위해 각계의 추진 단위가 처음으로 만나 먼 미래에 우리가 만들 정당이 어떠해야 하는가를 논의하는 자리라는 사실을 분명히 해야 한다. 심상정, 노회찬을 중심으로 한

민주노동당 탈당 그룹이 만들어 놓은 판에 참여한 것이 아니라 모두가 동등하게 참여한 자리라는 사실을 환기시키고 싶다. 그런 면에서 오늘 결성을 준비하는 진보신당은 새로운 진보 정당이라고 규정되어서는 안 된다. 민주노동당을 탈당해서 만드는 정당은 이렇게 급조해서 만들어서는 안 되며, 우리가 이를 새로운 당이라 규정한다면 우리는 민주노동당의 실패를 반복할 것이다.

바로 몇 달 뒤에 국회의원 선거가 있기 때문에 진보 세력의 결집을 위해 총선용 법적 정당의 필요성을 인정하지만 그 성격은 총선을 위한 연대 기구일 뿐, 실질적인 창당 작업은 총선 이후 충분한 시간을 가지고 진행하자는 것이었다. 그러나 그들은 이미 하나의 정당으로 출발하고 있었다.

나는 "이대로 하나의 조직 구조가 다시 짜여질 경우 유력 정치인이나 새로운 당의 조직 질서를 통해 '리메이크 민주노동당'의 활동 모습을 반복할 가능성이 높다. 노동자들은 주체로 참가하거나 일정한 조직적 흐름을 가지기보다는 수동적인 모습이 재현될 수 있다."라고 주장했지만 귀 기울여 듣는 사람들은 없었다. 광야에서 외치는 외로운 소리에 불과했다.

엄청난 실망감에 화만 내고 돌아온 기억이 난다. 그렇게 진보신당은 제대로 된 성찰과 반성도 없이 몇몇 유명 정치인들에 기대어 민주노동당과 같은 길을 걸어가기 시작한다. 민주노동당 분당 과정은 노동자들의 논의와 결의 속에서 이루어지지 않았다. 마찬가지로 진보신당이란 새로운 정당을 창당하는 과정에서도 노동자들이 조직적으로 참여하지 못했다. 결국 나는 몸담을 진보 정당이 없게 된다. 지난 2012년 12월에 치러진 대통령 선거에서도 내가 할 일은 없었다. 1992년 백기완 선거대책본부 결합 이후 20년 만에 처음으로 아무것도 하지 않고 보낸 대통령 선거였다. 허탈한 얘기다.

결국 노동자들 일부는 민주노동당에 남고, 일부는 개인적으로 진보신당에 가입한다. 이들을 하나로 모으는 게 필요했다. 한편으로는 민주노동당을 탈당한 노동자 당원들의 조직적 중심을 만들고, 다른 한편으로는 다양한 노동정치의 흐름을 모아내고 진보신당 제2창당 등에 대응하면서 이후 제대로 된 노동자 중심의 진보 정당을 건설해야 했다.

"10년에 걸친 민주노동당 운동이 실패로 귀결되었다면 좀 더 차분하게 대안을 모색해야 한다. 현 시기 '민족주의자와의 결별'이 의미하는 것이 무엇인가를 내적으로 공유하고, 이후 방향을 설정해야 한다."는 문제의식으로 노건추를 만들었다. 그러나 논의를 시작한 지 꼭 1년만인 2009년 2월 28일 노건추도 해산한다. 아무리 좋은 씨앗일지라도 제대로 된 흙을 만나지 못하면 죽고 만다.

"시간은 좀 더 걸리겠지만, 노건추의 애초 문제의식이 여전히 유효하고 가능하다."는 사람들과 "진보신당에서 노건추의 문제의식을 실현하자."는 사람들 사이의 간극은 좁혀지지 않는다. 노건추가 해산된 것은 처음부터 문제의식에 차이가 존재했던 것이 가장 큰 원인이었던 셈이다.

물론 노건추 발족을 앞두고 노동조합의 초청을 핑계로 미국으로 도망친(?) 내 책임도 작지 않다. 나는 그 즈음 안식년을 맞아 미국 공공서비스노조인 SEIU의 초청으로 3개월간 미국에 가서 그들 노조의 활동을 공부한다.

합당과 탈당의 반복 진행

2011년 초부터 민주노동당과 진보신당은 진보 대통합 논의를 시작한다. 민주노총 등에서 가한 압박이 작용을 했다. 그러나 애초 분당의 원인이었던 이념 차이, 패권주의 문제 등으로 결국 무산된다.

뒤이어 벌어진 사태들은 내가 보기엔 개그콘서트보다 재밌는 코미디다.

마르크스는 "역사는 반복된다. 한 번은 비극으로 한 번은 희극으로!"라고 말했다고 한다. 죽은 지 100년도 넘은 마르크스가 어쩌면 그렇게도 우리 사회 진보 정치의 현실을 잘 예견하고 있었을까? 2008년 분당이 비극이었다면, 2011년 합당은 희극이다.

민주노동당과 친노무현 계열인 국민참여당, 그리고 조승수, 노회찬, 심상정 등 진보신당 탈당파 등이 2011년 12월 11일 통합진보당으로 합쳐진다. 그토록 날을 세워 '종북주의'라는 딱지 붙이기로 당을 갈라지게 했던 사람들은 아무런 해명도 없이 다시 그 사람들과 합쳐진다. 노동자를 억압하고, 탄압했던 노무현과 궤를 같이하는 유시민의 국민참여당과도 진보의 이름으로 하나의 당이 된다. 그리곤 그 덕분에 심상정과 노회찬은 다시 국회의원이 된다.

무엇보다 곤혹스러운 처지에 빠진 것은 민주노총이다. 둘로 쪼개져 버린 진보 정당을 하나로 만들자고 온갖 노력을 다했는데 갑자기 날벼락을 맞은 셈이다. 비유하자면 한바탕 싸우고 별거 중인 민주노동당과 진보신당이라는 부부를 화해시키려 했는데, 갑자기 이웃집 사람인 국민참여당과 결혼하겠다는 일방적인 통보를 받은 셈이다. 하필이면 한동안 원수로 지내다시피 한 이웃 사람하고 말이다.

누구의 잘못이랄 것도 없다. 다 내 잘못에서 시작한 거고, 우리 실력이 이 정도밖에 안 되는 것이었다. "노동 정치에 온갖 땀과 눈물을 바쳤지만 죽 쒀서 개 준 꼴"이라고 말하는 사람도 있다.

오래된 후배이자 2012년 40대 중반 나이에 암으로 세상을 뜬 이재영 전 진보신당 정책위원장은 "이제 한 시대가 끝났다. 군부독재가 잉태한 학생운동 리더들, 그들의 노동 현장 이전, 그들의 신노선, 그들의 민주노동당이 문을 닫았다. 그들의 사회주의는 민족주의와 민주주의에 투항했다."라고 일갈했다. 노무현의 죽음으로 한 시대가 끝난 줄 알았는데, 추락의 바닥은 이제야 나타나고 있는 셈이다.

　통합진보당은 2012년 19대 총선에서 지역에서 7명, 비례대표로 6명 등 총 13명이 국회의원에 당선된다. 그러나 뒤이어 비례대표를 정하는 당원 투표를 둘러싼 의혹이 광범위하게 제기된다. 의혹이 있는 2명에 대한 제명안이 부결되고, 중앙위원회에서 참관인들이 난입해서 몸싸움이 벌어진다. TV 뉴스는 이 모습을 생생하게 보여준다. 결국 진보신당 탈당파인 노회찬, 심상정, 그리고 국민참여당의 유시민 등은 다시 탈당해 진보정의당이라는 당을 새로 만든다.

　한편, 민주노동당과 재통합을 반대한 사람들이 남은 진보신당은 사회당과 합친다. 그게 지금 남아 있는 '진보신당'이다. 진보신당은 원내 진출에 실패한다.

사라진 노동자 정치의 복원을 위하여

2011년 12월 10일 사람들이 모인다. 어렵지만 다시 시작하기 위해서다. 아무리 진보 정치가 웃음거리가 되고, 개나 소나 진보의 외양을 뒤집어쓰고 있지만 그게 밉다고 자본이 파놓은 파멸의 구렁텅이를 넘어설 새로운 사회를 향한 꿈까지 버릴 수야 없지 않느냐는 문제의식을 가진 사람들이었다. 그리고 양경규 위원장이 거의 1년 동안 전국을 돌며 사람들을 만난다. 그리고 마침내 2012년 11월 10일 '지역과 현장의 백년둥지, 노동자정당추진회의'를 출범시켰다. 아래는 제안문에 실린 내용의 일부로 내 고민도 담겨 있다.

　　눈물이 앞을 가립니다. 자본의 야만적인 탄압이 노동 현장 곳곳을 쑥대밭으로 만들고 있습니다. 인간답게 살기 위해서는 고압 전류가 흐르는 철탑에 매

2012년 11월 10일 노동자정당추진회의 결성 총회.

달려야 합니다. 한 달이 넘게 단식을 해야 하고, 천 일이 넘게 거리에서 투쟁을 해야 합니다. 그러나 그 어느 곳에도 노동자의 아픔을 보듬어 안고, 정치적으로 엄호해야 할 세력은 보이지 않습니다. 수많은 사람들의 피와 땀과 눈물로 만들어 낸 유력 정치 인사들은 이제 노동자의 곁에서 멀어졌습니다. '노동'은 사라지고 '정치'만 남았습니다. …… 그러나 오늘 우리는 이 자리에서 다시 시작하려 합니다. 주위를 아무리 돌아봐도 차가운 겨울바람과 얼어붙은 땅뿐이지만 여기에 작은 씨앗 하나를 뿌립니다. 노동자들이 받은 마음의 상처, 갈가리 찢겨버린 현장을 볼 때 누구도 이 싹이 제대로 성장하리라 감히 단언하지 못합니다. 그러나 우리는 우리만이 옳다는 독선이 아니라 누군가는 길을 찾아야 한다는 소명으로 시작합니다. 우리에게는 포기할 수 없는 꿈이 있기 때문입니다.

나는 그들과 함께 다시 시작하고 있다.

'내가 징그럽다고 느끼는 것들'을 모아 이상한 귀여움을 내보이고 싶었다.

물불 안 가리는 이명박 정부

민들레꽃처럼 살아야 한다 / 내 가슴에 새긴 불타는 투혼 / 무수한 발길에 짓밟힌대도 / 민들레처럼 / 모질고 모진 이 생명의 땅에 / 내가 가야 할 저 투쟁의 길에 / 온몸 부딪히며 살아야 한다 / 민들레처럼 / 특별하지 않을지라도 / 결코 빛나지 않을지라도 / 흔하고 너른 들풀과 어우러져 / 거침없이 피어나는 민들레 / 아아 민들레 / 뜨거운 가슴 수천 수백의 / 꽃씨가 되어 / 아아 해방의 봄을 부른다 / 민들레의 투혼으로

_꽃다지 노래 <민들레처럼> 노랫말 전문

가사도 좋지만 노래도 잔잔한 게 아주 좋다. 언제 한 번 들어보기 바란다. 박종태라는 화물 노동자가 좋아했던 노래다. 그에 대한 추모를 하면서 참 많이도 부른다. 그 이야기는 조금 뒤에 하자.

진보 정당이 분열되는 사이 이명박 정부가 출범했다. 이명박 정부는 '잃어버린 10년'이라는 말로 김대중, 노무현 대통령 정부의 개혁을 비판하면서 들어선다. 그리고는 10년만큼 역사의 수레바퀴를 더 뒤로 돌린다. 이명박 대통령은 집안이 어려워서 초등학교 때부터 성냥, 김밥, 밀가루 떡을 팔러 다녔

고, 대학생일 때는 이태원 시장에서 매일 새벽이면 쓰레기 치우는 일로 돈을 벌어 학비를 마련했다고 한다. 또 박정희 정권의 한일협정에 반대하는 시위를 주도하여 징역 3년 집행유예 5년을 선고받고 6개월간 서울교도소에서 복역한 경험도 가지고 있다. 이를테면 '개념'이 있는 사람이었던 셈이다. 그런 사람이 왜 그리도 노동자에게 적대적이었을까?

인간은 단순하지 않다. 태생적으로 아주 나쁜 사람은 없다. 그러나 어렵게 성장해서 크게 성공한 사람일수록 자신과 비교해서 남을 평가하는 경우가 많다. 자수성가한 사용자들이 노동조합을 적대시하는 경우가 많은 이유다. 그들은 다른 사람들이 노력은 덜하고, 요구만 많다고 생각한다. "내가 해봐서 잘 아는데…" 이명박 대통령이 자주 한 말이다. "내가 장사를 해봐서 아는데 열심히, 끈질기게 하면 된다." 장사가 안 된다는 재래시장 주인에게 한 말이다. 천안함 사태가 터지자 "내가 배를 만들어봐서 아는데 파도에도 그리 될 수 있다."라고 한다. 그러니 소통이 잘 될 리가 없다.

부자 정권의 시작과 노동운동 탄압

이명박 대통령은 747을 주요 공약으로 내걸었다. '7% 성장, 4만 달러 소득, 세계 7대 선진국'이라는 거창한 목표다. 경제성장에 대한 기대가 그를 대통령으로 뽑아주었다. 그러나 그것은 공약이었을 뿐이다.

이명박 정부 5년간 평균 경제성장률은 2.88%로, 역대 정권 중 최저 수준이었다. 노무현 정부의 4.3%보다도 크게 낮다. 노무현 정부 마지막 해인 2007년에 사상 처음으로 1인당 국민소득 2만 달러 시대를 열었는데 이명박 정부도 그 수준에 머무른다. 세계 7대 선진국이라는 목표는 노무현 정부 때의 14

위에서 15위로 밀려난다. 사람들은 747이 아니라 447이라는 얘기도 한다. 400만 실업, 400조 국가 부채, 700조 가계 부채가 그것이다. 경제성장이라는 환상을 심어주고 대통령이 되었으나 환상으로 끝났다.

2008년 2월 25일 취임식에 '함께 가요, 국민 성공시대!'라는 표어를 내걸지만 함께 가는 대상은 따로 있었다. 이명박 정부의 내각을 '고소영', '강부자' 내각이라 부른다. 연예인들의 이름을 빗대어 부자만을 위한 정권임을 풍자한 것이다. 고소영은 고려대, 소망교회, 영남권을 말하는 것이었고, 강부자는 강남의 땅 부자를 말한다. 부자들에게 세금을 줄여 준 것만 해도 기획재정부 추산으로 지난 5년간 63조8,000억 원 정도다. 국가 부채는 146조 원이나 증가하는 데 말이다. 아예 노골적으로 '비즈니스 프렌들리'라 하여 친기업 정부임을 감추지 않는다.

노동운동에 대한 탄압은 친기업 정부로서는 당연한 수순이다. "정치 노조, 강성 노조, 불법 파업을 없애겠다. …… 우리나라처럼 비효율적이고 불법적이고 극렬한 노동운동을 하는 곳은 없다." 이게 이 대통령의 인식이었다. 수많은 노동조합들이 투쟁을 해야 했다. 현재도 100개가 넘는 사업장이 투쟁 중에 있다. 가장 심각한 것은 '노사 관계법 제도 선진화'라는 이름 아래 진행된 노동법 개악이다. 노사 자율에 맡겨야 할 '노조 전임자에 대한 임금 지급 금지'와 '복수노조 창구 단일화' 등 악법으로 인해 민주노조운동은 큰 타격을 받는다. 역사의 수레바퀴가 거꾸로 가고 있다. 쌍용자동차를 비롯해 유성기업, 발레오공조, 보쉬전장, 철도, KEC, 한진중공업 등 수많은 곳에서 노동자들이 투쟁을 해야만 했다.

'불'을 부르는 정권

이명박 정부는 유독 '불'과 관련이 깊었다. 그가 대통령 당선자 시절이던 2008년 2월 국보 1호 남대문이 불탄다. 임기 시작 1년 후에는 촛불 시위가 벌어진다. 다음해인 2009년에는 용산에서 철거 반대 투쟁을 경찰이 무리하게 진압하다가 철거민 5명과 경찰특공대 1명이 사망한다. 진압 과정에서 시너 등에 의해 크게 불이 나서 희생자가 많았다. 안타까운 일이다. 하나 더 있다. 노동자가 스스로 몸에 불을 붙인다. 이병렬 열사에 대해서는 뒤에서 말하자.

2008년은 촛불의 해다. 너희들도 많이 참가했으니까 기억하겠지? 그 해 4월 이명박 정부의 '학교 자율화 정책에 따른 0교시 수업 허용' 등 교육 정책에 반발한 고등학생 100여 명이 주말마다 서울 청계 광장과 광화문 등에서 다양한 명목으로 '촛불 문화제'를 연다. 당시 집회 및 시위에 관한 법률은 해가 진 뒤에는 집회를 전면 금지했다. 집회 신고를 하려면 신문을 보고 일몰 시간을 알아봐야 할 정도였다. 대신 문화제는 허용한다. 이 점을 이용해 촛불 문화제를 시작한다.

기록을 보니 "5월 2일 인터넷 카페인 '이명박 심판을 위한 범국민운동본부'의 주최하에 오후 서울 종로구에 위치한 청계 광장 일대에서 미국산 쇠고기 수입 재개 조치에 반발해 촛불 집회가 열린다. 당초 주최 측은 이 집회를 참여 인원 300여 명 정도의 문화제로 예상하였으나, 실제 참석 인원은 이를 크게 상회하여 최소한 1만 명에 이르렀다."라고 인터넷 위키백과에 정리되어 있다. 광범한 촛불의 시작이다.

재판장! 만약 그대가 우리를 처형함으로써 노동운동을 쓸어 없앨 수 있다고 생각한다면 우리의 목을 가져가라! 가난과 불행과 힘겨운 노동으로 짓밟히고 있는, 그러면서도 해방되기를 애타게 원하고 있는 수백만 노동자의 운동을 없애겠다면 말이다! 그렇다. 재판장, 당신은 하나의 불꽃을 짓밟아 버릴 수 있다. 그러나 당신의 앞에서, 뒤에서, 사면팔방에서 끊일 줄 모르고 불꽃은 들불처럼 타오르고 있다. 그렇다. 그것은 들불이다. 당신이라도 이 들불을 끌 수 없으리라.

8시간 노동제를 위해 싸우다 1887년 사형을 당한 미국 노동자 스파이즈의 최후진술처럼 사방에서 들불이 번지듯 촛불이 붙었다. 촛불 시위는 이후 100일 이상 계속되면서 쟁점이 교육 문제, 대운하, 공기업 민영화 반대 및 정권 퇴진 등으로 점차 확대된다. 이명박 정부가 추진하는 모든 정책이 국민적 저항에 부딪힌 셈이다.

이명박 대통령은 처음 촛불 집회에 1만 명이 참석했다는 보고를 받고 촛불을 누구 돈으로 샀는지, 누가 주동자들인지 보고하라며 생뚱맞은 반응을 보인다. 그러나 촛불이 예상 외로 번지자 5월 22일 기자회견을 통해 사과한다. "정부가 국민들께 충분한 이해를 구하고 의견을 수렴하는 노력이 부족했습니다. 국민의 마음을 헤아리는 데 소홀했다는 지적도 겸허히 받아들입니다. 국민 여러분께 송구스럽게 생각합니다."

그럼에도 불구하고 촛불은 잦아들지 않고 더 번진다. 1987년 6월 항쟁 21주년을 기념한 6월 10일, 촛불 시위 이래 사상 최대인 70만 명이 참가한다. 민주주의를 위한 6월 항쟁이 재현된 셈이다. 이명박 대통령은 자책했다. "지난 6월 10일 광화문 일대가 촛불로 밝혀졌던 그 밤에 청와대 뒷산에 올라가 끝없이 이어진 촛불을 바라봤다. 캄캄한 산중턱에 홀로 앉아 시가지를 가득 메운 촛불의 행렬을 보면서 국민들을 편안하게 모시지 못한 내 자신을 자책했다. 늦은 밤까지 생각하고 또 생각하고 수없이 내 자신을 돌이켜보았다."
그러나 그 자책은 오래 가지 않았다.

촛불 시위 내내 경찰과 크고 작은 충돌이 이어진다. 경찰은 방패로 사람들을 찍기도 하고, 물대포로 물을 발사하고, 소화기를 뿌리기도 했다. 그리고 행진을 막기 위해 컨테이너 박스를 설치하고 서로 용접한 후 바닥에 철심으로 고정시켜 바리케이드를 쳤다. 이에 네티즌들은 "경축! 08년 서울의 랜드마크 명박산성"이라는 현수막을 컨테이너에 붙여 조롱한다. 명박산성의 탄생이다. 헌법재판소는 2009년 9월 24일 야간 집회 금지 조항에 헌법 불합치 판정을 내린다. 촛불로 인해 야간 집회도 가능하게 된 셈이다.

노동자 이병렬의 분신

그렇게 촛불이 타오르기 시작하던 2008년 5월 25일 오후 6시, 전주 코아백화점 앞에서 마흔한 살 노동자 이병렬이 분신한다. 미국산 쇠고기 수입 반대, 이명박 정권 타도를 주장하는 유인물을 시민들에게 뿌렸다. 우리 연맹 산하 전북평등노조 조합원이자, '이명박 탄핵 투쟁 연대'라는 카페의 회원이기도 했다.

> 5월 3일 광우병 파동 다시 시작! 촛불 집회가 지역에서도 5월 2일부터 시작되었다. 전선은 불붙었다. 중고생부터 대학생까지 광범위하게 일게 방관만 할 것인가? 우리가 나서야 한다. 2선, 3선에서 조심스럽게 그들에게서 그들을 보호해야 한다.
>
> _이병렬 열사 유서 중에서

환자를 긴급하게 전주에서 서울 영등포 성심병원으로 이송한다. 그 병원이 화상 치료를 제일 잘하는 병원이다. 근로복지공단 이용석 열사도, 한독택시의 허세욱 열사도 거기서 치료를 받았다. 우리는 이송과 동시에 병원 앞에는 천막을 치고, 쾌유를 비는 촛불 집회를 이어간다. 당시 연맹에 열사 투쟁을 해 본 사람이 많지 않아서 나하고 곽노충 국장이 담당했다.

수술 후 상태가 호전되기도 했으나 결국 6월 9일 한 많은 세상과 이별을 한다. 시청 앞 광장에서 열린 노제와 전주 코아백화점 앞 추모제를 끝내고 광주 영령들이 묻혀 있는 망월동에 모셨다. 사람이 생사의 갈림길에 서 있는 것을 보는 건 힘든 일이다. 그 유족들을 보는 건 더욱 힘든 일이다.

다른 투쟁들이야 살아있는 사람들하고 갈등도 있지만 즐거움도 많다. 그러나 열사 투쟁의 경우는 사람이 죽은 문제고, 특히 유족들의 나머지 삶을 감당해야 한다는 문제가 생긴다. 때문에 어떤 경우에는 회사와 유족 보상 문제로 시간이 많이 걸리기도 한다.

이병렬 열사를 땅에 묻으며 오열하는 유족과 노동자들.

저희 학교 급식 담당 아주머니에게 '이 쇠고기 미국산 아니죠?'하고 물어보고 먹어야 하는 현실이 안타깝다. 고3이 이렇게 나와서 촛불을 드는데 쇠고기와 학교 자율화, 대운하와 민영화와 같은 나쁜 정책이 백지화되었으면 좋겠다. 이런 것들이 백지화되지 않으면 고3이 공부해도 의미가 없다. 될 때까지 촛불을 들자!

고3이라고 밝힌 여학생이 추모제에서 남긴 말이다. 노동자들은 이병렬 열사가 말한 대로 2선, 3선에서 너희들을 조심스럽게 보호하며 촛불을 이어간다. 촛불 덕분에 은지 너를 거리에서 만날 수 있었다. 정말 좋았다. 당시 고등학생인 너는 친구들과 같이 시청 혹은 청계 광장에 왔다. 나는 너희들과 같이 집회에 참석도 하고, 무교동에 가서 맛있는 낙지도 먹었다. 아마도 우리 세대의 많은 사람들, 광주를 겪은 수많은 '518 세대'들이 그랬을 것이다. 그것 하나만은 이명박 대통령에게 감사할 일이다.

촛불 집회 때 인연을 맺은 네티즌들과는 '공감'이라는 조직을 만들어 2009년과 2010년 함께 활동을 하기도 했다. 그들의 이름은 아직도 모른다. 여름비, 깍지, 보라, 애기천사, 승주나무 등의 ID로만 만났기 때문이다. 내겐 새로운 경험이었다. '공감'은 부드러운 이름이었지만 실은 '사회 공공성 파괴 감시와 저지를 위한 공동 행동'의 약칭이었다. 촛불이 준 감동은 노동조합의 집회 문화를 많이 바꾸어 놓았다.

박종태 열사

우리 연맹 산하에 '화물연대'라는 노조가 있다. 2002년 10월 27일 출범한 화물차 운전사들의 노동조합이다. 트레일러, 카고, 탱크로리 등 대형 차량은 물론 택배를 하는 1톤 트럭 운전사들까지 가입해 있다. 컨테이너, 시멘트, 석회석, 유류, 곡물, 일반 짐 등 주로 화물을 운송하는 운전사들로 구성된 노조다. 이들은 촛불이 한창 진행 중일 때 "국민 생명을 위협하는 미국산 쇠고기의 운송을 거부하겠다."는 방침을 발표하여 국민들의 지지를 받는다. 캐나다에 사는 교포가 고맙다며 연맹에 떡을 보내주기도 한다.

실제 물류 창고에서 쇠고기가 나가는 것을 막기도 했다. 촛불 시위가 한창이던 2008년 6월 30일 용인에서 가까운 곳에 있는 강동냉장이라는 곳을 막고 집회를 하다가 사람들이 연행됐다. 일반 교통방해 및 업무방해 혐의였다. 촛불 시위로 7월 1일까지 모두 1,045명이 연행되었다는데 이 숫자에는 나와 그 자리에 있던 24명의 사람들도 포함된다. 너무 오랜만에 경찰서 유치장에서 하루 밤을 보냈다. 2년이 지나서야 재판 결과 무죄가 된다.

> 날고 싶어도 날 수 없고 울고 싶어도 울 수 없는 삶을 살아가는 모든 이가 행복하고 서로 기대며 부대끼며 살아가길 바랍니다. 복잡합니다. 동지들 어떻게 살 것인가를 먼저 생각하면서 그 속에 저도 남겨 주시면 감사하겠습니다.
>
> _박종태 열사 유서 중에서

또 노동자가 죽었다. 메이데이를 앞두고 우리는 박종태라는 사람을 찾아야만 했다. 그가 4월 30일 민주노동당 광주시당 홈페이지에 "투쟁을 반드시 승리할 수 있도록 바쳐야지요. 함께하지 못해서 죄송합니다."라는 어떤 암시를 주는 글을 남기고 종적으로 감췄기 때문이다. 당시 수배 중이던 그를 경찰이 잡는 게 차라리 낫다 싶어 실종 신고도 했다. 우리는 메이데이 당일 행사장에서 그의 사진을 들고 흩어져서 찾아 봤지만 별 일이 없어서 안심했다.

박종태 열사 장례 행렬.

그러나 그게 아니었다. 도대체 무슨 일이 있었던 걸까? 무엇이 어린 두 남매를 두고서 목숨을 끊게 만든 것일까?

대한통운이라는 회사가 있다. 유통업계 1위의 큰 회사다. 2009년 1분기에만 5,410억 원을 번 회사다. 대한통운은 그해 1월에 택배 물품 1개당 수수료를 30원 인상하기로 노조와 구두로 합의했다가 3월엔 없던 것으로 하겠다고 일방 통보했다. 당연히 노조는 반발했다. 조합원들은 항의 표시로 그동안 해왔던 분류 작업을 하지 않았다. 사실 회사가 할 일인데 그동안 그냥 해줬던 것이다. 그러자 대한통운은 이를 빌미로 근무지 이탈이라며 78명의 조합원에게 해고를 통보한다. 달랑 문자 한 통으로 말이다. 3월 16일의 일이다.

이후 해고자들을 복직시키기 위한 투쟁이 시작된다. 그 과정에서 박종태는 수배되고, 조합원들은 광주에서 올라와서 대한통운 대전지사 앞에서 투쟁을 한다. 매번 그렇지만 경찰들은 법을 앞세워 항상 사용자 편을 든다. 천막을 쳤다는 등의 이유로 4명의 조합원이 연행된다. 수배 중인 박종태는 모든 것을 지켜볼 수밖에 없었다.

그리고 마침내 대전지사가 훤히 내려다보이는 나지막한 언덕 위 아카시아 나무에 "대한통운은 노동 탄압을 중단하라"는 현수막을 목에 걸고 스스로 목숨을 끊는다. 그가 발견된 것은 2009년 5월 3일이다. 소식을 듣고 부리나케 대전 중앙병원으로 내려가 대책위원회를 꾸렸다. 그리고 그가 자결한 언덕에 주저앉아 담배 한 대를 피우며 대한통운을 바라봤다.

"벚꽃이 지기 전에 이 싸움을 이기고 아이들과 놀러가고 싶다던 남편입니다. 싸움은 아직 끝나지 않았고, 벚꽃이 모두 지고, 아카시아 꽃이 무리지어 필 때 싸늘한 시신으로 돌아왔습니다. 이제 저는 매년 봄마다 벚꽃, 아카시아 꽃을 볼 여유가 없을 것 같고, 그 꽃과 그 나무들이 원망스럽기만 합니다." 부인의 절규가 지금도 가슴을 친다.

화물연대와의 인연

연맹과 화물연대에서 내게 교섭을 맡아 달라고 했을 때 나는 거절했다. 무엇보다 화물연대라는 조직을 잘 몰랐다. 교섭을 하려면 일단 노조를 잘 알아야 하고, 그들이 나를 믿어야 한다. 그런데 그런 조건이 하나도 안 맞았다. 특히 사람이 죽은 가운데 열리는 교섭은 감당하기 어렵다. 설령 요구의 100%를 다 따내더라도 만족할 수 없다. 사람에 대한 애정은 어떤 것으로도 대신할 수 없기 때문이다.

이랜드 투쟁이 한창이던 어느 날 상암동 월드컵 경기장에 있는 점포에 진입하기 위한 투쟁이 있었고, 여기에 연대 동참했던 화물연대 조합원들이 연행돼 서대문 경찰서로 이송된다. 당시 연맹 대외협력실장이던 나는 당연히 면회를 갔다. 거기서 화물연대 본부장인 김달식과 처음 만난다.

개띠에 연대 출신이라고 했다. 당연히 나보다 나이가 더 많은 '58년 개띠'인 줄 알았다. 다부진 인상이 그래 보였다. 집에 오는 데 그에게서 "형님 잘 들어가십시오."라는 문자가 온다. 답장을 보냈다. "왜 이러십니까? 장난하지 마십시오." 그런데 알고 보니 개띠이긴 한데 생각한 것보다 12살 어린 개띠였고, 연대 출신이라는 것은 화물 '연대' 출신이라는 말이었다. 깨끗하게 속은 셈이다.

그는 처음에는 동화상운이라는 회사에서 노조에 반대하는 편에 서서 활동하다가 '막내'라 불리던 어린 노동자가 사고로 사망했을 때 회사가 보여준 기만적이고 야비한 태도에 분노해 180도 다른 인생을 살게 되었다. 물론 이런 사실도 2003년 5월 포항에서 진행된 8일간의 영웅적 투쟁을 다룬 배성훈 동지가 쓴 『물류를 멈춰 세상을 바꾸자』라는 책을 통해 나중에 알게 됐다. 아무튼 이런 일이 인연이 돼 나는 교섭 책임자가 됐다.

대한통운이라는 거대 자본은 교섭에 나오지 않았다. 한진중공업도, 쌍용자동차도, 재능교육도 그렇다. 정부와 자본가들은 화물연대 조합원들을 비롯한 택배 운전자들을 노동자라고 인정하지 않았다. 자기 차를 소유한 사장들이고 화주와 1대 1 관계를 맺어서 영업을 하는 사람들이라는 이유다. 현실에서는 열악한 조건에서 일하는 노동자인데, 법적으로는 사장님이라는 거다. 정부는 그들이 파업에 들어가면 면허를 취소하고, 유류 보조금 지급을 중단하겠다고 협박했다. 하지만 화물연대와 민주노총은 투쟁을 통해 그들을 교섭 장소로 끌고 나올 수 있었다.

크고 작은 마찰이 몇 번 있은 후 5월 16일 화물연대는 조합원 찬반 투표를 통해 총파업을 결의했다. 비가 추적추적 내리던 그 날 집회 후 거리 행진을 했다. 열사가 모셔져 있는 대전 중앙병원을 거쳐 대한통운까지 가려는 것을 경찰이 막는다. 가려는 사람과 그걸 막으려는 사람들 사이에 충돌이 일어난다. 전국에서 동원된 110개 중대 1만6,000여 명의 중무장한 경찰 병력은 물대포와 최루탄을 쏘아댄다. 이에 대항해 노동자들은 '열사 정신 계승, 원직 복직, 화물연대 인정'이라는 문구가 적혀 있는 검은 만장을 떼어냈다. 그리고 대나무로 경찰의 방패와 곤봉에 맞섰다. 마침내 노동자들은 경찰을 몰아내고, 대한통운까지 1.4킬로미터의 행진을 마치고 돌아왔다.

그런데 갑자기 경찰들이 뒤에서 폭력적으로 연행을 시도했다. 아파트 벽이 길게 서 있어 도망갈 곳도 없고, 가로등도 거의 없는 어둠 속에서 노동자들은 무수히 맞고 연행된다. 주변 아파트로 도망간 사람들까지 마구 짓밟았다. 나도 무차별 연행을 피해 도망칠 수밖에 없었다.

조끼나 우비를 입은 사람은 무조건 연행하라는 지시를 받은 경찰은 고속도로 톨게이트에서 차량을 일일이 검문검색하며 집회 참가자들이 탑승했는지를 확인하고 조금이라도 의심되면 연행했다. 금호타이어노조 경우 조합원들이 탄 버스가 통째로 연행됐다. 경찰은 시위대가 만장 깃대를 죽창으로 만들어 '흉기'로 사용하며 폭력을 휘둘렀다고 발표했다. 이날 집회로 457명이 연행되고, 154명이 부상당한다. 방송차도 압류된다. 그 중 20명이 구속됐다. 투쟁이 끝난 후 김달식 본부장과 윤창호 사무국장 등도 구속됐다.

영안실에서 매번 잘 수는 없는 일이어서 나는 서울로 올라간 대전 출신 연맹 상근자 집에서 출퇴근하며 그렇게 한 달여를 보내고, 52일 만인 6월 20일 열사를 망월동에 묻었다. 바로 전해 분신한 이병렬 열사 옆에 말이다. 스스로를 "특별하지 않은 사람"이라고 불렀던 박종태 열사는 그렇게 갔다.

'물' 길을 막는 정부

촛불이 한창 진행 중이던 5월 어느 날, '한반도 물길 잇기 및 4대강 정비 계획의 실체는 대운하입니다.'라는 제목의 글이 다음 아고라에 올라왔다. 우리 연맹 산하 공공연구노조 건설기술연구원 김이태 박사의 양심선언이었다. 그는 조합원이다. 김박사의 양심선언은 촛불이 번지는 데 큰 역할을 한다. 이명박 대통령은 이에 밀려 핵심 대선 공약이던 한반도 대운하 사업을 국민이 반대한다면 추진하지 않겠다고 말했다. 그러나 그런 약속은 오래 가지 않는다. 최초 대운하 공약이 나왔을 당시 국민 세금 한 푼 안들이고 민간인 투자로 유치하겠다고 강조했다. 그러나 대운하 공약이 4대강 사업으로 바뀌면서 세금 22조 원이 투입됐다.

양심선언 당시 징계는 없다던 건설기술연구원은 여론이 잠잠해지자 김이태 박사에 대해 3개월 정직이라는 중징계를 했다. 이를 막으려던 곽장영 등 노조 간부 3명에 대해서도 해고 등의 추가 징계를 했다. 곽장영은 네가 어렸을 때 "꽉 아저씨"라면서 따르던 그 사람이다. 그가 아는 사람 하나 없는 안동으로 쫓겨났을 때 가본 적이

김이태 박사 징계를 규탄하는 공공연구노조 기자회견.

있다. 허허벌판 이제 막 짓는 건물에 자리조차 없는 사무실로 내 몰았다. 나가라는 얘기였다. 이런 과정에서 400여 명이던 조합원 중 330여 명이 탈퇴하기도 했다. 물론 이후에 모두 부당 해고로 판명되어 복직한다. 복직이 된다고 그들이 겪은 아픔이 풀어지는 건 아니다. 이명박 대통령은 임기가 끝날 때까지 4대강을 모두 뒤집어 놓는다. 그러나 화물연대의 쇠고기 운송 거부 운동과 김이태 조합원 때문에 노동조합에 대한 사회적 인식이 조금이나마 좋은 쪽으로 바뀌게 된다.

★ 쌍용자동차와 조현오 경찰청장

조현오라는 경찰을 기억하자. 그는 2009년 쌍용자동차 노동자들의 77일간의 투쟁을 무력으로 진압한 공을 인정받아 경찰청장이 된 사람이다. 2004년 쌍용자동차는 중국 상하이 차에 매각되었고, 중국은 기술 이전이라는 목적을 달성한 후인 2008년 12월 운영자금이 없다며 7,000여 명의 직원 중 3,500명을 정리하지 않으면 철수하겠다고 통보한다. 결국 2,026명의 희망 퇴직자와 정리 해고자 159명, 무급 휴직자 455명 등 2,600여 명이 공장을 떠난다. 정리 해고를 실시하려는 회사에 맞서 노동조합이 선택할 수 있는 길은 투쟁밖에 없었다.

2008년 뜨거운 여름, 기나긴 투쟁이 있었다. 평택역에서 집회를 하고, 쌍용자동차 정문까지 행진하는 길에 하늘에서는 헬리콥터에서 최루액을 뿌렸고, 회사에 붙어야 정리 해고를 면할 수 있다는

쌍용차 노동자들의 점거 농성을 진압하는 경찰.(사진=이명익 ©)

신념을 가진 구사대는 집회 도중 각목을 들고 우리를 쫓아오기도 했다. 어느 날인가 그들은 도로에 세워진 민주노총 산하 노동조합의 모든 방송 차량의 유리창을 깨버리기도 했다.

농성 77일 되는 날 경찰이 투입된다. 지금 봐도 끔찍하고, 잔인하게 경찰들은 노동자들을 진압한다. 당시 상황을 언론은 이렇게 쓰고 있다.

"2009년 쌍용자동차 노동자들에 대한 살인 진압은 그야말로 80년 광주였다. 하늘에선 농약 살포하듯 최루액이 쏟아지고, 용산 참극의 살인 도구인 컨테이너 박스 3개 속에 중무장한 경찰특공대를 가득 싣고, 고무 총탄과 테이저건이 살인의 표적을 찾아다녔다. 살갗이 녹아내리는 최루액이 '인체에 무해하다'라는 경찰의 주장은 스티로폼이 눈 녹듯 녹아내려도 계속됐다. 결국 경찰의 살인 진압이 시작됐고 실시간으로 방송되는 살인 장면으로 인해 정책부장의 아내는 자결했다. 자결의 배후엔 당시 진압을 진두 지휘했던 경기 경찰청장인 조현오가 있었다."

초고속으로 승진한 조현오는 노무현 대통령이 사망하자 기동부대 지휘 요원을 대상으로 한 워크숍에서 "노무현 대통령이 무엇 때문에 죽었나? 뛰어내리기 전날 거액의 차명계좌가 발견됐다. 당시 특검 이야기가 나왔으나 부인 권양숙 여사가 민주당에 이야기해 특검을 못하게 했다."는 말을 했다. 모두 거짓말이었다. 그는 이 글을 쓰는 며칠 전 명예훼손 등으로 법정에서 바로 감옥으로 가는 처지가 된다.

5년이 지나는 동안 쌍용자동차에서는 24명이 스스로 목숨을 끊었고, 2013년 3월 현재 높은 철탑 위에서 3명의 노동자들이 백일 넘게 투쟁을 하고 있다.

2010년대와 진보 정당, 그리고 죽음들

새벽 3시, 고공 크레인 위에서 바라본 세상은 어떤 모습이었을까요? 100여일을 고공 크레인 위에서 홀로 싸우다가 스스로 목숨을 끊은 사람의 이야기를 접했습니다. 그리고 생각했습니다. 올 가을에는 외롭다는 말을 아껴야겠다구요. 진짜 고독한 사람들은 쉽게 외롭다고 말하지 못합니다. 조용히 외로운 싸움을 계속하는 사람들은 쉽게 그 외로움을 투정하지 않습니다. 지금도 어딘가에 계시겠죠? 마치 고공 크레인 위에 혼자 있는 것 같은 느낌, 이 세상에 겨우 겨우 매달려 있는 것 같은 기분으로 지난 하루 버틴 분들, 제 목소리 들리세요? _정은임의 <영화음악>, 2003년 10월 22일 오프닝 멘트 중에서

또 10년이 지나갔다. <불나비>라는 노래 중에 '다행히도 난 아직 젊은이라네.'라는 구절이 있다. 내가 처음 그 노래를 배울 때 그 구절을 "다행히도 우린 아직 이십대라네."라고 바꿔 불렀는데 어느 새 오십대가 되어 버렸다. 여의도 농성장에서 맞이한 새로운 천년이라는 2000년대다. 민주노동당을 만들면서 노동자 정치를 꽃 피우는가 했더니 갈기갈기 찢어졌다. 그리고 남은 것은 노동자들의 처절한 저항뿐이다.

위에 인용한 말은 1995년 진행하던 FM 방송에서 하차했던 정은임이라는 여자 아나운서가 8년 만에 자신이 진행하던 프로그램에 복귀하면서 한 방송에서 한 말이다. 그는 첫 방송에서 고공 크레인 위에서 농성하다 죽은 김주익 열사를 기린다. 영화 음악을 진행하면서 따뜻한 가슴으로 노동자를 이해한 사람이다. 교통사고로 유명을 달리한다. 아까운 일이다. 그런 사람이 거의 없어서 더욱 안타깝다.

이명박 "노조와 타협하지 마라"

2010년 4월 1일 내가 일하는 공공운수연맹은 공공운수노조 준비위원회를 구성했다. 기업별 노조에서 산업별 노조로 합치기 위한 방안이었다. 나는 또 다시 조직팀장이 된다. 당시 이명박 정부의 노골적인 노조 탄압으로 인해 발전, 철도, 국민연금, 가스, 서울도시철도, 공공연구노조 등이 개별적으로 투쟁을 벌이고 있었다. 이를 하나로 모아 '민주노조 사수를 위한 공동대책위원회'를 구성한다. 9월 초 서울 광화문 동화면세점 앞에서 천막을 치고, 이상무 위원장과 이운복 공공연구노조 위원장이 단식투쟁을 하기도 했다. 광화문은 특히 차가 많이 지나다녀서 잠을 자기가 힘들다. 시끄럽고 매연도 장난이 아니다. 이어 10월에는 여의도 국회 앞에서 농성을 이어 간다. 그런 곳에서 투쟁을 해야 할 만큼 이명박 정부의 노조 탄압이 심했다. 단적으로 철도노조의 경우만 보자.

철도노조는 2009년 11월 24일 일방적인 '단체협약 해지' 통보를 받는다. 서로 신의를 가지고 지키기로 하고 도장을 찍은 계약서를 회사가 찢은 거나 마찬가지다. 노조를 파괴하기 위해서다. 노조 파업을 유도하기 위해 일부러 그랬다는 사실이 나중에 드러났다. 언론은 1999년 조폐공사 파업 유도 사건과 유사하다고 보도했다.

　조폐공사의 파업 유도 사건이란 당시 대검찰청 공안부장이던 진형구라는 사람이 술에 취해 "1998년 11월에 발생한 조폐공사의 파업은 공기업 구조조정의 전범으로 삼기 위해 공안 당국이 유도한 것"이라고 놀라운 사실을 자랑하면서 세상에 드러났다. 그는 당시 조폐공사 사장에게 전화를 걸어 "파업이 발생하면 검찰이 강력하게 대처할 테니 조폐창 통폐합을 밀어붙이라."고 권하고 이에 조폐사장이 직장 폐쇄 등 초강경책을 밀어붙여 노조의 파업을 유도한 사건이다. 정부가 일부러 투쟁을 하도록 만든 전대미문의 파렴치한 사건이다.

　이와 유사한 행위가 10년 뒤에 철도노조에서도 반복된 것이다. 철도노조는 일방적인 단체협약 파기에 반발하여 11월 26일부터 파업에 들어간다. 합법적인 파업이었다. 그러나 이명박 대통령이 끼어들면서 갑자기 정부의 강경 대응이 시작된다. 이 대통령은 "적당히 타협하고 가서는 안 된다. 공기업 노조가 파업을 하는 것을 국민들이 이해하기 힘들다."고 말했고, 이 한 마디가 떨어지기 무섭게 정부는 강경 모드로 전환한다. 노조는 9일 만인 12월 4일 조건 없이 업무에 복귀했지만, 철도공사는 노조 간부 169명을 해고 처분하고 단순 파업 참가만으로 모두 1만1,588명을 징계했다. 직위 해제자만 980명에 달했다.

　그 중에는 파업 돌입 5일 전에 결혼하고 신혼여행 중이던 사람도 있고, 심장병 수술이 예정되어 있어 병원에 입원해 있던 조합원도 있었다. 사실 확인도 하지 않은 셈이다. 또 직위 해제 처분 통지서를 집으로 보내 가족들이 놀라게 하고, 불안감을 느끼게 하기도 했다. 상당히 악의적이다. 수억 원의 손해배상도 청구한다.

현장에 더 가까이 가기 위해 대전으로

이런 투쟁을 모아서 공동 대응도 하고, 김도환 연맹 위원장과 전국을 순회하기도 한다. 하나의 노조로 만들자는 마음을 모으기 위해서다.

공공운수노조 준비위원회가 2011년 4월 30일까지 산별노조를 건설하기로 결정한 후 나는 산별 전환을 위한 '100일 행동'을 제안하고, 지방 근무를 자청한다. 강원, 대전충남, 충북 지역의 노조를 총괄하는 중부권 추진팀장이 되어 대전으로 내려간다. 은지 네가 고등학교 3학년이었는데도 말이다.

"아빠 일요일에도 나갈 때도 있다. 아빠 내가 전에 일요일 토요일 인형극 봐야 된다고 했는데. 아빠 한 번 말하면 못 알아들어요. 그렇지만 아빠 좋다." 네가 일곱 살 때 쓴 일기 내용이다. 항상 바쁘게 돌아다니고, 집에는 거의 늦게 오거나 안 들어가는 일이 많았다.

은지 너는 물론 네 동생 은수와도 같이 놀아주지도 못했다. 언젠가 "아빠가 일찍 집에 들어와서 좋았다."는 네 일기를 보고 그러려고 결심도 했다. 그러나 못했다. 그만큼 가정에 소홀했다. 그런데 이번에는 아예 짐을 싸서 집을 나온 셈이다.

그 후 1년은 대전에서, 그리고 1년은 청주에서 자취방을 얻어 생활했다. 나이 오십이 넘어 다시 자취를 하는 것도 쉽지는 않았지만 그런 나를 봐 준 네 엄마도 대단하다. 너희들과 네 엄마에게 두고두고 미안한 일이다. 덕분에 어렸을 때는 곧잘 나를 따르던 은수와도 거리가 생겼다. 가장 민감하게 성장할 시기에 같이 하지 못했으니 뭐라 할 말도 없다. 아쉽다.

아! 한진중공업

'희망버스'라는 게 있었다. 2011년은 희망버스의 해라고 해도 좋다. 이제 막 대학생이 된 너와 같이 부산에 가보고 싶었다. 부산 한진중공업에서 너희 학교 학생들도 많이 만났다. 내가 대전과 청주에 있는 바람에 같이 가자는 말도 못했는데, 촛불 때처럼 또 같이 했으면 좋았을 텐데 하는 아쉬움이 컸다. 김진숙이라는 이름을 들어봤는지 모르겠다. 그 여성 노동자가 한진중공업 영도조선소 내 85호 크레인에 올라간 후 트위터를 통해 지상에 있는 사람들과 소통하는 바람에 나도 트위터를 본격적으로 하게 됐다. 네 외할머니가 돌아가셨을 때 그 크레인 위에서 조의금을 보낸다고 해서 놀란 기억도 있다. 그는 사람에 대한 애정이 많다. 그 한진중공업의 기막힌 얘기를 하자.

2003년 10월 17일, 한진중공업 김주익은 85호 크레인 농성에 올라가 투쟁을 하다 스스로 목숨을 끊었다. 당시 노조 대표인 지회장이었다. 폭우가 쏟아지던 6월 11일. 혼자 35미터 상공으로 올라간 지 129일 되는 날이었다. 그리고 며칠 뒤인 10월 30일 곽재규라는 또 한 명의 노동자가 스스로 목숨을 끊는다. 김주익 열사의 죽음에도 불구하고 한진중공업이 꿈쩍도 하지 않자 부서 동료 3명과 함께 85호 크레인을 찾아 마지막 조문을 한 후 "우리가 죄인이다."라는 마지막 말을 남기고 도크에 몸을 던진 것이다. 앞서 얘기했던 1991년 5월 6일 의문의 죽음을 당한 박창수 열사에 이어 한진중공업에서만 세 번째 죽음이었다. 김진숙의 말대로 "1970년에 죽은 전태일의 유서와 2003년 김주익의 유서가 같은 나라"의 모습을 생생하게 보여준다.

그리고 시간이 흘러 2011년 1월 6일 새벽, 이번에는 살을 에는 추위 속에 김진숙 민주노총 부산본부 지도위원이 같은 크레인을 오른다. 그의 말이다.

85호 크레인 위로 오르던 저는 직각으로 이어지는 계단 하나를 탁 잡았습니다. 순간 날카로운 칼날이 심장을 쓱 베며 지나갔습니다. 세상을 향해 처절히 절규했으나 아무도 귀 기울이지 않는 이 단절의 공간에서 세 아이의 아버지이자 노동자의 대표였던 김주익 지회장이 그 무거운 짐을 비로소 내려놓았던 그 자리라는 것을 직감했습니다. 저는 지금 주익 씨가 앉았던 자리서 그가 마지막으로 보고 간 세상의 풍경을 봅니다.

참으로 기막힌 이야기가 아닐 수 없다. 그는 김주익 열사가 죽은 이후 죄책감에 방에 보일러를 켜지도 않고 지냈다고 한다. 85호 크레인에 오르기 전 "김주익 씨가 못해 봤던 일, 너무나 하고 싶었으나 끝내 못했던, 내 발로 크레인을 내려가는 일을 꼭 하겠다. 그래서 이 85호 크레인이 더 이상 죽음이 아니라, 더 이상 눈물이 아니라, 더 이상 한과 애끓는 슬픔이 아니라, 승리와 부활의 자리가 되도록 아직도 85호 크레인 주위를 맴돌고 있을 김주익 씨의 영혼을 안고 반드시 살아서 내려가겠다."라는 내용이 담긴 편지를 남겼다. 2010년 12월 15일, 경영 악화를 이유로 한진중공업이 생산직 근로자 400명을 희망퇴직 시키기로 결정한 것을 막아내기 위해서였다.

아침 조회 시간에 나래비를 쭉 서 있으면 아저씨들 등짝에 하나같이 허연 소금꽃이 피어 있고, 그렇게 서 있는 그들이 소금꽃나무 같곤 했습니다. 그게 참 서러웠습니다. 내 뒤에 서 있는 누군가는 내 등짝에 피어난 소금꽃을 또 그렇게 보고 있었겠지요. 소금꽃을 피워내는 나무들, 황금이 주렁주렁 열리는 나무들, 그러나 그 나무들은 단 한 개의 황금도 차지할 수 없는.

_김진숙 『소금꽃 나무』 중에서

땀에 절어 소금꽃이 피어 있는 작업복 얘기다. 그렇게 열심히 일만하는 노동자들을 한진중공업은 걸핏하면 구조조정을 핑계로 정리 해고 한다. 2000년에 600여 명, 2010년에 다시 400여 명이다. 노조 간부에 대해 손해배상, 가압류로 반복한다. 그러나 어디 그게 한진중공업만일까?

김진숙이 85호 크레인에 올라간 지 한참 뒤인 6월에야 '희망버스'라는 게 만들어졌다.

"벌써 세 차례 계절이 지나도록 우리는 가끔씩 풍편에 흘려듣고 지나쳐버리곤 했다. 언제부터인가 정보와 기사의 홍수 속에서 나를 포함한 많은 사람들이 신문을 보지 않게 되었고 대부분의 언론들은 기사로 취급하지 않았기 때문이었다. 하지만 그녀는 트위터를 통해서 세상을 향하여 구조 신호를 보내기 시작했고 이것이 태풍의 눈이 될 줄을 누가 알았을까. '희망버스'는 그에 대한 최소한의 응답에서 시작되었다. 우리는 당신의 존재와 당신이 처해 있는 입장을 이해하고 당신의 주장에 동감한다는 작은 행동이었다." 소설가 황석영의 말이다.

희망버스는 민주노조운동이 힘겨워 하고, 진보 정당도 분열되어 있는 상황에서 그야말로 '희망'이었다. 이래저래 보기 힘들었던 사람들이 물어왔다. "혹시 내일 부산 와요?" 많은 사람들을 거기서 봤다. 한때 노조 위원장이었다가 현직으로 돌아간 사람들, 지방에 있어서 자주 못 보던 사람들을 김진숙 지도위원 때문에 만났다. 비도 맞고, 먼 길을 걷고, 경찰을 피해 낯선 골목길을 헤매고, 밤을 새워야 하는 일정이었지만 즐거웠다. 끽해야 김진숙 지도위원의 얼굴도 제대로 못 보고 핸드폰을 통해 음성을 듣는 것이 다였지만 그래도 거기엔 사람이 있었다. "올라갑니다. 그래도 목소리 두 번 듣고, 손 흔드는 것도 보고 해서 지난번보다는 다행! 다음에는 또 조금 나아지겠지요?" 당시 내가 김진숙 지도위원에게 트위터로 보낸 내용이다.

마치 첫사랑을 하는 사람처럼 사람에 대한 애정과 들뜸이 있던 때였다. 때로는 최루액을 섞은 물대포를 맞기도 하고, 꼬박 밤을 새운 채 아스팔트 위에서 잠을 자기도 했다. 50여 명이 연행되기도 했다. 그러나 그때 거기엔 희망이 있었다. 김진숙 지도위원은 거의 1년이라 할 309일을 혼자서 그 높은 곳에서 투쟁하다 2011년 11월 10일 노사 합의에 의해 내려왔다. 약속대로 죽지 않고 살아서 내려온 것이다. 그가 내려오던 날 가슴에 있는 무거운 돌덩이를 내려놓은 기분이었다.

박근혜 시대의 개막과 다시 한진중공업

그런데 대통령 선거가 끝나고 이틀 뒤인 2012년 12월 21일 다시 또 한 명의 한진중공업 노동자가 스스로 목숨을 끊었다. 최강서라는 젊은 노동자다. 네 번째 죽음이다. 김진숙 지도위원의 1년 가까운 투쟁 후에 한진중공업은 158억 원이라는 거액의 손해배상을 청구한다. 그가 세상을 뜨면서 남긴 유서 내용이다.

"나는 회사를 증오한다. 자본 아니 가진 자들의 횡포에 졌다. 민주노조 사수하라. 손해배상 158억 철회하라. 태어나 듣지도 보지도 못한 돈 158억. 죽어라고 밀어대는 한진 악질 자본. 박근혜가 대통령 되고 5년을 또…… 돈이 전부인 세상에 없어서 더 힘들다."

2013년 1월 5일 집회를 하러 간 부산 한진중공업 본사 건물에는 버젓이 "Build Your Dream!"이라고 붙어 있었다. 그들이 정말 꿈이 무엇인지나 아는 사람들일까? 노동자들의 소박한 꿈을 철저히 짓밟고 파괴한 그들이 말이다. 투쟁 66일 만인 2월 24일에야 겨우 장례를 치를 수 있었다. 박근혜 대통령 당선 직후 모두 5명의 노동자가 절망 끝에 목숨을 끊었다. 전염병처럼 번지는 이 절망의 벽을 어떻게 해야 허물 수 있을까?

이 글을 쓰는 지금도 전국 세 군데에서 고공 농성을 하는 사람들이 있다. 울산에는 현대자동차의 불법 파견 인정과 정규직화를 위해 천의봉, 최병승 두 명이 철탑에 있다. 평택 쌍용자동차에는 한상균, 복기성, 문기주 3명이 마찬가지로 철탑 위에서 국정조사 실시 등 해결을 촉구 중이다. 쌍용자동차는 정리 해고 이후에 모두 24명의 노동자가 죽었다. "해고는 살인이다."라는 말은 진실이다. 서울 혜화동 성당 위에는 단체협약 원상 회복, 해고자 복직을 요구하며 여민희, 오수영 두 여성 노동자가 종탑 고공 농성 중이다. 정말 이게 사람 사는 세상의 모습일까?

비정규직 노동자는 전체 노동자의 절반에 가까운 848만 명이다. 산업재해 피해자는 2012년 한해에만 9만2,248명이다. 자본이 노동자에게 매긴 손해배상 가압류 금액은 무려 1,383억 원이다. 노동조합 때문에 해고된 노동자가 1,622명이다. 1990년 1,465명의 교사들이 해직되면서까지 지켜 온 전국교직원노조는 1997년 합법화됐지만, 최근 박근혜 대통령의 취임과 함께 법외노조가 될 가능성이 높아지고 있다. 137명의 해고자가 있는 공무원노조는 여전히 노조 인정을 받지 못하고 있다. 너무나도 슬픈 대한민국의 자화상이다. 이 시대 역사의 시계는 거꾸로 가고 있다.

세상을 바꾸는 꿈은 가졌으나 그것을 실현하지 못한 10년이다. 민주노총은 바닥까지 추락해 있고, '진보'는 알맹이 없는 상표에 가깝게 되어 버렸다. 지난해 말 대선에서 두 명의 여성 노동자 후보가 출마했다. 기륭전자 출신으로 1,895일을 투쟁하고, 94일을 단식까지 했던 김소연 후보는 0.05%인 16,687표를 받았고, 청소 노동자인 김순자 후보는 0.15%인 46,017표를 받았다. 두 후보를 합쳐도 10만 표도 안 되는 이 상황을 뭐라고 해야 할까?

현재 통합진보당은 당원 10만4,553명, 당권자 2만9,992명에 국회의원이 6명, 기초단체장 2명, 광역 기초의원 118명이 있다고 한다. 진보정의당은 당원 2만여 명, 당권자 6,000여 명에 국회의원 6명, 기초단체장 2명 광역 기초의원 41명이다. 진보신당은 당원 1만5,000여 명, 당권자 6,889명이고 현재 국회의원과 기초단체장은 없이 광역 기초의원 13명이 있다. 물론 이들이 이름만 '진보'를 달고 있을 뿐이라고 보고, 노동자 계급정당을 추진하거나 나처럼 아래로부터 새롭게 정치적 힘을 모으려는 사람들도 있다.

내가 너에게 들려줄 얘기는 여기까지다. 좀 더 좋은 사회를 너희들에게 넘겨주고자 했으나 그러질 못했다. 그러나 이게 끝은 아니다. "혁명가란 무엇보다도 낙천적이어야 하며, 결국 승리한다는 것을 믿어야 한다."라는 베트남 혁명가 호치민의 말대로 꿈이 있는 한 우리는 계속 살아갈 것이다. 그리고 이제부터의 현대사는 너희들과 함께 쓰게 될 것이다.

박근혜 시대, 다시 민주노총으로

민주노총은 이 땅 1,500만 노동자의 심장이고, 영혼이고, 목숨입니다. 민주주의를 발전시키고, 지키는 등대입니다. 민주노총에는 수많은 선배 노동자들의 피와 땀과 눈물, 그리고 고귀함이 담겨 있습니다…… 인간의 존엄성과 평등세상을 바라는 우리의 꿈은 반드시 실현될 것입니다. 정의가 강물처럼 흐르고, 민주주의가 꽃피는 세상은 오고야 말 것입니다.

_2014년 1월 8일, 단식투쟁 돌입하며 발표한 민주노총 지도위원단 성명서 중에서

민주노총 정치위원장이 되다

2013년 2월 25일 박근혜 정부가 정식으로 출범했다. '국민 행복, 희망의 새 시대'라는 국정 비전을 제시하고, 추진 기반으로 '신뢰받는 정부'를 명시했다. '평화통일을 위한 기반을 만들겠다'라고도 했다. 선거 과정에서 국가정보원이 나서서 댓글을 달고, 개표에 조작이 있었다는 의심을 끊임없이 받았던 우리나라 최초의 여성 대통령 시대는 그렇게 출발했다. 그러나 결말은

너희도 보았듯이 국민들의 행복도 없었고, 희망의 새 시대는커녕 절망의 시대였다.

그해 7월 18일 민주노총 위원장 선거가 있었다. 3파전으로 치러진 선거에서 신승철-유기수조가 당선되었다. 신승철 위원장이 함께 일하자고 했다. 이후 아주 복잡한 과정을 거쳐 나는 2013년 9월부터 2014년 말까지 민주노총에 가서 일하게 됐다. 1999년 단병호 위원장과 같이 민주노총 조직실장으로 일한 지 십여 년 만에 다시 민주노총에서 정치위원장으로 일하게 된다.

정치위원장으로서 진보정당이 분열되어 있는 상황을 극복하는 것이 나의 가장 큰 임무였다. 그러기 위해서는 공개적으로 과거 실패에 대한 평가를 진행하고, 노동조합과 정당 사이의 올바른 관계를 새로 만들어야 했다. 정당정치만이 아니라 지역에서의 생활정치, 현장정치를 만들어야 하는 과제도 있었다. 하나같이 만만한 일이 아니었다. 우선 유명무실해진 정치위원회를 수년 만에 다시 복원하고 정례적인 회의를 가지기 시작했다. 무엇보다 마음을 모아 나가는 것이 중요했다. 민주노총에 파견 나가기 전부터 과거에 대한 많은 자료를 다시 보고, 극복할 방향을 함께 찾아 나가려 했지만 쉽지 않았다.

모든 정부는 새로 출범하면 우선 공공 부문부터 길들이려 한다. 정부의 통제 아래 있고, 국민들에게 성과를 쉽게 보여줄 수 있기 때문이다. 박근혜 정부는 2013년부터 철도공사의 일부분을 민영화, 외주화하려 했다. 새로 만들어지는 수서에서 출발하는 KTX를 별도의 주식회사를 설립하여 운영하려 했다. 지금 수서에서 출발하는 SRT다. 정부와 새누리당은 "민영화가 아니다"라고 강변했지만, 실제로는 꼼수 민영화였다. 이에 반발해 철도노조는 2013년 12월 9일부터 파업에 들어간다.

정부는 불법이라면서 대대적인 탄압을 가했다. 파업 첫날부터 직위해제

4,213명, 고소고발 190여 명 등 사상 초유의 탄압을 시작했다. 철도노조는 2009년, 이명박 정부 때도 정원 감축 등 철도 선진화 계획에 반대하며 파업을 했었다. 그때도 정부는 불법으로 몰아 파업 참가자 전원을 징계하고, 200여 명을 해고했다. 그러나 이 징계에 대해 2017년 7월 현재 대부분이 무죄로 판결이 나고 있고, 2013년 파업에 대해서도 마찬가지다. 법을 어기는 것은 정부였다.

당시 철도노조 위원장은 김명환이었다. 1999년 당시 공익노련, 공공연맹, 민철노련이라는 세 개의 조직이 합쳐질 때 같이 일한 나의 후배다. 철도노조 해고자였지만 그땐 연맹 상근자로 함께 일했었다. 활동적인 그는 특히 2000년 대한항공조종사노조를 만들 때 탁월한 능력을 보였었다. "형, 나는 나중에 복직해서 철도노조 위원장 할 거야"라고 당시에 농담을 하곤 했지만 실제 그렇게 될지는 전혀 상상도 못했었다. 꿈을 가지는 것이 중요한 것일까?

정부의 탄압에도 굴하지 않고 철도노조는 완강하게 파업을 계속했다. 철도노조 역사상 처음으로 23일이라는 기록적인 장기 파업을 진행한다. 이로 인해 KTX의 경우 운행률이 평소 대비 75%로 줄었다. 화물 열차의 운행률은 평소 대비 30% 정도까지 낮아지면서 시멘트, 석탄 등의 공급이 차질을 빚으면서 전국적인 물류 대란이 벌어졌다.

그러나 당시 철도노조 파업에는 과거와 다른 점이 있었다. 이전 같으면 노조의 파업에 대해 적대적인 태도를 보이곤 하던 국민들의 반응이 달랐다.

철도노조가 파업에 들어간 다음 날 고려대학교 경영학과 주현우라는 학생이 "안녕하십니까?"라는 제목의 대자보를 붙인다. 페이스북 등을 통해 순식간에 수천, 수만 명에게 퍼져 한동안 크게 인구에 회자된 이 대자보는 "어제 불과 하루만의 파업으로 수천 명의 노동자가 일자리를 잃었습니다. 박근혜 대통령 본인이 사회적 합의 없이는 추진하지 않겠다던 그 민영화에 반대했다는 구실로 징계라니…… 과거 전태일 청년이 스스로 몸에 불을 놓아 치켜들었던 '노동법'에도 '파업권'이 없어질지도 모르겠습니다."라고 시작된다. 시민들은 파업을 돕기 위한 모금도 하고, 총파업 포스터를 자발적으로 SNS로 확산하는 등 적극적으로 지지하고 나섰다. 우리가 철도노조 파업을 '국민파업'이라 부르는 이유다.

경찰, 민주노총 건물 침탈

경찰은 파업 지도부 27명에 대해 체포영장을 발부하고, 그것을 핑계로 철도노조 집행부가 들어와 있던 민주노총에 대한 침탈을 준비한다. 민주노총이 1995년에 만들어진 이후 처음 있는 일이었다. 경찰은 김명환 위원장과 박태만 수석부위원장을 검거하는 경찰관에 1계급 특진을 걸었다. 민주노총은 언제 올지 모르는 경찰 투입에 대비하여 산하 단체별로 사수대를 배치하고 며칠 동안 민주노총이 있는 경향신문사 주위에서 밤을 새며 지켜야 했다. 나는 경찰들의 쳐들어오기 이틀 전 페이스북에 이런 글을 올렸다.

> 때로는 자기가 서 있는 장소가 역사적인 자리임을 훗날 알게 된다. 노동법 개정 투쟁을 시작할 때 명동성당이 그랬다. 수십 년 만에 다시 경찰들과 대치하면서 민주노총은 새로운 역사를 쓰는 중이다. 어서 오시라!! 경찰들의 침탈을 대중의 힘으로 막아내는 현장을 함께 보고 즐겨봅시다. 요것들이 항상 그렇듯 '오늘 밤이닷! 내일 새벽이닷!!' 하며 놀리지만 그런 것과 무관하게 의연하게, 꿋꿋하게……

그리고 치사하게 사람들이 거의 안 다니는 일요일 아침에 경찰들의 진입이 시작되었다. 경찰은 철도노조 총파업 14일차인 12월 22일 민주노총 사무실이 있는 서울 중구 정동 경향신문사 본관 건물 주변에 경찰 병력을 대거 배치했다. 오전 9시 40분경 남대문경찰서장은 철도노조 간부에 대한 체포영장을 집행하겠으니 협조해 달라고 말했다. 이에 신인수 민주노총 법률원장은 "압수수색영장도 아닌 체포영장을 갖고 와서 건물에 마음대로 들어갈 수 없으며, 건물주인 경향신문사의 동의도 필요하다"고 항의했지만 소용없었다.

경찰은 곧바로 정문을 치고 들어왔고 대열의 맨 앞에 있던 민주노총 임원과 산별 대표자부터 연행하기 시작했다. 경찰은 해머로 양쪽 유리문을 내리쳤다. 유리문을 깨부수고 좁은 쪽문으로 들어오려는 경찰 병력을 조합원들이 스크럼을 짠 채 막아냈지만, 중무장한 경찰 병력에게 체포되는 건 시간문제였다. 경찰은 1층 로비에서 온몸으로 막아 내던 노동자와 시민들에게 가혹한 폭력을 휘두르며 이곳에서만 80여 명을 연행했다. 경찰이 그날 연행한 사람은 모두 137명이다. 1층에서 민주노총을 지키던 유기수 민주노총 사무총장도, 이상무 공공운수노조 위원장도 모두 연행되었다. 그리고 오후 1시 5분경부터 경찰은 계단을 이용해 위층으로 올라오기 시작했다.

너희도 와봤지만 민주노총이 있는 경향신문사는 옛날 건물이다. 헬기를 내릴만한 장소도 없고, 민주노총이 위치해 있는 13~15층까지 특공대를 투입할 고가사다리차도 설치할 수 없었다. 앞 건물들과 공간이 협소해서 그만한 높이를 올릴만한 각도가 안 나왔다. 특히 계단이 매우 가파르고, 좁아 2명이 같이 지나가기도 힘들고, 난간이 허리춤까지밖에 오지 않기 때문에 굉장히 위험했다. 그래서 나는 경찰 투입에 대비하여 난간에 밧줄로 안전망을 설치했다. 만에 하나라도 경찰이 다칠 것을 대비해서였다. 진압 작전이 끝난 후

경찰 투입에 대비하여 계단 난간에 촘촘하게 그물망을 설치한 모습

남대문서장은 "부상자 등이 발생하지 않도록 최대한 인내하면서 안전하게 진압했다"고 말했다. 거짓말이다. 그러려면 우리가 한 것처럼 계단을 올라올 때 난간에 매트리스를 깔든가 그물망을 설치하면서 올라왔어야 한다. 만의 하나를 대비하고 긴급조치를 한 건 우리였다.

그날 나는 민주노총 사무처가 주로 일하는 14층에 있었다. 한쪽 계단을 막는 것이 주된 임무였다. 그러나 총괄 지휘를 맡은 후배가 1층에 내려갔다가 시간에 맞춰 승강기를 못타는 바람에 과거 경험이 있다는 이유로 내가 대신 그 일을 맡아야 했다. 경찰이 올라오는 시간이 촉박해졌기 때문에 우리가 엘리베이터를 모두 단전시켰고, 그는 올라올 수 없었다.

그때부터 '전투'가 시작되었다. 모든 싸움이 그렇듯이 위에 있는 사람들이 유리하다. 아무리 중무장을 한 경찰들이라지만 계단이 매우 가팔랐다. 우리는 거기에 의자와 탁자 등으로 바리게이트를 차곡차곡 쌓아 두었다. 마지막 계단에는 우리 조합원들이 빼곡하게 앉아 있었다. 한 명씩 끌고 내려가더라도 많은 시간이 걸린 이후에야 사무실 침탈이 가능했다. 거기다 계단 쪽에는 강력한 물줄기를 내뿜는 소화전이 있었다. 14층은 13, 14, 15층의 3개 소화전을 사용할 수 있었다. 거기다 경찰들은 소방법상 물을 잠글 수도 없었다. 여성 노동자들은 하루 종일 "틀어, 잠궈!"라는 외침에 따라 이를 반복했다. 특히 민주노총 사무처에는 이런 싸움에 충분히 단련된 그야말로 산전수전을 다 겪은 경험자들이 있었다. 경찰들은 물줄기를 뚫고 하나씩 의자 등 바리게이트를 걷어내며 올라오려 했지만 왼손엔 의자를, 오른손엔 소화전 호스를 들고 결사 항전하는 한 동지를 감당할 수 없었다. 끝까지 그 쪽은 뚫리지 않았다. 누군지 이름은 밝히지 않는 게 낫겠다.

한편으로 싸우면서도 다른 한편 건물 아래에 말 그대로 구름처럼 모여들고 있는 조합원과 시민들에게 우리가 건재함을 보여 주어야 했다. 창고를 뒤져보니 긴 천이 나왔다. 사무처 중에는 현수막 글씨를 쓸 줄 아는 사람도 있었다. 물감도 부족해서 결국 모두가 달려들어 매직으로 색칠까지 한 후 "철도는 국민의 것!", "폭력 정권 OUT!"라고 손으로 쓴 현수막을 건물 외벽에 내렸다. 시간이 없어 급하게 "철도는 국민의 것이다. 폭력경찰 물러가라!"라는 대강의 유인물을 만들어 14층에서 아래로 뿌리기 시작했다. 그런 장관이 따로 없었다. 너희들에게 다시 한 번 보여 주고 싶다. 높은 곳에서 휘날리며 멀리멀리 날아가는 진실을 담은 유인물들을.

박근혜 정권은 김명환 등 철도 집행부가 경찰 손에 끌려 나오는 것을 선전하기 위해 TV로 생중계를 하고 있었다. 많은 조합원들과 시민들 머리 위로 유인물이 날려지고, 현수막이 바람에 휘날렸다. 우리는 현수막이 잘 펼쳐지고, 혹시라도 바람에 의해 다른 층 유리창을 깰까 싶어 맨 아래 쪽에 생수통을 매달았었다. 같이 있던 박석운 진보연대 대표도, 박원석 정의당 국회의원도 자신들도 한 번 뿌려 보고 싶다고 했다. 전두환, 노태우 시절에나 하던 유인물 살포를 해 본 셈이다.

마침 사무실에는 후배인 민주노총 서울본부 김상열도 와 있었다. 그에게 선동을 맡겼다. 그는 창가에 앰프를 설치하고 아래를 보며 창가에 매달려서 선동을 했다. 혹시라도 불상사가 생길까 싶어 몇 명이 그를 붙잡았다. 평소에는 말을 약간 더듬는 그는 이상하게도 선동을 할 때면 청산유수가 됐다. 거의 하루 종일 외치고, 또 외쳤음에도 목도 별로 쉬지 않았다. 마치 이때를 기다려 온 듯 온 열정을 다했다. 함께 14층에 머물던 신승철 민주노총 위원장은 "민주노총 수도권 조합원은 즉시 민주노총으로 집결하고, 전 산하 조직은 오늘 가장 빠른 시간 민주노총 침탈 규탄대회를 전국 동시다발로 개최"한다는 긴급 지침을 내렸다. 일요일이고, 추위에도 불구하고 계속해서 조합원들이 모여들고 있는 것이 내려다 보였다.

그러던 중 철도노조 집행부가 경향신문사를 빠져 나갔다는 보도가 나오기 시작했다. 박근혜 정부는 한마디로 닭 쫓던 개가 된 셈이고, 대대적으로 망신만 당한 꼴이었다. 그럼에도 불구하고 경찰의 진입 작전은 계속 되었다. 누군가 실패를 책임져야 했고, 그러기 위해서는 형식적이지만 자기들 눈으로 확인해야 했다. 그즈음 우리도 더 이상 대항할 수 없을 정도로 한계에 도달해 있었다. 던질 수 있는 모든 것을 다 썼고, 급기야는 백기완 선생님의 부탁으로 판매를 위해 쌓아 둔 책 묶음까지 모두 사용하였다. 싸움이 끝난 후 백 선생님께 죄송하다는 말씀을 드렸다. "아냐. 책은 원래 그런 데 쓰라고 있는 것이야"라며 흔쾌히 용서해 주셨다. 최후로 남은 것은 책상을 부수는 일밖에 없었다. 고민하는 사이 왼쪽편이 뚫렸고, 경찰들이 문을 부수고 진입하기 시작했다.

그러나 사실은 그 직전 민주노총과 경찰 사이 협상이 끝난 상황이었다. 이미 빠져나간 것을 확인한 경찰은 두세 명이 형식적으로 사무실을 한 바퀴 돌아보고, 나가는 사람들 중 혹시 수배자가 있는지 사진 대조를 하는 것으로 마감하자고 했다. 그조차 거부하려면 더 싸워야 했고, 건물 밑에서는 추위 속에서 하루 종일 싸워 온 조합원들이 기다리고 있었다. 민주노총 사무실 침탈 소식이 전해지면서 수도권 조합원들이 서울 중구 정동 민주노총 현장으로 달려왔다. 노동자들은 강북삼성병원 앞 도로 왕복 차선을 점거한 채 집회와 행진을 벌이며 박근혜 정부의 민주노총 사무실 침탈과 철도노조 탄압을 강력히 규탄하며 하루 종일을 싸우고 있었다. 나는 신승철 위원장과 협의 후 그것을 받아들였다. 몇몇이 "어디 민주노총에 경찰이 들어오게 하느냐?"라면서 큰 소리로 항의했지만 더 이상 조합원들을 추위 속에 기다리게 할 수는 없다고 판단했다.

5,500여 명의 중무장한 경찰 병력, 600명의 체포조, 거기다 물대포 차량까지 동원된 경찰의 작전은 그렇게 실패로 끝났다. 14층에 모인 우리는 전체 마무리 집회를 했다. 하루 종일을 싸운 백여 명의 동지들이 한 자리에 모였다. 모두 경찰에 의한 연행을 각오하며 싸운 사람들이었다. 그러나 최후까지 싸운 사람들은 단 한 명도 연행되지 않았다. 우리는 경찰들이 오는 것을 기다리며 그제야 사무실에 있던 컵라면을 먹을 수 있었다.

"눈 뜨고 당한 경찰…'최악의 작전' 되나?", "핵심 지도부 행방도 모른 채 진입작전? 공권력 낭비하고 파업 장기화 부채질한 꼴". 당시 언론 기사 제목이다. 민주노총 역사상 처음으로 사무실에 경찰이 침탈한 이 사건은 결국 박근혜 정권이 만천하에 조롱당하는 것으로 끝났다.

박근혜 정권 몰락의 서막

"YH사건은 박정희 정권의 몰락을 불러왔고, 노동법 날치기는 김영삼 정권의 조종을 울렸습니다. 민주노총을 군홧발로 짓밟은 박근혜 정권이 지금과 같은 불통의 정치를 전면적으로 쇄신하지 않는다면 같은 길을 걷게 될 것입니다."

내가 초안을 쓴 민주노총 지도위원단 일동이 발표한 기자회견문의 일부다. 나는 민주노총에 대한 침탈이 박근혜 정권의 종말을 가져올 것이라고 쓰긴 했지만 그것이 불과 3년 뒤 현실로 다가올 줄은 정말 몰랐다.

권영길, 남상헌, 단병호, 박순희, 이갑용, 이수호, 조준호, 천영세 등 노동운동의 대선배와 민주노총 위원장을 지냈던 지도위원들은 2014년 1월 2일 기자회견을 한 후 단식농성에 들어간다. 몇몇을 제외하고는 환갑과 칠순을 넘긴 어르신들이었지만 그 누구도 피하지 않았다. "민주노총은 우리의 심장이고, 영혼이고, 목숨이다.", "선배들의 피와 땀, 목숨을 담보로 만든 민주노총이 유린당했다. 좌시할 수 없고, 해서도 안 된다.", "현실적으로 여러 어려움이 있을 것이다. 동력을 끌어 올려 역전을 위한 불씨를 살리기 위한 역할을 해야 한다."라는 그 열정은 그 어떤 사람들보다 강했다.

1월 9일 총파업까지 8일 동안 지도위원들은 민주노총 1층 로비에서 단식투쟁을 했다. 나는 지도위원들의 건강 상태 등을 살피면서 틈틈이 '민주노총가'를 가르쳐 드리는 재롱(?)을 떠는 것으로 내내 함께 했다. 그때 어느 날인가 은수가 오랫동안 집에 못 들어간 내가 갈아입을 옷을 가지고 왔었다. 새해라서 은수는 모두에게 세배를 드렸고, 백기완 선생님이 세뱃돈을 주셨다. 기억하고 있을까?

몇 가지 에피소드

하나. 발렌타인 30년산
내가 민주노총으로 출근을 시작하자 석권호라는 후배가 누군가에게 받은 거라면서 발렌타인이라는 양주를 주었다. 그것도 한 번도 마셔보지 못한 30년산이었다. 인터넷 검색을 해보니 면세점에서 40만 원이 넘고, 시중에선 백만 원이 넘는다는 고급 양주다. 시간을 내어 함께 마시자고 했으나 워낙 일에 쫓기는 바람에 계속 책상 서랍에서 잠자고 있었다. 그런데 경찰이 사무실에 쳐들어온다고 했다.
우리는 무엇보다 먼저 각종 회의 자료와 문서를 파기했다. 경찰과 정부에게 우리가 무엇을 고민하고, 함께 논의했는지를 알게 할 필요는 없었다. 사람이 많다 보니 문서 파쇄기로는 한계가 있었다. 자원봉사자들이 와서 하루 종일 갈가리 찢기도 했다. 파기하기 아까운 문서들은 다른 곳에 가져다 두었다. 나는 튼튼한 가방을 하나 구해서 우선 발렌타인 30년산부터 챙기고, 그 위를 각종 책자와 문서로 덮어서 깨지지 않도록 했다. 그리고 가방 앞에 "절대 No Touch!"라고 큼지막하게 써 붙이고 안전한 곳으로 옮겼다. 보관해 주는 사람에게도 "만약의 경우라도 이것만은 절대로 내주면 안 된다."고 신신당부했음은 물론이다. 술은 무사히 돌아왔다. 경찰이 철수하고 난 후 며칠 뒤, 사무실에 다시 경찰이 투입될지 몰라 사수대로서 야근을 하던 날 몇몇을 불렀다. 그리고 24시 편의점에서 사온 김과 치즈 몇 조각에 그 귀한 술을 한 잔씩 마실 수 있었다.

둘. 천장 뚫기
우리는 경찰이 투입될 경우 어떻게 할 것인지에 대해 얘기한 적이 있다. "천장의 석고보드를 떼어낸 후 두꺼운 합판을 길게 깔고 거기에 숨으면 됩니다. 그리고 다시 석고보드를 나사로 채워 원위치 해 놓으면 아무도 모릅니다." 한 친구가 자신의 경험을 말했다. 언젠가 한번 썼던 전술이었다. 위험하다고 판단했다. 경찰이 투입되던 날, 그들은 천장의 석고보드를 떼어 내고 손전등으로 샅샅이 뒤지는 것을 제일 먼저 했다. 저들도 우리만큼 발전한다.

셋. 노래 CD

마지막 순간, 우리는 봉쇄를 풀고 경찰 진입 직전 기자들을 사무실 안에 들어오게 했다. 기록을 남겨야 했다. 그들은 14층까지 모두 걸어 올라와야만 했다. 그때 누군가 다가와 "선물입니다"라며 노래가 담긴 CD를 내밀었다. 촛불방송인 칼라 TV에서 일한다는 김일안이라는 분의 노래 앨범이다. "투쟁! 이근원 선배에게"라며 친필로 사인까지 한 음반을 주었다. 그 아수라판인 와중에 선물을 받다니. 노래가 아주 좋으니 한번 들어보렴.

넷. 커피믹스 체포 사건

언론의 표현에 따르면 '연말을 장식할 해외토픽 수준의 웃지 못 할 사건'도 발생했다. "경찰이 비판을 넘어 비아냥과 조소를 받고 있다"고 보도한 이른바 '커피믹스 체포 사건'이다. 수천 명을 투입하고 결국 허탕을 친 경찰이 철수하면서 민주노총 현관 1층 농성장에 있던 맥심 커피믹스 두 박스가 담긴 비닐봉투를 훔쳐가다가 시민들에게 적발되었다. 해당 의경은 처음엔 이를 부인하다가 도망쳤는데 현장에 그의 장갑이 남아 있었고, 결국 경찰청장이 "조사해 엄벌에 처하겠다"는 발표를 해야 했다. 국회에선 "커피믹스 2박스가 경찰 5,000명이 난입해서 얻은 성과냐?"라고 질타를 당하고, "철도노조 집행부가 아니라 맥심커피를 체포하러 간 경찰"이라는 조롱이 이어지기도 했다.

아, 세월호!

사랑하는 아들아/ 그날의 기억을 떠올려 보라 하면/ 쏟아 낼 엄마의 눈물은 말라 버렸다// 1980년 5월 18일 엄마는 젊었고/ 세 아이를 낳아 기를 35년이 흘러/ 2014년 4월 16일 엄마의 아들은 아빠가 되었다…… (중략) 엄마는 팽목항 바다를 향해 울음을 삼키고 있는/ 안산의 아들을 본다/ 광주의 엄마도 울음을 삼키며/ 안산의 아들을 바라본다/ 네가 낳은 열일곱 아이는 어디 있느냐?// 사랑하는 아들아/ 엄마가 그러했듯/ 네 아픈 짐은 내려놓고/ 길은 한 길이니 숨 쉬면서 걸어라/ 광주의 엄마가 물려주고/ 안산의 아들이 젖빨던 힘까지 내고/ 걸음마 하듯 자박자박 걸어서 가거라// 4.16 아들 곁에/ 5.18 살아서 죽지 않은 엄마가 있다

_'5.18 엄마가 4.16 아들에게' 중에서
(최봉희 세월호 참사 1주년 기록 시집 『5.18 엄마가 4.16 아들에게』에 수록)

죽는 날까지 2014년 4월 16일을 잊을 수 있을까? 이 글을 쓰는 지금 시간은 새벽 4시 10분이다. 아무리 힘들고, 피곤해도 꼭 받아야 하는 전화 한 통에 잠을 깼다. 세월호에서 아들을 잃은 유가족 중 한 명이 전화를 했다. 전날

인 2017년 7월 31일 세월호 영상을 찍던 '4·16연대 미디어위원회'에서 활동하던 박종필이라는 영상 활동가의 장례식이 있었다. 마음이 많이 아팠는지 새벽 3시에 전화를 했다.

20년, 30년 싸웠으면 뭐 하냐? 그동안 뭐 하면서 싸웠냐? 민주노총, 힘이 없는 민주노총. 리본이나 달구 다니구. 오빠 보면 화가 나. 힘이 없어. 빽이라구 생각했는데 빽이 아니야. 개 풀 뜯어먹는 소리 그만해. 우리보다 먼저 알았으면, 우리보다 먼저 안 오빠로서 해결해 줬어야 하는 거 아냐? 세상을 바꿨어야 하는 거 아냐? 그래서 이 나라가 이 모양 이 꼴 아냐? 소심함 때문에 세상이 안 바뀌는 거야. 목숨을 안 걸고 싸워서 그런 거야. 민주노총이 강하게 나갔으면 이러지 않았을 거야. 난 미용사로서, 깍쇠로서 좋은 일 많이 하면서 살았어. 내가 비위가 안 좋지만 머리에 종기가 난 할아버지, 할머니 머리를 오바이트하면서도 깎았어. 세상을 조금이라도 바꿔 봐. 언제까지 그렇게 조용히 있을 거야? 민주노총은 뭐하는 사람들이야? 앞으로 할 일이 뭐야? 진짜 답답해.

술을 한 잔 했는지 마구 퍼부어 댔다. 마지막으로 "많이 아프고, 보고 싶고, 하루하루가 너무 힘들어"라는 긴 울음으로 통화는 끝났다. 한밤중 천둥처럼 가슴을 쳤다. 아무 말도 할 수가 없었다. 그렇게 3년이 훌쩍 지난 지금도 세월호는 진행 중이다.

Remember 20140416

마침 그날은 민주노총 중앙집행위원회가 있던 날이었다. TV에선 계속 속보가 올라오고 있었다. 우리 모두가 아는 304명의 생명을 앗아간 그 사건이 발생했다. 뭔가를 해야만 했다. 도저히 가만히 있을 수가 없었다. 우선 급하게 민주노총 사무총국 안에 대책팀을 만들었다. 보통 각 부서 단위로 담당자를 선임하는 대신 뜻을 함께하는 사람들 누구나 자유롭게 참여하는 것으로 했다. 대신 자발적으로 모여야 함을 강조했다. 일의 성격상 강제로 할 것이 아니었다. 박정옥, 소은정, 신석호, 정민주, 조경석, 박민, 홍미리, 박경수 등 부서를 막론하고 젊은 친구들이 10명도 넘게 모였다.

첫 모임에서 "광주항쟁이 그러했듯이 세월호를 전후하여 태도가 달라져야 한다. 자칫 일상에 다시 묻히게 해서는 안 된다.", "새로운 운동, 전 조직적으로 할 수 있는 운동, 공감대를 가진 운동, 전 조직이 풀가동되는 운동으로 전개되어야 하고, 할 수 있다.", "우리 운동이 너무 관성화됐다. 가치와 방식을 바꾸는 운동으로 되어야 한다. 일로서 접근하면 스트레스만 생긴다. 일이 아니라 가치에 중점을 두고 자발적으로 할 수 있게 하자." 다양한 의견이 교환되었다. 그리고 그때부터 대책팀을 중심으로 활동이 시작됐다. 무엇보다 우리는 이 싸움이 민주노총의 사회적 책임을 수행하는 일이라는 점을 분명히 했다. 돈보다 생명이, 이윤보다 노동이 존중되는 사회를 건설하기 위한 집단적 가치를 세우는 투쟁이기에 생명과 안전, 존엄을 지키는 노동자들의 행동을 조직해야 했다.

이사할 때까지 우리 집 아파트 현관문에 붙어 있던 "잊지 않겠습니다. 행동하겠습니다"라는 글귀가 인쇄된 스티커가 기억나니? 우리는 가정집 현관과 차량용 스티커, 노조 사무실에 부착할 수 있는 커다란 현판 등을 만들어서 나눠주었다. 추모 기간 내내 많은 사람들이 하고 다니던 목걸이 리본도 민주노총 대책팀 작품이다. 별도 예산이 없어서 원가에 가까운 500원에 판매했는데 1만1,500개나 팔릴 정도로 인기가 있었다. 대책팀은 꼬박 밤을 새우면서 이것을 만들곤 했다.

7월 11일 밤 우리는 안산 중앙동의 한 모텔에서 잠을 청했다. 다음날 새벽 5시에 화랑유원지 안 합동분향소에서 출발하는 버스에 타기 위해서였다. 우리는 '진실의 문을 함께 열자'라는 구호를 걸고 전국을 순회하는 버스에 유가족들과 같이 타고, 노동 현장 방문을 지원하기로 했다. 나와 신석호는 영남권 버스, 손종표와 박민은 호남권 버스를 탔다. 나는 그 버스에 탈 때의 숨 막힘을 지금도 잊지 못한다. 자식을 잃은 부모들이 거기에 있었다. 창원으로 가는 도중 영산휴게소에서도 혹시라도 마주칠까 봐 멀찍이 떨어져서 담배를 피웠다. 차마 얼굴을 마주 대할 용기가 나지 않았다. 첫날 같이 타신 분들은 33명 중 단 한 명만 살아 돌아 온 2학년 7반 학부모였다.

'세월호 참사 진상규명 특별법 제정'을 위한 서명 운동을 위해 유가족들이 전국을 순회한다는 기자회견은 국회, 팽목항, 그리고 경남도청에서 동시에 열렸다. 오전 11시, 경남도청 앞에서 함께 기자회견을 하면서부터 비로소 나는 유가족들의 얼굴을 볼 수 있었다. 그렇게 경남, 부산, 울산, 포항, 대구, 청주, 원주, 의정부를 함께하는 일정을 시작했다. 우리는 현대유아, 하이스코, 로템, 성동조선, 대우조선, 부산지하철, 현대자동차, 현대중공업, 포항의료원, 현대제철, 충북대병원, 청주의료원, LG화학 등 수많은 민주노총 산하 사업장을 방문하여 간담회도 진행하고, 조합원 서명을 받았다. 유가족들은 "ㅁㅁ이 아빠입니다", "△△이 엄마입니다"라고 자신을 소개했다. 그럴 때마다 가슴이 미어졌다.

작은 봉고차에 3명이 타고 거제 대우조선을 갈 때에야 비로소 말다운 말을 할 수 있었다. 7반 반장인 수빈이 엄마, 그리고 영석이 아빠, 그리고 한 분은 기억이 안 난다. 7반은 남자반이어서 대가 끊어진 집이 많다고도 하고, 더 이상 돈을 벌어야 할 이유도 모르겠다고 하고, 술만 늘었다고 하고, 물만 봐도 생각난다는 말도 했다. 그러면서도 고맙다고, 민주노총이 버팀목이 되어 달라는 말도 잊지 않았다.

조선소에 들렀을 때는 "배는 보기도 싫다"고 해서 잘못 온 게 아닌가, 후회도 했다. "이렇게 잘 만든 배를 탔으면 우리 아이는 안 죽었을 텐데"라고 말할 때는 어딘가에 숨고 싶기도 했다. 세월호 가족 버스 이틀째 김해 시내에서 열린 시내 촛불문화제에서 수빈 엄마가 "천만인 서명에 나선 후 우리 아들 우리 아이들을 위해 애써 주시고 함께 해 주시는 분들이 계셔서 아직 세상이 따뜻하고 그래서 저희가 버틸 수 있다"며 "아들에게 '이렇게 고마운 분들이 많이 있다'고 말할 수 있어 정말 감사하다"고 말할 때 같이 하길 잘 했다는 생각이 들었다.

우리가 방문하는 모든 지역에서 민주노총 조합원들은 정말 최선을 다해 서명을 해 주었다. 유가족들과 간담회를 할 때에는 백이면 백 모두 눈물을 함께 흘렸다. "결혼 10년 만에 낳은 아이였고 너무나 평범한 집에 이런 일이 생겼다. 누구나 대상이 될 수 있다는 생각에 무섭고 두렵다"는 말에 공감하지 않을 사람이 있을까? 유가족들은 2박 3일 일정으로 반마다 교대를 했다.

익숙해지려 하면 또 다시 새로워지곤 하는 일정의 반복이었다. 숙소에서 가볍게 맥주 한 잔을 하며 이런저런 말을 나누다가도 마지막엔 꼭 아이들 얘기를 해서 눈물로 끝났다. 한 번도 예외가 없었다. 의정부를 마지막으로 10박 11일의 일정을 무사히 마치고 올라왔다. 우리는 그 모습을 민주노총 기관지 <노동과 세계>에 '세월호 순회버스팀'의 이름으로 기사를 계속 올리면서 조합원들에게 알렸다. 전국 각지에서 보이지 않게 움직이는 수많은 시민들

세월호 유가족들과 도보 행진 중 전주에서 순범이 엄마와 함께

을 만날 수 있었다. 보이지 않는 곳에서 아무런 대가도 바라지 않고 묵묵히 마음을 다하는 사람들이 엄청나게 많았다. 전국 순회를 같이 하면서 유가족들과 함께한 것이 이후 민주노총에 대한 믿음을 가지게 하는 데 조금이라도 도움이 되었을 것이다.

"오빠, 나 이빨 빠졌어"

이런 인연으로 워낙 저질 체력이라 태어나서 한 번도 하지 않았던 도보 행진과 3보1배도 해 보았다. 2015년 1월 26일부터 2월 14일까지 가족들이 "세월호를 인양하라"며 안산에서 팽목항까지 19박 20일 동안 도보 행진을 할 때는 몇 번 결합했다. 하루 20km 넘게 걸어야 하는 그 힘든 길을 유가족들은 출발 전 동그랗게 모여 아이들의 학생증을 꺼내 파이팅을 외치며 무려 450km를 걸어야 했다.

"오빠, 나 이빨 빠졌어." 같이 점심을 먹고 나오는 데 순범이 엄마가 말해서 무슨 말인가 했었다. 그런데 밥을 먹다가 이빨이 빠졌다는 것이었다. 워낙 정신적 스트레스가 많아 잇몸도 많이 상했던 것이다. 그런데도 대충 붙이고 행진을 계속했다. "괜찮으니 걱정 말아요. 나는 엄마잖아요." 걱정하는 내게 온 문자였다. 그런 아픔들을 겪으며 모은 350만여 명의 서명용지를 7월 15일 국회에 전달하며 제대로 된 진상 조사를 요구했다.

그러나 국회에서 다수를 점하고 있던 새누리당도, 최선을 다해야 할 민주당도 이런 아픔을 외면했다. 결국 수사권과 기소권을 가지지 못한 특별위원회가 출범했고, 그마저도 갖은 방해 끝에 제대로 된 진상 조사는 엄두도 못 낸 채 2016년 9월 30일 일방적으로 해체되고 만다. 2017년 3월 23일 세월호가 1073일 만에 인양됐다. 문재인 대통령도 유가족인 유민 아빠 김영오 씨가 46일 동안 단식을 하던 2014년 8월 열흘 동안 광화문 세월호 광장에서 단식을 했었다. 이제 새 정부가 세월호 진상을 얼마나 규명할지 지켜보기로 하자.

동혁이 아빠라는 분이 있다. 어느 날이던가? 헤어지는데 자신의 핸드폰 번호를 알려주면서 "민주노총이 큰 집회를 하게 되면 연락해주세요"라고 했다. 왜 그러냐고 묻자 그가 대답했다. "지금까지 저는 동혁이를 위해서 살았어요. 철야하고, 야근하고, 특근하면서 동혁이를 잘 키우려고 했어요. 제가 용접불똥에 데인 자리에 동혁이가 약을 발라주곤 했어요. 그런데 지금 동혁이가 없어요. 사회가 안전하지 않으면 아무리 제가 제 자식을 잘 키우려고 해도 안 된다는 것을 알았어요. 죽은 동혁이가 저를 가르쳐 주고 있네요."

은지, 너는 기억하고 있을까? 어느 날, 잠을 자는 네 곁에서 엉엉 큰소리를 내며 운 적이 있다. 세상을 바꾸기 위해, 보다 나은 세상을 위해 30년이 넘도록 싸워왔다고 생각했는데 세월호를 보면서 너무 큰 자책감과 좌절이 밀려왔었다. 자던 네가 깨서 나를 안아 주었다. 너희들을 볼 때마다, 특히 교복을 입은 학생들을 볼 때마다 죽어간 단원고 학생들이 생각난다.

지금도 나는 핸드폰 케이스 안팎에, 가방에, 팔목에, 투쟁 조끼에 노란 리본을 달고 다닌다. 차 유리창에도 있고, 누군가 선물로 준 목걸이도 있다. 그렇게 잊지 않으려 애쓰고 있다. 2015년부터 올해까지 3년째 5월이면 조합원들과 함께 광주 망월동 묘역과 진도 팽목항을 찾는 행사를 하고 있다. 올해는 세월호가 인양되어 있는 목포신항이 추가되었다. 팽목항에는 '팽이'와 '목이'라는 진돗개가 있다. 아주 순둥이다. 그동안 부쩍 많이 컸다. 언제 시간이 되면 만나러 같이 가자.

큰 딸 은지, 작은 딸 은수와 광화문 세월호 농성장 앞에서

세월호

세월호 소식을 처음 들었을 때 나는 강의실에서 수업을 듣고 있었다.
큰 창
큰 커튼
내가 할 수 있는 건 아무것도 없었고 시간은 멈춘 듯이 흘렀다.
집으로 가는 지하철에서도 나는 뚝뚝 울었다.

촛불과 탄핵

우리가 함께 밝힌 촛불은, 민주주의와 인권이 권력을 독점한 소수 세력에게 유린되고 조롱당하는 참담한 현실에 대한 참을 수 없는 분노였다. 우리의 촛불은 세월호 참사로 희생된 피해자의 통곡이고, 경찰 물대포에 맞아 사망한 백남기 농민의 원한이었으며, 재벌에게 몫을 빼앗긴 노동자와 서민의 눈물이다. 우리의 촛불은 꿈을 잃어버린 청년과 청소년의 한숨이고, 차별과 혐오에 짓눌린 여성과 비정규직 노동자 그리고 사회적 소수자인 장애인, 이주민, 성소수자들의 울분이었으며, 외교와 안보의 미명 아래 존엄을 짓밟혀온 이 땅 민초들의 켜켜이 쌓인 설움이다…… (중략) 우리의 촛불은 추위를 녹이고 어둠을 걷어냈다. 전국 방방곡곡의 찬바람 몰아치는 광장에서 누구도 차별받지 않고 모두가 존중되는 문화를 만들어 내며, 공감과 연대로 함께 만들 새 세상의 따뜻한 희망을 나누었다. 우리는 돈만 아는 세상이 아니라 생명이 존중되고 인간 존엄이 확보되는, 안전하고 행복한 사회를 향한 거대한 행진을 이어왔다.

- '박근혜 정권 퇴진 비상 국민행동' <2017 촛불권리선언> 중에서

이 선언은 촛불에 참여한 시민들이 직접 만들었다. 2월 18일 장충체육관에서 '2017 대한민국, 꽃길을 부탁해'라는 시민 대토론이 있었고, 토론 결과 나온 선언문이다. 박근혜에 대한 헌법재판소의 파면 결정이 난 다음날인 3월 11일 열린 20차 촛불집회에서 낭독되었다.

『한 알의 불씨가 광야를 불사르다』, 아주 오래 전에 읽어 기억이 가물가물한 중국공산당의 주덕을 다룬 책의 제목이다. 꼭 우리를 비유한 것 같다. 물론 그걸 막으려는 사람도 당연히 있었다. "촛불은 촛불일 뿐이지 결국 바람이 불면 다 꺼지게 돼 있다." 김진태라는 국회의원이 한 말이다. 그러자 촛불에 오는 시민들은 LED 촛불을 들기도 하고, 횃불을 들고 청와대를 향해 행진하기도 했다. 꺼진 것은 결국 그였다. 이 말을 한 김진태는 공직선거법 위반 혐의로 지난 5월 20일 국회의원을 그만두어야 할지도 모를 벌금 200만 원을 선고받은 상태다. 역사의 물줄기는 사소한 시비와 방해를 넘어 묵묵히 제 갈 길을 간다. 아무튼 2016년 10월 29일, 하나의 촛불이 켜졌다. 그 촛불은 "모이자, 분노하자. 내려와라 박근혜 시민촛불"로 시작되었다. 그러나 그 누구도 불과 여섯 달도 안 되는 시간 만에 대통령이었던 박근혜를 권좌에서 끌어내리고, 감옥으로 보낼 것이라는 것은 상상도 못했을 것이다.

"이모, 대통령 그만 하세요"

여느 때와 마찬가지 토요일 집회라고 생각하면서 청계광장에 도착한 나는 수많은 인파에 놀랐다. 많이 올 것 같다는 예감은 했었지만 내가 생각한 세 배, 네 배 이상의 사람들이 모였다. 청계광장이 시작되는 소라탑 앞 무대 가까이 갈 생각은 아예 엄두도 낼 수 없었다. 그날 무려 5만 명의 시민이 참가했다고 한다. 대중은 우리가 생각한 것보다 한참이나 앞에 서 있는 경우가 많다.

집회는 재미있었다. 3분 자유발언에는 대학생부터 시작해서 수능을 20일 앞둔 고등학생, 그리고 중학교 2학년생으로 이어지더니 마지막엔 초등학교 3학년까지 나왔다. 그 꼬마는 당찬 목소리로 "대통령 이모, 이제 그만 하세요"라고 말해 모두를 웃게 만들었다. "기성세대가 쟁취한 반쪽짜리 민주주의를 넘어서자"라는 일갈엔 머리가 띵했다. 파업을 진행 중이던 철도노조와 민주노총도 연설을 했다. 큰 박수를 받았다. 흔치않은 일이었다. 2008년 광우병 촛불 때만 하더라도 깃발을 내리라는 요구도 꽤 있었던 것과 비교하면 확연히 달라진 셈이다.

촛불이 본격적으로 타오르기 직전인 2016년 9월 27일부터 내가 일하는 공공운수노조가 총파업에 돌입했다. 박근혜 정부가 공공 부문 노동자에게 '성과연봉제'를 도입하려 했기 때문이다. 우리는 '성과퇴출제'라 불렀다. 일하는 사람들 간 협력 대신 경쟁을 부추기는 것은 사람 사이를 갈라놓고, 강제로 퇴출시키기 위한 수단이자 노동조합 무력화의 한 방법이었다. 그리고 결국은 저항 세력을 없앤 후에 민영화하려는 음모였다. 철도, 국민건강보험, 국민연금, 서울대병원 등 대부분의 노조가 파업에 동참했다. 파업을 앞두고 우리는 시민사회단체와 함께 '공공성 강화와 성과 퇴출제 저지를 위한 시민사회 공동행동'이라는 긴 이름을 가진 대책 기구를 구성했다. 너무 길어서 줄여서 '시민행동'이라 불렀고, 나는 상황실장으로 또 파견되어 시민사회단체와 공동행동을 조직하는 일을 했다.

다른 노조는 파업을 중단했지만 철도노조는 무려 74일 동안이나 파업을 진행했다. 촛불 집회의 한복판에 파업 중인 7,000여 명의 철도 노동자들이 있었다. 파업이 진행 중이던 10월 어느 날, 철도 노동자와 점심을 먹다가 우연히 10월 급여 내역서를 봤다. 마이너스 30만4,330원이 찍혀 있었다. 9월

27일~30일까지 월급을 미리 줬는데 파업을 했다고 다시 공제한 것이었다. 월급을 받기는커녕 30만 원 넘게 물어내라는 얘기였다.

무노동 무임금으로 그런 처지에 있으면서도 그들은 국민 철도를 지키기 위한 파업을 계속했고, 자신들이 현장으로 복귀하면 평일에 열리는 촛불을 누가 유지할 것이냐며 걱정하기도 했다. 주말 대규모 인파가 참여한 촛불만을 얘기하지만 평일 열린 촛불은 온전히 그들이 지켜냈다. 촛불을 끄지 않았다. 그렇기 때문에 참여한 시민들도 노동조합에 대해 우호적이었다. '공공 부문 노동자 파업, 죽음의 정부를 끝내고 생명-안전 사회를 건설하는 시작입니다.' 당시 민주노총이 만든 포스터의 제목이었다. 그리고 결과적으로 그 말대로 되었다.

어둠은 빛을 이길 수 없다

그러나 10월 29일 1차 촛불은 시작에 불과했다. "어둠은 빛을 이길 수 없다. 거짓은 참을 이길 수 없다. 진실은 침몰하지 않는다. 우리는 포기하지 않는다." 많은 사람을 울게 만들고, 더 많은 사람에게 힘을 준 노래 '진실은 침몰하지 않는다'를 부르며 사람들은 결코 포기하지 않고 모이기 시작했다. 12월 3일에는 최대 인파인 230만 명이 모였다. 2016년이 가기 전 누적된 참가 인원이 1,000만 명을 돌파했다. 이건 기적이다. 그러나 기적은 그냥 일어나지 않는다. 너희도 알듯이 분노는 한 번에 폭발하지 않는다. 마치 물이 일정한 온도가 되어야 끓기 시작하고, 또 일정한 온도가 되면 얼음이 되듯이 양이 쌓여야 질이 변한다. 이명박, 박근혜로 이어진 보수 반동세력의 잘못된 정치에 대한 분노가 차곡차곡 쌓이다가 최순실의 국정농단이 밝혀지면서 폭발한 셈이다.

그리고 그 저변에는 세월호와 백남기 농민에 대한 물대포 살인이 있었다.

세월호 유가족들의 끈질긴 투쟁이 분노의 아래로 끊임없이 물처럼 흐르고 있었다면 2016년 민중총궐기 대회에서 경찰의 물대포에 의해 죽임을 당한 백남기 농민은 모든 사람들의 공분을 불러일으켰다. 그러자 정권은 경찰을 동원했다. 마치 집회 참가자 중 빨간 비옷을 입은 사람에 의해 죽은 것처럼 만들기도 하고, 당시 집회를 폭력적으로 몰아가서 민주노총 한상균 위원장과 우리 노조 조성덕 부위원장 등 다수를 구속하기도 했다. 서울대병원 백선하 교수는 물대포에 의한 사망이 아닌 '병사'라고 강변하기도 했고, 경찰은 시체를 부검하겠다며 서울대병원 장례식장을 포위하기도 했다. 조성덕은 1년 동안 감옥살이를 했고, 한상균 위원장은 이 글을 쓰는 지금도 감옥에 갇혀 있다.

> 비록 옆자리 동지의 코 고는 소리에 잠을 설치고 있지만, 적들의 침탈에 맞서기 위해 새벽 2시 30분에도 끊임없이 밀려들어 온다. 잠잘 곳이 턱없이 부족하다. 미리 자리를 잡고 자는 이들은 행복하다. 오랜만에 사람 사는 맛을 본다. 누군가는 쓰레기를 분리수거하고, 또 누구는 자는 사람의 신발을 가지런히 놔준다. 특히 토론도 하고, 책도 보고, 쪽잠도 자는 청춘들이 세월이 지나 오늘을 어떻게 기억하고 성장할지 궁금하다. 하늘에서나마 이런걸 보고 싶으셨던가?

경찰들이 시신을 탈취하기 위해 장례식장을 침탈한다고 하여 급하게 달려간 서울대병원에서 10월 25일에 쓴 글이다. 그 밤의 기억이 아직도 생생하다. 그 자리를 가득 메운 젊은 청년 학생들의 생기발랄한 모습에서 나는 우리 사회의 미래를 보았다. 내 젊었을 때 모습도 스쳐 지나갔다. 백남기 농민은 내가 다닌 대학의 선배이기도 하다. 묵묵히 자기 삶을 살아가면서 자식들 이름도 백두산, 백도라지, 백민주화 등으로 할 만큼 우리 모두의 해방을 원했다. 독재자 박정희에 맞서 감옥도 가고, 학교에서도 두 번이나 퇴학을 당했던 분이 박정희 딸 시대에 공권력에 의해 죽었다. 칠순이 되신 나이에 경찰의 물대포로 세상을 떠났다. 온몸으로 우리의 모든 오욕의 역사를 보여주는 것 같았다.

사고 직후인 2015년 11월 18일 백남기 씨의 가족들은 강신명 경찰청장, 구은수 서울지방경찰청장 등 7명을 살인미수 혐의 등으로 검찰에 고발했으나 지금껏 책임자는 처벌받지 않고 있다. 당시 책임자들은 모두 승진했고, 경찰청장 강신명은 명예롭게 퇴진했다. 퇴임식 직후 그가 가족들과 환하게 웃음 짓던 사진이 떠오른다. 자신의 가족에게는 따뜻한 아버지였을지 모르지만 또 다른 가족에게 비극을 안기고도 한마디 사과도 없이 그는 경찰을 떠났다. 그런 세상이다.

"매주 등산 다니시나 봐요?"

"지금까지 우리가 알고 있었던 한국의 시위는 과격하게 충돌하고 때로는 유혈 사태까지 부르는 경우가 많았다. 그러나 이번 집회를 보면서 평화롭고 즐기는 집회 문화로 바뀐 것을 보았다. 그러면서도 고위층에 대한 분노와 저항을 표현할 수 있다는 것을 직접 느껴보았다."

어느 외신 기자의 말이다. 그 말대로 수십, 수백만의 시민들이 참여했으나 그 어떤 불상사도 발생하지 않았다. 탄핵이 결정되던 날 박근혜 탄핵을 반대하던 사람들이 경찰을 공격하고, 차벽을 밀고, 사다리로 기자를 폭행하는 등 날뛰다가 그 과정에서 3명이 사망했지만 촛불과는 전혀 상관이 없는 일이었다.

나와 함께 갔던 너도 알겠지만 그곳에는 수많은 사람들이 유모차를 끌고 오기도 하고, 할아버지 할머니까지 전 가족이 함께 오기도 했다. 비도 왔고,

눈도 내렸다. 무척 춥기도 했다. 무엇보다 매우 감동적이었다. 광화문에만 가면 거기에 사람들이 있었다. 한편에서 전경 차에 박근혜 퇴진을 촉구하는 스티커를 붙이면, 스티커 부착에 반대하면서 그것을 떼어내는 사람들이 있었다. 그렇게 생각은 달랐지만 모두는 함께 했다. 촛불 집회가 거의 끝나갈 즈음 집회를 주관한 '박근혜 퇴진 비상 국민행동'이라는 단체에서 그동안 무대와 음향을 맡아 준 업체에 미처 못 갚은 돈이 있다는 사연을 SNS에 올린 적이 있다. 매주 집회 중 모금을 했는데 이제 더 이상 그럴 기회가 없어서 1억 원 정도 빚이 생길 수도 있다는 얘기였다. 주최 측은 돈에 관한 문제라 많이 망설인 끝에 사연을 공개했다. 그러자 순식간에 2만 명이 넘는 사람들이 8억8,000여만 원을 입금했다. "민주주의 및 시민 권력 확인료", "치킨 값 대신 후원료", "송금 완료. 돈 벌어서 뭐 하나. 이런 데 써야지.", "만 원씩이라도 합시다. 만 원이 1만 명이면 1억이네요. 1000만 촛불의 힘을!" 댓글과 통장에 찍힌 말들이다. 그렇게 마음이 모인 촛불이었다.

거의 매주 토요일이면 등산화에 배낭을 메고 나가는 내게 경비 아저씨가 "매주 등산 다니시나 봐요?"라고 묻기도 했다. 차가 끊겨 여관에서 잠을 자기도 했다. 12월 9일 국회 앞에서, 3월 10일 헌법재판소 앞에서 가슴 졸이며 결과를 기다리기도 했다. 수많은 사람들의 함성 속에서 서로 모르는 사람끼리 얼싸안기도 했다.

끝, 그리고 다시 시작

문득 어느 날의 일이 생각난다. 촛불로 버스가 없어 간신히 용인 가는 버스를 탔다. 너희도 알다시피 이 버스는 좌석이 꽉 차면 더 이상 안 태운다. 그런

데 기사가 정중하게 승객들에게 "오늘은 사정상 서서 가시는 분들을 더 태워야 할 것 같은데 괜찮습니까?"라고 물었다. 그러자 승객들이 거의 합창하듯 괜찮다고 하는데 누군가 "오늘은 특별한 날이잖아요."라고 했다. 그렇다. 특별한 날들이었다. 윤흥길이라는 소설가가 쓴 <아홉 켤레의 구두로 남은 사내>라는 소설에 "우리의 분노란 대개 신문이나 방송에서 발단된 것이며, 다방이나 술집 탁자 위에서 들먹이다 끝내는 정도였다."라는 구절이 있다. 그런 우리가 바뀐 것이다.

이제는 모두 지난 과거가 되었다. 그러나 역사는 과거와 현재의 대화다. 따라서 끝난 것이 아니라 이제부터가 시작이다. 촛불 항쟁에서 정권 교체까지 우리는 만들어 냈다. 온몸으로 쓴 우리의 역사다. 좀처럼 집회엔 나오지 않는 도올 김용옥 선생은 촛불 집회에서 이렇게 말했다. 나는 이것이 우리가 갈 방향이라고 생각한다. 또 다시 너희와 함께 이 길을 시작해 보자.

지금 이 자리에 앉아 있는 여러분들은 단지 정권 퇴진을 위해서 앉아 있는 게 아니다. 우리가 원하는 것은 새로운 삶이고, 새로운 학문이고, 새로운 철학이고, 새로운 의식이고, 새로운 문화고, 우리의 새로운 삶이다. 여러분들은 지금부터 우리 단군 이래 없었던 새로운 역사를 써 나가야 한다. 이것은 희망의 출발이다. 1945년도에 해방된 것이 아니라 우리를 압제하던 모든 사슬로부터 우리가 진정으로 해방을 맞이할 그날을 향해서 여러분들은 전진하고 있는 것이다. 우리는 혁명을 해야 한다. 우리는 우리의 삶을 혁명하고, 우리의 제도를 혁명하고, 우리의 의식을 혁명하고, 우리의 압제를 다 혁명해야 한다.

촛불

에필로그
네가 쓸 '혼돈' 이후의 현대사를 기대하며

그렇게 30년 세월이 훌쩍 지나갔다. 미처 돌아볼 틈도 없었다. 네가 고등학생일 때 시작된 글이었는데, 너는 어느새 갈등과 번민 속에 시위를 결심하던 그때의 내 나이가 되었다. 정말 세월은 쏜살같다.

지난 세월 동안 수많은 사람들을 만났다. 영원히 곁을 떠난 사람도 있다. 대부분의 사람들은 감동을 주었으나, 등에 칼을 꽂고 지금까지 웃는 사람도 있다. 때로는 감격했고, 때로는 외로웠고, 또 때로는 좌절했다. 그러나 여전히 나는 산다. 아니 나만이 아니라 많은 사람들이 '빛도 없이, 이름도 없이' 조금이라도 더 나은 세상을 위해 살고 있다.

감옥에 있을 때 컵라면 용기에 꽃씨를 심은 적이 있다. 단지 물만 주었을 뿐인데 어느 날 거기서 백리향의 새싹이 올라왔다. 신기하고 또 신기했다. 모든 일에 최선을 다하면 언젠가는 꽃이 피리라는 '낙관'은 결코 근거가 없는 게 아니다. 당장 지금의 상황은 비관적이지만 낙관적으로 세상을 보아야 할 이유다. 2013년 현재 우리가 서 있는 곳은 어디며, 무엇을 하며 살아야 할까?

나를 둘러싼 만리장성

"사람들은 저마다 자기의 작은 담장을 쌓아 놓고 있습니다. 그러나 마을을 지키는 성이 없고, 나라를 방어할 성벽이 없다면 제 집의 담장인들 온전할 수 없음은 말할 필요도 없습니다."

1968년 통일혁명당 사건으로 구속되어 20년 동안이나 감옥 생활을 해야 했던 신영복 교수님의 『더불어 숲』이라는 책에 나오는 구절이다. 만리장성에 올라 그 감상을 쓴 글이다.

우리가 바라는 미래, 가정의 평화, 혹은 작은 소망도 우리를 둘러싼 외곽이 부실하면 한 방에 무너질 수밖에 없다. 그 담장은 작게는 가족일 수도 있고, 넓게는 민주노총이나 진보적인 정당일 수 있다. 지금 한반도에 몰아치고 있는 전쟁의 위협을 보자. 권력을 잡은 저들이 오판을 하면 한순간에 수많은 삶이 사라지게 된다. 지난 세월 수많은 우리가 함께 싸워 온 이유다. 나 못지않게 '우리'가 중요하다.

사람, 내 삶의 뿌리

'라면 두 상자, 종이컵 한 상자, 반찬통, 생수, 가스난로 한 개. 투쟁 일정을 빼곡하게 적은 작은 화이트보드 한 개.' 낯익은 광경이다. 충남 부여에 있는 고려인삼창 앞, 190일을 넘고 있는 투쟁 천막 농성장에서 마지막 이 글을 쓴다. 지금까지 내가 천막에서 자고, 먹은 게 도대체 몇 번이나 될까?

지금껏 내가 살 수 있었던 힘은 사람들에게서 나온다. 책을 통해 혁명을 꿈꾸고 논의하던 수많은 사람들이 떠난 자리에 꿋꿋이 남아 있을 수 있었던 이유다. 이 책에서 말한 것처럼 운동은 아주 좋은 사람들을 쉽게 만날 수 있게 해준다. 지난 2011년 청주시청 앞에서 간병 누님들하고 천막 농성을 했다. 청주시에서 노인 전문 병원을 위탁받아 운영하던 효성병원은 계약 기간 만료를 핑계로 우리 조합원만 골라 해고한다. 한 달 가까운 투쟁을 통해 원직 복직은 물론 효성병원을 몰아내고, 청주시에 직접 고용된다. 환갑을 넘겼음에도 "후배들에게 좋은 직장을 물려주기 위해 투쟁한다."는 매현 누님, 선애 누님 등과의 만남은 그 자체가 축복이었다.

청주를 떠나기 직전인 2012년에는 공민교통 택시 기사들이 바로 그 장소에서 천막 농성을 시작했다. 법이 정한 전액관리제 쟁취를 위해서였다. 민주의 탈을 쓴 상대 노조 위원장은 우리 조합원만 해고시키기 위해 정년을 무려 7년이나 단축한다. 물론 투쟁은 이기고, 부당하게 해고되었던 이창주 사무국장도 복직한다. 마찬가지로 아주 짧은 시간이었지만 좋은 형님들과 동생들을 만난다. 그들은 지금 다시 투쟁 중이다.

너와 은수의 손톱 끝에 봉숭아 물을 들여 준 적이 있다. 너희의 손톱에 물을 들이려면 내 손도 물들어야 한다. 마찬가지로 네가 앞으로 무엇을 하든 사람과 부대끼면서 서로 물들게 된다. 사람으로 인해 실망하고, 사람으로 인해 기뻐하게 될 것이다. 그러나 무엇을 하든 "사람만이 희망이다."라는 말은 결코 빈 말이 아니라는 사실을 알게 됐으면 좋겠다.

누구나 빛나는 인생의 한때가 있다

지나가는 어떤 버스를 바라보면 아득해질 때가 있다. 매번 그렇다. 일반 사람들은 잘 모르는 법무부 버스다. 그 안에는 죄수들이 탄다. 창을 가려서 안이 안보이게 만들어져 있다. 그 버스를 보면 나는 다시 젊은 날로 돌아간다. 교도소에서 나와서 재판을 받으러 가거나 공주 혹은 마산 교도소로 이감 가는 중인 20대의 내 모습이 떠오른다. 차창을 지나는 모든 풍경이 낯설다. 그들과 나 사이에는 '저 만큼'의 거리가 있다. 그 기억은 사라지지 않는다.

누구나 빛나는 시기가 있다고 사람들은 말한다. 그러나 그 빛나는 시기는 당시에는 고통스러운 경우가 더 많다. 어떤 상처들은 너무 깊어서 결코 사라지지 않는다. 인간만이 되돌아볼 줄 안다. 또는 인간만이 과거의 기억을 씹으면서 미래를 기약할 줄 안다. 당장 '지금 여기'가 아니라 눈을 들어 '앞으로 올 날'을 보는 이유다. 앞으로 네가 겪을 수많은 상처와 고통의 시간이 훗날 돌아볼 때 가장 빛나는 시기일 수도 있다. 좌절이라는 단어를 피해야 하는 이유다.

노동의 가치

브레히트라는 독일 시인이 있다. 그는 '어느 책 읽는 노동자의 의문'이라는 시를 통해 묻는다. 고대 이집트 제국의 수도이자 화려했던 도시 '테베'는 누가 지었는가? 고대 메소포타미아에 있던 '바빌론'이나 중국의 '만리장성'은 누가 만들었는가? 우리 식으로 얘기하면 "거북선은 이순신 장군이 만들었는가?"라는 질문이다. 세상 모든 것은 노동자가 만든다. 그 노동의 가치를 항상 소중하게 여기길 부탁한다. 2년 넘게 '아빠의 현대사'를 쓰면서 주로 노동자들을 말한 이유다. 그러면 거리를 청소하는 노동자나 24시 편의점의 청년들, 아파트 경비 아저씨들이 따뜻한 이웃으로 보인다.

"우리들의 걸음이 세상을 바꾸지는 못할지언정, 세상을 바꿀 이웃의 마음을 바꿀 때까지!" 쌍용자동차 문제 해결을 위해 도보하던 사람들이 만든 표어다. 그런 마음이 모일 때 갈수록 인간을 탐욕스럽게 만드는 세상을 바꿀 수 있을 것이다.

글을 끝내며

이 글은 한 개인이 살아온 기록이지만 나만의 것이 아니다. 동시대를 살았던 수많은 사람들의 아픔과 좌절, 기쁨과 슬픔이 녹아 있는 현대사다. 광주 항쟁의 부채를 가지고 살아 온 수많은 사람들, 오늘도 노동의 가치를 인정받기 위해 높은 철탑 위에서 고단한 하루를 보내야 하는 사람들, 미처 새로운 세상을 보지 못하고 먼저 간 열사들 모두의 것이다. 비록 역사책에 단 한 줄도 기록되지 못할 것이지만, 언감생심 그런 바람 자체도 없이 묵묵히 살아온 사람들의 것이다. 내가 글을 쓰면서 사람들의 이름을 일부러 많이 넣은 이유다.

다행히 수많은 사람들의 기록이 있어서 가능했다. 처음 글을 시작하면서 "이 글은 그 시대를 살았던 많은 사람들 중에 겁 많고, 소심하고, 이기적인 성격을 가진 한 개인의 얘기"라고 했다. 혹시라도 그 시대 전체를 껴안고, 고민하고, 더 치열하게 살았던 사람들의 삶을 왜곡한 게 있지 않을까 두렵다.

2년이 넘는 기간 동안 글을 쓰면서 되돌아볼 수 있어서 행복했다. 너와 손잡고 '미래와 맞닿아 있는 과거'를 얘기할 수 있어서 좋았다. 수많은 사람들이 나의 잘못된 기억을 바로잡아 주고, 자신들의 얘기를 들려주어서 너무 기뻤다. 이 글을 계기로 사람들이 자신의 과거를 자식들에게 말해주고, 기록을 남기고, 너도 훗날 네 아이들에게 '엄마의 현대사'를 들려줄 수 있기를 소망한다.

인생은 온통 빚이다

사실 나는 책을 보면서 글쓴이가 누구에겐가 감사를 표하는 걸 이상하게 생각했다. 그러나 내 경우가 돼보니 그게 아니다. 많은 사람에게 빚을 지고 있다. 무엇보다 먼저 은지, 은수 너희와 엄마에게 감사한다. 나는 아빠로서, 남편으로서는 빵점이다. 그럼에도 예쁘게 잘 커줘서 너무 고맙다. 내 이메일 주소는 rootshim을 쓴다. root는 뿌리, 근원이다. shim은 네 엄마 심명화의 성(姓)이다. 결국 내 인생은 네 엄마가 뿌리인 셈이다. 이 글이 시작되는 1980년에 대학에서 만나 평생을 고생만 하고 있는 중이다. 한 번도 제대로 표현하지 못한 고마움을 전한다.

책에서도 언급한 신길수 형님과 유구영 선배, 그리고 먼저 간 친구와 후배들에게는 빚을 지고 산다. 지금도 목숨 걸고 투쟁하는 모든 이들에게도 마찬가지다. 또한 나처럼 실무 '따까리'로, 아니 실무 전문가로 평생을 바치고 있는 많은 이에게도 이 책을 드린다. 김호철, 박준, 정윤경, 지민주, 류금신, 몸짓패 '선언' 동지들처럼 노래와 율동으로 항상 힘을 주는 거리 예술가에게도 바친다. 언젠가 오게 될 좋은 세상을 만들 의무를 우리는 가지고 있다.

마지막으로 이 책은 선후배들이 없었으면 나오지 못했을 것이다. 글을 쓰도록 권유한 이광호 선배, 쓰러져 몸이 부실할 때도 곡성역까지 마중 나와 응원해 준 황광우 선배가 좋다. 안식년 휴가의 반을 이 책을 위해 투여한 오승희 국장에게는 평생의 빚을 진다. 공공 부문 역사를 정리한 조귀제도 마찬가지다. 나를 믿고 책이 출판되기도 전에 선뜻 선구매해 준 공공운수노조·연맹과 '공공현장'의 동지들을 비롯한 많은 사람들에게도 빚을 졌다. 인생은 온통 사람에 대한 빚투성이라는 것을 잘 안다. 살아가는 동안 조금씩 갚아 나가겠다는 약속을 드린다.

우주 먼지가 되어버리고 싶다. 지구에는 수많은 불쌍한 사람들이 나에게 죄책감을 주기 때문이다.
지하철을 오르내리며 구걸하는 사람들을 본다. 저 구석에서 자고 있는 사람들이 많다.
그들은 심지어 신문지도 없다. 그 굼벵이와도 같은 모습이 나에게 어떤 큰 짐을 준다.
내가 아무런 구원이 될 수 없다는 사실이, 그들을 외면했을 때 나 역시 동정심이 없는 걸까? 하는 물음이,
나를 슬프게 만든다. 나는 때때로 그런 상황을 참을 수 없어서, 차라리 우주로 떠나 버리고 싶다.

'미래를 향한 회상' - 광주 세대가 촛불 세대에게

초판 1쇄 펴낸날 2013년 4월 15일
개정판 1쇄 펴낸날 2017년 10월 20일

지은이 이근원
그 림 이은지
기 획 오승희
펴낸이 이광호
펴낸곳 도서출판 레디앙
편 집 김숙진
디자인 annd

등록 2006년 11월 7일 제318-2006-00128호
주소 서울시 영등포구 여의도동 13-5 오성빌딩 1108호
전화 02-780-1521 팩스 02-780-1522
홈페이지 www.redian.org
전자우편 book@redian.org

ⓒ 이근원, 2013
ISBN 978-89-94340-16-6 03300

책값은 뒤표지에 있습니다.

이 도서의 국립중앙도서관 출판시도서목록(CIP)은 서지정보 유통지원 시스템 홈페이지(http://seoji.nl.go.kr)와
국가자료 공동목록 시스템(http://www.nl.go.kr/kolisnet)에서 이용하실 수 있습니다.
(CIP 제어 번호: CIP2013002449)